개정판

윤혜정 선생님 직접 집필, 강의

윤혜정의 개념의 나비효과

입문 편

1권
문학_시 문학

국어 영역 No.1

첫출에도 배부르게 하는 국어 개념 공부의 첫걸음

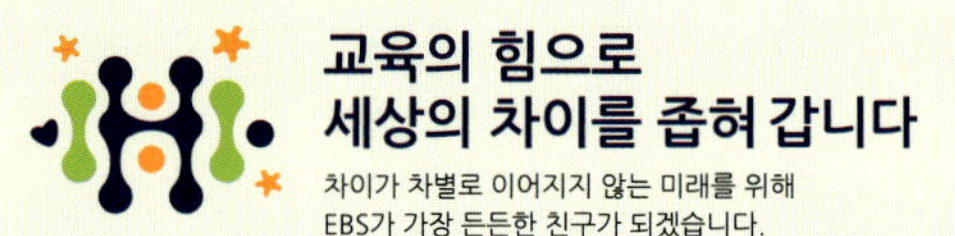

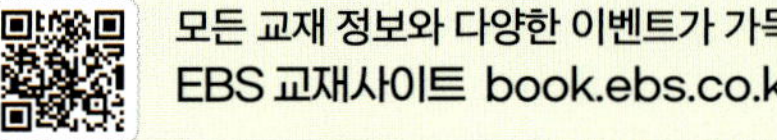

기획 및 개발

이미애
경희원
정혜진
최정인

본 교재의 강의는 TV와 모바일 APP, EBSi 사이트(www.ebsi.co.kr)에서 무료로 제공됩니다.

발행일 2024. 9. 22. **8쇄 인쇄일** 2026. 1. 20. **신고번호** 제2017-000193호 **펴낸곳** 한국교육방송공사 경기도 고양시 일산동구 한류월드로 281 **제조국** 대한민국
표지디자인 ㈜무닉 **편집** 김혜미 **인쇄** 동아출판㈜
인쇄 과정 중 잘못된 교재는 구입하신 곳에서 교환하여 드립니다. 신규 사업 및 교재 광고 문의 pub@ebs.co.kr

윤혜정 선생님 직접 집필, 강의

윤혜정의 개념의 나비효과

입문 편

1권 **문학** | 시 문학 · 소설 문학

본 책과 워크북을 함께 학습하면 학습 효과 상승!

윤혜정의 개념의 나비효과

입문 편

1권 **문학** | 시 문학 · 소설 문학

이 교재의 구성과 특징

국어, 너무 어렵다고? 공부한다고 했는데도 뭘 공부했는지, 뭐가 남았는지 모르겠다고?
그게 바로 해 놓고도 억울한 국어 공부야.
억울한 국어 공부는 이제 그만! 꼭 알고 시작해야 할 국어의 기본 개념부터 차근차근 함께 공부해 보자.
Step 원, 투, 쓰리~ 함께 밟아 나가다 보면 시가 읽히고, 소설이 재미있어지고, 독서 지문이 만만해질 거야.
사회 교과서도, 과학 교과서도 술술 읽히게 될지도 몰라~.
기대하는 마음으로, 끝까지 해내겠다는 마음으로 같이 시작해 보자고. ^-^

분명히 혼자 공부하고 있는데, 왠지 모르게 선생님이
날 보고 있는 듯, 나에게 말을 거는 듯. ^^
일대일 수업처럼 차근차근 설명해 줄게.

시, 소설, 독서, 문법. 더도 말고 덜도 말고 딱 15강씩.
우리 그 정도는 할 수 있잖아~.
필수 국어 개념들을 영역별로 알차게 정리해 보자.

한 강에 두 번씩 '오늘 꼭 알아야 할 개념'이 있어.
태그로 제시된 개념은 무슨 일이 있어도 소화하자.
꼭꼭 씹어서 내 것으로 소화하면 국어의 기초 체력이 쑥쑥!

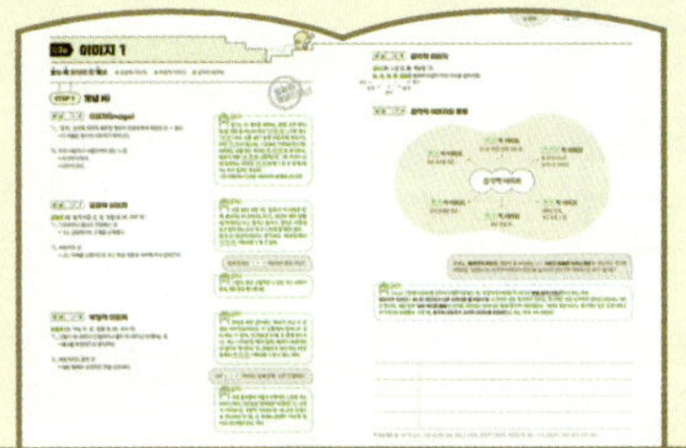

STEP.1 개념 Hi

오늘의 개념을 통해 국어 공부에 꼭 필요한
개념들을 정리하고,
ㅊㅅ 퀴즈로 중요한 내용들을
한 번 더 생각해 볼 수 있을 거야.

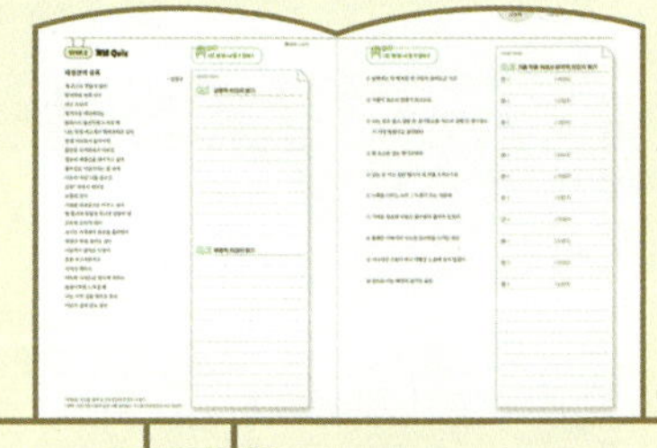

STEP.2 개념 Quiz

STEP.1에서 학습한 개념들을
Quiz 형식의 문제를 통해
지문에 직접 적용해 보는 연습을 해 볼 거야.

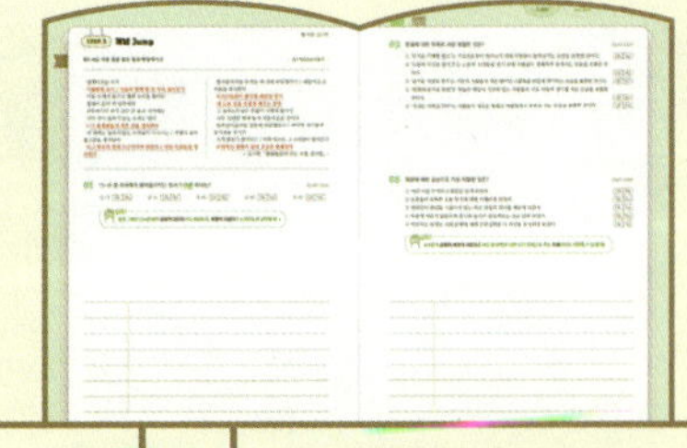

STEP.3 개념 Jump

개념만 아는 것에 그치면 안 돼.
개념이 실제 기출문제에는 어떻게
적용되는지 알아야 돼.
개념과 문제를 연결하는 게 최종 관문이야.
직접 기출문제들을 풀어 보면서 실제 시험에
대비해 볼 거야.

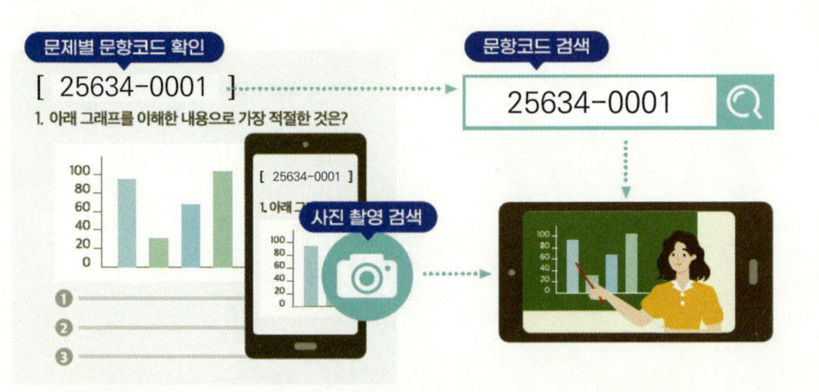

시 문학

Nice to meet you, 시!

2016 노벨 문학상

2016년 10월 13일 스웨덴 스톡홀름
노벨상 위원회의 발표

**올해 2016년 노벨 문학상 수상자는 밥 딜런입니다.
그는 미국의 위대한 음악 전통 속에서 새로운 시적 표현을 찾아내 문학사에 기여했습니다.**

115년 노벨상 역사상 가장 파격적인 수상
대중이 사랑한 미국의 가수, **밥 딜런**

♫ Blowin' in the wind
- *Bob Dylan*

※ 휴대폰 카메라로 QR코드를 스캔해 보자!

♫ 바람의 노래
- 소향

※ 휴대폰 카메라로 QR코드를 스캔해 보자!

Q.1 이 노래의 제목인 '바람의 노래'는 무슨 뜻일까?

Q.2 이 노래는 무엇을 말하고 싶은 걸까?

이번엔 너의 최애 Song을 시처럼 읽기

Q.3 너의 최애 Song의 제목은 무슨 뜻일까?

Q.4 너의 최애 Song은 무엇을 말하고 싶은 걸까?

오늘 꼭 알아야 할 개념 # 화자 # 청자 # 상황 # 정서 # 태도

 **개념 Hi**  정말 중요한 시간! 기본 개념을 정확하게 이해해 두는 것이 포인트!

개념 | 0 | 0 자詩감 Up 시 읽기!

⓪ 노래를 듣는다는 느낌으로 Relax~ 하며 시 속 이야기를 읽는다. (별거 아닌 듯해도 엄청 중요함!)
① 이야기(시)를 읽으면서 무슨 ㅅㅎ 인지를 생각해 본다.
② ㅎㅈ 는 어떤 사람인지를 파악한다.
③ 화자가 지금 어떤 ㄱㅂ 인지를 생각해 본다.
④ 화자의 ㅁㅌ 에 주의하며 화자의 ㅌㄷ 가 어떤지 생각해 본다.

개념 | 0 | 1 화자

시인이 하고 싶었던 얘기를 시 속에서 대신 말해 주는 사람
쉽게 말해 시 속에서 이야기하는 사람

📑 *시험지에는 이런 식으로 등장해.*
　시의 표면에 드러난 화자, 시의 표면에 드러나지 않은 화자

> 아항, 그럼 '시인 ≠ 화자'인 거네요.

> 무조건 그런 것만은 아니야. 어떤 시에서는 시인이 스스로 화자가 돼서 하고 싶은 말을 직접 전달하기도 해.

개념 | 0 | 2 청자

시적 화자의 이야기를 듣는 누군가

📑 *시험지에는 이런 식으로 등장해.*
　명시적으로 설정된 청자, 구체적 청자, 의인화된 청자

> 청자는 시 속에 드러날 수도 있고, 드러나지 않을 수도 있어.
> 또 청자는 특정한 누군가로 지정돼 있을 수도 있고, 청자가 특별히 지정돼 있지 않을 수도 있어.

개념 | 0 | 3 상황

시적 화자나 시적 대상이 처해 있는 형편, 정황, 분위기 등

📑 *시험지에는 이런 식으로 등장해.*
　이별, 부재, 기다림, 시련과 고통, 가난, 절망스러운 현실, 부조리한 사회, 아름다운 자연,
　대상이나 장면을 바라보는 상황 등

> 전 시에서 상황 파악하는 게 너무 어려워요. ㅠㅠ

> 시에 구체적으로 드러나 있는 상황을 찾는 연습을 해 봐. 있는 그대로 말이야.

개념 | 0 | 4 정서

시적 화자가 특정한 상황 속에서 느끼는 감정, 기분

📑 *시험지에는 이런 식으로 등장해.*
　감탄, 사랑, 행복, 즐거움, 감사, 희망, 동경, 만족 등.
　슬픔, 한(恨), 절망, 외로움, 분노, 좌절, 고통, 허무 등.

> 시적 화자만이 아니라 시적 대상의 정서에도 주목해야 돼. 또 어떤 시는 시적 화자의 정서가 잘 드러나지 않기도 하니까 너무 억지스럽게 정서를 찾아내려고 하지 마.

개념 | 0 | 5 태도

시적 화자가 특정한 상황이나 시적 대상에 대해 보이는 심리적 자세 또는 대응 방식

📑 *시험지에는 이런 식으로 등장해.*
　예찬적, 의지적, 비판적, 반성적, 성찰적, 체념적, 달관적, 관조적, 고백적, 낙관적, 비관적 등

> 시적 대상을 대하는 시적 화자의 태도는 주제와 직결될 때가 많아. 태도는 화자의 말투(어투)를 통해 잘 드러난다는 것도 알아 두면 좋아!

■ **초성 퀴즈 답** 상황, 화자, 기분, 말투, 태도

STEP.2　개념 Quiz

✔ 정답 116쪽

강우*

　　　　　　　　　　　　　　　　　- 김춘수

조금 전까지는 거기 있었는데

어디로 갔나,

밥상은 차려놓고 어디로 갔나,

넙치지지미 맵싸한 냄새가

코를 맵싸하게 하는데

어디로 갔나,

이 사람이 갑자기 왜 말이 없나,

내 목소리는 **메아리가 되어**

되돌아온다.

내 목소리만 내 귀에 들린다.

이 사람이 어디 가서 잠시 누웠나,

옆구리 담괴가 다시 도졌나, 아니 아니

이번에는 그게 아닌가 보다.

한 뼘 두 뼘 어둠을 적시며 비가 온다.

혹시나 하고 나는 밖을 기웃거린다.

나는 **풀이 죽는다.**

빗발은 한 치 앞을 못 보게 한다.

왠지 느닷없이 그렇게 퍼붓는다.

지금은 어쩔 수가 없다고,

*강우(降雨): 비가 내림, 또는 그 비.

25634-0001

Q.1　상황 찾기

Q.2　정서 찾기

Q.3　태도 찾기

Q.4　O/X로 답해 보자.

① '**밥상은 차려놓고**'는 화자의 마음이 '이 사람'과 함께했던 때와 마찬가지로 **평온함**을 나타낸다. ☐O ☐X

② '**메아리가 되어**'는 화자와 '이 사람' 사이의 소통을 나타낸 것으로, 화자가 '이 사람'과 **공감하고** 있음을 나타낸다. ☐O ☐X

③ '**이번에는 그게 아닌가 보다**'에서 화자는 스스로 던진 질문에 대한 대답을 통해 '이 사람'과 관련된 상황이 그 이전과는 다름을 스스로 **인식하고** 있다. ☐O ☐X

④ '**풀이 죽는다**'에는 존재를 드러내지 않는 '이 사람'에 대한 **배신감**이 드러나 있다. ☐O ☐X

⑤ '**지금은 어쩔 수가 없다고**'에는 '이 사람'의 부재를 인정하지 않겠다는 화자의 **다짐**이 나타난다. ☐O ☐X

STEP.3 개념 Jump

[01-03] 다음 글을 읽고 물음에 답하시오.　　　　　　　　　　　| 고2 전국연합학력평가 |

(가)

[A] 이 길을 만든 이들이 누구인지를 나는 안다
[B] 이렇게 길을 따라 나를 걷게 하는 그이들이
지금 조릿대밭 눕히며 소리치는 바람이거나
이름 모를 풀꽃들 문득 나를 쳐다보는 수줍음으로 와서
내 가슴 벅차게 하는 까닭을 나는 안다
[C] 그러기에 짐승처럼 그이들 옛 내음이라도 맡고 싶어
나는 자꾸 집을 떠나고
그때마다 서울을 버리는 일에 신명나지 않았더냐
[D] 무엇에 쫓기듯 살아가는 이들도
힘을 다하여 비칠거리는 발걸음들도
무엇 하나씩 저마다 다져놓고 사라진다는 것을
뒤늦게나마 나는 배웠다
[E] 그것이 부질없는 되풀이라 하더라도
그 부질없음 쌓이고 쌓여져서 마침내 길을 만들고
길 따라 그이들을 따라 오르는 일
이리 힘들고 어려워도
왜 내가 지금 주저앉아서는 안 되는지를 나는 안다
　　　　　　　　　　　　- 이성부, 「산길에서」 -

(나)

너무도 여러 겹의 마음을 가진
그 복숭아나무 곁으로
나는 왠지 가까이 가고 싶지 않았습니다
흰꽃과 분홍꽃을 나란히 피우고 서 있는 그 나무는 아마
사람이 앉지 못할 그늘을 가졌을 거라고
멀리로 ⊙멀리로만 지나쳤을 뿐입니다
흰꽃과 분홍꽃 사이에 수천의 빛깔이 있다는 것을
나는 그 나무를 보고 멀리서 알았습니다

눈부셔 눈부셔 알았습니다
피우고 싶은 꽃빛이 너무 많은 그 나무는
그래서 외로웠을 것이지만 외로운 줄도 몰랐을 것입니다
그 여러 겹의 마음을 읽는 데 참 오래 걸렸습니다

흩어진 꽃잎들 어디 먼 데 닿았을 무렵
조금은 심심한 얼굴을 하고 있는 그 복숭아나무 그늘에서
가만히 들었습니다 저녁이 오는 소리를
　　　　　　　　　　　　- 나희덕, 「그 복숭아나무 곁으로」 -

(다)

천변 잔디밭을 밟고
사람들이 걷기 운동을 하자
잔디밭에 외줄기 길이 생겼다
어쩌나 잔디가 밟혀죽을 텐데
내 걱정 아랑곳없이
가르마길이 나고 그 자리만 잔디가 모두 죽었다
오늘 새벽에도 사람들이 그 길을 걷는데
ⓛ멀리서도 보였다
죽은 잔디싹들이 사람의 몸 속에 푸른 길을 내고 살아 있
는 것이
푸른 잔디의 것이 아니라면
저 사람들의 말소리가 저렇게 청량하랴
걷는 사람들의 웃음소리 얘기소리에서
싱싱한 풀꽃 냄새가 난다
그제서야 나는 잔디가 죽은 것이 아니라
사람들에게 길을 내어주고 비켜서 있거나
아예 사람 속에서 꽃피고 있음을 안다
그렇듯 언젠가는 사람들도
잔디에게 자리를 내어준다는 것도 알겠다
　　　　　　　　　　　　- 복효근, 「잔디에게 덜 미안한 날」 -

01　(가)의 화자에 대한 이해로 적절하지 **않은** 것은?　　　　　25634-0002

　① [A]: 길을 만든 이들이 누구인지 **지각하고** 있다.　　　　　Ok　No
　② [B]: 삶의 고달픔이 어디에서 비롯되는지를 **깨닫고** 있다.　　Ok　No
　③ [C]: 집을 버리고 산길을 찾는 것에 **즐거움을 느끼고** 있다.　Ok　No
　④ [D]: 사람은 누구나 삶의 자취를 남긴다는 사실을 **알게** 되었다.　Ok　No
　⑤ [E]: 산길을 걷는 과정에서 **포기하지 않는 삶의 태도**를 다짐하고 있다.　Ok　No

02 ㉠, ㉡에 대한 설명으로 가장 적절한 것은?

25634-0003

① ㉠은 대상에 대한 **동경**을, ㉡은 **연민**을 나타낸다.

② ㉠은 대상에 대한 **기대감**을, ㉡은 **친밀감**을 나타낸다.

③ ㉠은 대상에 대한 **이질감**을, ㉡은 **일체감**을 나타낸다.

④ ㉠은 대상에 대한 **상실감**을, ㉡은 **실망감**을 나타낸다.

⑤ ㉠은 대상에 대한 **심리적 거리감**을, ㉡은 **관심**을 나타낸다.

25634-0004

03 다음은 (나), (다)에 대한 '엮어 읽기 과제 수행록'이다. 과제를 수행한 결과로 적절하지 <u>않은</u> 것은? [3점]

- 공통점: 인식의 변화 과정을 담고 있음.
- 시적 대상(의미)
  (나): 복숭아나무(타인), (다): 잔디(자연물)
- 시상의 흐름에 따른 감상

(나)	시상	(다)
'사람이 앉지 못할 그늘을 가졌을 거'에서 타인에 대한 **선입견**이 나타남.·········· a	피상적 인식	'잔디가 모두 죽었다'에서 자연물에 대한 **단편적 인식**이 나타남.
'흰꽃과 분홍꽃 사이에 수천의 빛깔이 있다'에서 타인의 본모습을 발견함.	새로운 발견	'푸른 잔디의 것이 아니라면 저 사람들의 말소리가 저렇게 청량하랴'에서 자연물과 사람들의 관계를 발견함. ················ b
'외로운 줄도 몰랐을 것'에서 욕심을 버리고 다른 사람을 위해 자신을 **희생**하는 타인의 모습을 인식하게 됨. ················ c	인식의 변화	'잔디가 죽은 것이 아니라' '사람 속에서 꽃 피고 있음'에서 자연물이 사람들에게 생명력을 전해 준다고 인식하게 됨.
'복숭아나무 그늘에서 가만히 들었습니다'에서 타인을 진정으로 이해하고 **교감함**.····· d	결과	'언젠가는 사람들도 잔디에게 자리를 내어 준다'에서 죽음이 생명으로 이어지는 자연의 **순환적 원리**를 깨달음.·············· e

① a Ok No   ② b Ok No   ③ c Ok No   ④ d Ok No   ⑤ e Ok No

내가 그리는 개념 마인드맵

'지각한다'는 게 뭐예요?

오늘 꼭 알아야 할 개념 # 긍정적 이미지　# 부정적 이미지　# 감각적 이미지

STEP.1 개념 Hi

개념 06 이미지(image)

「1」『문학』 감각에 의하여 획득한 현상이 마음속에서 재생된 것. = 심상.
- 이 작품은 청각적 이미지가 뛰어나다.

「2」 어떤 사람이나 사물로부터 받는 느낌.
- 서민적 이미지.
- 이미지 관리.

앞으로 시 공부를 하면서, 정말 자주 만나게 될 개념 중 하나가 바로 'ㅇ ㅁ ㅈ', 다른 말로 'ㅅ ㅅ'이야. 시를 읽다 보면 마음속에 떠오르는 어떤 ㄴ ㄲ 이 있는데, 그걸 바로 '이미지'라고 해. 이미지는 시를 읽는 우리의 ㅅ ㅅ ㄹ 을 자극하고, 화자가 처한 ㅅ ㅎ 을 구체적으로 그려 주거나 시에 등장하는 대상을 ㅅ ㅅ 하게 느낄 수 있게 해 주는 아주 중요한 장치야.
그럼 이제부터 다양한 이미지의 세계로 GO GO!

개념 07 긍정적 이미지

긍정적 (肯: 옳게 여길 긍, 定: 정할 정, 的: 과녁 적)
「1」 그러하거나 옳다고 인정하는 것.
- 그는 긍정적으로 고개를 끄덕였다.

「2」 바람직한 것.
- 그는 미래를 긍정적으로 보고 항상 희망과 의욕에 차서 살아간다.

시를 읽다 보면 '아, 화자가 이 대상을 되게 좋아하는구나(아끼는구나), 자신이 처한 상황에 만족하는구나, 즐기고 있구나, 앞으로 이렇게 되고 싶어 하는구나.' 하고 느끼게 될 때가 있어. 화자가 바람직하다고 생각하는 대상들에서 ㄱ ㅈ ㅈ 이미지를 느낄 수 있어.

쉽게 말하면 ㄱ ㅈ ㅈ 이미지란 '좋은 거'죠?

그렇지. 밝고 긍정적인 느낌을 주는 시어나 정서, 태도들을 찾으면 돼.

개념 08 부정적 이미지

부정적 (否: 아닐 부, 定: 정할 정, 的: 과녁 적)
「1」 그렇지 아니하다고 단정하거나 옳지 아니하다고 반대하는 것.
- 매사를 부정적으로 생각하다.

「2」 바람직하지 못한 것.
- 대중 매체의 부정적인 면을 강조하다.

반대로 어떤 경우에는 '화자가 지금 이 상황을 너무 힘들어하네, 이 상황에서 벗어나고 싶어 하는 거 같아, 이 대상을 되게 안 좋게 보는구나.' 하고 느끼게 될 때가 있어. 화자가 바람직하지 않다고 생각하는 것, 회피하고 싶어 하는 대상들에서 ㅂ ㅈ ㅈ 이미지를 느낄 수 있는 거야.

그럼 ㅂ ㅈ ㅈ 이미지는 쉽게 말해 '나쁜 거'겠네요.

시를 읽으면서 어둡고 부정적인 느낌을 주는 시어나 정서, 태도들을 찾아보면 되겠지? 단, 긍정적 이미지이든 부정적 이미지이든 내 고정 관념으로 판단하면 안 돼. 시 속에서 분명한 '이유'를 찾아서 판단해야 하는 거야.

 **감각적 이미지**

감각 (感: 느낄 감, 覺: 깨달을 각)
눈, 코, 귀, 혀, 살갗을 통하여 바깥의 어떤 자극을 알아차림.

시각 ←   → 촉각
후각   청각   미각

개념 1 0 **감각적 이미지의 종류**

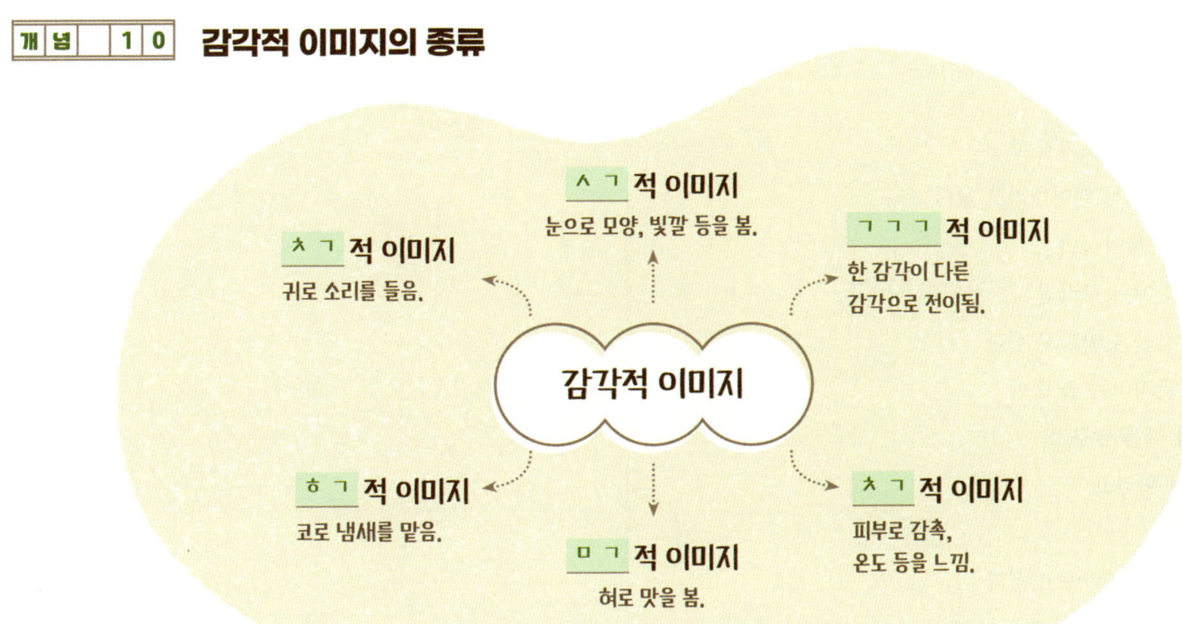

선생님, '공감각적 이미지' 개념이 좀 어려워요. ㅠㅠ '**차갑고 달콤한 아이스크림**'은 '차갑다'는 촉각적 이미지랑 '달콤하다'는 미각적 이미지가 연결돼 있으니까 공감각적 이미지라고 할 수 있나요?

노노노! 그렇게 단순하게 감각이 나열만 돼 있는 건, '공감각적 이미지'가 아니라 '**복합 감각 이미지**'라고 하는 거야.
공감각적 이미지는 하나의 이미지가 다른 이미지로 옮겨져야 돼. 시각적인 것을 촉각적인 것으로, 촉각적인 것을 시각적인 것으로 나타내는 식으로 말이야. 예를 들면 '금빛 게으른 울음'은 소리를 나타내는 말이니까 원래 청각적 이미지잖아. 그런데 '울음'이라는 청각적인 것을 '금빛'이라고 시각적으로 표현했어. 이럴 때, 청각적 이미지가 시각적 이미지로 전이된다고 하는 거야. ㅎㅎ 어렵지?

■ **초성 퀴즈 답** 이미지, 심상, 느낌, 상상력, 상황, 생생 / 긍정적, 긍정적 / 부정적, 부정적 / 위: 청각, 시각, 공감각 / 아래: 후각, 미각, 촉각

STEP.2 개념 Quiz

대장간의 유혹

– 김광규

제 손으로 만들지 않아
한꺼번에 싸게 사서
마구 쓰다가
망가지면 내다버리는
플라스틱 물건처럼 느껴질 때
나는 당장 버스에서 뛰어내리고 싶다
현대 아파트가 들어서며
홍은동 사거리에서 사라진
털보네 대장간을 찾아가고 싶다
풀무질로 이글거리는 불 속에
시우쇠*처럼 나를 달구고
모루* 위에서 벼리고
숫돌에 갈아
시퍼런 무쇠낫으로 바꾸고 싶다
땀 흘리며 두들겨 하나씩 만들어 낸
꼬부랑 호미가 되어
소나무 자루에서 송진을 흘리면서
대장간 벽에 걸리고 싶다
지금까지 살아온 인생이
온통 부끄러워지고
직지사 해우소
아득한 나락으로 떨어져 내리는
똥덩이처럼 느껴질 때
나는 가던 길을 멈추고 문득
어딘가 걸려 있고 싶다

*시우쇠: 무쇠를 불에 달구어 단단하게 만든 쇠붙이.
*모루: 대장간에서 불에 달군 쇠를 올려놓고 두드릴 때 받침으로 쓰는 쇳덩이.

25634-0005

Q.1 긍정적 이미지 찾기

Q.2 부정적 이미지 찾기

① 골짝에는 양 떼처럼 흰 구름이 몰려오고 가고

② 수풀이 호르르 벌레가 호르르르

③ 나는 밤소 팥소 설탕 든 콩가루소를 먹으며 설탕 든 콩가루소
　 가 가장 맛있다고 생각한다

④ 흰 옷고름 절로 향기로워라

⑤ 있는 듯 마는 듯한 향기가 내 코를 스치는구료.

⑥ 누룩을 디디는 소리, / 누룩이 뜨는 내음새

⑦ 가벼운 웃음과 시들은 꽃다발이 흩어져 있었다.

⑧ 불현듯 아버지의 서느런 옷자락을 느끼는 것은

⑨ 지나가던 구름이 하나 새빨간 노을에 젖어 있었다.

⑩ 금으로 타는 태양의 즐거운 울림

25634-0006

Q.3 기출 작품 속에서 감각적 이미지 찾기

① (　　　　　　　　) 이미지

② (　　　　　　　　) 이미지

③ (　　　　　　　　) 이미지

④ (　　　　　　　　) 이미지

⑤ (　　　　　　　　) 이미지

⑥ (　　　　　　　　) 이미지

⑦ (　　　　　　　　) 이미지

⑧ (　　　　　　　　) 이미지

⑨ (　　　　　　　　) 이미지

⑩ (　　　　　　　　) 이미지

STEP.3 개념 Jump

[01-02] 다음 글을 읽고 물음에 답하시오. | 중3 학업성취도평가 |

텔레비전을 *끄자*
㉠풀벌레 소리
어둠과 함께 방 안 가득 들어온다
어둠 속에서 들으니 벌레 소리들 환하다
별빛이 묻어 더 낭랑하다
귀뚜라미나 여치 같은 큰 울음 사이에는
너무 작아 들리지 않는 소리도 있다
㉡그 풀벌레들의 작은 귀를 생각한다
내 귀에는 들리지 않는 소리들이 드나드는
까맣고 좁은 통로들을 생각한다
㉢그 통로의 끝에 두근거리며 매달린
여린 마음들을 생각한다
발뒤꿈치처럼 두꺼운 내 귀에 부딪쳤다가
되돌아간 소리들을 생각한다
㉣브라운관이 뿜어낸 현란한 빛이
내 눈과 귀를 두껍게 채우는 동안
그 울음소리들은 수없이 나에게 왔다가
너무 단단한 벽에 놀라 되돌아갔을 것이다
하루살이들처럼 전등에 부딪쳤다가
바닥에 새카맣게 떨어졌을 것이다
크게 밤공기 들이쉬니
허파 속으로 그 소리들이 들어온다
㉤허파도 별빛이 묻어 조금은 환해진다

– 김기택, 「풀벌레들의 작은 귀를 생각함」 –

---

01 ㉠~㉤ 중 독자에게 불러일으키는 정서가 **다른** 하나는?

25634-0007

① ㉠ [긍정] [부정]　　② ㉡ [긍정] [부정]　　③ ㉢ [긍정] [부정]　　④ ㉣ [긍정] [부정]　　⑤ ㉤ [긍정] [부정]

밑줄 그어진 ㉠~㉤에서 **긍정적 이미지**가 느껴지는지, **부정적 이미지**가 느껴지는지 고민해 봐 ~

02 윗글에 대한 감상으로 가장 적절한 것은?   25634-0008

① 어린 시절 추억의 소중함을 알게 되었어.   Ok | No

② 곤충들의 독특한 소통 방식에 대해 이해하게 되었어.   Ok | No

③ 현대인이 관심을 기울이지 않는 작은 것들의 의미를 깨닫게 되었어.   Ok | No

④ 마음에 여유가 없을수록 휴식과 놀이가 중요하다는 것을 알게 되었어.   Ok | No

⑤ 바쁘다는 핑계로 사회 문제에 대해 무관심했던 나 자신을 반성하게 되었어.   Ok | No

시구들의 **긍정적, 부정적 이미지**를 바르게 파악해 내면 시가 말하고자 하는 **주제**까지도 이해할 수 있게 돼.

(가)

돌에
그늘이 차고,

따로 몰리는
소소리바람*.

앞섰거니 하야
꼬리 치달리여 세우고,

종종다리 깨칠한
산새 걸음걸이.

[A]
　여울지어
　　수척한 흰 물살.

　갈갈이
　손가락 펴다.

멎은 듯
새삼 돋는 빗낯.

붉은 잎잎
소란히 밟고 간다.

　　　　　　　　　　- 정지용, 「비」 -

*소소리바람: 이른 봄에 살 속으로 스며드는 듯한 차고 매서운 바람.

(나)

우리의 마음을 비추는

한낮은 뒤숲에서 매미가 우네.

그 소리도 가지가지의 매미 울음.

　머언 어린 날은 구름을 보아 마음대로 꽃이 되기도 하고 잎이 되기도 하고 친한 이웃 아이 얼굴이 되기도 하던 것을.

[B]
　오늘은 귀를 뜨고 마음을 뜨고, 아, 임의 말소리, 미더운 발소리, 또는 대님 푸는 소리로까지 어여뻐 기뻐 그려 낼 수 있는 명명(明明)한 명명(明明)한 매미가 우네.
　　　　　　　　　- 박재삼, 「매미 울음에」 -

(다)

고향으로 가는 길엔
하늘이 높고
흰구름이 피어 올랐다.

[C]
　흰구름 그 뒤엔
　남댕이* 푸른 바다가
　널렸고
　간월도 건너, 안면도
　소나무가 그림자를 드리우고 있었다.

[D]
　보리 누름에
　살랑이는 바람은
　짙은 고향 냄새를 날리고
　느르실* 논두렁엔
　개구리도 울었다.

서낭당 고개 넘어
배나무골은 오리
갈미* 장터 가는 길엔
흙먼지가 뽀얗게 일었다.

[E]
　인정이 구수하기
　고구마 같은데
　콩서리 모닥불에 입술도 검고

고향으로 가는 길엔
피어 오른 구름처럼
마음이 부풀었다.

　　　　　　　- 성기조, 「고향으로 가는 길」 -

*남댕이, 느르실, 갈미: 지명.

03 〈보기〉는 (가)를 산문으로 서술한 것이다. (가)의 내용과 달라진 것은?   25634-0009

〈보기〉

㉠구름이 끼고 찬바람이 불더니 비가 내리기 시작한다. ㉡빗방울은 여기저기서 서로 다투듯이 쏟아져 내린다. ㉢산새는 빗소리에 놀라 날갯짓을 하며 종종걸음으로 비를 피하고 있다. ㉣땅에 떨어진 빗물은 여울을 이루며 흘러가고 있다. ㉤잠시 주춤했던 빗방울은 다시 붉은 꽃잎에 후두둑 후두둑 소리를 내며 떨어진다.

---

① ㉠ Ok No   ② ㉡ Ok No   ③ ㉢ Ok No   ④ ㉣ Ok No   ⑤ ㉤ Ok No

04 이미지를 중심으로 감상할 때, [A]~[E]에 대한 학생들의 반응으로 적절하지 **않은** 것은?   25634-0010

① [A]: **시각적 이미지**와 의인화의 방법을 통해 대상의 모습을 생동감 있게 표현했군.   Ok No
② [B]: **청각적 이미지**인 매미 울음소리를 의미를 지닌 말로 표현하고 있군.   Ok No
③ [C]: 색채어를 활용하여 **시각적 이미지**가 더욱 선명하게 느껴지도록 표현하고 있군.   Ok No
④ [D]: **시각, 청각, 후각적 이미지**를 효과적으로 연결하여 고향의 다양한 정취를 자아내고 있군.   Ok No
⑤ [E]: **시각적 이미지를 후각적 이미지로 변용**한 **공감각적 표현**을 통해 이미지를 참신하게 형상화했군.   Ok No

내가 그리는 개념 마인드맵

1 '색채어'가 정확히 뭐예요?
2 '변용한다'는 게 뭐예요?

03강 이미지 2

오늘 꼭 알아야 할 개념   # 상승 이미지   # 하강 이미지   # 동적 이미지   # 정적 이미지   # 이미지의 기능

STEP.1 개념 Hi

개념 1 1 상승 이미지

상승 (上: 위 상, 昇: 오를 승)
낮은 데서 위로 올라감.
- 물가 상승.
- 신분 상승.

> 상승 이미지란 말 그대로 [ㅇ ㄹ]에서 [ㅇ]로 올라가는 듯한 느낌을 주는 이미지를 말해. '날아오르는 새'라든가, '떠오르는 태양'이라든가…… 어때, 위로 올라가는 느낌이 들지? 그런 걸 바로 상승 이미지가 느껴진다고 하는 거야.

개념 1 2 하강 이미지

하강 (下: 아래 하, 降: 내릴 강)
높은 곳에서 아래로 향하여 내려옴.
- 주가가 연일 하강 곡선을 긋고 있다.

> 그럼 하강 이미지는? 상승 이미지랑 반대겠지? [ㅇ]에서 [ㅇ ㄹ]로 떨어지는 듯한 느낌을 주는 이미지를 말하는 거겠지. '낙엽이 떨어진다'라든가, '비가 내린다'라든가, '주저앉았다'라든가…… 어때, 이번엔 아래로 떨어지는 느낌이 들지? 그런 걸 하강 이미지라고 하는 거지. 참 쉽죠잉~.

> 오~ 알고 보니 별거 아니네요. 근데 상승 이미지는 지난 시간에 배운 [ㄱ ㅈ]적 이미지랑, 하강 이미지는 [ㅂ ㅈ]적 이미지랑 비슷한 거 같아요.

> 역시 하나를 알려 주니 둘을 아는구나. 맞아. 그렇게 의미가 연결될 때가 많아. 그러나 무조건 그런 것은 아니라는 것만 주의하자! :)

개념 1 3 동적 이미지

동적 (動: 움직일 동, 的: 과녁 적)
움직이는 성격의 것.
- 춤은 마음속에 일어나는 느낌을 동적으로 표현한 예술이다.

> 선생님, 이건 그냥 제가 설명해 볼게요. 동적 이미지는 [ㅇ ㅈ ㅇ ㄴ] 듯한 느낌을 주는 이미지인 거죠?

개념 1 4 정적 이미지

정적 (靜: 고요할 정, 的: 과녁 적)
정지 상태에 있는 것.
- 정적인 분위기.

> 정적 이미지는 [ㅈ ㅈ] 상태, 그러니까 [ㅇ ㅈ ㅇ]이 거의 느껴지지 않는 이미지인 거고요.

■ **초성 퀴즈 답** 아래, 위 / 위, 아래 / 긍정, 부정 / 움직이는 / 정지, 움직임

개 념 1 5 　이미지의 기능

이미지는 화자의 정서, 태도, 상황 및 대상의 속성을 드러낼 때 동원된다.

> 이미지를 통해 화자의 정서와 태도가 함께 나타나기도 해.

화자의 정서

어떤 이미지로 묘사하느냐에 따라 화자 자신의 정서를 표현하는 것이 가능함.

화자의 태도

이미지를 활용하여 화자는 자신의 의지적 태도, 낙관적 태도, 대상에 대한 부정적 태도 등을 표현함.

화자의 상황

이미지를 활용하여 화자가 처한 상황을 효과적으로 표현할 수 있음.

대상의 속성

이미지를 통해 대상을 묘사하여 대상 그 자체의 속성을 부각할 수 있음.

> 기출문제의 선지 구성을 통해 이미지가 어떤 기능을 하는지 찾아보자.

① **청각적 심상**을 활용하여 + **사물의 속성**을 표출한다.　>　**대상의 속성**을 드러낸다.

② **색채 이미지**를 통해 + 화자의 **의지적 모습**을 드러낸다.　>　 을/를 드러낸다.

③ **감각적 심상**을 활용하여 + 화자의 **정서**를 드러내고 있다.　>　 을/를 드러낸다.

④ **하강 이미지**를 통해 + 화자가 **연약한 존재임**을 보여 준다.　>　 을/를 드러낸다.

⑤ **감각적 이미지**를 활용하여 + 대상의 **불변성**을 부각하고 있다.　>　 을/를 드러낸다.

⑥ **역동적 이미지**를 통해 + 미래에 대한 화자의 **소망**을 나타낸다.　>　 을/를 드러낸다.

⑦ **색채어를 활용**하여 + 신화적 세계에 대한 **동경**을 드러내고 있다.　>　 을/를 드러낸다.

●**퀴즈 답** ② 화자의 태도 ③ 화자의 정서 ④ 화자의 상황 ⑤ 대상의 속성 ⑥ 화자의 정서 및 태도 ⑦ 화자의 정서 및 태도

STEP.2 개념 Quiz

불국사

- 박목월

흰 달빛
자하문(紫霞門)*

달 안개
물소리

대웅전
큰 보살

바람 소리
솔 소리

범영루
뜬 그림자

흐는히
젖는데

흰 달빛
자하문

바람 소리
물소리

25634-0011

Q.1 ㅅ ㄱ 적 이미지

Q.2 ㅊ ㄱ 적 이미지

Q.3 ㅈ 적 이미지

***자하문**: 경상북도 경주시 불국사에 있는 조선 후기 단층 팔작지붕 형태의 문(門).

떨어져도 튀는 공처럼

- 정현종

그래 살아봐야지
너도 나도 공이 되어
떨어져도 튀는 공이 되어

살아봐야지
쓰러지는 법이 없는 둥근
공처럼, 탄력의 나라의
왕자처럼

가볍게 떠올라야지
곧 움직일 준비 되어 있는 꼴
둥근 공이 되어

옳지 최선의 꼴
지금의 네 모습처럼
떨어져도 튀어오르는 공
쓰러지는 법이 없는 공이 되어.

25634-0012

Q.4 ^^ 이미지

Q.5 ㅎㄱ 이미지

청산도

- 박두진

　산아. 우뚝 솟은 푸른 산아. **철철철** 흐르듯 짙푸른 산아. 숱한 나무들, 무성히 무성히 우거진 산마루에, 금빛 기름진 햇살은 내려오고, **둥둥** 산을 넘어, 흰 구름 건넌 자리 씻기는 하늘. 사슴도 안 오고 바람도 안 불고, 넘엇 골 골짜기서 울어 오는 뻐꾸기…….

　산아. 푸른 산아. 네 가슴 향기로운 풀밭에 엎드리면, 나는 가슴이 울어라. 흐르는 골짜기 스며드는 물소리에, 내사 **줄줄줄** 가슴이 울어라. 아득히 가 버린 것 잊어버린 하늘과, **아른아른** 오지 않는 보고 싶은 하늘에, 어쩌면 만나도질 볼이 고운 사람이, 난 혼자 그리워라. 가슴으로 그리워라.

　티끌 부는 세상에도 벌레 같은 세상에도 눈 맑은, 가슴 맑은, 보고지운 나의 사람. 달밤이나 새벽녘, 홀로 서서 눈물 어릴 볼이 고운 나의 사람. 달 가고, 밤 가고, 눈물도 가고, 튀어 올 밝은 하늘 빛난 아침 이르면, 향기로운 이슬밭 푸른 언덕을, **총총총** 달려도 와 줄 볼이 고운 나의 사람.

　푸른 산 한나절 구름은 가고, 골 넘어, 골 넘어, 뻐꾸기는 우는데, 눈에 어려 흘러가는 물결 같은 사람 속, 아우성쳐 흘러가는 물결 같은 사람 속에, 난 그리노라. 너만 그리노라. 혼자서 철도 없이 난 너만 그리노라.

25634-0013

Q.6 O/X로 답해 보자.

① **1연의 '철철철'**은 '숱한 나무들'과 '무성히 우거진 산마루'로 이루어진 '짙푸른 산'의 모습을 부각한다. ☐O ☐X

② **1연의 '둥둥'**은 '기름진 햇살'로부터 벗어나 '씻기는 하늘'로 향하려는 '흰 구름'의 움직임을 부각한다. ☐O ☐X

③ **2연의 '줄줄줄'**은 '골짜기'의 '물소리'와 '나'의 '가슴' 속을 조응시키며 '나'의 고조된 감정을 부각한다. ☐O ☐X

④ **2연의 '아른아른'**은 '보고 싶은 하늘'이 '오지 않는' 상황에서 '나'가 느끼는 그리움을 부각한다. ☐O ☐X

⑤ **3연의 '총총총'**은 '나의 사람'이 '나'와의 만남을 위해 기꺼이 '와 줄' 것이라는 '나'의 기대를 부각한다. ☐O ☐X

[01-02] 다음 글을 읽고 물음에 답하시오.

| 고2 전국연합학력평가 |

(가)
매운 계절의 채찍에 갈겨
마침내 북방으로 휩쓸려 오다.

하늘도 그만 지쳐 끝난 고원(高原)
서릿발 칼날진 그 위에 서다.

어데다 무릎을 꿇어야 하나
한 발 재겨 디딜 곳조차 없다.

이러매 눈 감아 생각해 볼밖에
겨울은 강철로 된 무지갠가 보다.

– 이육사, 「절정」 –

(나)
생명은
추운 몸으로 온다
벌거벗고 언 땅에 꽂혀 자라는
초록의 겨울보리,
생명의 어머니도 먼 곳
추운 몸으로 왔다

진실도
부서지고 불에 타면서 온다
버려지고 피 흘리면서 온다

겨울 나무들을 보라
추위의 면도날로 제 몸을 다듬는다
잎은 떨어져 먼 날의 섭리에 불려 가고
줄기는 이렇듯이
충전 부싯돌*임을 보라

금 가고 일그러진 걸 사랑할 줄 모르는 이는
친구가 아니다
상한 살을 헤집고 입맞출 줄 모르는 이는
친구가 아니다

생명은
추운 몸으로 온다
열두 대문 다 지나온 추위로
하얗게 드러눕는
함박눈 눈송이로 온다

– 김남조, 「생명」 –

*부싯돌: 불씨를 일으키기 위해 사용되는 돌.

01 다음은 (가)를 읽은 학생이 쓴 감상문의 일부이다. ⓐ~ⓔ 중 적절하지 **않은** 것은? 25634-0014

> 이 작품을 감상할 때, 계절의 이미지에 주목하여 읽으니 화자의 상황과 정서에 더 공감할 수 있었다. ⓐ작품 속 계절적 상황이 '매운'이라는 감각적 이미지로 제시되어 있으니 혹독한 추위가 실감 나게 느껴졌고, ⓑ겨울을 연상시키는 '서릿발'이라는 시어에서는 겨울이 주는 시련의 의미가 더욱 분명하게 드러나는 것 같았다. ⓒ이러한 겨울의 이미지들이 '북방'과 '고원'이라는 극한적 공간의 이미지와 맞물리면서 화자가 처한 상황이 고통스럽다는 것에 쉽게 공감할 수 있었다. 그리고 ⓓ화자가 고난이 끝났음을 인지하고 '한 발 재겨 디딜 곳'을 찾는 모습을 보면서 부정적 현실을 이겨 내려는 자세를 본받고 싶어졌다. 또한 ⓔ겨울을 '강철로 된 무지개'의 이미지로 전환하여 현실 상황을 다르게 인식하려는 화자의 모습이 인상적이었다.

① ⓐ Ok No   ② ⓑ Ok No   ③ ⓒ Ok No   ④ ⓓ Ok No   ⑤ ⓔ Ok No

02 <보기>를 바탕으로 (나)를 감상한 것으로 적절하지 **않은** 것은?

25634-0015

<보기>

　이 작품은 생명의 속성을 자연물로 형상화하며 화자가 추구하는 삶의 방향을 드러내고 있다. 화자는 생명이란 고통을 동반할 수밖에 없는 것임을 보여 주며 삶의 진실 또한 이와 다르지 않음을 강조한다. 또한 **생성**과 **소멸**이라는 이중적인 속성을 가진 자연물의 모습을 통해, 고통을 감내하며 또 다른 생성을 준비하는 생명의 속성을 드러낸다.

① '언 땅에 꽂혀 자라는' '겨울보리'의 모습에서 생명의 속성을 자연물로 형상화하고 있음을 확인할 수 있겠군.　Ok No

② '진실'이 '부서지고 불에 타면서' 오는 모습에서 삶의 진실도 생명의 속성과 다르지 않다고 여기는 화자의 생각을 확인할 수 있겠군.　Ok No

③ '제 몸'을 '추위의 면도날'로 '다듬'는 '겨울 나무'의 모습에서 고통을 감내하는 자연물의 속성을 확인할 수 있겠군.　Ok No

④ '떨어져' '불려 가'는 '잎'과 '충전 부싯돌'인 '줄기'의 모습에서 소멸과 생성이라는 자연물의 이중적 속성을 확인할 수 있겠군.　Ok No

⑤ '상한 살을 헤집고 입맞'추는 사람을 부정하는 모습에서 화자가 지향하는 삶의 방향을 확인할 수 있겠군.　Ok No

> 선생님이 설명한 것 이외에도 정말 다양한 이미지들이 있어.
> 다양한 이미지들을 파악하면서 시를 읽으면, 시가 말하고자 하는 바를 더 효과적으로 이해할 수 있다는 걸 잊지 말자. :)

흙이 풀리는 내음새
강바람은
산짐승의 우는 소릴 불러
다 녹지 않은 얼음장 울먹울먹 떠내려간다.

진종일
나룻가에 서성거리다
행인의 손을 쥐면 따듯하리라.

고향 가차운 주막에 들러
누구와 함께 지난날의 꿈을 이야기하랴.
양귀비 끓여다 놓고
주인집 늙은이는 공연히 눈물지운다.

간간이 잰나비 우는 산기슭에는
아직도 무덤 속에 조상이 잠자고
설레는 바람이 가랑잎을 휩쓸어 간다.

예제로 떠도는 장꾼들이여!
상고(商賈)하며 오가는 길에
혹여나 보셨나이까.

전나무 우거진 마을
집집마다 누룩을 디디는 소리, 누룩이 뜨는 내음새……

– 오장환, 「고향 앞에서」 –

---

03 윗글에 사용된 시어에 대한 설명으로 적절하지 **않은** 것은?　　　　　25634-0016

① '나룻가', '주막', '산기슭' 등의 공간을 활용해서 시상을 전개하고 있다.　　Ok No
② '행인', '주인집 늙은이', '장꾼들'과 시적 화자가 처해 있는 상황은 동일하다.　　Ok No
③ '강바람'과 '설레는 바람'은 고향에 대한 시적 화자의 심리를 담아내는 매개체이다.　　Ok No
④ '공연히', '아직도', '혹여나' 등 부사어를 통해 시적 화자의 내면을 효과적으로 드러내고 있다.　　Ok No
⑤ 첫 행과 마지막 행의 '내음새'는 고향에 대한 기억을 그리움으로 확장시키는 역할을 하고 있다.　　Ok No

04 〈보기〉는 윗글에 대한 수업 장면이다. [A]~[E]에 대해 학생이 발표한 내용으로 적절하지 **않은** 것은?

〈보기〉

선생님: 시에서는 감각적 심상이 많이 활용됩니다. 「고향 앞에서」에 사용된 **다양한 심상들**이 작품 속에서 **어떤 효과**를 나타내는지 발표해 보도록 합시다.

흙이 풀리는 내음새 ──────────── [A]
다 녹지 않은 얼음장 울먹울멍 떠내려간다. ────── [B]
행인의 손을 쥐면 따듯하리라. ─────── [C]
간간이 잰나비 우는 산기슭에는 ──────── [D]
집집마다 누룩을 디디는 소리, 누룩이 뜨는 내음새 ────── [E]

① [A]에서는 **후각적 심상**을 활용하여 봄이라는 **계절적 배경을 드러내**고 있습니다.　Ok No

② [B]에서는 **시각적 심상**을 활용하여 현실과 대비된 **과거의 삶을 회상하는 화자의 태도를 나타내**고 있습니다.　Ok No

③ [C]에서는 **촉각적 심상**을 활용하여 고향의 정취를 느끼고 싶어 하는 **화자의 심리를 표출**하고 있습니다.　Ok No

④ [D]에서는 **청각적 심상**을 활용하여 **고향의 처량하고 쓸쓸한 분위기를 표현**하고 있습니다.　Ok No

⑤ [E]에서는 **청각과 후각적 심상**을 활용하여 화자의 의식에 잠재되어 있는 **근원적 고향의 모습을 묘사**하고 있습니다.　Ok No

💬 **내**가 그리는 개념 마인드맵

오늘 꼭 알아야 할 개념 # 제목으로 의미 파악하기 # 상황으로 의미 파악하기 # 문맥으로 의미 파악하기
시어 간의 관계로 의미 파악하기

STEP.1 **개념 Hi**

개념 16 **시의 제목을 참고하여 시어의 의미 파악하기**

1 제목이 딱 그냥 **어떤 대상**일 때 > 그 대상을 대하는 **화자의 태도**를 찾아라.
> 그 대상의 **함축적 의미**를 찾아라.

예 '청춘' ·········▶ 화자는 '청춘'을 어떻게 생각할까?

'흰수염고래' ···▶ 흰수염고래? 진짜 고래 자체를 의미하는 걸까,
아니면 누군가를 상징하는 걸까?

2 제목에 **생략된 부분**이 있을 때 > **생략된 부분**을 복원해라.

예 '너에게 난, 나에게 넌' ···▶ '너'에게 '나'는, '나'에게 '너'는 어떤 존재라는 걸까?

3 제목이 **주제**를 드러낼 때 > **감사**히 받아들여라. :)

예 '걱정말아요, 그대' ···▶ 아, 주제구나. 걱정하지 말라는 거구나.

> 시를 읽을 때, 시어나 시구의 의미를 이해
> 하는 것이 어렵다면 시의 ㅈㅁ 을 다시 보자. 시
> 의 제목이 우리가 이해해야 하는 시어나 시구에
> 대한 힌트가 되어 주는 경우가 있거든.

개념 17 **시적 상황에 주목하여 시어의 의미 파악하기**

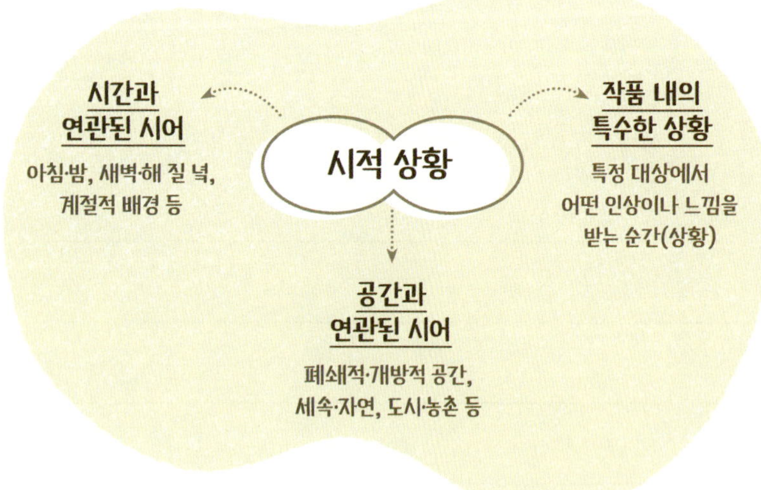

> 시어나 시구의 의미를 파악할 때, 바탕이
> 되는 것은 바로 ㅅㅈ ㅅㅎ 이야. 같은 '눈물'이
> 라는 시어라고 할지라도 열 번째 도전한 시험에 합
> 격한 상황에서의 '눈물'과 사랑하는 사람에게 예
> 상치 못한 이별을 통보받은 상황에서의 '눈물'은 그
> 의미가 분명 다르겠지? 시어나 시구의 의미를 파
> 악할 때에는 꼭! ㅅㅈ ㅅㅎ 을 고려해야만 해.

개념 18 문맥을 고려하여 시어의 의미 파악하기

'도전'이라는 건 원래 좋은 거 아니냐고? 시에서 원래가 어딨니? 문맥을 잘 살펴야지. 똑같은 '도전'이라는 시어일지라도 '가치 있는'이라는 ㅅㅅㅇ가 붙었을 때와 '무모한'이라는 ㅅㅅㅇ가 붙었을 때 그 의미는 달라지는 거야. 또 '눈물'은 슬프거나 속상할 때 흘리는 거라는 고정 관념에 사로잡혀 있어도 안 된다고. 기쁨의 눈물, 감동의 눈물도 있거든. '눈물'을 설명하는 ㅅㅅㅇ가 '거두자'일 때와 '아름답다'일 때, 각각의 ㅅㅅㅇ가 설명하는 '눈물'이라는 시어는 생김새는 같아도 그 의미는 완전히 달라지기 때문이야. 그러니 고정 관념은 넣어 둬, 넣어 둬.

개념 19 유사 관계, 대비 관계에 주목하여 시어의 의미 파악하기

우리들의 사랑을 위하여서는
이별이, **이별**이 있어야 하네.

높았다, 낮았다, 출렁이는 물살과
물살 몰아 갔다 오는 **바람**만이 있어야 하네.

오, 우리들의 그리움을 위하여서는
푸른 **은핫물**이 있어야 하네.

돌아서는 갈 수 없는 오롯한 이 자리에
불타는 **홀몸**만이 있어야 하네!

　　　　　　　　　－ 서정주, 「견우의 노래」 중에서 －

이 시에는 반복되는 동일한 구조가 있지? '▢▢▢이 있어야 하네.'의 빈칸에 들어갈 '이별', '바람', '은핫물', '홀몸' 이 네 개의 시어는 그 의미가 ㅇㅅ할 거야. 그렇다면 이 네 개의 시어 중 의미 파악이 쉽게 되는 게 하나라도 있다면 그걸 기준으로 삼아 다른 시어들의 의미도 추론할 수 있게 되는 거지. '**은핫물**'이라는 시어는 사랑하는 사람과의 사이를 막아 놓은 **장애물**의 의미인 걸 파악했다고 해 보자. '~이 있어야 하네.'라는 서술어까지 고려해 본다면? 아~ "'이별', '바람', '은핫물', '홀몸'은 성숙한 사랑을 위해서는 반드시 있어야 할 **시련, 장애물**이라는 뜻이겠구나!" 이렇게 시어의 의미, 기능을 파악할 수 있는 거야.

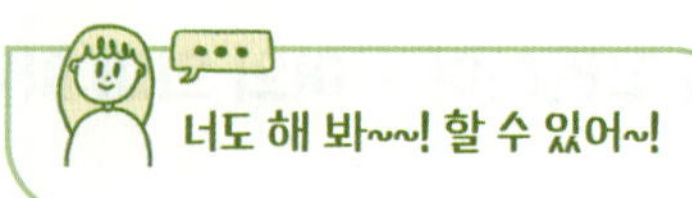

● 정답 117쪽

나의 집

— 김소월

들가에 떨어져 나가 앉은 멧기슭의
넓은 바다의 물가 뒤에,
나는 지으리, **나의 집**을,
다시금 큰길을 앞에다 두고.
길로 지나가는 그 사람들은
제각기 떨어져서 혼자 가는 길.
하이얀 여울턱에 날은 저물 때.
나는 문간에 서서 기다리리
새벽 새가 울며 지새는 그늘로
세상은 희게, 또는 고요하게
번쩍이며 오는 아침부터
지나가는 길손을 눈여겨보며,
그대인가고, 그대인가고.

25634-0018

Q.1 '나의 집'의 의미로 볼 수 있을지 O/X로 답해 보자.

① '나'가 자신과 화해하는 공간 　O　X
② '나'가 과거를 회상하는 공간 　O　X
③ '나'가 '그대'를 기다리는 공간 　O　X
④ '나'가 자신의 삶을 반성하는 공간 　O　X
⑤ '나'가 현실의 아픔을 대면하는 공간 　O　X

방을 얻다

- 나희덕

담양이나 창평 어디쯤 방을 얻어
다람쥐처럼 드나들고 싶어서
고즈넉한 마을만 보면 들어가 기웃거렸다.
지실마을 어느 집을 지나다
오래된 한옥 한 채와 새로 지은 별채 사이로
수더분한 꽃들이 피어 있는 마당을 보았다.
나도 모르게 열린 대문 안으로 들어섰는데
아저씨는 숫돌에 낫을 갈고 있었고
아주머니는 밭에서 막 돌아온 듯 머릿수건이 촉촉했다.
―저어, 방을 한 칸 얻었으면 하는데요.
일주일에 두어 번 와 있을 곳이 필요해서요.
내가 조심스럽게 한옥 쪽을 가리키자
아주머니는 빙그레 웃으며 이렇게 대답했다.
―글씨, 아그들도 다 서울로 나가불고
우리는 별채서 지낸께로 안채가 비기는 해라우.
그라제마는 우리 집안의 내력이 짓든 데라서
맴으로는 지금도 쓰고 있단 말이요.
이 말을 듣는 순간 정갈한 마루와
마루 위에 앉아 계신 저녁 햇살이 눈에 들어왔다.
세 놓으라는 말도 못하고 돌아섰지만
그 부부는 알고 있을까,
빈방을 마음으로는 늘 쓰고 있다는 말 속에
내가 이미 세들어 살기 시작했다는 걸.

25634-0019

Q.2 '빈방'의 의미로 볼 수 있을지

O/X로 답해 보자.

① '나'가 자신과 화해하는 공간 〔O〕〔X〕
② '나'가 과거를 회상하는 공간 〔O〕〔X〕
③ '나'가 이상향으로 생각하는 공간 〔O〕〔X〕
④ '아주머니'에게 추억이 담긴 공간 〔O〕〔X〕
⑤ '아주머니'에게 애상적 정서를 환기하는 공간 〔O〕〔X〕

STEP.3 개념 Jump

[01-02] 다음 글을 읽고 물음에 답하시오.　　　　　　　　| 고1 전국연합학력평가 |

(가)

창(窓)밖에 밤비가 속살거려
육첩방(六疊房)*은 남의 나라,

시인(詩人)이란 슬픈 천명(天命)인 줄 알면서도
한 줄 시(詩)를 적어 볼까,

땀내와 사랑 내 포근히 품긴
보내 주신 학비 봉투(學費封套)를 받아

대학(大學) 노-트를 끼고
늙은 교수(敎授)의 강의 들으러 간다.

생각해 보면 어린 때 동무들
하나, 둘, 죄다 잃어버리고

나는 무얼 바라
나는 다만, 홀로 침전(沈澱)하는 것일까?

인생(人生)은 살기 어렵다는데
시(詩)가 이렇게 쉽게 씌어지는 것은
부끄러운 일이다.

육첩방(六疊房)은 남의 나라
창(窓)밖에 밤비가 속살거리는데,

등불을 밝혀 어둠을 조금 내몰고,
시대(時代)처럼 올 아침을 기다리는 최후(最後)의 나,

나는 나에게 작은 손을 내밀어
눈물과 위안(慰安)으로 잡는 최초(最初)의 악수(握手).

　　　　　　　　　　　　- 윤동주, 「쉽게 씌어진 시」 -

*육첩방: 일본식 돗자리인 다다미 여섯 장을 깐 방.

(나)

친구가 원수보다 더 미워지는 날이 많다
티끌만 한 잘못이 맷방석만 하게
동산만 하게 커 보이는 때가 많다
그래서 세상이 어지러울수록
남에게는 엄격해지고 내게는 너그러워지나 보다
돌처럼 잘아지고 굳어지나 보다

멀리 동해 바다를 내려다보며 생각한다
널따란 바다처럼 너그러워질 수는 없을까
깊고 짙푸른 바다처럼
감싸고 끌어안고 받아들일 수는 없을까
스스로는 억센 파도로 다스리면서
제 몸은 맵고 모진 매로 채찍질하면서

　　　　　　　　　- 신경림, 「동해 바다 - 후포*에서」 -

*후포: 울진 아래 있는 작은 항구.

---

01 보기를 바탕으로 (가)를 감상한 내용으로 적절하지 **않은** 것은?　　　　25634-0020

> **보기**
>
> 　이 작품은 윤동주가 일제 강점기 때 일본에서 유학하며 쓴 시이다. 이 시에서 화자는 자아 성찰을 통해 무기력한 삶을 반성하고 현실을 극복하려는 의지와 희망적인 미래에 대한 확신을 드러낸다. 이 과정에서 현실에 안주하고 있는 현실적 자아와 현실 극복 의지를 지닌 이상적 자아 사이의 갈등은 해소되고 두 자아는 화해를 이루게 된다.

① '육첩방은 남의 나라'는 화자가 처해 있는 부정적인 현실을 의미하는군.　　[Ok | No]
② '홀로 침전하는 것'은 일제 강점기 현실 속에서 고결함을 유지하고자 하는 화자의 의지를 나타내는군.　　[Ok | No]
③ '등불을 밝혀 어둠을 조금 내몰고'는 현실 상황을 극복하려는 화자의 의지를 드러내는군.　　[Ok | No]
④ '시대처럼 올 아침'은 긍정적인 미래에 대한 화자의 확고한 인식을 드러내는군.　　[Ok | No]
⑤ '최초의 악수'는 현실적 자아와 이상적 자아가 화해에 이르렀음을 나타내는군.　　[Ok | No]

02 (나)에 대한 설명으로 적절하지 **않은** 것은?   25634-0021

① '**날**'은 화자의 부끄러운 모습이 드러나는 때를 의미한다.   [Ok | No]

② '**티끌**'은 화자 자신의 숨기고 싶은 모습을 의미한다.   [Ok | No]

③ '**돌**'은 생각이 좁고 마음이 너그럽지 못한 화자 자신을 비유한다.   [Ok | No]

④ '**동해 바다**'는 화자가 본받고 싶은 대상이다.   [Ok | No]

⑤ '**채찍질**'은 자신에 대한 화자의 엄격한 삶의 태도를 상징한다.   [Ok | No]

시어나 시구의 의미를 이해할 땐, 이 시의 제목이 무엇인지, 시적 화자 혹은 시적 대상이 처해 있는 상황이 구체적으로 어떠한지를 꼭 파악하자!

(가)

세 끼 밥벌이 고단할 때면 이봐
수시로 늘어나는 **현 조율**이나 하자구
우린 서로 다른 소리를 내지만
어차피 **한 악기**에 정박한 두 현
내가 저 위태로운 낙엽들의 잎맥 소리를 내면
어이, 가장 낮은 흙의 소리를 내줘
내가 팽팽히 조여진 **비명을 노래**할 테니
어이, 가장 따뜻한 두엄의 **속삭임**으로 받아줘
세상과 화음 할 수 없을 때 우리
마주 앉아 **내공에 힘쓰**자구
내공이 깊을수록 **아름다운 소리**를 낸다지
모든 현들은
어미집 같은 한없는 **구멍 속**에서
제 소리를 일군다지
그 구멍 속에서 **마음 놓고** 운다지
　　　　　　　　　　　　- 정끝별, 「현 위의 인생」 -

(나)

한때 나는 **뿌리의 신도**였지만
이제는 뿌리보다 줄기를 믿는 편이다

줄기보다는 가지를,
가지보다는 가지에 매달린 잎을,
잎보다는 하염없이 지는 **꽃잎을 믿는** 편이다

희박해진다는 것
언제라도 **흩날릴 준비가 되어 있다는 것**

뿌리로부터 멀어질수록

가지 끝의 이파리가 위태롭게 파닥이고
당신에게로 가는 **길이 조금씩 보**이기 시작한다

당신은 뿌리로부터 달아나는 데 얼마나 걸렸는지?

뿌리로부터 달아나려는 정신의 행방을
정확히 알 수는 없지만
허공의 손을 잡고 **어딘가를 향해** 가고 있다

뿌리 대신 뿔이라는 말은 어떤가

가늘고 뾰족해지는 감각의 촉수를 밀어 올리면
감히 바람을 찢을 수 있을 것 같은데
무소의 뿔처럼 가벼워질 수 있을 것 같은데

우리는 뿌리로부터 온 존재들,
그러나 뿌리로부터 부단히 도망치는 발걸음들
오늘의 일용할 잎과 꽃이
천천히 시들고 마침내 입을 다무는 시간

한때 나는 뿌리의 신도였지만
이미 허공에서 길을 잃어버린 지 오래된 사람
　　　　　　　　　　　　- 나희덕, 「뿌리로부터」 -

---

03 (가)를 감상한 내용으로 적절하지 **않은** 것은?　　　25634-0022

① 화자는 '**현**'을 '**조율**'하면서 고단함을 달래려 하겠군.　Ok　No
② 화자는 **청자**를 '**한 악기**'에서 함께 소리를 내는 동반자로 인식하겠군.　Ok　No
③ 화자는 **청자의 '속삭임'**을 통해 '**비명을 노래**'하는 자신의 삶을 반성하겠군.　Ok　No
④ 화자가 '**내공에 힘쓰**'려고 하는 이유는 '**아름다운 소리**'를 내기 위해서겠군.　Ok　No
⑤ 화자는 '**구멍 속**'이 '**마음 놓고**' **소리를 낼 수 있는 공간**이라고 생각하겠군.　Ok　No

04 〈보기〉를 바탕으로 (나)를 감상한 내용으로 적절하지 **않은** 것은?

25634-0023

〈보기〉

　　(나)의 화자는 뿌리에 의지하는 삶을 살다가 심경에 변화가 생겨 **뿌리로부터 벗어나기를 원한다.** 불안정하고 예측 불가능하지만 새로운 길을 찾아 나선 것이다. 이는 화자가 한 단계 성장하기 위한 과정으로, **존재의 근원인 뿌리로부터 벗어날수록 스스로 존재할 수 있다**는 역설적 인식이 바탕에 깔려 있다.

① '뿌리의 신도'였다가 '꽃잎을 믿는' 것에서 화자의 심경에 변화가 생겼음을 확인할 수 있군. ［Ok｜No］

② '흩날릴 준비가 되어 있다는 것'에서 예측 불가능한 상황으로 나아가려는 마음을 확인할 수 있군. ［Ok｜No］

③ '뿌리로부터 멀어질수록' 오히려 '길이 조금씩 보'인다는 것에서 역설적 인식을 확인할 수 있군. ［Ok｜No］

④ '어딘가를 향해' 간다는 것에서 화자는 불안정함을 감수하면서도 스스로 존재하려 함을 확인할 수 있군. ［Ok｜No］

⑤ '뿌리로부터 온 존재'라고 인정하는 것에서 화자가 새로운 길을 찾는 과정을 통해 한 단계 성장하였음을 확인할 수 있군. ［Ok｜No］

내가 그리는 개념 마인드맵

STEP.1 개념 Hi

개념 20 대비(≒대조)

대비 (對: 대답할 대, 比: 견줄 비)
「1」 두 가지의 차이를 밝히기 위하여 서로 맞대어 비교함. 또는 그런 비교.
「2」 『미술』 회화(繪畫)에서, 어떤 요소의 특질을 강조하기 위하여 그와 상반되는 형태 · 색채 · 톤(tone)을 나란히 배치하는 일.
「3」 『심리』 서로 다른 성질의 것을 나란히 놓았을 때, 그 차이가 현저하게 드러나는 현상. 빛깔이나 크기뿐만 아니라 감각, 감정 따위의 심적 활동이 시간적 · 공간적으로 접근하여 나타날 때에도 볼 수 있다. ≒대비 현상

대조 (對: 대답할 대, 照: 비출 조)
서로 달라서 대비가 됨.
• 둘의 성격이 대조가 된다.

ㄷㅂ와 ㄷㅈ의 개념, 비슷하지? 수능 시험에서도 두 개념은 유사한 의미로 쓰이고 있어. 시에는 굉장히 다양한 종류의 대비가 드러나. 왜일까? 대비되는 두 대상을 제시하면 그 ㅊㅇ가 더 선명하게 부각되면서 말하고자 하는 바를 ㄱㅈ할 수 있거든. 화자의 처지나 정서, 태도와 대비되는 어떤 대상이 제시되었다면, 그 둘 사이의 ㅊㅇ가 무엇인지, 시인이 ㄷㅂ의 방법을 통해 강조하고자 했던 것이 무엇인지를 파악할 수 있어야 한다고~.

개념 21 명암의 대비

명암 (明: 밝을 명, 暗: 어두울 암)
밝음과 어두움을 통틀어 이르는 말.

📑 *시험지에는 이런 식으로 등장해.*

> 해가 넘어가는 쪽 컴컴한 산기슭에는 적설이 쌓여서 **하얗게 번쩍거렸다.**
> – 목성균, 「세한도(歲寒圖)」 중에서 –

→ **명암의 대비**를 통해 대상의 특성을 드러내고 있다.

> 밤 사이 눈이 내린,
> 그것도 백운대나 인수봉 같은
> 높은 봉우리만이 **옅은 화장을 하듯**
> **가볍게 눈을 쓰고**
>
> **왼 산은 차가운 수묵(水墨)으로 젖어 있는,**
> 어느 겨울날 이른 아침까지는 기다려야만 한다.
> – 김종길, 「고고(孤高)」 중에서 –

→ **흑백의 대비**를 통해 회화적 이미지를 강화하고 있다.

그럼 명암의 대비는 뭐겠어? 그래, ㅂㅇ의 이미지와 ㅇㄷㅇ의 이미지를 떠올릴 수 있는 표현이 함께 있다는 거겠지. 그런데 주의할 것은 밝은 것은 무조건 긍정적이고 좋은 거고, 어두운 것은 무조건 부정적이고 나쁜 거라는 고정 관념은 버려야 한다는 거야. 알고 있지? 시어의 의미나 이미지를 파악할 때에는 자신의 고정 관념은 버려야 한다는 것.

개념 2 2   색채의 대비

📖 *시험지에는 이런 식으로 등장해.*

> 설월(雪月)에 매화를 보려 잔을 잡고 창을 여니
> 섞인 꽃 여윈 속에 잦은 것이 향기로다
>
> — 이신의, 「단가육장」 중에서 —

→ **색채의 대비**를 활용하여 대상을 구체적으로 묘사하고 있다.

> 하늘 밑 **푸른 바다**가 가슴을 열고
> **흰 돛 단 배**가 곱게 밀려서 오면
>
> — 이육사, 「청포도」 중에서 —

→ '**흰 돛 단 배**'는 '**하늘 밑 푸른 바다**'와 **색채 대비**가 이루어져 더욱 선명한 인
  상을 갖도록 해 준다.

'대비'의 개념을 배웠으니까, 이제 '색채
의 대비'가 무슨 뜻일지는 짐작해 볼 수 있지?
서로 다른 ㅅ 을 제시하여 그 ㅊ ㅇ 가 더 선명
하게 느껴지도록 표현하는 방법인 거지. 그리고 눈
으로 인식하는 색채를 활용하는 표현 방법이니까
당연히 ㅅ ㄱ ㅈ 이미지가 느껴지겠지? 이제 배
우는 개념들이 점차 많아질수록 배운 개념들을 이
렇게 연결해서 이해해 보는 거야~.

개념 2 3   과거와 현재의 대비

📖 *시험지에는 이런 식으로 등장해.*

> 종다리 뜨는 아침 언덕 우에 구름을 쫓아 달리던
> **너와 나는 그날 꿈 많은 소년이었다.**
> 제비 같은 이야기는 바다 건너로만 날리었고
> 가벼운 날개 밑에 머─ㄹ리 수평선이 층계처럼 낮더라.
>   (중략)
> **오늘** 얼음처럼 싸늘한 노을이 뜨는 바다의 언덕을 오르는
> **두 놈의 봉해진 입술에는 바다 건너 이야기가 없고.**
>
> 곰팡이처럼 얼룩진 수염이 코밑에 미운 너와 나는
> 또다시 가슴이 둥근 소년일 수 없고나.
>
> — 김기림, 「추억」 중에서 —

→ '제비 같은 이야기'를 '바다 건너'로 날렸던 모습과 '봉해진 입술에는 바다 건너
  이야기가 없'는 모습에서 **과거와 현재의 대비**되는 화자의 모습을 알 수 있군.

시에는 ㄱ ㄱ 를 회상하는 장면이 정말 많
이 등장해. 지금은 풀만 무성한 옛 대궐 터에서 지
난 왕조의 융성했던 모습을 떠올리며 무상감을 느
낀다든가, 지금은 계시지 않는 아버지의 따뜻했던
사랑을 떠올리며 아버지를 그리워한다든가, 가난
했던 어린 시절을 떠올린다든가, 아름답고 정겨웠
던 고향의 모습을 떠올린다든가……. 화자가 지금
놓여 있는 ㅎ ㅈ 의 상황과 다른 ㄱ ㄱ 상황의
대비가 제시될 경우, 무엇이 어떻게 다른지를 생
각해 봐야겠지? 그리고 그 ㅊ ㅇ 로 인해 화자가
지금 어떤 ㄱ ㅈ 을 느끼고 있는지도 중요한 감상
포인트가 될 거야.
아, 또 한 가지 더! 과거를 회상하게 만드는
ㅁ ㄱ ㅊ 가 있다면, 그것에도 주목해 보자. :)

■ **초성 퀴즈 답** 대비, 대조, 차이, 강조, 차이, 대비 / 밝음, 어두움 / 색, 차이, 시각적 / 과거, 현재, 과거, 차이, 감정, 매개체

STEP.2 개념 Quiz

길

- 김소월

어제도 하로밤
나그네 집에
가마귀 가왁가왁 울며 새웠소.

오늘은
또 몇십 리
어디로 갈까.

산으로 올라갈까
들로 갈까
오라는 곳이 없어 나는 못 가오.

말 마소, 내 집도
정주(定州) 곽산(郭山)*
차(車) 가고 배 가는 곳이라오.

여보소, 공중에
저 기러기
공중엔 길 있어서 잘 가는가?

여보소, 공중에
저 기러기
열십자(十字) 복판에 내가 섰소.

갈래갈래 갈린 길
길이라도
내게 바이* 갈 길은 하나 없소.

*정주 곽산: 김소월의 고향.
*바이: 아주 전혀.

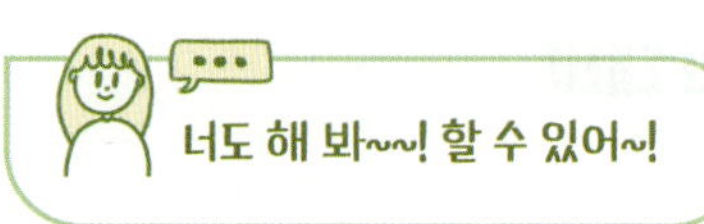

25634-0024

Q.1 대비되는 시어 찾기

ㄱㄹㄱ vs. ㄴ(ㅎㅈ)

Q.2 대비의 방법으로 드러내고자 한 의미

공중에는 길이 없음에도 불구하고 ㄱ 이 있는 것처럼 잘 가는 기러기와 열십자 복판에서 어디로 갈지 몰라 ㅂㅎ 하고 있는 화자의 처지를 ㄷㅂ 하여 삶의 터전을 잃고 길 위를 유랑하는 화자의 절망과 안타까움을 효과적으로 표현하였다.

월훈

– 박용래

첩첩산중에도 없는 마을이 여긴 있습니다. 잎 진 사잇길 저 모랫둑, 그 너머 강기슭에서도 보이진 않습니다. **허방다리* 들어내면 보이는 마을.**

갱 속 같은 마을. 꼴깍, 해가, 노루꼬리 해가 지면 집집마다 봉당에 불을 켜지요. 콩깍지, 콩깍지처럼 후미진 외딴집, 외딴집에도 불빛은 앉아 이슥토록 **창문은 모과빛**입니다.

기인 밤입니다. 외딴집 노인은 홀로 잠이 깨어 출출한 나머지 **무우**를 깎기도 하고 **고구마**를 깎다, 문득 바람도 없는데 시나브로 풀려 풀려 내리는 짚단, 짚오라기의 설레임을 듣습니다. 귀를 모으고 듣지요. 후루룩 후루룩 처마 깃에 나래 묻는 이름 모를 새, 새들의 온기를 생각합니다. 숨을 죽이고 생각하지요.

참 오래오래, 노인의 자리맡에 밭은기침 소리도 없을 양이면 벽 속에서 겨울 귀뚜라미는 울지요. 떼를 지어 웁니다, 벽이 무너지라고 웁니다.

어느덧 밖에는 눈발이라도 치는지, 펄펄 함박눈이라도 흩날리는지, 창호지 문살에 돋는 월훈(月暈).

25634-0025

Q.3 이 시에 나타난 대비(대립)의 관계에 대해 O/X로 답해 보자.

① '허방다리 들어내면 보이는 마을', '갱 속 같은 마을'은 **얕음**과 **깊음**의 **대비**를 이루어 숨어 있는 두 공간의 차이를 부각하고 있군. ☐O ☐X

② '무우'와 '고구마'는 **차가움**과 **따뜻함**의 **대비**를 이루어 밤에 출출함을 달래기 위해 먹는 다양한 음식의 속성을 부각하고 있군. ☐O ☐X

③ '창문은 모과빛'과 '기인 밤'은 **밝음**과 **어둠**의 **대비**를 이루어 각 소재가 가진 특징을 부각하고 있군. ☐O ☐X

***허방다리**: 짐승 따위를 잡기 위해 풀 등을 덮어 위장한 구덩이.

STEP.3 개념 Jump

[01-02] 다음 글을 읽고 물음에 답하시오.

| 고1 전국연합학력평가 |

어두운 방 안엔
바알간 숯불이 피고,

외로이 늙으신 할머니가
애처로이 잦아드는 어린 목숨을 지키고 계시었다.

이윽고 눈 속을
아버지가 약(藥)을 가지고 돌아오시었다.

아, 아버지가 눈을 헤치고 따 오신
그 붉은 산수유 열매—.

나는 한 마리 어린 짐승,
젊은 아버지의 서느런 옷자락에
열(熱)로 상기한 볼을 말없이 부비는 것이었다.

이따금 뒷문을 눈이 치고 있었다.
그날 밤이 어쩌면 성탄제의 밤이었을지도 모른다.

어느새 나도
그때의 아버지만큼 나이를 먹었다.

옛 것이란 거의 찾아볼 길 없는
성탄제 가까운 도시에는
이제 반가운 그 옛날의 것이 내리는데,

서러운 서른 살, 나의 이마에
불현듯 아버지의 서느런 옷자락을 느끼는 것은,

눈 속에 따 오신 산수유 붉은 알알이
아직도 내 혈액(血液) 속에 녹아 흐르는 까닭일까.

- 김종길, 「성탄제(聖誕祭)」 -

---

01 윗글을 영상물로 만들기 위한 계획으로 적절하지 **않은** 것은?　　25634-0026

- **전체적인 구성 방향**
- 과거 장면과 현재 장면으로 나누어 구성한다.

- **과거 장면**
- 앓고 있는 어린 손자를 향한 할머니의 안타까운 시선이 잘 드러나도록 한다. ················· ①　Ok│No
- 산수유 열매의 붉은색이 눈의 흰색과 뚜렷이 대비되도록 화면을 구성한다. ················· ②　Ok│No

- **장면 전환**
- 눈을 회상의 매개체로 하여 과거 장면과 현재 장면을 연결한다. ················· ③　Ok│No

- **현재 장면**
- 성탄절 분위기가 느껴지는 도시의 거리 모습을 배경으로 설정한다. ················· ④　Ok│No
- 주인공의 감정과 어울리는 경쾌한 배경 음악을 활용한다. ················· ⑤　Ok│No

---

02 윗글의 시적 화자가  와 같이 일기를 썼다고 할 때, 윗글의 내용과 일치하지 **않는** 것은?   25634-0027

> **보기**
>
> ㉮예나 이제나 변함없이 내리는 것은 눈뿐이지 싶다. ㉯눈을 바라보고 있으면 기억은 으레 어린 시절을 향해 달음질친다. ㉰어두운 방, 병든 손자의 손을 꼭 잡은 채 애태우던 할머니의 야윈 손길. 그러나 어둠과 맞서 싸우던 바알간 숯불은 생명의 암시였을까. ㉱이윽고 온갖 고생을 이겨 내고 붉은 산수유 열매를 구해 돌아오신 아버지의 정성. 그것이 아니었다면 나는 아마 그때 이미 이 세상 사람이 아니었을 것이다. ㉲성탄제가 가까운 도시에는 사랑과 평화가 가득한데, 해마다 이때가 되면 어린 시절 아버지의 헌신적인 사랑이 가슴 포근하게 보듬어 준다.

① ㉮ [Ok] [No]　　② ㉯ [Ok] [No]　　③ ㉰ [Ok] [No]　　④ ㉱ [Ok] [No]　　⑤ ㉲ [Ok] [No]

그럼 이 시에서 대비를 이루고 있는 시어는 뭘까? 대비의 방법을 통해서 어떤 의미를 드러내고자 한 것인지도 생각해 볼 거지? 시에서 대비되는 대상들이 나오면 주목하고, 그 의미에 대해 곰곰이 생각해 봐야 돼~!

이 듕에 시름업스니 **어부(漁父)의 생애(生涯)**로다
일엽편주(一葉扁舟)를 만경파(萬頃波)애 씌워두고
인세(人世)를 다 니젯거니 날 가는 주를 알랴

〈제1수〉

구버는 천심녹수(千尋綠水) 도라보니 ⓐ**만첩청산(萬疊靑山)
십장홍진(十丈紅塵)**이 언매나 ᄀᆞ롓는고
강호(江湖)애 월백(月白)ᄒ거든 더옥 무심(無心)ᄒ애라

〈제2수〉

청하(靑荷)*애 바볼 ᄡᅡ고 녹류(綠柳)에 고기 ᄢᅵ여
노적화총(蘆荻花叢)*에 ᄇᆡ 미야두고
일반청의미(一般淸意味)*를 어늬 부니 아ᄅᆞ실가

〈제3수〉

산두(山頭)에 **한운(閑雲)**이 기(起)ᄒ고 수중(水中)에 **백구
(白鷗)** ᅵ 비(飛)이라
무심(無心)코 다정(多情)ᄒ니 이 두 거시로다
일생(一生)애 시르를 닛고 너를 조차 노로리라

〈제4수〉

장안(長安)을 도라보니 북궐(北闕)이 천리(千里)로다
어주(漁舟)*에 누어신들 **니즌 스치 이시랴**
두어라 **내 시름** 아니라 제세현(濟世賢)*이 업스랴

〈제5수〉
　　　　　　　　　　　　　　　　　　　　　　– 이현보, 「어부 단가」 –

***청하:** 푸른 연잎.
***노적화총:** 갈대와 물억새의 덤불.
***일반청의미:** 자연으로 인해 순수해진 내면.
***어주:** 낚시질할 때 쓰는 조그만 배.
***제세현:** 나라를 구제할 현명한 선비.

---

03  를 참고하여 윗글을 감상할 때 적절하지 **않은** 것은?　　　　　　25634-0028

　　이현보는 만년에 혼탁한 정계(政界)에 싫증을 느껴 병을 핑계로 사직하고 고향에 돌아와 여생을 보냈다. 그는 **자연**을 즐기며 시작(詩作)에 힘썼으며, 고려 때부터 전해지던 「어부가」를 「어부 단가」로 개작하기도 하였다. 이현보는 이 작품을 통하여 **유유자적하는 삶**과 **우국**의 심정을 형상화하였다.

① '**어부의 생애**'는 귀향 후의 **유유자적하는 삶**을 가리키는 것으로 볼 수 있겠군.　　Ok｜No
② '**십장홍진**'은 **혼탁한 정계**를 상징하는 것으로 볼 수 있겠군.　　Ok｜No
③ '**한운**'과 '**백구**'는 작가가 즐기는 **자연**으로 볼 수 있겠군.　　Ok｜No
④ '**니즌 스치 이시랴**'는 사직한 후에도 **우국**의 심정을 지녔음을 밝힌 것으로 볼 수 있겠군.　　Ok｜No
⑤ '**내 시름**'은 **시작(詩作)에 따르는 괴로움**을 의미하는 것으로 볼 수 있겠군.　　Ok｜No

04 윗글의 ㉠과 〈보기〉의 ㉮의 기능으로 가장 적절한 것은?　　25634-0029

〈보기〉

　　믉ᄀ의 외로온 솔 혼자 어이 싁싁ᄒ고
　　　비 미여라 비 미여라
　㉮머흔 구룸 혼(恨)티 마라 셰상(世上)을 ᄀ리온다
　　　지국총(至匊悤) 지국총(至匊悤) 어ᄉ와(於思臥)
　　파랑셩(波浪聲)*을 염(厭)티 마라 딘훤(塵喧)*을 막ᄂ도다

- 윤선도, 「어부사시사」 -

　*파랑성: 물결 소리.
　*딘훤: 속세의 시끄러움.

---

① ㉠과 ㉮는 모두 **역동적인 느낌**을 강화하고 있다.　Ok | No

② ㉠과 ㉮는 모두 화자가 도달해야 할 **도덕적 가치**를 상징하고 있다.　Ok | No

③ ㉠과 ㉮는 모두 화자가 **부정적으로 인식하는 공간**을 차단하고 있다.　Ok | No

④ ㉠은 **감흥**을 자아내고 있고, ㉮는 **향수**를 유발하고 있다.　Ok | No

⑤ ㉠은 **공간적 배경**을, ㉮는 **계절적 배경**을 알려주고 있다.　Ok | No

내가 그리는 개념 마인드맵

오늘 꼭 알아야 할 개념 # 비유 # 직유법 # 은유법 # 대유법 # 의인법 # 활유법 # 풍유법

STEP.1 개념 Hi

개념 24 비유

비유 (比: 견줄 비, 喩: 깨우칠 유)
어떤 현상이나 사물을 직접 설명하지 아니하고 다른 비슷한 현상이나 사물에 **빗대어서** 설명하는 일.

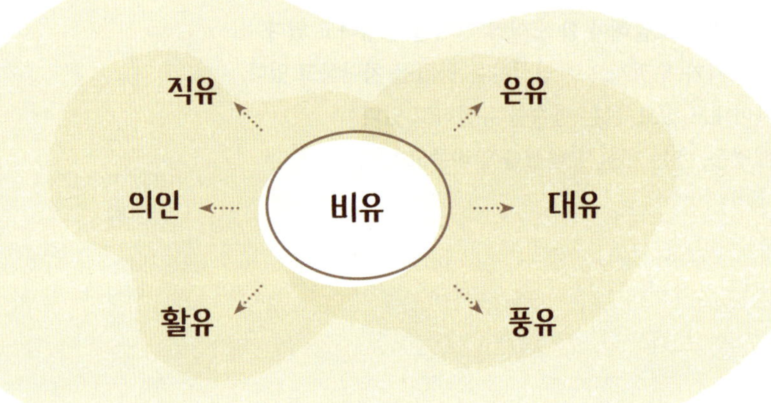

  시에는 정말 ⌈ㅂㅇ⌋의 방법이 많이 쓰여. 시인은 표현하고 싶은 것을 직접 설명하지 않고 그것과 비슷한 다른 대상에 ⌈ㅂㄷㅇ⌋ 표현할 때가 많아. 그것을 ⌈ㅂㅇ⌋라고 해. 시인이 원래 표현하고 싶었던 대상을 '⌈ㅇㄱㄴ⌋'이라고 하고, 빗대기 위해 사용한 대상을 '⌈ㅂㅈㄱㄴ⌋'이라고 하는 거야. 예를 들어 '그는 여우처럼 교활하다.'라는 표현에서 원관념은 '⌈ㄱ⌋', 보조 관념은 '⌈ㅇㅇ⌋'가 되는 거지. 원관념과 보조 관념의 비슷한 점은 '교활하다'는 속성이 되는 거고.

개념 25 직유법

직유 (直: 곧을 직, 喩: 깨우칠 유)

  원관념과 보조 관념을 '⌈ㅊㄹ⌋', '⌈ㄱㅇ⌋', '듯이', '~인 양' 등의 연결어를 통해 직접 연결해서 표현하는 방법을 ⌈ㅈㅇ⌋법이라고 해. 원관념과 보조 관념이 연결어를 통해 직접 연결돼 있으니 파악하기가 제일 쉬워.
'비가 폭포처럼 쏟아지네.'라는 표현에서 원관념은 '비', 보조 관념은 '폭포'가 되는 거지.

개념 26 은유법

은유 (隱: 숨을 은, 喩: 깨우칠 유)

  은유는 원관념과 보조 관념을 연결할 때, 연결어를 쓰지 않아. 들어 봤지? 'A=B'.
'내 마음은 호수다.'에서 원관념은 '⌈ㄴㅁㅇ⌋'이고 보조 관념은 '⌈ㅎㅅ⌋'겠지? 그래서 은유를 '숨은 비유'라고 하지.
그런데 둘이 어떤 유사성이 있는지는 대놓고 말해 주지를 않아.

개 념 2 7   대유법

대유 (代: 대신할 대, 喩: 깨우칠 유)

대유법은 진짜 말하고 싶은 대상의 ㅇㅂㅂ이나 ㅌㅈ을 들어 ㅈㅊ를 나타내는 방법이야. 가령 '요람에서 무덤까지'라는 표현을 들으면 많은 사람들은 '아, 태어나서 죽을 때까지~'로 그 의미를 이해해. '요람'은 젖먹이를 태우고 흔들어 놀게 하거나 잠재우는 아기 침대 같은 물건인데, 아기가 사용하는 많은 물건들 중 '요람', 죽음과 관련된 많은 사물들 중 '무덤'을 통해 각각 '사람이 태어났을 때'와 '죽음을 맞이했을 때'를 표현하도록 한 거지. 이런 방법을 ㄷㅇ법이라고 하는 거야.

개 념 2 8   의인법

의인 (擬: 헤아릴 의, 人: 사람 인)

ㅅㄹ이 아닌 대상에 인간의 속성, 즉 ㅇㄱ을 부여하여 표현하는 방법을 ㅇㅇ법이라고 해. 사람만의 속성이라면 어떤 게 있을까? 어떤 ㄱㅈ을 느낀다거나, ㅁ을 한다거나, ㅅㄱ를 한다거나 하는 것들 말야.
다른 예를 들자면 '꽃이 웃는다.', '강물은 말없이 흐른다.' 같은 표현을 '대상에 ㅇㄱ을 부여해 표현했다.'라고 할 수 있는 거야.

개 념 2 9   활유법

활유 (活: 살 활, 喩: 깨우칠 유)

의인법이랑 활유법이 알쏭달쏭, 헷갈린다고 하는 경우가 많아. 우선 활유법은 무생물을 ㅅㅁ인 것처럼, 감정이 없는 것을 ㄱㅈ이 있는 것처럼 표현하는 방법이야. '어? 감정이 없는 것을 감정이 있는 것처럼 표현하는 건 의인법 아니에요?'라고 생각한 사람 있지? 맞아. 의인법도 무생물을 생물인 것처럼 표현하는 방법인 활유법에 포함돼. 인간도 생물이니까. 그러니까 활유법이 의인법을 포괄하는 더 넓은 범주라고 생각할 수 있어. 예를 들어 '나를 에워싸는 산'이라는 표현은 무생물인 '산'이라는 대상을 누군가를 에워쌀 수 있는 살아 있는 생물처럼 표현했으므로 ㅎㅇ법이라고 할 수 있어. 그럼 '울음 우는 바다' 같은 표현은? 무생물인 '바다'라는 대상이 울음을 울고 있다고 했잖아. 무생물을 생물인 것처럼 표현했을뿐더러, 인간이 아닌 '바다'를 인간만이 가질 수 있는 감정을 가진 존재로 표현했으니까 이럴 땐 ㅎㅇ법이라고 할 수도 있고, ㅇㅇ법이라고 할 수도 있는 거야.

개 념 3 0   풍유법

풍유 (諷: 풍자할 풍, 喩: 깨우칠 유)

풍유법은 말하고자 하는 바를 직접적으로 표현하는 게 아니라 다른 사물에 빗대어 은근히 비꼬아 ㅍㅈ하고 싶은 바를 드러내는 방법이야. ㅅㄷ이나 ㄱㅇ을 인용하는 방법이라고 생각하면 돼. 시에 자주 등장하지는 않지만 어렵지 않은 개념이니까 알아 두자. :)

■ **초성 퀴즈 답** 비유, 빗대어, 비유, 원관념, 보조 관념, 그, 여유 / 처럼, 같은, 직유 / 내 마음, 호수 / 일부분, 특징, 전체, 대유 / 사람, 인격, 의인, 감정, 말, 사고, 인격 / 생물, 감정, 활유, 활유, 의인 / 풍자, 속담, 격언

 STEP.2 **개념 Quiz** 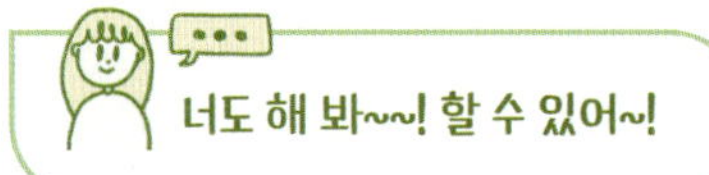

25634-0030

Q.1 비유적 표현이 사용되었는지 ○/X로 답해 보자.

① 나의 작은 움직임 하나로 큰 물결을 만들어 낼 수 있는 기부에 함께하자.　[○][X]
② 기부는 공동체 화합의 꽃이므로 소셜 기부에 대한 부담감을 버리고 다양한 기부에 동참하자.　[○][X]
③ 이 사회의 구성원으로서 책임을 다하려면 기부의 목적을 이해하고 소셜 기부를 실천해 보자.　[○][X]
④ 나의 관심이 우리가 살아가는 이 세상에 선물이 됨을 알고 기부 문화 확산에 관심을 가져야 한다.　[○][X]
⑤ 티끌 모아 태산이라고 작은 기부가 누군가에게는 큰 도움이 될 수 있으니 기부를 생활화하는 것이 어떨까?　[○][X]

Q.2 다음 문장들에 어떤 비유적 표현이 사용되었는지 적어 보고, 같은 표현법이 쓰인 것끼리 연결해 보자.

① 앞산의 검푸른 숲이 짙은 숨결 뿜어내고　•

•　Ⓐ 왕관을 쓰려는 자, 그 무게를 견뎌라.

② 내일은 무지개 찬란한 아침이 올 것입니다.　•

•　Ⓑ 침묵의 시간으로 돌아간 듯 더 이상 말이 없었다.

③ 여러분! 우리는 빵만 먹고 살 수는 없습니다.　•

•　Ⓒ 태백준령을 따라 꿈틀거리는 통일의 기운이 솟구칩니다.

④ 아버지는 버드나무 둥치처럼 꿈쩍도 않으셨다.　•

•　Ⓓ 삶은 언제나
은총의 돌층계의 어디쯤이다.

⑤ 햇발이 처음 쏟아오아
청명은 갑자기 으리으리한 관을 쓴다.　•

•　Ⓔ 파리야, 그대의 마른 목을 적시고 그대의 타는 속을 축여라.

가재미

– 문태준

김천의료원 6인실 302호에 산소마스크를 쓰고 암 투병 중인 그녀가 누워 있다

바닥에 바짝 엎드린 가재미처럼 그녀가 누워 있다

나는 그녀의 옆에 나란히 한 마리 가재미로 눕는다

가재미가 가재미에게 눈길을 건네자 그녀가 울컥 눈물을 쏟아 낸다

한쪽 눈이 다른 한쪽 눈으로 옮아 붙은 야윈 그녀가 운다

그녀는 죽음만을 보고 있고 나는 그녀가 살아온 파랑 같은 날들을 보고 있다

좌우를 흔들며 살던 그녀의 물속 삶을 나는 떠올린다

그녀의 오솔길이며 그 길에 돋아나던 대낮의 뻐꾸기 소리며

가늘은 국수를 삶던 저녁이며 흙담조차 없었던 그녀 누대*의 가계를 떠올린다

두 다리는 서서히 멀어져 가랑이지고

폭설을 견디지 못하는 나뭇가지처럼 등뼈가 구부정해지던 그 겨울 어느 날을 생각한다

그녀의 숨소리가 느릅나무 껍질처럼 점점 거칠어진다

나는 그녀가 죽음 바깥의 세상을 이제 볼 수 없다는 것을 안다

한쪽 눈이 다른 쪽 눈으로 캄캄하게 쏠려버렸다는 것을 안다

나는 다만 좌우를 흔들며 헤엄쳐 가 그녀의 물속에 나란히 눕는다

산소호흡기로 들이마신 물을 마른 내 몸 위에 그녀가 가만히 적셔준다

*누대: 여러 대.

25634-0031

Q.3 이 시에 사용된 비유적 표현 죄다 찾기

Q.4 비유의 방법으로 드러내고자 한 의미

이 작품은 암으로 고통받으며 죽어 가는 시인의 친척을 대상으로 한 작품으로 알려져 있다. 시적 대상을 'ㄱ ㅈ ㅁ'에 빗대어 표현하여 참신함을 준다. '가재미'는 성어가 될수록 눈이 한쪽으로 몰리는 어류이다. 이러한 소재 선택을 통해 삶과 점점 멀어지면서 'ㅈ ㅇ'에 가까워지고 있는 '그녀의 상태'를 잘 드러내고 있다. 이 작품은 독특한 'ㅂ ㅇ'를 활용하여 죽음을 앞둔 존재를 따뜻하게 'ㅇ ㄹ'하고 있다.

STEP.3　개념 Jump

[01-02] 다음 글을 읽고 물음에 답하시오.　　　　　　　　　　　　　　　| 고1 전국연합학력평가 |

(가)

　한숨아 세한숨아 네 어내 틈으로 들어오느냐
　고모장지 세살장지 가로닫이 여닫이 암돌쩌귀 수돌쩌귀*
배목걸새* 뚝딱 박고 용거북 자물쇠로 수기수기 채웠는데
병풍이라 덜컥 접은 족자라 데굴데굴 마느냐 네 어내 틈으
로 들어오느냐
　어인지 너 온 날 밤이면 잠 못 들어 하노라

　　　　　　　　　　　　　　　　　　　　　- 작자 미상 -

*암돌쩌귀 수돌쩌귀: 문짝을 문설주에 달고 여닫기 위한 쇠붙이.
*배목걸새: 문을 잠그고 빗장으로 쓰는 'ㄱ'자 모양의 쇠.

(나)

잠아 잠아 짙은 잠아 이 내 눈에 쌓인 잠아
염치불구 이 내 잠아 검치두덕* 이 내 잠아
어제 간밤 오던 잠이 오늘 아침 다시 오네
잠아 잠아 무삼 잠고 가라가라 멀리 가라
세상 사람 무수한데 구태 너는 간 데 없어
원치 않는 이 내 눈에 이렇듯이 자심하뇨
주야에 한가하여 월명동창 혼자 앉아
삼사경 깊은 밤을 헛되이 보내면서
잠 못 들어 한하는데 그런 사람 있건마는
무상불청* 원망 소리 올 때마다 듣난고니
석반을 거두치고 황혼이 되듯마듯
낮에 못한 남은 일을 밤에 하려 마음먹고
언하당* 황혼이라 섬섬옥수 바삐 들어
등잔 앞에 고개 숙여 실 한 바람 불어 내어
더문더문 질긋 바늘 두엇 뜸 뜨듯마듯
난데없는 이 내 잠이 소리 없이 달려드네
눈썹 속에 숨었는가 눈 알로 솟아온가
이 눈 저 눈 왕래하며 무삼 요술 피우는고
맑고 맑은 이 내 눈이 절로절로 희미하다

　　　　　　　　　　　　　　- 작자 미상, 「잠노래」 -

*검치두덕: 욕심 언덕.
*무상불청: 청하지 않은.
*언하당: 말을 마치자마자.

01　(가)와 (나)의 공통점으로 가장 적절한 것은?　　　　　　　　　25634-0032

① **감정을 이입**하여 대상에 대한 친밀감을 드러내고 있다.　　　Ok No
② **시간의 흐름**에 따라 대상의 변화 과정을 묘사하고 있다.　　　Ok No
③ **시선의 이동**에 따른 화자의 정서 변화를 드러내고 있다.　　　Ok No
④ **의인화된 대상**에게 말을 건네면서 시상을 전개하고 있다.　　Ok No
⑤ **영탄적 표현**을 통해 자연물에서 받은 감흥을 표출하고 있다.　Ok No

02 보기 는 (가)와 (나)의 화자가 처한 상황을 정리한 것이다. A, B에 대한 설명으로 적절한 것은?

보기

A	B
(가)의 화자 잠을 이루기 어려운 상황	(나)의 화자 잠을 이겨 내기 어려운 상황

① A는 B와 달리 **가사 노동**에서 비롯된 것으로 볼 수 있다.　Ok　No

② B는 A와 달리 **화자의 의도와 다르게 일어난 것**으로 볼 수 있다.　Ok　No

③ A는 화자에게 **소외감**을, B는 화자에게 **외로움**을 유발하는 것으로 볼 수 있다.　Ok　No

④ A와 B는 모두 현실에서 **반복**되는 것으로 볼 수 있다.　Ok　No

⑤ A와 B는 모두 **외부의 도움으로 해결**되는 것으로 볼 수 있다.　Ok　No

이제 시에서 비유적 표현을 발견했을 땐, 시인은 비유의 방법을 통해서 무엇을 드러내고 싶었던 것일까, 그 의미는 무엇일까를 고민해 보는 거야. :)

(가)

어와 **동량재(棟梁材)***를 뎌리 ᄒᆞ야 어이 ᄒᆞ고
헐쓰더 **기운 집의 의논(議論)**도 하도 할샤
뭇 목수 **고자(庫子) 자*** 들고 허둥대다 말려ᄂᆞ다
　　　　　　　　　　　　　　　　　　　- 정철 -

**동량재*: 건축물의 마룻대와 들보로 쓸 만한 재목.
고자 자: 창고지기가 쓰는 작은 자.

(나)

바깥 별감* 많이 있어 ㉠**바깥 마름** 달화주*도
제 소임 다 바리고 몸 ᄭᅳ릴 ᄲᅮᆫ이로다
비 시여 셔근 집을 뉘라셔 곳쳐 이며
옷 버서 **문허진 담** 뉘라셔 곳쳐 쏠고
㉡**불한당 구멍 도적** 아니 멀니 단이거든
화살 ᄎᆞᆫ 수하상직(誰何上直)* 뉘라셔 힘써 ᄒᆞᆯ고
큰나큰 **기운 집의** 마누라* 혼자 안자
명령을 뉘 드르며 **논의**를 눌라 ᄒᆞᆯ고
낫 시름 밤 근심 혼자 맛다 계시거니
옥 ᄀᆞᆺ튼 얼굴리 편ᄒᆞ실 적 몇 날이리
이 집 이리 되기 뉘 타시라 ᄒᆞᆯ셔이고
혬 업는 종의 일은 뭇도 아니 ᄒᆞ려니와
도로혀 혜여ᄒᆞ니 마누라 타시로다
㉢**니 주인** 외다 ᄒᆞ기 종의 죄 만컨마는
그러타 세상 보려 민망ᄒᆞ야 사뢰나이다
㉣**새끼 ᄭᅩ기** 마르시고 내 말ᄉᆞᆷ 드로쇼셔
집일을 곳치거든 죵들을 휘오시고
죵들을 휘오거든 상벌을 밝히시고
㉤**상벌**을 밝히거든 **어른 죵**을 미드쇼셔
진실노 이리 ᄒᆞ시면 가도(家道) 절노 닐니이다
　　　　　　　　　　　- 이원익, 「고공답주인가(雇工答主人歌)」 -

**별감*: 사내 하인끼리 서로 존대하여 부르던 말.
달화주: 주인집 밖에서 생활하는 종들에게서 주인에게 내야 할 대가
　　　를 받아오는 일을 맡아보던 사람.
수하상직: "누구냐!" 하고 외치는 상직군.
마누라: 상전, 마님 등을 이르는 말.

---

03 ㉠~㉤에 대한 이해로 적절하지 **않은** 것은?　　　　　　　　　　　25634-0034

① ㉠: 직분을 망각하여 화자에 의해 비판을 받고 있는 존재　　　Ok | No

② ㉡: 가까운 곳에 있으며 화자에게 불안감을 주고 있는 세력　　　Ok | No

③ ㉢: 잘못된 일을 고치도록 화자가 설득하고 있는 청자　　　　　Ok | No

④ ㉣: 화자가 청자에게 당부하는 시급하고 중요한 행위　　　　　Ok | No

⑤ ㉤: 화자가 공정하고 엄중하게 시행되기를 바라고 있는 일　　Ok | No

04 〈보기〉를 참고하여 (가), (나)를 감상한 내용으로 가장 적절한 것은?

25634-0035

　유학 이념에서는 국가를 가족의 확장된 형태로 본다. 집안의 화목을 위해서는 구성원들이 자기 역할에 충실해야 하듯, 국가의 안정적인 경영을 위해서는 군신(君臣)이 본분을 다해야 한다. 조선 시대 시가에서는 이러한 이념을 담아 **국가를 집으로 표현**하는 경우가 많다.

① (가)의 '**동량재**'와 (나)의 '**어른 죵**'은 모두 국가의 바람직한 경영을 위해 요구되는 중요한 요소를 뜻하겠군.　　[가 | 나]

② (가)의 '**기운 집**'은 위태로운 상태에 놓인 국가를, (나)의 '**기운 집**'은 되돌릴 길 없이 기울어 패망한 국가를 나타내겠군.　　[가 | 나]

③ (가)의 '**의논**'과 (나)의 '**논의**'는 모두 국가 대사를 위해 임금과 신하가 합의하여 도출해 낸 올바른 대책을 뜻하겠군.　　[가 | 나]

④ (가)의 '**뭇 목수**'는 조정의 일에 무관심한 신하들을, (나)의 '**혬 업는 죵**'은 조정의 일에 지나치게 관여하는 신하를 나타내겠군.　　[가 | 나]

⑤ (가)의 '**고자 자**'와 (나)의 '**문허진 담**'은 모두 외세의 침입에 협조하며 국익을 저버리고 사익을 추구하는 마음을 뜻하겠군.　　[가 | 나]

내가 그리는 개념 마인드맵

오늘 꼭 알아야 할 개념   # 원형적 상징   # 관습적 상징   # 창조적 상징

STEP.1   개념 Hi

개념 | 3 | 1   상징

상징 (象: 형상 상, 徵: 부를 징)

『문학』 추상적인 사물이나 관념 또는 사상을 구체적인 사물로 나타내는 일. 또는 그 사물.

예를 들면 '비둘기'라는 구체적인 사물로 '평화'라는 추상적인 관념을 나타내는 것 따위가 있다.

> '비유와 상징'이라는 말 많이 들어 봤지? '비유'와 '상징' 모두 시에 정말 자주 쓰이는 표현법이야. 상징이란 ㅊ ㅅ 적인 대상을 표현할 때, 말하고자 하는 원관념은 쏙 숨기고, 대신 ㄱ ㅊ 적 사물인 보조 관념만을 내세우는 방법이야. 상징은 비유와는 달리 원관념과 보조 관념 사이에 ㅇ ㅅ ㅅ 이 없어. 예를 들어 '비둘기'는 '평화'라는 추상적인 의미를 드러내는 보조 관념으로 쓰일 때가 있어. 그런데 '평화'와 '비둘기' 사이에는 특별한 유사성이 있는 건 아니거든. 이렇게 보조 관념만을 통해 제시된 대상의 상징적 의미를 파악하려면 여러 상황이나 기존에 반복되어 온 의미들을 고려한 해석의 과정이 필요해.

개념 | 3 | 2   비유와 상징 나란히 보기

비유	상징
어떤 현상이나 사물을 직접 설명하지 아니하고 다른 ㅂ ㅅ ㅎ 현상이나 사물에 빗대어서 설명하는 일	ㅊ ㅅ ㅈ 인 사물이나 관념 또는 사상을 ㄱ ㅊ ㅈ 인 사물로 나타내는 일
보조 관념 : 원관념 = 1 : 1 → ㅎ ㄴ 의 의미로 해석된다는 의미	보조 관념 : 원관념 = 1 : 多 → ㅇ ㄹ 의미로 해석될 수 있다는 의미
원관념과 보조 관념 사이에 ㅇ ㅅ ㅅ 이 있음.	원관념과 보조 관념 사이에 ㅇ ㅅ ㅅ 이 없음.
직유, 은유, 대유, 의인, 활유, 풍유	원형적 상징, 관습적 상징, 창조적 상징

> 그런데 사실, 비유와 상징의 방법을 굳이 구분해 내려고 애쓸 필요는 없어. 시에서 비유 혹은 상징의 방법으로 표현된 **시어의 의미**를 이해하는 게 중요한 거야.

개념 3 3 원형적 상징

원형 (原: 근원 원, 型: 거푸집 형)
『문학』본능과 함께 유전적으로 갖추어지며 집단 무의식을 구성하는 보편적 상징.
민족이나 문화를 초월하여 신화, 전설, 문예, 의식 따위의 주제나 모티프로 되풀이되어 나타나는 것으로, 오랜 역사 속에서 겪은 조상의 경험이 전형화되어 계승된 결과물이라고 할 수 있다.

> 동서고금을 막론하고 사람들은 '물'이 '생명력', '죽음', '정화', '탄생' 등의 의미를 갖는다고 해석해 왔어.
> 또 예를 들어 '해'는 '희망', '정열 ', '생명력' 같은 의미를 떠올리게 하지. 이렇게 인류에게 유사한 의미로 해석되고 쭉 계승되어 오는 상징적 의미들을 ㅇㅎ 적 상징이라고 하는 거야.

개념 3 4 관습적 상징

> '관습'이란 '어떤 사회에서 오랫동안 지켜 내려와 그 사회 성원들이 널리 인정하는 질서나 풍습'을 말해. '관습적 상징'도 그런 거야. 어떤 대상의 상징적 의미가 오랫동안 되풀이되다 보니, 같은 사회의 구성원들은 그 의미를 고정적인 것으로 받아들이는 거지. 예를 들면 '사군자' 하면? '매, 난, 국, 죽' = 지조와 절개! 이런 거야. 고전 시가에 등장하는 '매화'나 '소나무', '대나무'가 대부분 '임금에 대한 지조와 절개'로 해석되는 것들이 바로 ㄱㅅ 적 상징의 예라고 볼 수 있어.

개념 3 5 창조적 상징

> '창조적 상징'은 'ㄱㅇ 적 상징'이라고도 해. '원형적 상징'이나 '관습적 상징'과는 달리 개인의 독창적인 사고를 통해 표현된 것이기 때문에, 원관념의 숨겨진 의미를 파악하는 일이 쉽지 않아. 예를 들어 이성부의 「벼」라는 시에서 '벼'는 '백성들', '민중'을 상징하거든. 그런데 이런 경우는 그 의미가 인류 공통의 보편적 의미도, 한 사회에서 오랜 세월 동안 굳어진 의미도 아니야. 이러한 ㅊㅈ 적 상징의 의미는 우리가 그동안 연습해 온 대로, 시적 상황과 맥락을 통해 추론해 낼 수 있어야 돼.

■ 초성 퀴즈 답 추상, 구체, 유사성 / 비슷한, 추상적, 구체적, 하나, 여러, 유사성, 유사성 / 원형 / 관습 / 개인, 창조

STEP.2 개념 Quiz

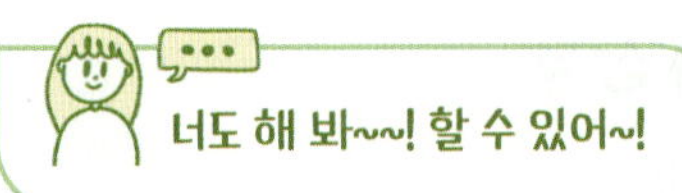

율포의 기억

- 문정희

일찍이 어머니가 나를 바다에 데려간 것은
소금기 많은 ㉠푸른 물을 보여주기 위해서가 아니었다
바다가 뿌리 뽑혀 밀려 나간 후
꿈틀거리는 ㉡검은 뻘밭 때문이었다
뻘밭에 위험을 무릅쓰고 퍼덕거리는 것들
숨 쉬고 사는 것들의 힘을 보여주고 싶었던 거다
먹이를 건지기 위해서는
사람들은 왜 무릎을 꺾는 것일까
깊게 허리를 굽혀야만 할까
생명이 사는 곳은 왜 저토록 쓸쓸한 맨살일까
일찍이 어머니가 나를 바다에 데려간 것은
저 무위(無爲)한 해조음을 들려주기 위해서가 아니었다
물 위에 집을 짓는 새들과
각혈하듯 노을을 내뿜는 포구를 배경으로
성자처럼 뻘밭에 고개를 숙이고
먹이를 건지는
슬프고 경건한 손을 보여주기 위해서였다

25634-0036

Q.1 ㉠, ㉡에 대해 반응한 것으로 적절한지 O/X로 답해 보자.

㉠푸른 물

① ㉠은 순수한 자연을 통해 아름다움을 느끼게 하는군. ☐O ☐X

② ㉠은 푸른 이미지로 생명과 희망을 환기시키고 있군. ☐O ☐X

③ ㉠은 힘겨운 삶을 극복한 사람들이 얻게 되는 환희를 상징하는군. ☐O ☐X

④ ㉠은 삶과 관련하여 깨달음을 주지 못하는군. ☐O ☐X

⑤ ㉠은 화자가 미래에 살아갈 모습에 대해 상상하게 해 주는군. ☐O ☐X

㉡검은 뻘밭

⑥ ㉡은 위험이 도사리고 있어 공포를 느끼게 하는군. ☐O ☐X

⑦ ㉡은 검은 이미지로 허무와 어둠의 정서를 불러일으키고 있군. ☐O ☐X

⑧ ㉡은 힘겹게 살아가는 사람들의 탄식을 상징하는군. ☐O ☐X

⑨ ㉡은 그곳에서 치열하게 살아가는 생명들을 통해 깨달음을 얻게 하는군. ☐O ☐X

⑩ 고달픈 현실을 극복하려는 화자의 의지를 보여 주는군. ☐O ☐X

단가(短歌)

- 이신의

남산(南山)에 많던 **솔**이 어디로 가단 말고
난 후(亂後) 도끼가 그대도록 날랠시고
두어라 우로(雨露) 곧 깊으면 다시 볼까 하노라   〈제2장〉

인간(人間)에 유정(有情)한 벗은 **명월(明月)**밖에 또 있는가
천리(千里)를 머다 아녀 간 데마다 따라오니
어즈버 반가운 옛 벗이 다만 넨가 하노라   〈제5장〉

설월(雪月)의 **매화**를 보려 잔을 잡고 창을 여니
섞인 꽃 여윈 속에 잦았나니 향기로다
어즈버 호접(胡蝶)이 이 향기 알면 애 끊을까 하노라   〈제6장〉

25634-0037

Q.2 을 참고하여 윗글의 '솔', '명월', '매화'의 상징적 의미로 적절한 것을 보기2 에서 찾아 써 보자.

보기1

고전 시가에서 자연물은 관습적 상징으로 사용된 경우가 많다. 선비들은 이러한 자연물을 활용하여 자신의 처지와 심정을 드러내었다. 윗글은 작가가 인목 대비 폐위를 반대하다 함경도로 유배된 상황에서 지어졌는데, 이 시의 자연물도 이러한 맥락에서 해석할 수 있다.

보기2

진정한 벗
작가가 간직하고 있는 지조
조정에서 쫓겨나 유배를 간 작가

① '**솔**'은 남산에 있다 베어진 것으로 표현되는데, 이는 ___________을/를 상징하는 것 같아.

② '**명월**'은 화자를 '천리를 머다 아녀 따라오는' 대상이라는 점에서 ___________(으)로서의 의미를 드러내고 있어.

③ '**매화**'에는 '향기'가 깊이 배어 있는 것으로 표현되고 있는데, 이는 ___________을/를 나타내는 것 같아.

STEP.3 개념 Jump

[01-02] 다음 글을 읽고 물음에 답하시오.

| 대학수학능력시험 |

(가)

나는 ⓐ**나룻배**
당신은 행인

당신은 흙발로 나를 짓밟습니다
나는 당신을 안고 물을 건너갑니다
나는 당신을 안으면 깊으나 옅으나 급한 여울이나 건너갑니다

만일 당신이 아니 오시면 나는 바람을 쐬고 눈비를 맞으며 밤에서 낮까지 당신을 기다리고 있습니다
당신은 물만 건너면 나를 돌아보지도 않고 가십니다그려
그러나 당신이 언제든지 오실 줄만은 알아요
나는 당신을 기다리면서 날마다 날마다 낡아 갑니다

나는 나룻배
당신은 행인

- 한용운, 「나룻배와 행인」 -

(나)

내 마음을 아실 이
내 혼자 마음 날같이 아실 이
그래도 어디나 계실 것이면

내 마음에 때때로 어리우는 티끌과
속임 없는 눈물의 간곡한 방울방울
푸른 밤 고이 맺는 이슬 같은 보람을
보밴 듯 감추었다 내어 드리지

아! 그립다
내 혼자 마음 날같이 아실 이
꿈에나 아득히 보이는가

향 맑은 옥돌에 ⓑ**불**이 달아
사랑은 타기도 하오련만
불빛에 연긴 듯 희미론 마음은
사랑도 모르리 내 혼자 마음은

- 김영랑, 「내 마음을 아실 이」 -

(다)

우리가 ⓒ**물**이 되어 만난다면
가문 어느 집에선들 좋아하지 않으랴.
우리가 키 큰 ⓓ**나무**와 함께 서서
우르르 우르르 비 오는 소리로 흐른다면.

흐르고 흘러서 저물녘엔
저 혼자 깊어지는 강물에 누워
죽은 나무뿌리를 적시기도 한다면.
아아, 아직 처녀인
부끄러운 바다에 닿는다면.

그러나 지금 우리는
불로 만나려 한다.
벌써 숯이 된 뼈 하나가
세상에 불타는 것들을 쓰다듬고 있나니
만 리 밖에서 기다리는 그대여
저 불 지난 뒤에
흐르는 물로 만나자.
푸시시 푸시시 불 꺼지는 소리로 말하면서
올 때는 인적 그친
넓고 깨끗한 ⓔ**하늘**로 오라.

- 강은교, 「우리가 물이 되어」 -

01 (가)~(다)에 대한 설명으로 옳은 것은?　　25634-0038

① (가), (나)에는 **화자 자신의 처지에 대한 비관적 인식**이 나타나 있다.　Ok｜No

② (가), (다)에는 **사랑하는 대상과의 만남에 대한 기대**가 드러나 있다.　Ok｜No

③ (나), (다)에는 **이상향에 대한 동경의 태도**가 형상화되어 있다.　Ok｜No

④ (가), (나), (다) 모두 **바람직한 미래에 대한 신념**을 그리고 있다.　Ok｜No

⑤ (가), (나), (다) 모두 대조적인 이미지로 **이별의 정서**를 표현하고 있다.　Ok｜No

25634-0039

02 보기 는 '원형적 심상'을 설명하는 상징 사전의 내용을 정리한 것이다. 이를 적용하여 ⓐ~ⓔ의 의미를 해석한 것으로 적절하지 **않은** 것은?

＜보기＞

- **작은 배**: 피안의 세계로 건너가는 수단. 부활과 재생의 요람.
- **불**: 수직적. 상승의 에너지. 공격적인 남성. 인간의 생명. 사랑. 육체의 파괴와 소멸. 정화와 재생.
- **물**: 수평적. 하강. 모성 혹은 여성. 죽음. 정화와 재생. 순환. 시간의 흐름.
- **나무**: 인간의 형상. 인간의 상승 욕구. 초월에의 의지. 크고 넉넉한 인격.
- **하늘**: 공간의 영원성. 고고한 정신. 신(神). 순결. 무(無). 부재(不在).

① ⓐ**나룻배**: '행인'이 괴로운 현실에서 벗어나 피안으로 건너갈 수 있게 해 주는 수단으로 볼 수 있다.　Ok｜No

② ⓑ**불**: 삶을 지탱해 주는 상승의 에너지로서 사랑의 열정을 환기한다.　Ok｜No

③ ⓒ**물**: '죽은 나무뿌리를 적'신다는 것에서 보듯이 소멸과 죽음의 의미를 지닌다.　Ok｜No

④ ⓓ**나무**: '우리'가 함께 선다는 표현으로 보아 초월과 상승의 욕구를 가진 인간의 형상으로 읽어 낼 수 있다.　Ok｜No

⑤ ⓔ**하늘**: '불'로 상징되는 모든 인간적 고뇌가 승화된 정신적 경지를 표상한다.　Ok｜No

이 문제는 상징의 개념을 이해하고, 작품 속에 녹아 있는 시어의 상징적 의미를 읽어 낼 수 있는지를 묻고 있어. 개념을 그냥 단순한 지식으로만 알고 있으면 안 돼. 배운 것을 작품 속에서 찾아내고, 또 문제에서 읽어 낼 수 있어야 하는 거야. 개념을 튼튼히, 그리고 적용 연습도 탄탄히!

08강 운율과 반복

오늘 꼭 알아야 할 개념 # 운율 # 운율을 만드는 법 _ 반복 # 운율의 효과

STEP.1 개념 Hi

개 념 3 6   운율

<u>운율</u> (韻: 운 운, 律: 가락 률)
『문학』 시문(詩文)의 음성적 형식.
음의 강약, 장단, 고저 또는 동음이나 유음의 <u>반복</u>으로 이루어진다.

개 념 3 7   운율을 만드는 법 _ 반복

일정한 음절 수
음절 수를 일정하게 반복

동일 단어, 어구
특정한 단어,
어구를 반복

일정한 음보
음보를 일정하게 반복

운율

동일 음운, 음절
특정한 음운
(자음과 모음),
음절(글자)을 반복

음성 상징어
의성어나 의태어를 사용

유사한 통사 구조
구절이나 행을
이루는 특정한
문장 구조를 반복

시험지에는 이런 식으로 등장해.

동일한 시어를 **반복**하여 리듬감을 형성하고 있다.
동일한 시구를 **반복**하여 시구가 지닌 의미를 강조하고 있다.

특정 음운을 **거듭 사용**하여 음악적 효과를 얻는다.

음성 상징어를 사용하여 생동감 있게 상황을 제시하고 있다.
'**콸콸, 주루루룩, 쏴쏴**' 등 **음성 상징어**를 사용하여 생동감을 높이고 있다.

유사한 통사 구조를 **반복**하여 운율을 형성하고 있다.
유사한 통사 구조를 **반복**하여 시적 의미를 강조하고 있다.

일정한 율격으로 리듬감을 드러내고 있다.
일정한 음보의 **반복**으로 음악성을 높이고 있다.

글자의 개수이건 음의 보폭이건 **동일 요소**의 **반복**은 시에 질서를 부여하고 리듬감을 형성한다.

개념 38 운율의 효과

운율은 행을 이루는 단어의 배열과 글자의 발음에 의하여 일정한 리듬감을 자아내게 하는 것을 의미한다.

강조, 강화, 부각
- 특정 단어나 어구를 반복하면 그 의미를 ㄱ ㅈ 하거나 ㄱ ㅎ 할 수 있음.
- 특정 의미를 ㄱ ㅈ 하는 것이 확대되어 작품의 주제를 ㅂ ㄱ 하게 됨.

섬세한 정서 표현
- 시에서는 운율을 살리기 위해 문법에 어긋나는 표현(ㅅ ㅈ ㅎ ㅇ)을 쓰기도 하는데, 이를 통해 화자의 정서를 좀 더 ㅅ ㅅ 하게 표현하는 것이 가능함.

안정감, 통일성
- 시의 첫 연과 마지막 연을 반복(ㅅ ㅁ ㅅ ㄱ)한다거나, 각 연의 끝에 ㅎ ㄹ ㄱ 를 배치하면 형태적 ㅇ ㅈ ㄱ 과 시적 ㅌ ㅇ ㅅ 을 획득하게 됨.

리듬감, 운율감
- 일정한 소리의 규칙적인 ㅂ ㅂ 은 ㄹ ㄷ ㄱ, ㅇ ㅇ ㄱ 을 형성함.

기출문제의 선지로 '운율의 효과' 확인하기!

① 음절의 수를 조절하여 ㄹ ㄷ ㄱ 을 살리고 있다. >

② 시어의 반복과 변형을 통해 주제를 ㄱ ㅎ 하고 있다. >

③ 동일한 시어를 반복하여 ㅇ ㅇ ㄱ 을 느끼게 하고 있다. >

④ 유사한 어구를 반복하여 시적 상황을 ㅂ ㄱ 하고 있다. >

⑤ (나)는 (가)와 달리 4음보를 사용하여 ㅇ ㅈ ㄱ 을 주고 있다. >

⑥ 수미상관 기법을 사용하여 ㅌ ㅇ ㅅ 있는 시상을 전개하고 있다. >

⑦ 연의 끝부분에 '보았다'를 반복적으로 사용하여 깨달음의 의미를 ㄱ ㅈ 하고 있다. >

⑧ 유사한 구조의 문장을 사용함으로써 대상의 의미를 깨닫지 못했던 화자의 모습을 ㄱ ㅈ 하고 있다. >

⑨ 음절 수를 조절하여 시적 의미를 ㄱ ㅈ 하고 있다. >

⑩ 소리를 흉내 낸 의성어를 통해 작품 전체에 경쾌한 ㄹ ㄷ ㄱ 을 더해 주고 있다. >

■ **초성 퀴즈 답** 외형률, 내재율 / 반복, 반복, 운율감, 리듬감 / 강조, 강화, 강조, 부각 / 시적 허용, 섬세 / 수미상관, 후렴구, 안정감, 통일성 / 반복, 리듬감, 운율감 / ①리듬감 ②강화 ③운율감 ④부각 ⑤안정감 ⑥통일성 ⑦강조 ⑧강조 ⑨강조 ⑩리듬감

STEP.2 개념 Quiz

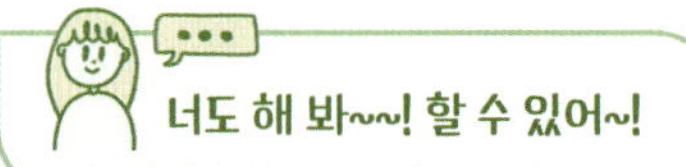

25634-0040

Q.1 ①~⑥에 사용된 방법으로 알맞은 것을 찾아 연결해 보자.

① 작은 것이∨ 높이 떠서∨ 만물을∨ 다 비추니
　 밤중에∨ 광명이∨ 너만 한 이∨ 또 있느냐.
　 보고도∨ 말 아니하니∨ 내 벗인가∨ 하노라.

　　　　　　　　Ⓐ 동일한 음운, 음절의 반복

② 그에게로 가서 나도
　 그의 꽃이 되고 싶다.

　 우리들은 모두
　 무엇이 되고 싶다.
　 너는 나에게 나는 너에게
　 잊혀지지 않는 하나의 눈짓이 되고 싶다.

　　　　　　　　Ⓑ 음성 상징어 사용

③ 얄리얄리 얄랑셩 얄라리 얄라

④ 가시는 걸음걸음
　 1 2 3 4 5 6 7

　 놓인 그 꽃을
　 1 2 3 4 5

　 사뿐히 즈려밟고 가시옵소서
　 1 2 3 4 5 6 7 1 2 3 4 5

　　　　　　　　Ⓒ 유사한 통사 구조의 반복

　 나 보기가 역겨워
　 1 2 3 4 5 6 7

　 가실 때에는
　 1 2 3 4 5

　　　　　　　　Ⓓ 일정한 음보의 반복

　 죽어도 아니 눈물 흘리우리다
　 1 2 3 4 5 6 7 1 2 3 4 5

⑤ 껍데기는 가라.
　 4월도 알맹이만 남고
　 껍데기는 가라.

　 껍데기는 가라.
　 동학년 곰나루의, 그 아우성만 살고
　 껍데기는 가라.

　　　　　　　　Ⓔ 일정한 음절 수의 반복

⑥ 영하 속을 흔들리며 떠나는 내 낡은 구두가
　 저문 고향의 강물 소리를 들려준다.
　 출렁출렁 아니 덜그럭덜그럭.

　　　　　　　　Ⓕ 동일한 시어, 시구의 반복

25634-0041

Q.2 ①~④에 사용된 방법으로 알맞은 것을 찾아 연결해 보자.

① 얇은 사(紗) 하이얀 고깔은
고이 접어서 나빌레라.

파르라니 깎은 머리
박사(薄紗) 고깔에 감추오고

두 볼에 흐르는 빛이
정작으로 고와서 서러워라.

A 동일한 시구를 반복적으로 사용하여 꿋꿋하게 살아가겠다는 화자의 의지를 강조함.

② 그래 살아 봐야지
너도 나도 공이 되어
떨어져도 튀는 공이 되어

살아 봐야지
쓰러지는 법이 없는 둥근
공처럼, 탄력의 나라의
왕자처럼

B 음절 수를 의도적으로 조정하는 시적 허용을 통해 운율을 살리고 화자가 느끼는 전통적 정서를 섬세하게 표현함.

③ 날이 흐리고 풀이 눕는다
발목까지
발밑까지 눕는다
바람보다 늦게 누워도
바람보다 먼저 일어나고
바람보다 늦게 울어도
바람보다 먼저 웃는다
날이 흐리고 풀뿌리가 눕는다

C 유사한 시구의 반복을 통해 운율을 살리고 형태적 안정감과 시적 통일성을 획득함.

④ 강호(江湖)에 가을이 드니 고기마다 살져 잇다.
소정(小艇)에 그물 실어 흘리 띄워 던져 두고
이 몸이 소일(消日)해옴도 역군은(亦君恩)이샷다.

강호(江湖)에 겨울이 드니 눈 깊이 자히 남다.
삿갓 빗기 쓰고 누역으로 옷을 삼아,
이 몸이 춥지 아니해옴도 역군은(亦君恩)이샷다.

D 유사한 통사 구조의 반복을 통해 운율을 형성하고 '권력의 횡포에 맞서는 민중의 끈질긴 생명력'이라는 주제 의식을 강화함.

STEP.3 개념 Jump

[01-03] 다음 글을 읽고 물음에 답하시오.

| 고3 모의평가 |

(가)

계교(計校)* 이렇더니 공명(功名)이 늦었어라
부급동남(負笈東南)*ᄒ야 여공불급(如恐不及)*ᄒᄂ 뜻을
세월이 물 흐르듯 ᄒ니 못 이룰까 ᄒ야라

〈제2수〉

강호(江湖)에 놀자 ᄒ니 성주(聖主)를 버리겠고
성주를 섬기자 ᄒ니 소락(所樂)에 어긋나네
호온자 기로(岐路)에 서서 갈 데 몰라 ᄒ노라

〈제4수〉

출(出)ᄒ면 치군택민(致君澤民) 처(處)ᄒ면 조월경운(釣月耕雲)
명철군자(明哲君子)는 이룰사 즐기ᄂ니
하물며 부귀(富貴) 위기(危機) ㅣ라 빈천거(貧賤居)를 ᄒ오리라

〈제8수〉

성현(聖賢)의 가신 길이 만고(萬古)에 ᄒ가지라
은(隱)커나 현(見)*커나 도(道) ㅣ 어찌 다르리
일도(一道) ㅣ오 다르지 아니커니 아무 덴들 어떠리

〈제17수〉
- 권호문, 「한거십팔곡」 -

*계교: 견주어 헤아림.
*부급동남: 책을 짊어지고 여기저기 다니면서 열심히 공부함.
*여공불급: 이르지 못할까 두려워하듯 함.
*현: 세상에 나아감.

(나)

진주 장터 생어물전에는
바닷밑이 깔리는 해 다 진 어스름을,

울 엄매의 장사 끝에 남은 고기 몇 마리의
빛 발(發)하는 눈깔들이 속절없이
은전(銀錢)만큼 손 안 닿는 한(恨)이던가
울 엄매야 울 엄매,

별 밭은 또 그리 멀리
우리 오누이의 머리 맞댄 골방 안 되어
손 시리게 떨던가 손 시리게 떨던가,

진주 남강 맑다 해도
오명 가명
신새벽이나 밤빛에 보는 것을,
울 엄매의 마음은 어떠했을꼬,
달빛 받은 옹기전의 옹기들같이
말없이 글썽이고 반짝이던 것인가.

- 박재삼, 「추억에서」 -

(다)

시의 원심력을 담당하는 비유와 달리 리듬은 시의 구심력을 담당한다. 글자의 개수이건 음의 보폭이건 동일 요소의 반복은 시에 질서를 부여하고 리듬을 형성한다. 그런데 고전 시가의 리듬에는 외적 규율이 전제되어 있는 반면 현대 시의 리듬은 내적 규범을 창출한다. 가령 시조는 4음보를 기본으로 종장 첫 음보는 3음절을 유지하고, 둘째 음보는 그보다 길게 하는 규율을 따른다. 현대 시에서는 따라야 할 규율이 없는 대신 말소리, 휴지(休止), 고전 시가에 없던 쉼표나 마침표 등 모든 요소들의 책임이 더 커졌다. 이들의 반복은 내적 규범을 형성하여 시의 고유한 의미를 만들어 낸다.

"멀위랑/ᄃ래랑/먹고"와 같은 고려 속요의 3음보, "동짓돌/기나긴 밤을/한 허리를/버혀 내여"와 같은 시조의 4음보 등 고전 시가의 리듬은 현대에 이르러 해체되었다기보다는 배후로 물러나 때로는 강하게, 때로는 약하게 압력을 행사하고 있다고 보는 것이 적절하다. 어떤 시는 고전 시가의 리듬이 강하게 감지되어 친숙하지만 어떤 시는 리듬이라고 할 만한 부분이 거의 감지되지 않아 낯설다. 우리는 앞의 예를 김소월의 시에서, 뒤의 예를 이상의 시에서 찾을 수 있다. 한국의 현대 시는 김소월과 이상 사이에서 각각의 좌표를 찍는다.

---

01 (가)에 대한 설명으로 적절하지 **않은** 것은?

25634-0042

① 〈제2수〉의 '부급동남'은 〈제4수〉의 '성주를 섬기'기 위해 화자가 행한 일이다. [Ok | No]

② 〈제2수〉의 '공명'을 이루기 위해 화자는 〈제17수〉의 '성현의 가신 길'을 따르고자 한다. [Ok | No]

③ 〈제4수〉의 '강호'를 화자가 선택한 이유 중 하나는 〈제8수〉의 '부귀 위기'이다. [Ok | No]

④ 〈제4수〉의 '기로'가 〈제17수〉의 '일도'로 나타난 데에서 화자의 내적 갈등이 해소되었음을 알 수 있다. [Ok | No]

⑤ 〈제8수〉의 '빈천거를 ᄒ'면서도 화자는 〈제17수〉의 '도'를 실천할 수 있다고 생각한다. [Ok | No]

02 (나)에 대한 감상으로 적절하지 <u>않은</u> 것은?   25634-0043

① '해 다 진 어스름'은 어둠이 깔리는 파장 무렵 '생어물전'의 분위기를 보여 주는군.   [Ok | No]

② '빛 발하는 눈깔'은 '손 안 닿는' '은전'과 연결되어 '한'의 정서를 유발하는군.   [Ok | No]

③ '손 시리게 떨던가'에서는 추운 밤 '별 밭' 아래의 '골방' 속에서 느꼈던 행복감이 드러나는군.   [Ok | No]

④ '진주 남강'은 공간적 구체성을 보여 주는 한편 낮에 강을 보지 못할 정도로 바삐 생계를 꾸려 가던
'울 엄매'를 떠올리게 하는군.   [Ok | No]

⑤ '글썽이고 반짝이던'은 달빛이 비친 '옹기'의 표면과 '울 엄매'의 눈물을 함께 환기하는군.   [Ok | No]

03 (다)를 참고하여 (가)와 (나)를 이해한 내용으로 가장 적절한 것은?   25634-0044

① (가)에서 각 수의 종장 첫째 음보를 3음절로 한 것은 내적 규범을 따른 것이다.   [Ok | No]

② (가)에서 각 수의 종장 둘째 음보의 글자 수가 첫째 음보의 글자 수보다 많은 것은 따라야 하는 규칙
을 위반한 것이다.   [Ok | No]

③ (나)에서 '울 엄매야 울 엄매'는 울림소리의 반복으로 리듬을 창출하고 화자의 정서를 표출한 것이다.   [Ok | No]

④ (나)에서 '오명 가명'은 외적 규율에 따라 'ㅇ'을 반복하여 일터의 무료한 삶에 생동감을 불어넣은 예
이다.   [Ok | No]

⑤ (나)에서 1연부터 3연까지 쉼표로 연을 마무리한 것은 고전 시가의 리듬을 계승한 예이다.   [Ok | No]

내가 그리는 개념 마인드맵

시에는 반복되는 요소들이 정말 많지? 반복의 첫 번째 효과는 운율감 형성이라는 것. 두 번째 효과는? 바로 의미 강조야!
시에서 운율이라는 요소를 빼 버린다면 시는 더 이상 시가 아닐 수 있어. 그만큼 시에서 운율은 참 중요한 요소야.
운율이 무엇인지, 운율은 어떻게 형성되는지, 운율이 형성되면 어떤 효과가 있는지 꼼꼼히 잘 복습해 두자. :)

09강 구성

오늘 꼭 알아야 할 개념 # 시간적 구성 # 공간적 구성 # 수미상관 # 선경후정

STEP.1 개념 Hi

개념 3 9 시간적 구성

'시간'이 중요한 시상 전개 방식

시간의 ㅅㅎ적 흐름이 두드러지는 시상 전개	시간의 ㅇㅈ(회상)이 두드러지는 시상 전개	ㄷㅊ적 시간이 두드러지는 시상 전개
■ 과거 → 현재 → 미래 ■ 과거 → 현재 ■ 현재 → 미래	■ 현재 → 과거 → 현재 ■ 현재 → 과거	■ 과거 → 대과거 → 현재 ■ 현재 → 과거 → 대과거 ■ 현재
고난 극복 의지가 두드러지는 작품은 다가올 앞날에 대한 기대를 드러내는 경우가 많음.	부정적 현실에 대한 비판 의식이나 과거의 추억에 대한 그리움을 드러내는 경우가 많음.	시간적 순서 파악이 쉽지 않기 때문에 주의해야 함.

각 시간의 구성에 따라 무엇이 ㄷㄹㅅㅈ에 주목해야 돼. 단순히 '아침→점심→저녁', '봄→여름→가을→겨울'과 같은 자연적인 시간의 흐름이 나타날 때도 있지만, 화자가 떠올리는 과거와 화자의 현재 상황을 대비할 때는 무엇이 달라졌는지, 화자가 현재와 다른 어떤 미래를 그려볼 때는 화자가 지금 무엇을 소망하고 있는지를 생각해 봐야 하는 거야.

개념 4 0 공간적 구성

'공간'이 중요한 시상 전개 방식

ㅎ 대상을 중심으로 ㅅㅅ이 이동하는 시상 전개	ㅇㄹ 대상으로 ㅅㅅ이 이동하는 시상 전개	화자의 공간 ㅇㄷ이 두드러지는 시상 전개
대상의 외양이나 속성을 부각하는 작품이 많음.	다양한 대상을 바라보지만 화자의 정서는 유지되는 작품이 많음.	특정 공간에 담긴 화자의 정서를 드러내는 작품이 많음.

화자가 직접 ㅈㅅ를 이동하는 경우도 있지만, 화자의 ㅅㅅ만 이동하는 경우도 많아. 화자의 시선이 한 대상을 중심으로 이동할 수도 있고, 여러 대상으로 이동할 때도 있어.

개 념 4 1   수미상관

수미상관 (首: 머리 수, 尾: 꼬리 미, 相: 서로 상, 關: 관계 관)

📖 *시험지에는 이런 식으로 등장해.*

처음과 끝을 대응시켜 **화자의 정서를 부각**하고 있다.
처음과 끝을 유사한 구조로 상응하여 **시적 안정감**을 부여한다.
수미상관의 구조와 유사한 시구의 반복이 **리듬감**을 만들어 내는 핵심적인 요소라고 할 수 있다.

> 머리와 꼬리, 즉 시의 처음과 끝부분에 똑같거나 비슷한 시구를 배치하는 방법을 'ㅅ ㅁ ㅅ ㄱ'이라고 해. 그런데 사실 시험에는 '수미상관'이라는 표현보다 '처음과 끝이 ㄷ ㅇ 한 다.'라는 표현이 훨씬 많이 등장해. 수미상관의 방법으로 시를 전개하면 어떤 효과가 있느냐? 첫째, ㅇ ㅇ ㄱ이 형성돼. 둘째, 형태적으로 ㅇ ㅈ ㄱ을 얻을 수 있어. 셋째, 반복되는 그 내용을 ㄱ ㅈ 할 수 있다는 거~.

개 념 4 2   선경후정

선경후정 (先: 먼저 선, 景: 경치 경, 後: 뒤 후, 情: 정 정)

📖 *시험지에는 이런 식으로 등장해.*

외부 세계에서 내면으로 화자의 시선을 이동하며 시상을 전개하고 있다.
선경후정의 방식으로 화자가 바라본 풍경과 그에 대한 감흥이 서술되고 있다.
화자의 시선이 화자 내면에서 외부 세계로 이동하는 방식으로 시상을 전개하고 있다.

> 말 그대로야. 먼저 화자가 바라보는 자연 ㄱ ㅊ나 사물의 ㅁ ㅅ을 제시하고, 뒷부분에는 화자가 느끼는 ㅈ ㅅ를 나타내는 거야. 고전 시가에 자주 등장하는 전개 방식이라고 할 수 있어.

■**초성 퀴즈 답** 순행, 역전, 다층 / 달라지는지 / 한, 시선, 여려, 시선, 이동 / 장소, 시선 / 수미상관, 대응, 운율감, 안정감, 강조 / 경치, 모습, 정서

결빙의 아버지

– 이수익

어머님,
제 예닐곱 살 적 겨울은
목조 적산 가옥 이층 다다미방의
벌거숭이 유리창 깨질 듯 울어 대던 외풍 탓으로
한없이 추웠지요, 밤마다 나는 벌벌 떨면서
아버지 가랭이 사이로 시린 발을 밀어 넣고
그 가슴팍에 벌레처럼 파고들어 얼굴을 묻은 채
겨우 잠이 들곤 했었지요.

요즈음도 추운 밤이면
곁에서 잠든 아이들 이불깃을 덮어 주며
늘 그런 추억으로 마음이 아프고,
나를 품어 주던 그 가슴이 이제는 한 줌 뼛가루로 삭아
붉은 흙에 자취 없이 뒤섞여 있음을 생각하면
옛날처럼 나는 다시 아버지 곁에 눕고 싶습니다.

그런데 어머님,
오늘은 영하(零下)의 한강교를 지나면서 문득
나를 품에 안고 추위를 막아 주던
예닐곱 살 적 그 겨울밤의 아버지가
이승의 물로 화신(化身)해 있음을 보았습니다.
품 안에 부드럽고 여린 물살은 무사히 흘러
바다로 가라고,
꽝 꽝 얼어붙은 잔등으로 혹한을 막으며
하얗게 얼음으로 엎드려 있던 아버지,
아버지, 아버지……

25634-0045

Q.1 윗글에 대한 설명으로 적절한지 ○/X로 답해 보자.

> 서정시는 **현재의 순간에 과거의 경험들이 공존**해 있다는 점에서 **시간의 모호성**이 두드러진다. 즉 서정시는 과거와 현재를 분리하지 않고 시적 현재로 통합하는 **시간의 의도적 변형**을 드러내는 것이다.

① 화자가 '아버지'와 겪었던 유년 시절을 '어머님'에게 들려주는 시상 전개 방식으로 과거와 현재의 시간을 이어 준다. ○ X

② '목조 적산 가옥 이층 다다미방'이라는 현재 위치에서 화자가 과거의 이야기를 전해 주는 방식으로 시적 현재의 의미를 생성해 낸다. ○ X

③ '옛날처럼 나는'에서 현재의 순간에 과거의 경험들이 공존해 있는 시적 상황을 설정하고 있다. ○ X

④ '예닐곱 살 적 그 겨울밤'을 '영하의 한강교를 지나면서' 떠올리는 데서 과거와 현재의 통합이 드러난다. ○ X

⑤ '그 겨울밤의 아버지'가 '이승의 물로 화신'했다고 표현함으로써 과거와 현재를 분리하지 않는 시간의 모호성을 드러낸다. ○ X

모란이 피기까지는

- 김영랑

모란이 피기까지는
나는 아직 나의 봄을 기둘리고 있을 테요
모란이 뚝뚝 떨어져 버린 날
나는 비로소 봄을 여읜 설움에 잠길 테요
오월 어느 날 그 하루 무덥던 날
떨어져 누운 꽃잎마저 시들어 버리고는
천지에 모란은 자취도 없어지고
뻗쳐오르던 내 보람 서운케 무너졌느니
모란이 지고 말면 그뿐 내 한 해는 다 가고 말아
삼백 예순 날 하냥 섭섭해 우옵네다
모란이 피기까지는
나는 아직 기둘리고 있을 테요 찬란한 슬픔의 봄을

25634-0046

Q.2 윗글에 대한 설명으로 적절한지 O/X로 답해 보자.

① **시간의 흐름**을 바탕으로 시상을 전개하고 있다. ☐ O ☐ X
② **공간의 이동**에 따라 화자의 태도 변화를 드러 내고 있다. ☐ O ☐ X
③ 변형된 **수미상관**의 구조를 통해 시의 주제를 강조하고 있다. ☐ O ☐ X
④ **음성 상징어**를 통해 대상의 움직임에서 느끼 는 인상을 드러내고 있다. ☐ O ☐ X

보리타작

- 정약용

새로 거른 막걸리 젖빛처럼 뿌옇고
큰 사발에 보리밥, 높기가 한 자로세.
밥 먹자 도리깨 잡고 마당에 나서니
검게 탄 두 어깨 햇볕 받아 번쩍이네.
옹헤야 소리 내며 발맞추어 두드리니
삽시간에 보리 낟알 온 마당에 가득하네.
주고받는 노랫가락 점점 높아지는데
보이느니 지붕 위에 보리티끌뿐이로다.
그 기색 살펴보니 즐겁기 짝이 없어
마음이 몸의 노예 되지 않았네.
낙원이 먼 곳에 있는 게 아닌데
무엇하러 벼슬길에 헤매고 있으리오.

25634-0047

Q.3 윗글에 대한 설명으로 적절한지 O/X로 답해 보자.

① **사실**을 제시하고 나서 **주관**을 드러내고 있다. ☐ O ☐ X
② 시적 화자는 **대상**을 바라보며 자신을 **성찰**하 고 있다. ☐ O ☐ X
③ **선경후정(先景後情)**의 방식으로 시상을 전개 하고 있다. ☐ O ☐ X
④ **과거와 현재를 비교**하면서 과거로 돌아가 자 하는 화자의 소망을 표출하고 있다. ☐ O ☐ X

STEP.3 개념 Jump

[01] 다음 글을 읽고 물음에 답하시오. | 고1 전국연합학력평가 |

(가)

사개 틀린* 고풍(古風)의 툇마루에 없는 듯이 앉아
아직 **떠오를 기척도 없는 달**을 기다린다
아무런 생각 없이
아무런 **뜻 없이**

이제 저 감나무 그림자가
사뿐 한 치씩 옮아오고
이 마루 위에 빛깔의 방석이
보시시 깔리우면

나는 내 하나인 외론 **벗**
가냘픈 **내 그림자**와
말없이 몸짓 없이 **서로 맞대고 있으려니**
이 밤 옮기는 발짓이나 들려오리라
　　　　　　　- 김영랑, 「사개 틀린 고풍의 툇마루에」 -

*__사개 틀린:__ 사개가 틀어진. 한옥에서 못을 사용하지 않고 목재의 모서
　　리를 깎아 요철을 끼워 맞추는 부분을 '사개'라고 한다.

(나)

우수* 날 저녁
그 전날 저녁부터
오늘까지 연 닷새 간을
고향, 내 새벽 산 여울을
찰박대며 뛰어 건너는
이쁜 발자욱 소리 하날
듣고 지내었더니
그 **새끼발가락** 하날
가만가만 만지작일 수도 있었더니
나 실로 정결한 말씀만 고를 수 있었더니
그가 왔다.
진솔* 속곳을 갈아입고
그가 왔다.
이른 아침,
난 그를 위해 닭장으로 내려가고
따뜻한 **달걀**
두 알을 집어내었다.
경칩*이 멀지 않다 하였다.
　　　　　　　- 정진규, 「따뜻한 달걀」 -

*__우수(雨水), 경칩(驚蟄):__ 입춘(立春)과 춘분(春分) 사이에 드는 절기.
　　　　　　　우수는 눈이 그치고 봄비가 오기 시작하는
　　　　　　　시기, 경칩은 벌레가 깨어나고 겨울잠을 자
　　　　　　　던 개구리가 땅 밖으로 나오는 시기이다.
*__진솔:__ 옷이나 버선 따위가 한 번도 빨지 않은 새것 그대로인 것.

01 〈보기〉를 참고하여 (가)와 (나)를 감상한 내용으로 적절하지 **않은** 것은?

25634-0048

〈보기〉

　(가)와 (나)는 **자연의 순환적 질서**에 감응하는 화자의 모습을 보여 준다. (가)의 화자는 밤이 깊어지면서 달이 떠오르기를 기다리고 있고, (나)의 화자는 절기가 바뀌면서 봄빛이 점점 뚜렷해지고 있음을 느끼고 있다. **시간의 흐름**에 따른 자연의 점진적 변화를 감지하기 위해 화자는 온몸의 감각을 집중하면서, 자연을 자신과 교감을 이루는 주체로 인식한다.

① (가)의 화자가 '**아무런 생각**'이나 '**뜻 없이**' 달이 떠오르기를 기다리는 것은, 자연의 변화를 감지하기 위해 온몸의 감각을 집중하는 것으로 볼 수 있군. ［Ok｜No］

② (나)에서 소리로 인식되던 대상의 '**새끼발가락**'을 만질 수 있게 되었다는 것은, 시간의 흐름에 따라 자연이 변화하는 양상을 표현한 것으로 볼 수 있군. ［Ok｜No］

③ (가)의 '**떠오를 기척도 없는 달**'과 (나)의 '**이쁜 발자욱 소리**' 하나는 자연의 순환적 질서가 지연되는 것에 대한 화자의 조바심을 유발하는 것으로 볼 수 있군. ［Ok｜No］

④ (가)에서는 달이 뜨는 것을 '**이 밤 옮기는 발짓**'을 한다고 표현하고, (나)에서는 뚜렷해진 봄빛을 '**진솔 속곳을 갈아입**'은 것으로 표현하여 자연을 행위의 주체로 인식하고 있군. ［Ok｜No］

⑤ (가)에서는 달이 만든 '**내 그림자**'를 '**벗**' 삼아 '**서로 맞대고 있으려**'는 데서, (나)에서는 '**경칩**'을 예감하며 '**달걀**'의 온기를 느끼는 데서 화자와 자연이 교감하는 모습이 나타나는군. ［Ok｜No］

시의 전개 방식을 파악하다 보면 시인이 이 시를 통해 무엇을 표현하고 싶었는지 더 잘 보일 때가 많아. 시의 구조를 통해 화자의 정서, 태도, 시의 주제까지 좀 더 깊이 이해해 보도록 하자.

가을 뜨락에
씨앗을 받으려니
두 손이 송구하다

모진 비바람에 부대끼며
머언 세월을 살아오신
반백(斑白)의 어머니, 가을 초목이여

나는
바쁘게 바쁘게
거리를 헤매고도

아무
얻은 것 없이
꺼멓게 때만 묻어 돌아왔는데

저리
알차고 여문 황금빛 생명을
당신은 마련하셨네

가을 뜨락에
젊음이 역사한 씨앗을 받으려니
도무지
두 손이 염치없다.

－ 허영자, 「씨앗을 받으며」 －

---

02 윗글에 대한 〈학습 활동〉을 수행한 결과로 적절하지 <u>않은</u> 것은?　　　25634-0049

〈학습 활동〉

「씨앗을 받으며」는 작품의 **처음과 끝이 유사한 구조**로 구성되어 있다. **첫 연과 마지막 연의 내용에서 반복 또는 변주된 부분**에 주목하며 작품을 감상해 보자.

	반복	추가	반복	추가	변형
1연	가을 뜨락에	–	씨앗을 받으려니	–	두 손이 송구하다
6연	가을 뜨락에	젊음이 역사한	씨앗을 받으려니	도무지	두 손이 염치없다

① '**가을 뜨락에**'를 반복하여 화자가 자신의 삶을 탐색하는 계기가 된 계절적 상황을 강조하는군.　〔 Ok ┃ No 〕
② '**젊음이 역사한**'을 추가하여 화자가 과거에 기울였던 노력의 가치를 스스로 재인식하는 모습을 부각하는군.　〔 Ok ┃ No 〕
③ '**씨앗을 받으려니**'를 반복하여 화자가 현재 느끼고 있는 감정을 촉발한 소재에 주목하게 하는군.　〔 Ok ┃ No 〕
④ '**도무지**'를 추가하여 화자가 처한 상황에서 보이는 정서적 반응이 심화되었음을 나타내는군.　〔 Ok ┃ No 〕
⑤ '**송구하다**'를 '**염치없다**'로 변형하여 화자가 시적 대상을 통해 갖게 된 성찰적 태도를 강화하는군.　〔 Ok ┃ No 〕

03  보기 의 내용을 바탕으로 윗글을 적절하게 이해한 것은?

25634-0050

보기

「씨앗을 받으며」는 주로 '**대조**'의 기법을 사용했다. 시에서 대조의 기법을 활용하면 작품의 주제 의식을 한층 강화하는 효과가 있다.

	가을 초목		화자	
①	알찬 결실을 거둠.	↔	삶에서 거둔 것이 거의 없음.	Ok No
②	모진 풍파를 다 겪어 옴.	↔	세상의 풍파를 모르고 지냄.	Ok No
③	순수하고 깨끗하게 삶.	↔	세상의 때를 묻히고 삶.	Ok No
④	강한 생명력으로 살아옴.	↔	무기력하게 살아옴.	Ok No
⑤	여유 있게 살아옴.	↔	매우 바쁘게 살아옴.	Ok No

내가 그리는 개념 마인드맵

오늘 꼭 알아야 할 개념　# 선물 〈보기〉　# 조건 〈보기〉

STEP.1　개념 Hi

개 념　4 3　힌트가 되는 선물 〈보기〉

시를 읽을 때 어떤 걸 파악해야 하지? 시적 화자가 처해 있는 ㅅ ㅎ, 그 상황 속에서 느끼는 ㅈ ㅅ, ㅌ ㄷ, 이런 것들을 종합해서 알 수 있는 그 시의 ㅈ ㅈ. 그런데! 어떤 〈보기〉는 이런 걸 다 얘기해 준다고. 이 시를 쓴 ㅈ ㄱ 는 어떤 사람인지, 이 시가 쓰인 ㅅ ㄷ 적 상황은 어떠했는지를 다~ 얘기해 주는 선물 같은 〈보기〉가 있어. 그럴 땐 힌트가 되는 선물을 놓쳐서는 안 됨! 그래서 문제도 이렇게 말하잖아. "〈보기〉를 참고하여 윗글을 감상한 내용으로 적절하지 **않은** 것은?"이라고. 출제자가 〈보기〉를 참고해서 시를 읽으라잖아~~~.

📄 *시험지에는 이런 식으로 등장해.*

| 2024학년도 고1 전국연합학력평가 |

45. 〈보기〉를 **바탕으로** 윗글을 감상한 내용으로 적절하지 **않은** 것은? [3점]

> 문학에서 음식은 일상적 삶의 모습을 보여 주거나 정서를 환기하는 소재로 활용된다. (가)에는 모밀묵을 매개로 형상화된 삶의 모습을 떠올리며 **인생의 허전함과 쓸쓸함을 달래고 싶은 화자의 정서**가 드러난다. (나)에는 화자가 아플 때 혼자 찬밥을 먹었던 경험에서 **어머니의 희생적 삶을 깨닫고 어머니를 그리워하는 정서**가 드러난다.

| 2024학년도 대학수학능력시험 |

23. 〈보기〉를 **참고하여** (가)를 감상한 내용으로 적절하지 **않은** 것은?

> (가)에서 **순환하는 자연이 가진 변화의 힘**은 인간 역사의 쇠락과 생성에 관여한다. **인간의 역사**는 쇠락의 과정에서도 생성의 기반을 잃지 않고, 자연과 어우러지며 자연의 힘을 탐색하거나 수용한다. 이를 통해 '**문**'은 새로운 역사를 생성할 가능성을 실현하게 되고, 인간의 역사는 '**깃발**'로 상징되는 이상을 향해 다시 나아갈 수 있게 된다.

봐, 맞지? 그러니까 시를 읽기 전에는 선물 같은 〈보기〉가 있는지를 꼭 살펴보고, 〈보기〉느님이 주시는 선물을 꼭 챙겨서 시를 읽도록 하자고.

개 념 4 4 판단의 조건이 되는 <보기>

<보기>가 항상 시에 대한 힌트만 주는 것은 아니야. 사실 시는 아주 다양한 의미로 해석될 수 있잖아. 같은 시라도 그 시를 읽는 독자의 경험이나 배경지식에 따라 그 의미가 얼마든지 다르게 해석될 여지가 있거든. 그래서 어떤 <보기>는 ㄱ ㅅ 의 방향을 딱 제한해 주기도 해. <보기>가 제시하는 ㅈ ㄱ 에 따라 시를 감상할 수 있는지 보겠다는 거지. <보기>는 ㅎ ㅌ 를 주는 선물일 때도, 감상의 방향을 제한하는 ㅈ ㄱ 일 때도 아주 중요해.

자, 정리해 볼까?
문제에 <보기>를 참고하여 시를 감상하라는 말이 있다면?

1 <보기>를 먼저 읽는다.

2 <보기>가 제시하는 시에 대한 힌트나 감상의 방향을 잘 이해한다.

3 <보기>의 핵심 포인트를 떠올리며 시의 내용과 연결해 본다.

4 선지를 하나하나 확인하면서 〔 Ok │ No 〕로 판단해 본다.

■ **초성 퀴즈 답** 상황, 정서, 태도, 주제, 작가, 시대 / 감상, 조건, 힌트, 조건

 STEP.2 개념 Quiz 

25634-0051

Q.1 어떤 시의 문제에 제시된 를 읽어 보자.

> **[보기]**
>
> 윤동주는 이상을 지향하는 자아와 이를 실천하지 못하는 현실적 자아의 충돌로 인해 나타나는 고뇌를 담은 작품을 다수 창작하였다. 그는 절대적 가치를 추구하는 윤리적인 삶을 꿈꾸지만 현실에서 이를 완전하게 실현하지 못하는 자신을 성찰하는 과정에서 부끄러움을 드러낸다. 그는 이러한 성찰과 이상 추구의 의지를 지속적으로 시에 반영하면서 시인으로서의 숙명을 보여 주고 있다.

① 이 <보기>가 준비한 선물의 내용은 뭐지?

: ㅈㄱ 의 창작 경향, 시에 드러난 ㅈㅅ , ㅌㄷ 등

② 이 시는 누구의 작품이지?

: ㅇㄷㅈ

③ 작가(혹은 화자)가 추구하는 이상적인 삶은 어떤 삶이지?

: 절대적 ㄱㅊ 를 추구하는 ㅇㄹ 적인 삶

④ 작가(혹은 화자)는 현실에서 어떤 감정과 태도를 드러낸대?

: ㅇㅅ 을 실현하지 못해서 자신을 ㅅㅊ 하며 ㅂㄲ

ㄹㅇ 을 드러냄. 계속적으로 ㅅㅊ 하고 ㅇㅅ 을 추구하는 ㅅㅇ 으로서의 삶을 살 것을 다짐함.

25634-0052

Q.2 어떤 시의 문제에 제시된 를 읽어 보자.

> **[보기]**
>
> 작가의 삶에 대한 이해는 작품 감상의 폭을 넓혀 준다. (가)는 승려인 작가가 죽은 누이를 추모하기 위한 작품이고, (나)는 고려 왕조가 몰락하자 모친 봉양을 핑계로 고향에 은거한 작가가 고려의 도읍지였던 개성을 찾아 느끼는 감회를 읊고 있는 작품이다.

① 이 <보기>가 준비한 선물의 내용은 뭐지?

: 작가가 처한 ㅅㅎ , 작가(혹은 화자)가 느끼고 있는 ㅈㅅ

② (가)는 누구의 작품이지? 어떤 상황, 정서가 드러나지?

: ㅅㄹ / ㄴㅇ 가 죽었음. 죽은 누이를 ㅊㅁ 함.

③ (나)는 누구의 작품이지? 어떤 상황, 정서가 드러나지?

: ㄱㄹ 왕조가 몰락하자 ㄱㅎ 으로 가서 은거한 인물 / 고려의 옛 ㄷㅇㅈ 를 찾아감. / 정서가 구체적으로 드러나 있지는 않지만, ㅁㅅㄱ 이나 ㄱㄹㅇ 을 느낄 것 같음.

25634-0053

Q.3 어떤 시의 문제에 제시된 를 읽어 보자.

보기

　사랑이 이루어진 상황을 사랑의 결실이라고 부르는 것은, 사랑을 이루기 위해 지극한 노력이 필요하기 때문이다. 사랑하기로 마음먹는 것만으로 사랑의 결실을 얻을 수는 없다. 사랑하는 대상에게 지속적으로 관심을 쏟아야 하고, 그 대상을 빼앗으려 하거나 위협하는 것들에 맞서야 한다. 이는 연인은 물론 다른 대상을 향한 사랑에서도 마찬가지이다.

① 이 <보기>가 제시하는 감상 방향의 핵심 포인트를 정리해 볼까?

: <보기>를 참고해서 감상할 시에는 화자가 ㅅㄹ 하는 대상이 나오는 거 같아.

⇨ 그런데 아무래도 그 사랑의 ㄱㅅ 을 얻는 일이 쉬운 것 같지만은 않아.

⇨ 사랑의 대상을 빼앗으려 하거나 ㅇㅎ 하는 것들에 맞서야 한다고 했으니까.

② 그렇다면 시를 읽으면서 해야 할 일은?

: ㅅㄹ 의 대상이 누구(혹은 무엇)인지 생각해 봐야겠구나.

사랑의 결실을 ㅇㅎ 하는 대상은 누구(혹은 무엇)인지 생각해 봐야겠구나.

주어진 시적 ㅅㅎ 에서 화자가 느끼는 ㅈㅅ, ㅌㄷ 를 파악해야겠구나.

25634-0054

Q.4 어떤 시의 문제에 제시된 를 읽어 보자.

보기

　조선 후기에 책을 대여하고 값을 받는 세책업자는 「춘향전」을 (가)와 같은 세책본 소설로, 유흥적 노래를 지은 잡가의 담당층은 「춘향전」의 대목을 (나)와 같은 잡가로 제작했다. 세책업자는 과장되고 재치 있는 표현을 활용하여 흥미를 높이거나 특정 부분의 분량을 늘려 이윤을 얻으려 했다. 잡가의 담당층은 노래의 내용을 단시간에 전달하기 위해 상황을 집약해 설명하고 인물의 감정을 드러내는 가사를 반복해 청중의 공감을 끌어냈다. 연속되지 않은 장면들을 엮어 노래를 구성할 때에는 작품 속 화자의 역할이 바뀌기도 하였다.

① 이 <보기>가 제시하는 감상 방향의 핵심 포인트를 정리해 볼까?

: (나)의 갈래는 ㅈㄱ 구나.

⇨ (나)와 같은 잡가의 특징을 잘 설명해 주고 있어.

⇨ 이 <보기>에서 설명하는 잡가의 특징이 (나)에도 드러나 있을 것 같아.

② 그렇다면 (나)를 읽으면서 해야 할 일은?

: 내용을 단시간에 전달하기 위해 상황을 ㅈㅇ 해 설명한 부분은 어디인지 찾아야겠구나.

인물의 ㄱㅈ 이 반복적으로 드러난 부분이 어디인지 찾아야겠구나.

작품 속 ㅎㅈ 의 역할이 바뀌는 부분은 어디인지 찾아야겠구나.

STEP.3 개념 Jump

[01-02] 다음 글을 읽고 물음에 답하시오.

| 고1 전국연합학력평가 |

(가)

죽는 날까지 하늘을 우러러
한 점 부끄럼이 없기를
잎새에 이는 바람에도
나는 **괴로워했다.**
별을 노래하는 마음으로
모든 죽어 가는 것을 사랑해야지
그리고 나한테 **주어진 길을**
걸어가야겠다.

오늘 밤에도 별이 바람에 스치운다.

- 윤동주, 「서시」 -

(나)

생사(生死) 길은
예 있으매 머뭇거리고,
나는 간다는 말도
못다 이르고 어찌 갑니까.
㉠어느 가을 이른 바람에
이에 저에 떨어질 잎처럼,
한 가지에 나고
가는 곳 모르온저.
아아, ㉡미타찰(彌陀刹)에서 만날 나
도(道) 닦아 기다리겠노라.

- 월명사, 「제망매가」 -

(다)

㉢오백 년 도읍지를 필마(匹馬)로 도라드니,
㉣산천은 의구(依舊)하되 인걸(人傑)은 간 듸 업다.
어즈버, ㉤태평연월(太平烟月)이 꿈이런가 하노라.

- 길재 -

---

01 〈보기〉를 참고하여 (가)를 이해할 때, 적절하지 **않은** 것은? 25634-0055

〈보기〉

　윤동주는 이상을 지향하는 자아와 이를 실천하지 못하는 현실적 자아의 충돌로 인해 나타나는 고뇌를 담은 작품을 다수 창작하였다. 그는 절대적 가치를 추구하는 윤리적인 삶을 꿈꾸지만 현실에서 이를 완전하게 실현하지 못하는 자신을 성찰하는 과정에서 부끄러움을 드러낸다. 그는 이러한 **성찰과 이상 추구의 의지**를 지속적으로 시에 반영하면서 시인으로서의 숙명을 보여 주고 있다.

① '**죽는 날까지**'는 이상을 지향하는 자아의 숙명을 강조하여 표현한 것이다. [Ok | No]
② '**하늘을 우러러**'는 절대적 가치를 지향하는 자아의 모습을 표현한 것이다. [Ok | No]
③ '**괴로워했다**'는 현실에서 이상을 실현하지 못하는 고뇌를 나타낸 것이다. [Ok | No]
④ '**별을 노래하는 마음**'은 윤리적 삶과 현실의 삶 사이의 갈등을 표현한 것이다. [Ok | No]
⑤ '**주어진 길을 걸어가야겠다**'는 이상 실현을 위한 의지를 드러낸 것이다. [Ok | No]

02 <보기>를 참고하여 ㉠~㉤에 나타난 작가의 처지를 이해한 내용으로 적절하지 <u>않은</u> 것은?

<보기>

작가의 삶에 대한 이해는 작품 감상의 폭을 넓혀 준다. **(나)**는 승려인 작가가 죽은 누이를 추모하기 위한 작품이고, **(다)**는 고려 왕조가 몰락하자 모친 봉양을 핑계로 고향에 은거한 작가가 고려의 도읍지였던 개성을 찾아 느끼는 감회를 읊고 있는 작품이다.

① ㉠: 어느 가을의 때 이른 바람이라는 인식을 통해 예기치 못한 누이의 죽음에 안타까움을 느끼고 있군. Ok | No

② ㉡: 극락에서 다시 만날 때까지 도를 닦으며 기다리겠다는 다짐을 통해 슬픔을 종교의 힘으로 극복하려 하는군. Ok | No

③ ㉢: 오백 년 도읍지라는 시간과 장소의 제시를 통해 단절된 고려 왕조에 대한 아쉬움을 표현하고 있군. Ok | No

④ ㉣: 자연은 변함없는데 고려의 옛 충신들은 찾을 수 없는 상황 속에서 인생무상을 느끼고 있군. Ok | No

⑤ ㉤: 태평한 세상이 꿈속에만 있겠느냐는 각성을 통해 고려 왕조를 다시 찾겠다는 의지를 다지고 있군. Ok | No

어려운 시, 처음 보는 시를 만났을 때, 문제 속에 도우미가 있다는 걸 알았지? <보기>가 있을 때는, 출제자가 우리에게 <보기>를 통해 주려고 한 선물을 꼭 챙기자고! :)

(가)

태양을 의논하는 거룩한 **이야기**는
항상 태양을 등진 곳에서만 비롯하였다.

달빛이 흡사 비 오듯 쏟아지는 밤에도
우리는 **헐어진 성터**를 헤매이면서
언제 참으로 그 언제 우리 하늘에
오롯한 태양을 모시겠느냐고
가슴을 쥐어뜯으며 이야기하며 이야기하며
가슴을 쥐어뜯지 않았느냐?

그러는 동안에 영영 잃어버린 벗도 있다.
그러는 동안에 멀리 떠나 버린 벗도 있다.
그러는 동안에 **몸**을 팔아 버린 벗도 있다.
그러는 동안에 **맘**을 팔아 버린 벗도 있다.

그러는 동안에 드디어 서른여섯 해가 지나갔다.

다시 우러러보는 이 하늘에
겨울밤 달이 아직도 차거니
오는 봄엔 분수처럼 쏟아지는 태양을 안고
그 **어느 언덕 꽃덤불**에 아늑히 안겨 보리라.
　　　　　　　　　　　　- 신석정, 「꽃덤불」 -

(나)

사랑한다는 것은

열매가 맺지 않는 과목은 뿌리째 뽑고
그 뿌리를 썩힌 **흙 속의 해충**은 모조리 잡고
그리고 새 묘목을 심기 위해서
깊이 파헤쳐 내 두 손의 땀을 섞은 흙
그 흙을 깨끗하게 실하게 하는 일이다.

그리고
아무리 모진 비바람이 삼킨 어둠이어도
바위 속보다도 어두운 밤이어도
그 어둠 그 **밤**을 새워서 지키는 일이다.
훤한 새벽 햇살이 퍼질 때까지
그 햇살을 뚫고 마침내 **새 과목**이
샘물 같은 그런 빛 뿌리면서 솟을 때까지
지키는 일이다. 지켜보는 일이다.

사랑한다는 것은.
　　　　　　　　　　　　- 전봉건, 「사랑」 -

03 〈보기〉를 바탕으로 (가), (나)를 이해한 내용으로 적절하지 **않은** 것은?

25634-0057

〈보기〉

　　사랑이 이루어진 상황을 사랑의 결실이라고 부르는 것은, 사랑을 이루기 위해 지극한 노력이 필요하기 때문이다. 사랑하기로 마음먹는 것만으로 사랑의 결실을 얻을 수는 없다. 사랑하는 대상에게 지속적으로 관심을 쏟아야 하고, 그 대상을 빼앗으려 하거나 위협하는 것들에 맞서야 한다. 이는 연인은 물론 다른 대상을 향한 사랑에서도 마찬가지이다.

① (가)에서 '**헐어진 성터**'를 헤매고 '**이야기**'를 나누는 것은 사랑하는 대상에 대한 관심을 잃지 않았음을 의미한다.　[Ok | No]

② (가)에서 '**몸**'과 '**맘**'을 팔아 버린 벗들의 삶은 사랑하는 대상을 되찾기 위한 지속적인 노력을 의미한다.　[Ok | No]

③ (나)에서 '**흙 속의 해충**'을 제거하는 것은 사랑하는 대상을 위협하는 것들에 맞서려는 노력을 의미한다.　[Ok | No]

④ (나)에서 '**밤**'을 새우는 것은 사랑하는 대상에 대한 관심을 지속하고 위협적인 상황으로부터 그 대상을 지키려는 노력을 의미한다.　[Ok | No]

⑤ (가)의 '**어느 언덕 꽃덤불**'에 안기는 것과 (나)의 '**새 과목**'이 솟는 것은 노력을 통해 얻으려 하는 사랑의 결실을 의미한다.　[Ok | No]

　　이번 문제는 무려 평가원 모의평가였어. ㅎㅎㅎ 보통 1학년 수준의 문제에서는 선물 같은 힌트를 주는 〈보기〉가 대부분이지만 고3 수준의 모의평가에서는 조건이 되는 〈보기〉도 자주 제시가 돼. 아직은 첫걸음이니까 조금씩 준비해 보는 거야. :)

오늘 꼭 알아야 할 개념　# 설의법　# 영탄법　# 반어법　# 역설법

STEP.1　**개념 Hi**

| 개 | 념 | 4 | 5 |　**설의법**

설의법 (設: 베풀 설, 疑: 의심할 의, 法: 법 법)
『문학』 쉽게 판단할 수 있는 사실을 의문의 형식으로 표현하여 상대편이 스스로 판단하게 하는 수사법.

시에 사용된 표현법을 묻는 문제에서 정말 자주 만나게 되는 개념이 바로 설의법이야.
　설의법은 평서문으로 말해도 될 것을 굳이 ㅇ ㅁ 형으로 바꾸어서 표현하는 방법을 말해. 예를 들어 '사람이 정말 많다.'라고 말하면 될 것을 '사람이 정말 많지 않은가?'라고 표현하는 거야. 그러면 상황을 파악하고 있는 독자 입장에서는 '응? 어? 그러네, 정말 많네.'라고 한 번 더 생각하고 자기도 모르게 응답을 하게 되거든. 그래서 설의법을 사용하면 드러내고자 하는 의미를 ㄱ ㅈ 하는 효과가 생기는 거야.

📑 시험지에는 이런 식으로 등장해.

'설의법'과 관련된 기출문제의 선지들을 한번 볼까?

| 고1 전국연합학력평가 |

까마득한 날에
하늘이 처음 열리고
어데 닭 우는 소리 들렸으랴

– 이육사, 「광야」 중에서 –

43. ① **설의적 표현**을 활용하여 원시성을 지닌 태초 광야의 모습을 강조하고 있다.

그런데 기출문제들을 잘 살펴보면 '설의'라는 말을 노출하지 않고, '의문의 형식'이라는 표현을 쓸 때가 더 많다는 걸 알 수 있어. 개념의 변신 모드를 잘 알아챌 수 있어야 돼.

| 고3 전국연합학력평가 |

먹줄 없이 생긴 바위 어느 법도를 알랴마는
높고도 곧으니 귀하게 보이는구나
애닯다 가히 사람이면서 이 돌만도 못하랴

– 박인로, 「입암이십구곡」 중에서 –

18. ③ **의문의 형식**을 활용하여 대상에 대한 화자의 인식을 부각하고 있다.

개 념 ｜ 4 6 ｜ 영탄법

영탄법 (詠: 읊을 영, 歎: 탄식할 탄, 法: 법 법)
『문학』 감탄사나 감탄 조사 따위를 이용하여 기쁨 · 슬픔 · 놀라움과 같은 감정을 강하게 나타내는 수사법. '아아!', '오!', '보았는고!' 따위이다.

설의법 만만치 않게 시에 자주 등장하는 표현법이 바로 영탄법이야. 영탄법을 대충, '아~ 감탄하는 거?'라고만 알면 안 된다고. 감탄은 뭔데? '멋진 걸 보고 와~ 하는 거요.'라고 또 대충만 알고 있는 건 아니야? '오개념x오개념' 우리 이러지 말자. 감탄은 화자의 ㄱ ㅈ 된 정서를 감탄사나 감탄 조사 따위를 통해 표현하는 방법을 말해. ㄱ ㅌ ㅅ 를 쓸 수도 있고, ㄱ ㅌ ㅎ ㅇ ㅁ 를 쓸 수도 있고, 심지어는 ㅇ ㅁ ㅎ ㅇ ㅁ 를 쓸 수도 있어.

🗐 **시험지에는 이런 식으로 등장해.**

'**영탄법**'과 관련된 기출문제의 선지들을 한번 볼까?

| 고1 전국연합학력평가 |

관동 팔백 리의 방면*을 맡기시니
어와 성은(聖恩)이야 갈수록 망극하다

– 정철, 「관동별곡」 중에서 –

*방면: 관찰사의 소임.

35. ⑤ **영탄법**을 사용하여 화자의 감정을 직접적으로 표출하고 있다.

그럼 다음 선지를 한번 볼래? 이건 설의냐, 영탄이냐, 그것이 문제로다. 사람이 왜 이렇게 이분법적이니? 영탄이면서 설의일 수도 있다는 생각을 왜 못하는 거냐고요~~~.

| 고2 전국연합학력평가 |

24. ① (가)와 (나)는 **의문의 형식**을 빌려 **탄식의 마음**을 드러내고 있다.

■ **초성 퀴즈 답** 의문, 강조 / 고조, 감탄사, 감탄형 어미, 의문형 어미

반어법

반어법 (反: 돌이킬 반, 語: 말씀 어, 法: 법 법)
『문학』 참뜻과는 반대되는 말을 하여 문장의 의미를 강화하는 수사법.

> 반어법은 일상에서도 참 많이 쓰여. 반어법은 화자가 정말로 말하고자 하는 내용을 반대로 표현하는 걸 말해. 감춰진 진심과 겉으로 드러난 표현이 서로 ㄷ ㅈ 되는 거지. 그래서 반어가 쓰인 부분을 읽을 때는 그 참뜻을 잘 생각해야만 하는 거야.

시험지에는 이런 식으로 등장해.

14.

〈보기〉

　이 기법은 어원적으로 보면 '변장', 즉, '거짓 꾸밈'의 기술이며, 그 본질은 '이중성'이다. 이 기법은 작가에게는 사물과 현실 사이의 진실성을 표현할 수 있는 한 방법을 제공하며, 독자에게는 숨겨진 의도와는 전혀 반대되는 표현된 것의 이중 의미를 찾아내는 즐거움을 준다. 그러므로 작품을 올바르게 감상하기 위해서 독자는 **표현된 의미와 반대되는 숨겨진 의미**를 찾아 받아들여야 한다.

나 보기가 역겨워
가실 때에는
죽어도 아니 눈물 흘리우리다

– 김소월, 「진달래꽃」 중에서 –

③ '죽어도 아니 눈물 흘리우리다'는 참을 수 없는 이별의 슬픔을 억누르고 견디겠다는 의미로, 상황과 반대되게 표현하고 있다.

> 죽어도 눈물 흘리지 않을 거라고? 거짓말. 사실은 이별을 떠올리기만 해도 이미 너무너무 슬프다고 말하고 있는 거 같은데?

개 념 4 8 **역설법**

역설법 (逆:거스를 역, 說: 말씀 설, 法: 법 법)

> 역설법이 쓰인 표현을 보면, '무슨 말이 이래?'라는 생각이 들 수 있어. 표현 자체에 ㅁ ㅅ 이 있거든. 그런데 희한한 건, 그 표현을 가만~
> 히 들여다보며 조금만 생각하면, 그 속에서 깊은 의미, ㅈ ㅅ 을 발견할 수 있게 돼.

🗐 시험지에는 이런 식으로 등장해.

| 고1 전국연합학력평가 |

31.

〈보기〉

시에서 대비되는 정서나 태도, 이미지가 제시될 때, 화자가 처한 상황이나 대상에 대한 인식이 강조되는 효과가 있다. 그런데 상반되거나 이질적인 정서나 태도, 이미지들이 함께 나타날 때는 **표면적으로 모순이 있는 것처럼 보이기도 한다.** 하지만 시인은 모순적으로 보이는 것들을 통해서 **표면적 진술 너머에 있는 보다 높은 차원의 인식**을 보여 준다.

모란이 피기까지는
나는 아직 기둘리고 있을 테요 **찬란한 슬픔의 봄을**

– 김영랑, 「모란이 피기까지는」 중에서 –

② '찬란한 슬픔'은 모순된 진술처럼 보이지만, 표면적 진술 너머에 슬픔을 극복하려는 화자의 인식이 담겨 있음을 볼 수 있군.

> 봄이 찬란하다는 거야, 슬프다는 거야. 찬란하면서 슬플 수가 있기는 한 거야? '찬란하다'와 '슬
> 프다'는 서로 의미가 상충하는 것 같은데. 음… 아… 근데 가만히 생각해 보니까 왜 이런 표현을 썼는지
> 알 것도 같아.
> 그토록 손꼽아 간절히 바랐던 모란이 잠깐 핀 그 순간, 화자는 황홀했겠지. 화자에게 찬란한 순간이었
> 을 거야. 그러나 그 순간이 금방 지나갈 것을 아니까 동시에 슬프지 않았을까? 크~ 그런 깊은 뜻이!

■ **초성 퀴즈 답** 대조 / 모순, 진실

STEP.2 개념 Quiz

수유나무에 대하여

- 신경림

네가 살아온 나날을 누가
어둠뿐이었다고 말하는가
몸통 군데군데 썩어
흉한 상처 거멓게 드러나고
팔다리 여기저기 잘리고 문드러져
온몸이 일그러지고 뒤틀렸지만
터진 네 살갗 들치고
바람과 노을을 동무해서
어깨와 등과 손끝에
자잘한 꽃들 노랗게 피어나는데
비록 꽃향기 온 들판을 덮거나
산을 넘고 바다를 건너지는 못해도
노란 꽃잎 풀 속에 떨어지면
옛애기보다 더 애달픈
초저녁 풀벌레의 노랫소리가 되겠지
누가 말하는가 이 노래 듣는 이
오직 하늘과 별뿐이라고

25634-0058

Q.1 설의법 혹은 영탄법이 쓰인 부분을 찾아보자.

⇨ ㅅ ㅇ 법

누항사

- 박인로

강호 한 꿈을 꾼 지도 오래러니
입과 배가 누가 되어 어즈버 잊었도다
저 물을 바라보니 푸른 대도 하도 할샤

〈부분 인용〉

25634-0059

Q.2 설의법 혹은 영탄법이 쓰인 부분을 찾아보자.

⇨ ㅇ ㅌ 법

⇨ ㅇ ㅌ 법

① 내 그대를 생각함을 항상 그대가 앉아 있는 배경에서 / 해가 지고 바람이 부는 일처럼 사소한 일일 것이나

② 아아 님은 갔지만 나는 님을 보내지 아니하였습니다.

③ 바라보노라, 온갖 것의 보이지 않는 움직임을

④ 이것은 소리 없는 아우성 / 저 푸른 해원(海原)을 향하여 흔드는 / 영원한 노스탤지어의 손수건.

⑤ 먼 후일 당신이 나를 찾으시면 / 그때에 내 말이 "잊었노라"

⑥ 두 볼에 흐르는 빛이 정작으로 고와서 서러워라.

25634-0060

Q.3 반어법 혹은 역설법이 쓰인 부분을 찾아보자.

① (　　　　　　　　　)법

② (　　　　　　　　　)법

③ (　　　　　　　　　)법

④ (　　　　　　　　　)법

⑤ (　　　　　　　　　)법

⑥ (　　　　　　　　　)법

낙화

               – 이형기

가야 할 때가 언제인가를
분명히 알고 가는 이의
뒷모습은 얼마나 아름다운가.

봄 한철
격정을 인내한
나의 사랑은 지고 있다.

분분한 낙화……
결별이 이룩하는 축복에 싸여
지금은 가야 할 때,

무성한 녹음과 그리고
머지않아 열매 맺는
가을을 향하여
나의 청춘은 꽃답게 죽는다. 〈후략〉

25634-0061

Q.4 다음 시구들에 반어법이 쓰였는지 역설법이 쓰였는지 판단해 보자.

⇨ ○ㅅ법

STEP.3 개념 Jump

[01-02] 다음 글을 읽고 물음에 답하시오.

가을 연기 자욱한 저녁 들판으로
상행 열차를 타고 평택(平澤)을 지나갈 때
흔들리는 차창에서 너는
문득 낯선 얼굴을 발견할지도 모른다.
그것이 너의 모습이라고 생각지 말아 다오.
오징어를 씹으며 화투판을 벌이는
낯익은 얼굴들이 네 곁에 있지 않느냐.
황혼 속에 고함치는 원색의 지붕들과
잠자리처럼 파들거리는 TV 안테나들
흥미 있는 주간지를 보며
㉠<u>고개를 끄덕여 다오</u>.
농약으로 질식한 풀벌레의 울음 같은
심야 방송이 잠든 뒤의 전파 소리 같은
듣기 힘든 소리에 귀 기울이지 말아 다오.
확성기마다 울려 나오는 힘찬 노래와
고속도로를 달려가는 자동차 소리는 얼마나 ㉡<u>경쾌하냐</u>.

예부터 인생은 여행에 비유되었으니
맥주나 콜라를 마시며
㉢<u>즐거운 여행을 해 다오</u>.
되도록 생각을 하지 말아 다오.
놀라울 때는 다만
'아!'라고 말해 다오.
보다 긴 말을 하고 싶으면 ㉣<u>침묵해 다오</u>.
침묵이 어색할 때는
오랫동안 가문 날씨에 관하여
아르헨티나의 축구 경기에 관하여
성장하는 GNP와 증권 시세에 관하여
㉤<u>이야기해 다오</u>.
너를 위하여
그리고 나를 위하여.

– 김광규, 「상행(上行)」 –

---

01 를 바탕으로 시적 화자와 대상과의 관계를 분석했을 때, 적절하지 <u>않은</u> 것은?

25634-0062

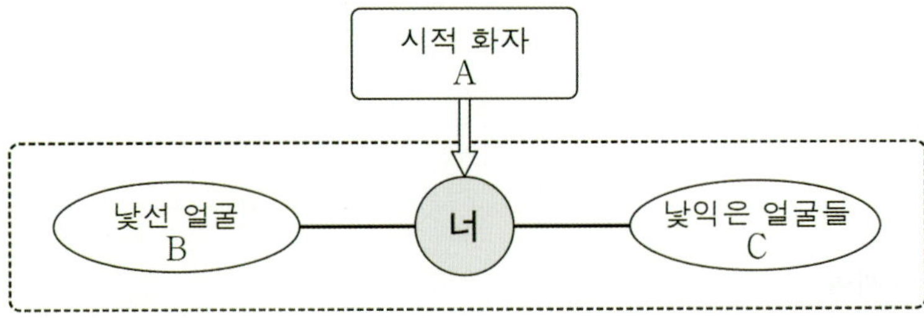

① **A**는 개인주의적 태도에 대한 자기 성찰의 필요성을 '너'에게 일깨워 주고 있다. [Ok | No]
② **B**는 사회 이면에 존재하는 근본 문제에 대해 고민하는 인물의 모습을 형상화하고 있다. [Ok | No]
③ **C**는 사회 현실을 외면한 채 자신의 욕망에만 집착하는 현대인의 모습을 나타내고 있다. [Ok | No]
④ **A**는 **B**의 인식 변화를 통해 '너'가 직면하고 있는 현실이 개선될 것으로 기대하고 있다. [Ok | No]
⑤ **A**는 '너'가, **C**로 대표되는 삶의 유형으로부터 벗어나 냉철한 인식을 지니도록 요청하고 있다. [Ok | No]

02 〈보기〉를 바탕으로 ㉠~㉤을 이해한 내용으로 적절하지 <u>않은</u> 것은?   25634-0063

〈보기〉

시에서는 화자의 메시지를 직설적으로 전달하기보다 간접적으로 표현함으로써 표현 효과를 높이기도 한다. 특히 **반어**는 실제 언어로 표현된 **표면적 진술 내용과 화자의 내적 표현 의도가 서로 반대되도록 표현하는 기법**이다. 이와 같이 반어는 겉으로 드러난 표현 속에 감춰진 **화자의 의도를 강조**하는 효과가 있다.

① ㉠은 주어진 현실을 맹목적으로 받아들이기보다는 문제의식을 가져야 한다는 점을 강조하여 표현한 것이군. [Ok | No]

② ㉡은 사회의 침울한 분위기가 외형적 경제 발전에 의해 가려져 있다는 점을 강조하여 표현한 것이군. [Ok | No]

③ ㉢은 향락에 탐닉하여 이성적 판단이 마비된 삶이 결코 즐겁지만은 않다는 점을 강조하여 표현한 것이군. [Ok | No]

④ ㉣은 불합리한 현실 세계에 수동적으로 대응하기보다는 적극적인 자세를 지녀야 한다는 점을 강조하여 표현한 것이군. [Ok | No]

⑤ ㉤은 사소해 보이기는 하지만 평범한 일상에도 관심을 기울여야 한다는 점을 강조하여 표현한 것이군. [Ok | No]

'반어'의 개념, 꼭 잘 이해하고 기억해 두자. 시 속에서 반어법이 쓰인 부분을 찾는 것도 중요하겠지만, 그 방법이 어떤 시적 효과를 거두고 있는지, 그 시구에 어떤 의미가 담겨 있는지를 생각해 보는 연습이 더 중요한 거야.

1 '맹목적'이 뭐예요?

2 '탐닉한다'는 게 뭐예요?

(가)

어져 내 일이야 그릴 줄을 모로ᄃ냐
이시라 ᄒ더면 가랴마ᄂ 제 구틱여
보내고 그리ᄂ 정(情)은 나도 몰라 ᄒ노라

　　　　　　　　　　　　　　　　　　　　　　　　　　　　　　　- 황진이 -

(나)

임이별 하올져긔 져ᄂ 나귀 한치 마소
가노라 돌쳐 셜제 저난 거름 안이런덜
꽃 아릭 눈물 젹신 얼골을 엇지 자세이 보리요

　　　　　　　　　　　　　　　　　　　　　　　　　　　　　　　- 안민영 -

03 (가)와 (나)의 공통점으로 가장 적절한 것은?　　　　　　　　　　25634-0064

① 부정적인 현실을 비판하고 있다.　　　　　　　　　　　　　　[Ok] [No]
② 세속적인 삶과 거리를 두고 있다.　　　　　　　　　　　　　　[Ok] [No]
③ 임과 함께 있고 싶은 소망을 담고 있다.　　　　　　　　　　　[Ok] [No]
④ 이별로 인한 삶의 무상감이 나타나고 있다.　　　　　　　　　[Ok] [No]
⑤ 힘든 상황을 낙천적인 자세로 극복하고 있다.　　　　　　　　[Ok] [No]

04 (가)와 (나)에 대한 이해로 적절하지 <u>않은</u> 것은?　　　　　　25634-0065

① (가)의 '어져 내 일이야 그릴 줄을 모로ᄃ냐'는 영탄과 설의적 표현을 활용하여 화자의 회한을 나타내
고 있다.　　　　　　　　　　　　　　　　　　　　　　　　　　　　　　　　[Ok] [No]
② (가)의 '제 구틱여'는 행동의 주체를 중의적으로 표현하여 화자의 복잡한 심경을 드러내고 있다.　[Ok] [No]
③ (가)의 '보내고 그리ᄂ 정(情)'은 화자의 행위와 심리를 대비시켜 임을 그리워하는 화자의 모습을 드러
내고 있다.　　　　　　　　　　　　　　　　　　　　　　　　　　　　　　[Ok] [No]
④ (나)의 '져ᄂ 나귀 한치 마소'는 다리를 절며 느리게 걷는 '나귀'를 통해 임과 함께 있는 시간을 연장하
고 싶은 화자의 심정을 담아내고 있다.　　　　　　　　　　　　　　　　[Ok] [No]
⑤ (나)의 '꽃 아릭 눈물 젹신 얼골'은 감정 이입을 통해 화자의 암담한 심정을 강조하고 있다.　[Ok] [No]

'회한'이 뭐예요?

내가 그리는 개념 마인드맵

빈출 개념이지만 많이들 헷갈려 하는 설의와 영탄, 반어와 역설의 개념을 공부했어. 기본을 탄탄히. :)

오늘 꼭 알아야 할 개념　# 열거법　# 연쇄법　# 도치법　# 점층법　# 시적 허용

STEP.1　개념 Hi

개념 49　열거법

열거법 (列: 벌일 렬(열), 擧: 들 거, 法: 법 법)
『문학』 내용적으로 연결되거나 비슷한 어구를 여러 개 늘어놓아 전체의 내용을 표현하는 수사법.

🔲 *시험지에는 이런 식으로 등장해.*

| 고1 전국연합학력평가 |

나무도 바윗돌도 없는 산에서 매에게 쫓기는 까투리의 마음과
넓은 바다 한가운데 일천 석 곡식 실은 배에 **노도 잃고 닻도 잃고 돛줄도 끊어**
지고 키도 빠지고 바람 불고 물결치고, 안개 뒤섞여 자욱한 날에 갈 길은 천리만
리 남아 있는데, 사면이 검고 어둑히 저물어 천지 적막하고 거센 파도까지 떴는
데 해적 만난 선장의 마음과
엊그제 이별한 내 마음을 어떻게 견주리오. (현대어 풀이)

– 작자 미상 –

27. ③ '도사공'이 처한 상황을 **강조**하기 위해서 과장과 **열거**를 사용해야겠어.

> 서로 ㅂㅅ하거나 ㄱㅇ 계열의 구절이나 그 내용을 늘어놓음으로써 서술하는 내용을 ㄱㅈ하려는 방법이야. 부분적으로는 각각 다른 자격과 표현 가치를 가진 어휘들이지만, 이것들이 모이면 전체 내용을 강조하는 효과를 발휘하게 되거든.

> 대체로 셋 이상을 늘어놓을 때를 '열거'로 볼 수 있어. 그리고 똑같은 어구를 늘어놓았다면 '열거'가 아니라 '반복'인 거야.

개념 50　연쇄법

연쇄법 (連: 잇닿을 련(연), 鎖: 쇠사슬 쇄, 法: 법 법)
『문학』 앞 구절의 끝 어구를 다음 구절의 앞 구절에 이어받아 이미지나 심상을 강조하는 수사법.

🔲 *시험지에는 이런 식으로 등장해.*

| 고1 전국연합학력평가 |

　┌ 고인(古人)*도 날 못 보고 나도 **고인 못 뵈네**
[A] **고인을 못 봐도** 가던 길 앞에 있네
　└ **가던 길 앞에 있거든** 아니 가고 어찌할까　　　　〈제9수〉

　┌ 당시(當時)에 가던 길을 몇 해를 버려 두고
[B] 어디 가 다니다가 **이제야 돌아왔는고**
　└ **이제야 돌아왔으니** 딴 데 마음 말으리　　　　〈제10수〉

– 이황, 「도산십이곡」 중에서 –

*고인: 옛 성인(聖人), 성현.

39. ⑤ [A]와 [B]는 모두 **앞 구절의 일부를 다음 구절에서 반복**하여 **내용을 연결**하고 있다.

> 앞 구절의 말을 다시 다음 구절에 ㅇㄱ시켜 연쇄적으로 이어 가는 방법이야. 강조를 위한 반복법과 다른 점은, ㄱㄹ을 통해 글에 변화를 줌으로써 흥미를 일으키게 한다는 점.

개념 5 1 도치법

도치법 (倒: 넘어질 도, 置: 둘 치, 法: 법 법)
『언어』 정서의 환기와 변화감을 끌어내기 위하여 말의 차례를 바꾸어 쓰는 문장 표현법.

📎 시험지에는 이런 식으로 등장해.

| 고1 전국연합학력평가 |

┌ 세상 사람들에게 말하노니, 반드시 기억해 알아 두라.
[D] 기쁨을 취하려 한들, 어디에서 평생 즐거움을 얻을 것인가를.

– 김시습, 「사청사우*」 중에서 –

*사청사우(乍晴乍雨): 날이 맑았다 비가 오다 함. 변덕스런 날씨를 가리킴.

43. ④ [D]에서는 **도치법**을 활용하여 화자가 전달하고자 하는 바를 **강조**하고 있다.

도치법은 말의 자연스러운 ㅅㅅ 를 뒤바꾸어서 내용을 강조하는 방법이야. 우리 국어의 일반적인 문장의 순서는 '주어 + 목적어(보어) + 서술어'의 형식으로 나타나는데, 이 순서가 바뀌어 제시되면 뭔가 어색하게 느껴지거든. 예를 들어, "단발머리를 나풀거리며 소녀가 막 달린다." 라는 문장을 봐 봐. 뭔가 틀린 건 아닌데 살짝 어색하지? 주어인 '소녀가'가 문장의 제일 앞에 와야 하는데, 저~기 뒤에 가 있는 게 어색한 거지. ㄷㅊ 의 방법을 사용하면 어순에 ㅂㅎ 를 줌으로써 읽는 사람이 그 문장을 다시 한번 돌아보게 하고, 그를 통해 전달하고자 하는 것을 자연스럽게 ㄱㅈ 할 수도 있는 거야.

개념 5 2 점층법

점층법 (漸: 점점 점, 層: 층 층, 法: 법 법)
『문학』 문장의 뜻을 점점 강하게 하거나, 크게 하거나, 높게 하여 마침내 절정에 이르도록 하는 수사법.

📎 시험지에는 이런 식으로 등장해.

| 고2 전국연합학력평가 |

님은 **갔습니다**. 아아, 사랑하는 나의 님은 **갔습니다**.
푸른 산빛을 깨치고 단풍나무 숲을 향하야 난 적은 길을 걸어서, 참어 떨치고 **갔습니다**. 〈중략〉
그러나 이별을 쓸데없는 눈물의 원천을 만들고 마는 것은 스스로 사랑을 깨치는 것인 줄 아는 까닭에, 걷잡을 수 없는 슬픔의 힘을 옮겨서 새 희망의 정수박이에 들어 부었습니다. 〈후략〉

– 한용운, 「님의 침묵」 중에서 –

18. ② (나) : '님은 갔습니다'라고 하여 님의 부재를 확인하고 이를 **점층적**으로 반복하면서 이별의 상황을 거듭 **강조함**으로 '걷잡을 수 없는 슬픔'에 빠져든다.

어떤 시어나 시구가 포함하고 있는 내용의 비중이나 정도를 한 단계씩 높여서 뜻을 점점 ㄱㅎ게, ㄴㄱ게, ㄱ게 층을 이뤄 독자의 ㄱㅈ을 자연스럽게 절정으로 이끌어 올리는 표현 방법이야. 이 방법은 독자를 설득하여 감동시키는 데에 효과적이야.

개념 5 3 시적 허용

📎 시험지에는 이런 식으로 등장해.

| 고2 전국연합학력평가 |

껍데기는 가라.
한라에서 백두까지
향그러운 흙 가슴만 남고
그, ⓜ모오든 쇠붙이는 가라.

– 신동엽, 「껍데기는 가라」 중에서 –

32. ⑤ ⓜ은 **시적 허용**을 사용하여 의미를 강조하고 있다.

시에서는 효과적인 의미의 전달을 위해 ㅁㅂ에 어긋나는 표현을 사용하는 것이 ㅎㅇ 된다는 거야.

시적 허용의 방법을 통해서
1 ㅈㅅ 를 더 효과적으로 전달할 수 있어.
2 규범을 파괴한 낯선 표현을 통해 그 의미에 ㅈㅈ 하게 할 수 있어.
3 의도적인 시행의 배열이나 글자 수의 조정을 통해 ㅇㅇㄱ이 형성되기도 해.

■ **초성 퀴즈 답** 비슷, 같은, 강조 / 연결, 가락 / 순서, 도치, 변화, 강조 / 강하, 높, 깊, 감정 / 문법, 허용 / 정서, 집중, 운율감

STEP.2 개념 Quiz

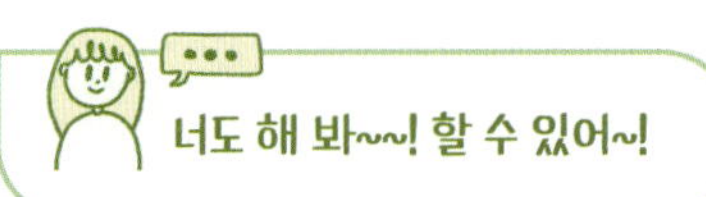

① 잠든 밧긔 한숨이오 한숨 끝에 눈물일세

② 아! 누구인가? 이렇게 슬프고도 애달픈 마음을 맨 처음 공중에 달 줄을 안 그는

③ 나는 아직 기다리고 있을 테요, 찬란한 슬픔의 봄을.

④ 이제 우리들은 부르노니 새벽을, 이제 우리들은 외치노니 우리를, 이제 우리들은 비노니 이 밤을 분쇄할 벽력을.

⑤ 눈은 살아 있다. / 떨어진 눈은 살아 있다. / 마당 위에 떨어진 눈은 살아 있다.

⑥ 별 하나에 추억과 / 별 하나에 사랑과 / 별 하나에 쓸쓸함과 / 별 하나에 동경과 / 별 하나에 시와 / 별 하나에 어머니, 어머니, / 〈중략〉 / 벌써 아기 어머니 된 계집애들의 이름과, 가난한 이웃 사람들의 이름과, 비둘기, 강아지, 토끼, 노새, 노루, '프랑시스 잠', '라이너 마리아 릴케', 이런 시인의 이름을 불러 봅니다.

25634-0066

Q.1 다음 시구에 쓰인 표현법을 찾아보자.

① (　　　　　)법

② (　　　　　)법, (　　　　　)법

③ (　　　　　)법, (　　　　　)법

④ (　　　　　)법, (　　　　　)법

⑤ (　　　　　)법

⑥ (　　　　　)법

어이 못 오던다 무슨 일로 못 오던다
　너 오는 길 위에 무쇠로 성(城)을 쌓고 성 안에 담 쌓고 담 안에란 집을 짓고 집 안에란 뒤주* 놓고 뒤주 안에 궤를 놓고 궤 안에 너를 결박ᄒ여 놓고 쌍비목* 외걸새에 용거북 ᄌ물쇠로 수기수기 ᄌ갓더냐 네 어이 그리 아니 오던다
　ᄒᆞᆫ 둘이 셜흔 놀이여니 날 보라 올 하루 업스랴

- 작자 미상 -

*뒤주: 쌀 따위의 곡식을 담아 두는 세간의 하나.
*쌍비목: 쌍으로 된 문고리를 거는 쇠.

25634-0067

Q.2 배운 표현법을 중심으로 감상해 보자.

① 중장에서는 '무쇠' → '성', '성' → '담', '담' → '집', '집' → '뒤주', '뒤주' → '궤', '궤'→'너'처럼 시어나 구절들이 ㅇㅅ 적으로 배치되고 이어짐을 확인할 수 있다.

② '어이 못 오던다 무슨 일로 못 오던다'를 보면 단어와 구절을 ㅂㅂ 하여 ㄹㄷㄱ 을 형성하고 있음을 알 수 있다.

③ 오지 않는 임을 기다리면서 임에 대한 ㅇㅁ 의 감정을 드러내고 있는 작품이다. 답답하고 안타까운 마음에 임이 오지 않는 이유가 임을 둘러싸고 있는 다수의 장애물 때문인 것은 아닌지 ㅇㅅ 법과 ㅇㄱ 법을 통해 ㅎㅎ 적으로 드러내고 있다.

나의 집

- 김소월

들가에 떨어져 나가 앉은 멧기슭의
넓은 바다의 물가 뒤에,
나는 지으리, 나의 집을,
다시금 큰길을 앞에다 두고.
길로 지나가는 그 사람들은
제각기 떨어져서 혼자 가는 길.
하이얀 여울턱에 날은 저물 때.
나는 문간에 서서 기다리리
새벽새가 울며 지새는 그늘로
세상은 희게, 또는 고요하게
번쩍이며 오는 아침부터
지나가는 길손을 눈여겨보며,
그대인가고, 그대인가고.

25634-0068

Q.3 배운 표현법을 중심으로 감상해 보자.

① '나는 지으리, 나의 집을'에서 ㄷㅊ 의 방법을 사용하고 있다. 이를 활용하여 화자가 ㄱㄷ 를 기다리기 위해 ㅈ 을 짓겠다는 것을 ㄱㅈ 하고 있다.

② 'ㄴㅇㅈ'은 화자가 '그대'를 기다리는 공간, '그대'와 함께 살고 싶은 공간, 희망의 공간으로 볼 수 있다.

③ '하이얀', '그대인가고'와 같이 음절의 수를 조절하여 ㅇㅇㄱ 을 살리고 있다.

고풍 의상

- 조지훈

하늘로 날을 듯이 길게 뽑은 부연* 끝 풍경이 운다
처마 끝 곱게 늘이운 주렴에 반월(半月)이 숨어
아른아른 봄밤이 두견이 소리처럼 깊어 가는 밤
곱아라 고아라 진정 아름다운지고
파르란 구슬빛 바탕에 자줏빛 호장*을 받친 호장저고리
호장저고리 하얀 동정이 환하니 밝도소이다
살살이 퍼져나린 곧은 선이 스스로 돌아 곡선을 이루는 곳
열두 폭 기인 치마가 사르르 물결을 친다
초마* 끝에 곱게 감춘 운혜(雲鞋) 당혜(唐鞋)
발자취 소리도 없이 대청을 건너 살며시 문을 열고
그대는 어느 나라의 고전(古典)을 말하는 한 마리 호접(蝴蝶)
호접인 양 사풋이 춤을 추라 아미(蛾眉)를 숙이고……
나는 이 밤에 옛날에 살아 눈 감고 거문곳줄 골라 보리니
가는 버들인 양 가락에 맞추어 흰 손을 흔들어지이다

*부연(附椽): 긴 서까래 끝에 덧얹는 네모지고 짧은 서까래.
*호장: 회장(回裝). 여자 저고리를 색깔 있는 헝겊으로 꾸민 것.
*초마: '치마'의 방언.

25634-0069

Q.4 배운 표현법을 중심으로 감상해 보자.

① '늘이운', '기인'과 같이 음절 수를 늘여서 ㅇㅇㄱ 에 변화를 주고 있다.

② '아름다운지고', '밝도소이다' 등에서는 ㅇㅅㄹㅇ 말투가 드러난다.

③ '그대는 어느 나라의 고전을 말하는 한 마리 호접'에서 인물의 행위를 자연물에 ㅂㄷㅇ 표현하고 있다.

④ '파르란 구슬빛 바탕에 자줏빛 호장'에서 ㅅㅊㅇ 를 활용하여 시적 대상의 아름다움을 ㄱㄱㅈ 으로 형상화하고 있다.

STEP.3 개념 Jump

[01-03] 다음 글을 읽고 물음에 답하시오.　　　　　　　　　　　| 고2 전국연합학력평가 |

(가)

　비탈진 공터 언덕 위 푸른 풀이 덮이고 그 아래 웅덩이 옆
미루나무 세 그루 갈라진 밑동에도 푸른 싹이 돋았다 때로
늙은 나무도 젊고 싶은가 보다
　　┌ 기다리던 것이 오지 않는다는 것은 누구나 안다 누가
[A] 누구를 사랑하고 누가 누구의 목을 껴안듯이 비틀었는가
　　└ 나도 안다 돼지 목 따는 동네의 더디고 나른한 세월
　　┌ 때로 우리는 묻는다 우리의 굽은 등에 푸른 싹이 돋을
　　│ 까 묻고 또 묻지만 비계처럼 씹히는 달착지근한 혀, 항시
[B] 우리들 삶은 낡은 유리창에 흔들리는 먼지 낀 풍경 같은
　　└ 것이었다
　　┌ 흔들리며 보채며 얼핏 잠들기도 하고 그 잠에서 깨일
　　│ 땐 솟아오르고 싶었다 세차장 고무호스의 길길이 날뛰는
[C] 물줄기처럼 갈기갈기 찢어지며 아우성치며 울고불고 머
　　└ 리칼 쥐어뜯고 몸부림치면서……
　그런 일은 없었다 돼지 목 따는 동네의 더디고 나른한 세
월, 풀잎 아래 엎드려 숨죽이면 가슴엔 윤기나는 석탄층*
이 깊었다

　　　　　　　　　　　　　　　　　- 이성복, 「다시 봄이 왔다」 -

*석탄층: 식물이 땅속에 층을 이루어 퇴적되면서 생긴 층.

(나)

옆구리에서 아까부터
무언가 꼼지락거리고 있었다.
내려다보니 작은 할머니였다.
만원 전동차에서 내리려고
혼자 ㉠헛되이 허우적거리고 있었다.
승객들은 빈틈없이 할머니를 에워싸고
높고 ㉡튼튼한 벽이 되어 있었다.
할머니가 아무리 중얼거리며 떠밀어도
벽은 꿈쩍도 하지 않았다.
할머니는 있는 힘을 다하였으나
태아의 발가락처럼 꿈틀거릴 뿐이었다.
전동차가 멈추고 문이 열리고 닫혔지만
벽은 ㉢조금도 흔들림이 없었다.
할머니가 필사적으로 꿈틀거리는 동안
꿈틀거릴수록 점점 작아지는 동안
승객들은 빈틈을 ㉣더 세게 조이며
더욱 ㉤견고한 벽이 되고 있었다.

　　　　　　　　　　　　　　　　　- 김기택, 「벽」 -

01　(가)와 (나)의 공통점으로 가장 적절한 것은?　　　　　25634-0070

① **단정적 진술**을 활용하여 주제 의식을 드러내고 있다.　　[Ok] [No]

② **도치**의 방식을 활용하여 시적 의미를 부각하고 있다.　　[Ok] [No]

③ **점층적 표현**을 활용하여 시적 분위기를 고조하고 있다.　　[Ok] [No]

④ **반복**과 **열거**를 활용하여 화자의 의지를 강조하고 있다.　　[Ok] [No]

⑤ **색채**의 **상징적 의미**를 활용하여 시적 상황을 드러내고 있다.　　[Ok] [No]

02 [A]~[C]에 대한 설명으로 적절하지 <u>않은</u> 것은?　25634-0071

① [A]: 변화 가능성이 없는 상황에서 오는 **권태로운 삶**을 드러내고 있다.　[Ok | No]
② [B]: 자신이 처해 있는 현실에 대한 **회의적인 태도**를 드러내고 있다.　[Ok | No]
③ [B]: 생기 있는 삶을 기대할 수 없는 **비관적 현실 인식**을 드러내고 있다.　[Ok | No]
④ [C]: 치열하고 역동적으로 살기 위해 **과거의 삶을 반성**하는 모습을 드러내고 있다.　[Ok | No]
⑤ [C]: 무기력한 삶에서 벗어나 **자유롭고 활기 있는 삶을 살고자 하는 욕망**을 드러내고 있다.　[Ok | No]

03 ㉠~㉤의 의미를 고려하여 (나)를 이해한 내용으로 적절하지 <u>않은</u> 것은?　25634-0072

① ㉠을 활용하여 혼자의 힘으로는 문제를 해결할 수 없는 할머니의 상황을 부각하고 있군.　[Ok | No]
② ㉡을 활용하여 할머니의 어려움을 심화시키는 대상을 강조하고 있군.　[Ok | No]
③ ㉢을 활용하여 할머니의 고통에 반응하지 않는 승객들의 모습을 강조하고 있군.　[Ok | No]
④ ㉣을 활용하여 속박된 상황을 벗어나려는 할머니의 모습을 부각하고 있군.　[Ok | No]
⑤ ㉤을 활용하여 할머니의 처지에 관계없이 자신의 상황을 고수하고 있는 승객들의 모습을 부각하고
　　있군.　[Ok | No]

이제까지 배운 다양한 표현법들을 통해 전달하고자 한 것이 무엇인지까지 감상할 수 있는 실력을 길러야 해. '열거', '연쇄'의 방법
이 쓰였다는 사실만 알아차리면 뭐해? 그런 방법들을 통해서 과연 무엇을 효과적으로 전달하고자 했는지를 파악할 수 있어야 하는 거야.

(가)

㉠내 죽으면 한 개 바위가 되리라.
아예 애련(愛憐)에 물들지 않고
희로(喜怒)에 움직이지 않고
비와 바람에 깎이는 대로
억년(億年) 비정(非情)의 함묵(緘黙)에
안으로 안으로만 채찍질하여
드디어 생명도 망각하고
흐르는 구름
㉡머언 원뢰(遠雷)
꿈꾸어도 노래하지 않고
두 쪽으로 깨뜨려져도
소리하지 않는 바위가 되리라.

　　　　　　　　　　　- 유치환, 「바위」 -

(나)

겨울 나무와
바람
㉢머리채 긴 바람들은 투명한 빨래처럼
진종일 가지 끝에 걸려
나무도 바람도
혼자가 아닌 게 된다.

혼자는 아니다
누구도 혼자는 아니다
나도 아니다.
실상 하늘 아래 외톨이로 서보는 날도
하늘만은 함께 있어 주지 않던가.

㉣삶은 언제나
은총의 돌층계의 어디쯤이다.
사랑도 매양
섭리의 자갈밭의 어디쯤이다.

㉤이적진* 말로써 풀던 마음
말없이 삭이고
얼마 더 너그러워져서 이 생명을 살자.
황송한 축연이라 알고
한 세상을 누리자.

새해의 눈시울이
순수의 얼음꽃,
승천한 눈물들이 다시 땅 위에 떨구이는
백설을 담고 온다.

　　　　　　　　　　　- 김남조, 「설일」 -

*이적진: '이제까지는'의 방언.

---

04 (가)에 대한 감상으로 적절하지 **않은** 것은?　　　25634-0073

① '애련에 물들지 않고', '희로에 움직이지 않'으려는 것에서 인간적인 감정에 휘둘리지 않으려는 화자의 모습이 보이는군.　Ok｜No

② '비와 바람에 깎이는 대로'에서 시련을 묵묵히 견뎌 내려는 화자의 태도가 드러나는군.　Ok｜No

③ '안으로 안으로만 채찍질하'려는 것에서 자신을 단련하려는 화자의 태도를 엿볼 수 있군.　Ok｜No

④ '생명도 망각하'는 것에서 현실에 좌절하고 굴복하는 화자의 모습이 나타나는군.　Ok｜No

⑤ '노래하지 않고', '소리하지 않는 바위가 되'려는 것에서 일체의 감정을 초월하려는 화자의 모습이 형상화되어 있군.　Ok｜No

05 ㉠~㉤에 대한 설명으로 적절하지 <u>않은</u> 것은?　　25634-0074

① ㉠: **극단적인 상황의 가정**을 통해 되고자 하는 바를 효과적으로 제시하고 있다.　Ok｜No

② ㉡: **시적 허용**과 **동일한 의미의 중첩**을 통해 거리감을 강조하고 있다.　Ok｜No

③ ㉢: 보이지 않는 대상을 **시각화**하여 구체적인 모습으로 보여 주고 있다.　Ok｜No

④ ㉣: **비유적 표현**을 통해 추상적 대상의 특성을 효과적으로 드러내고 있다.　Ok｜No

⑤ ㉤: **반어적 표현**을 통해 시적 의미를 강조하고 있다.　Ok｜No

내가 그리는 개념 마인드맵

앞으로 학교 수업 시간에, 모의고사 시험지에서, 기출문제를 스스로 풀며 공부할 때, 배웠던 개념들을 만나면 반가워할 수 있겠지? 자꾸 잊어버리더라도 그때마다 귀찮아하지 말고 복습할 것! 그런 과정을 통해 진짜 내 것이 되는 거니까. :)

오늘 꼭 알아야 할 개념   # 감정 이입   # 객관적 상관물   # 독백체 & 대화체

STEP.1 개념 Hi

개 념 5 4   감정 이입

시적 화자의 감정을 직접적으로 드러내지 않고, 다른 대상물에게 돌리는(이입시키는) 방법 자체를 `ㄱ ㅈ  ㅇ ㅇ`이라고 하는 거야. 감정 이입을 당한 그 대상은 (개인적으로는 억울할 수도 있겠지만) 시적 화자의 감정과 `ㄷ ㅇ`한 감정을 느끼고 있는 것으로 표현되는 거지.

> 화자가 감정 이입의 방법으로 감정을 드러낼 때, 가만히 있다 졸지에(?) 시적 화자의 감정을 이입당한 녀석을 '`ㄱ ㄱ ㅈ  ㅅ ㄱ ㅁ`'이라고 할 수 있어. '감정 이입'은 객관적 상관물을 이용해서 화자의 감정을 표현하는 방법 중의 하나인 거야.

📑 *시험지에는 이런 식으로 등장해.*

| 고1 전국연합학력평가 |

> 방(房) 안에 켜 있는 촉(燭)불 눌과 이별하였기에
> 겉으로 눈물 지고 속 타는 줄 모르는고
> **저 촉(燭)불 눌과 같아서 속 타는 줄 모로도다**
>
> – 이개 –

44. ② (가)의 '저 촉(燭)불 눌과 같아서'에서 '**촉(燭)불**'은 화자와 동일시되는 대상이다.

개 념 5 5   객관적 상관물

'**객관적 상관물**'이라고 할 때의 '**물**'은 '사물(事物)', '자연물(自然物)', 생물(生物) 할 때의 '물(物: 만물 물)'과 같아. '객관적 상관물'은 특정한 역할을 수행하는 어떤 '**대상물**'인 거야.

시인은 화자의 `ㄱ ㅈ`을 직설적으로 표현할 수도 있지만, 어떤 대상물을 이용해서 `ㄱ ㅈ ㅈ`으로 표현할 때가 많아. 화자가 '나 지금 슬퍼.', '외로워.', '고향이 너무 그리워.'라고 대놓고 말해 주지 않아도 화자의 감정을 알 수 있을 때가 많았지?

객관적 상관물은 화자의 `ㄱ ㅈ`을 객관화하여 간접적으로 표현하기 위한 다양한 방법들에 동원되는 대상물을 말하는 거야.

1️⃣ 화자의 `ㅈ ㅅ`를 대변해 주는 대상물(= `ㄱ ㅈ  ㅇ ㅇ`의 대상물)
2️⃣ 화자의 정서를 `ㅎ ㄱ`하는 대상물, 즉 화자가 어떤 정서를 느끼게 되는 `ㄱ ㄱ`를 제공하는 `ㅁ ㄱ ㅊ`

📑 *시험지에는 이런 식으로 등장해.*

| 고2 전국연합학력평가 |

> 　　사공은 어디 가고 **빈 배**만 걸렸는가.
> [C] 강가에 혼자 서서 지는 해를 굽어보니
> 　　임 계신 곳의 소식이 더욱 아득하구나.
>
> – 정철, 「속미인곡」 중에서 –

26. ③ [C]: **객관적 상관물**을 통해 화자의 쓸쓸하고 외로운 처지를 강조한다.

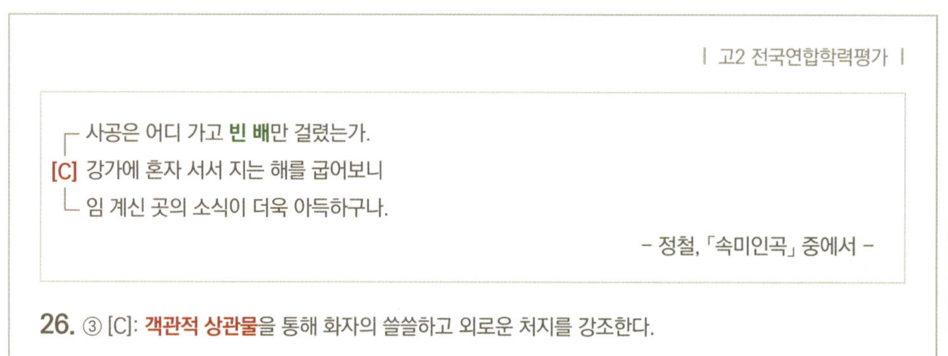

개념 5 6 독백체 & 대화체

- 독백: 혼자 중얼거림.
- 대화: 상대방과 마주 대하여 이야기를 주고받음.

> 상대방과 마주하여 이야기를 하려면 듣는 애가 있어야겠지? 듣는 애 없이 혼자 중얼거리면 그게 독백체라는 것!
> 그럼 거의 대부분의 시는 독백체겠네. 그렇다면 대화체로 쓰인 시를 한번 볼까?

형님 형님 사촌 형님 시집살이 어떱뎁까? **(아우)**
이애 이애 그 말 마라 시집살이 개집살이. **(형님)**
　　　　　　　　　　　　　– 작자 미상, 「시집살이 노래」 중에서 –

> 시집간 '형님'과 시집살이가 궁금한 '아우'가 대화하고 있는 상황이야. 대화하는 상황에서 두 명의 화자는 대화체를 사용하고 있는 거지. 이렇게 둘 이상의 화자가 서로 말을 주고받는 상황을 '대화적 구성', '대화의 형식', '대화하는 방식'이라고 표현해.

뎨 가는 뎌 각시 본 듯도 흔뎌이고.
天텬上샹 白빅玉옥京경을 엇디흐야 離니別별흐고,
히 다 뎌 져믄 날의 눌을 보라 가시는고. **(여자 1)**
어와 네여이고 내 스셜 드러 보오. **(여자 2)**
　　　　　　　　　　　　　– 정철, 「속미인곡」 중에서 –

> 여자 1과 여자 2가 대화하고 있는 상황이야. 「시집살이 노래」에서의 상황과 거의 유사하지? :)

아베요 아베요
내 눈이 티눈인 걸
아베도 알지러요.
등잔불도 없는 제사상에
축문이 당한기요.
눌러 눌러
소금에 밥이나마 많이 묵고 가이소.
윤사월 보릿고개
아베도 알지러요.
간고등어 한 손이믄
아베 소원 풀어 드리련만
저승길 배고플라요.
소금에 밥이나마 많이 묵고 묵고 가이소.
　　　　　　　　　　　– 박목월, 「만술 아비의 축문」 중에서 –

> 화자가 아베에게 말을 건네고 있어. 그렇지만 돌아가신 아버지(아베)와 실제로 대화하는 상황은 아니야. 아버지는 돌아가셨는데 우째 대화를 하겠니.(왜 이래, 무섭게~) 그러나 돌아가신 아버지를 청자로 설정해 두고, 아버지께 말을 건네는 말투를 쓰고 있으니까, 이럴 때의 어조 또한 넓은 의미에서의 대화체라고 할 수 있어. 이런 말투를 '청자에게 말을 건네는 어투', '대화적 어조'라고 표현해.

독백체	대화체	
청자 없음.	청자 있음.	청자 없으나 있다고 침.
찐 독백 상황임.	실제로 말을 주고받는 찐 대화 상황임.	화자와 대화를 주고받을 실제 청자는 화자의 눈앞에 없지만 있다고 치기로 한 가상의 청자에게 화자가 혼자 말을 건네는 상황임.
= 혼잣말을 하는 방식, 독백적 어조	= 대화적 구성, 대화의 형식, 대화하는 방식	= 상대(구체적 청자)에게 말을 건네는 어투, 대화적 어조

■ **초성 퀴즈 답** 감정 이입, 동일 / 객관적 상관물 / 감정, 간접적, 감정 / 정서, 감정 이입 / 환기, 계기, 매개체

STEP.2 개념 Quiz

귀뚜리 저 귀뚜리 어여쁘다 저 귀뚜리

어인 귀뚜리 지는 달 새는 밤에 긴 소리 짧은 소리 절절(節節)

이 슬픈 소리 제 혼자 울어 예어 사창(紗窓) 여윈잠을 살뜰히도

깨우는고야

두어라 제 비록 미물(微物)이나 무인 동방(無人洞房)의 내 뜻

알 이는 저뿐인가 하노라

– 작자 미상 –

25634-0075

Q.1 '귀뚜리'의 시적 기능에 대한 설명이 적절한지 판단해 보자.

① 화자의 **정서 변화**에 **촉매 역할**을 한다. [Ok | No]
② **소리로써** 화자의 **정서를 불러일으킨다**. [Ok | No]
③ 화자가 자신의 **처지를 확인**하게 해 준다. [Ok | No]
④ **화자의 마음**을 **청자에게 전달하는 구실**을 한다. [Ok | No]
⑤ 작품 내의 **상황과 분위기를 조성**하는 데 개입한다. [Ok | No]

(가)

翩翩黃鳥	훨훨 나는 ㉠**꾀꼬리**는
雌雄相依	암수 다정히 노니는데
念我之獨	외로울사 이내 몸은
誰其與歸	뉘와 함께 돌아가리.

– 유리왕, 「황조가(黃鳥歌)」 –

(나)

房(방)안에 혓는 燭(촉)불 눌과 離別(이별)ᄒ엿관듸,
것츠로 눈물 디고 속 타는 줄 모르는고.
뎌 ㉡**燭(촉)불** 날과 갓트여 속 타는 줄 모로도다.

– 이개 –

25634-0076

Q.2 (가)와 (나)를 읽고 ㉠과 ㉡을 비교해 보자.

⇨ ㉠은 화자의 처지와 [ㄷ ㅈ]되고, ㉡은 화자의 감정이 [ㅇ ㅇ]되는 소재라고 봐.

결빙의 아버지

— 이수익

어머님,
제 예닐곱 살 적 겨울은
목조 적산 가옥 이층 다다미방의
벌거숭이 유리창 깨질 듯 울어 대던 외풍 탓으로
한없이 추웠지요, 밤마다 나는 벌벌 떨면서
아버지 가랭이 사이로 시린 발을 밀어 넣고
그 가슴팍에 벌레처럼 파고들어 얼굴을 묻은 채
겨우 잠이 들곤 했었지요.

요즈음도 추운 밤이면
곁에서 잠든 아이들 이불깃을 덮어 주며
늘 그런 추억으로 마음이 아프고,
나를 품어 주던 그 가슴이 이제는 한 줌 뼛가루로 삭아
붉은 흙에 자취 없이 뒤섞여 있음을 생각하면
옛날처럼 나는 다시 아버지 곁에 눕고 싶습니다. 〈후략〉

25634-0077

Q.3 이 시는 독백체인지, 대화체인지 생각해 보자.

⇨ ㄷㅎ 체

⇨ 근거는?

청자를 ㅇㅁㄴ 로 설정하고 ㅇㅁㄴ 에게 말을 건네는 어투를 사용하고 있다.

바위

— 유치환

내 죽으면 한 개 바위가 되리라.
아예 애련(愛憐)*에 물들지 않고
희로(喜怒)에 움직이지 않고
비와 바람에 깎이는 대로
억년(億年) 비정(非情)의 함묵(緘默)*에
안으로 안으로만 채찍질하여
드디어 생명도 망각하고
흐르는 구름
머언 원뢰(遠雷)*
꿈꾸어도 노래하지 않고
두 쪽으로 깨뜨려져도
소리하지 않는 바위가 되리라.

***애련:** 애정과 연민.
***함묵:** 입을 다물고 말을 아니함.
***원뢰:** 멀리서 들려오는 천둥소리.

25634-0078

Q.4 이 시는 독백체인지, 대화체인지 생각해 보자.

⇨ ㄷㅂ 체

⇨ 근거는?

청자 없이 화자가 ㅎㅈㅁ 을 하고 있다.

STEP.3 개념 Jump

[01-03] 다음 글을 읽고 물음에 답하시오.　　　　　　　　| 고1 전국연합학력평가 |

(가)

　순이(順伊)가 떠난다는 아침에 말 못할 마음으로 함박눈이 나려, 슬픈 것처럼 창밖에 아득히 깔린 지도 우에 덮인다. 방안을 돌아다 보아야 아무도 없다. 벽과 천정이 하얗다. 방안에까지 눈이 나리는 것일까, 정말 너는 잃어버린 역사처럼 홀홀이 가는 것이냐, 떠나기 전에 일러둘 말이 있든 것을 [편지]를 써서도 네가 가는 곳을 몰라 어느 거리, 어느 마을, 어느 지붕 밑, 너는 내 마음속에만 남아 있는 것이냐, 네 쪼고만 발자욱을 눈이 자꾸 나려 덮여 따라갈 수도 없다. 눈이 녹으면 남은 발자욱 자리마다 꽃이 피리니 꽃 사이로 발자욱을 찾아 나서면 일 년 열두 달 하냥 내 마음에는 눈이 나리리라.

- 윤동주, 「눈 오는 지도」 -

(나)

　어린 시절, 어머니에게 물었습니다
　내일은 언제 오나요
　하룻밤만 자면 내일이지
[A] 다음 날 다시 어머니에게 물었습니다
　오늘이 내일인가요?
　아니란다 오늘은 오늘이고 내일은
　또 하룻밤 더 자야 한단다

　고향에서 급한 [전갈]이 왔습니다
　어머니 임종의 이마에
　둘러앉아 있는 어제의 것들이 물었습니다
　애야 내일까지 갈 수 있을까?
　그럼요 하룻밤만 지나면 내일인 걸요
[B] 어제의 것들은 물도 들고 간신히 기운도 차렸습니다
　다음 날 어머니의 베갯모에
　수실로 뜬인 학 한 마리가 날아오르며 다시 물었습니다
　오늘이 내일이지
　아니에요 오늘은 오늘이고 내일은
　하룻밤을 지내야 해요

　이제 더 이상 고향에서 급한 전갈이 오지 않았습니다
　우리 집에는
　어머니는 어제라는 집에
[C] 아내는 오늘이라는 집에
　딸은 내일이라는 집에 살면서
　나와 쉽게 만나는 법을 알고 있기 때문입니다

- 김종철, 「만나는 법」 -

---

01 다음은 (가)를 감상하기 위한 학습 활동이다. ㉠~㉤ 중, 감상 내용으로 적절하지 <u>않은</u> 것은?　　25634-0079

> 학습 활동: 질문을 통해 작품 감상하기
> ◦ '함박눈'이 왜 슬픈 것처럼 덮인다고 했을까?
> 　→ ㉠순이가 떠난다는 아침에 화자의 마음이 슬펐기 때문인 것 같아.
> ◦ '벽과 천정'이 왜 하얗다고 했을까?
> 　→ ㉡화자는 아무도 없는 방 안에 눈이 내리고 있는 것처럼 느꼈기 때문인 것 같아.
> ◦ '순이'가 마음속에만 남아 있는 이유는 무엇일까?
> 　→ ㉢화자는 순이가 가는 곳을 몰라서 순이를 만날 수 없기 때문인 것 같아.
> ◦ '발자욱'을 왜 따라갈 수도 없다고 했을까?
> 　→ ㉣눈이 내려 순이가 간 흔적을 덮었기 때문이야.
> ◦ '일 년 열두 달' 마음에 눈이 내리는 이유는 무엇일까?
> 　→ ㉤화자는 꽃이 피면 순이를 만나게 된다고 확신하고 있기 때문이야.

① ㉠ [Ok | No]　　② ㉡ [Ok | No]　　③ ㉢ [Ok | No]　　④ ㉣ [Ok | No]　　⑤ ㉤ [Ok | No]

02 (나)의 [A]~[C]에 대한 설명으로 적절하지 **않은** 것은?　　25634-0080

① [A]에서 시간에 대해 **묻던 주체**가 [B]에서 **답하는 사람**으로 바뀌고 있다.　Ok No

② [B]에서 만남에 대한 화자의 **긍정적인 인식**이 [C]에서 **부정적인 인식**으로 전환되고 있다.　Ok No

③ [A]와 [B]에는 **화자의 경험**이, [C]에는 **화자의 깨달음**이 드러나 있다.　Ok No

④ [A]와 [B]는 **대화의 형식**을 통해, [C]는 **독백의 형식**을 통해 시적 의미를 전달하고 있다.　Ok No

⑤ [A]에서 [B], [B]에서 [C]로 **시간의 흐름에 따라 시상이 전개**되고 있다.　Ok No

03 편지 와 전갈 에 대한 설명으로 가장 적절한 것은?　　25634-0081

① '편지'와 달리 '전갈'은 화자가 대상을 만나러 가는 계기가 되는 소재이다.　Ok No

② '편지'와 달리 '전갈'은 시대 상황에 대한 화자의 인식을 드러내는 소재이다.　Ok No

③ '전갈'과 달리 '편지'는 화자에게 대상의 소식을 전해 주는 소재이다.　Ok No

④ '편지'와 '전갈'은 모두 과거의 상황에 대한 화자의 반성을 담고 있는 소재이다.　Ok No

⑤ '편지'와 '전갈'은 모두 대상에 대한 화자의 태도를 부정적으로 바꾸는 소재이다.　Ok No

화자가 어떤 청자를 설정하고 말을 하고 있는지 알아차릴 수 있겠지? 어렵지는 않지만 자주 등장하는 개념이니까 잘 챙겨 두자. 화자가 특정 청자에게 무얼 말하고 싶었는지, 어떤 상황에서 어떤 정서를 드러내는지를 생각해 보면 되는 거야. :)

14강 고전 시가 1

오늘 꼭 알아야 할 개념 # 우국지정 # 연군지정 # 그리움과 원망 # 풍수지탄

STEP.1 개념 Hi

개념 | 5 7 충, 그리고 우국지정

우국지정(憂: 근심 우, 國: 나라 국, 之: 갈 지, 情: 뜻 정)
나랏일을 근심하는 마음.

> 작가가 양반 사대부라면? 조선 시대 양반들은 성리학적 세계관을 바탕으로 ㅇ ㄱ 적 이념을 드러내는 작품들을 많이 썼어. 양반 사대부의 작품이라면 바로 ㅊ 이라는 주제가 드러날 확률이 적지 않다고 볼 수 있어. 정계를 떠나 자연에 은거하며 유유자적하는 삶을 살면서도 ㅇ ㄱ 을 잊지 않는 태도도 자주 드러나.

🔲 시험지에는 이런 식으로 등장해.

> | 고3 모의평가 |
>
> 40. ② '개심대'에서 '뎌 긔운 흐터 내야 인걸을 만들'겠다는 의지를 드러낸 것은, 작가가 자연을 바라보며 자신의 사회적 책무를 인식하고 있음을 보여 주는군.

개념 | 5 8 사랑, 그리고 연군지정

연군(戀: 사모할 련(연), 君: 임금 군)
임금을 그리워함.

> 여성 작가의 고전 시가 작품, 특히 기녀의 작품이라면 주제는 ㅅ ㄹ 과 ㅇ ㅂ, 임에 대한 ㄱ ㄹ ㅇ 으로 좁혀 볼 수 있어. 요즘 노래도 사랑과 이별에 관한 내용이 정말 많잖아. 옛날에도 사람 사는 이야기는 다 똑같았던 거지. 아, 그런데 가끔 양반 사대부가 작가인 경우 '임에 대한 사랑'을 통해 '임금에 대한 신하의 충심'을 드러내고 있는 건 아닌지 살펴봐야 돼. 그게 바로 ㅇ ㄱ ㅈ ㅈ 이거든.

🔲 시험지에는 이런 식으로 등장해.

> | 고3 전국연합학력평가 |
>
> 19.
> > 〈보기〉
> >
> > 「속사미인곡」은 사대부인 작가가 유배지인 추자도에서 쓴 작품이다. 작품에서 작가는 **연군(戀君)의 정서**를 바탕으로 자신이 겪는 시련과 그에 대한 생각을 서술하고 있는데, 작가의 간절함을 나타내고자 장면에 따라 **여성 화자의 목소리를 빌려 표현**하기도 한다. 특히 당쟁 속에서 반대파의 모함을 받아 유배된 일에 대한 억울함과 유배된 작가 자신의 상황을 변화시킬 수 있는 주체가 **임금**이라는 생각을 드러내고 있다.
>
> ④ '눌 위하여 단장할꼬'라고 한 것은 작가가 지닌 **연군의 마음**이 임금에게 전해지지 못하는 상황에 대한 안타까움을 **여성 화자의 목소리를 빌려 드러낸 것**이겠군.

개념 59　원망이 된 그리움

사랑과 그리움은 떼려야 뗄 수 없는 감정이겠지. 사랑하는 사람이 부재할 땐 필연적으로 그리움이라는 감정이 수반될 거야. 그리움은 사랑하기 때문에 생기는 감정이라고 할 수 있어. 그런데 아무리 기다려도 기다려도 임이 오지 않는다면? 떠난 뒤 돌아오지 않는 임에 대한 그리움이 　ㅇ ㅁ　으로 드러날 때가 있어.

시험지에는 이런 식으로 등장해.

| 고1 전국연합학력평가 |

39.

〈보기〉

「황계사」는 임과 이별한 상황에서 화자가 느끼는 답답함과 그리움을 형상화한 작품이다. 화자는 임과의 재회가 늦어지는 이유를 외부적 요인에서 찾으려 하거나, 불가능한 상황을 가정함으로써 임이 돌아오지 않는 것에 대한 원망을 드러내고 있다. 그런데 이런 원망에는 이별의 상황에서 벗어나 임과 재회하기를 간절하게 바라는 화자의 마음이 담겨 있다.

② '무삼 일로 아니 오더냐'라고 하는 것에서, 임과 이별한 상황에서 느끼는 화자의 답답한 심정을 알 수 있군.

④ '병풍에 그린 황계'가 '꼬꾀요 울거든 오라는가'라고 하는 것에서, 불가능한 상황을 가정하여 임이 돌아오지 않는 것에 대한 원망을 드러내고 있음을 알 수 있군.

개념 60　효, 그리고 풍수지탄

풍수지탄(風: 바람 풍, 樹: 나무 수, 之:갈 지, 歎(嘆): 탄식할 탄)
효도를 다하지 못한 채 어버이를 여읜 자식의 슬픔을 이르는 말.

양반 사대부들의 작품에는 충뿐만 아니라 　ㅎ　를 강조하는 작품도 많아. 임금께 　ㅊ ㅅ　해야 하듯 부모님께 　ㅎ　를 다해야 한다는 성리학적 가치관이 작품에 드러나는 것이지. 효와 관련된 '　ㅍ ㅅ ㅈ ㅌ　'이라는 말도 꼭 기억해 두자.

시험지에는 이런 식으로 등장해.

| 고3 모의평가 |

46. • 주제와 관련된 한자 성어가 있을까?

　　→ ④ 풍수지탄(風樹之歎)

• 독자에게는 어떤 교훈을 주게 될까?

　　→ ⑤ 부모님 생전에 효도를 다하자는 마음을 갖게 함

■ **초성 퀴즈 답** 유교, 충, 임금 / 사랑, 이별, 그리움, 연군지정 / 원망 / 효, 충성, 효, 풍수지탄

 **STEP.2** 개념 **Quiz** 

(가)

반중(盤中) 조홍(早紅)감*이 고와도 보이나다
유자(柚子)가 아니라도 품음 직도 하다마는,
품어 가 반길 이 없을새 그로 설워하나이다.

*반중 조홍감: 소반 위에 담긴 일찍 익은 홍시.

(다)

어이 못 오던다 무슨 일로 못 오던다
너 오는 길 위에 무쇠로 성(城)을 쌓고 성 안에 담 쌓고 담 안에란 집을 짓고 집 안에란 뒤주* 놓고 뒤주 안에 궤를 놓고 궤 안에 너를 결박ㅎ여 놓고 쌍비목* 외걸새에 용거북 자물쇠로 수기수기 줌갓더냐 네 어이 그리 아니 오던다
호 둘이 셜흔 눌이여니 날 보라 올 하루 업스랴

*뒤주: 쌀 따위의 곡식을 담아 두는 세간의 하나.
*쌍비목: 쌍으로 된 문고리를 거는 쇠.

(나)

반벽 푸른 등은 누굴 위하여 밝았는고
오르며 내리며 헤매며 오락가락하니
어느덧 힘이 다해 풋잠을 잠깐 드니
정성이 지극하여 꿈에 임을 보니
옥 같던 얼굴이 반이 넘게 늙었어라
마음에 먹은 말씀 실컷 사뢰자 하니
눈물이 이어져 나니 말씀인들 어이 하며
정을 못다 풀고 목조차 메어 오니
방정맞은 닭 울음에 잠을 어찌 깨었던고
어와 허사로다 이 임이 어디 간고
바로 일어나 앉아 창을 열고 바라보니
불쌍한 그림자 날 좇을 뿐이로다
차라리 사라져 낙월(落月)이나 되어서
임 계신 창 안에 번듯이 비추리라
각시님 달이야커녕 굳은비나 되소서

(라)

슬프나 즐거오나 옳다 하나 외다 하나
내 몸의 해올 일만 닦고 닦을 뿐이언정
그 밖의 여남은 일이야 분별할 줄 이시랴.

〈제1수〉

내 일 망령된 줄을 내라 하여 모를쏜가
이 마음 어리기도 임 위한 탓이로세
아무가 아무리 일러도 임이 혜여 보소서.

〈제2수〉

추성(楸城) 진호루(鎭胡樓) 밖에 울어 예는 저 시내야
므슴 호리라 주야에 흐르는다
임 향한 내 뜻을 좇아 그칠 뉘를 모르나다.

〈제3수〉

뫼는 길고 길고 물은 멀고 멀고
어버이 그린 뜻은 많고 많고 하고 하고
어디서 외기러기는 울고 울고 가느니.

〈제4수〉

어버이 그릴 줄을 처음부터 알았마는
임금 향한 뜻도 하늘이 삼겨시니
진실로 임금을 잊으면 긔 불효인가 여기노라.

〈제5수〉

25634-0082

Q.1 (가)~(라) 중 어떤 작품에 대한 설명일지 답해 보자.

보기 1

　이 작품은 오지 않는 임을 기다리면서 임에 대한 **원망**의 감정을 드러내고 있는 작품이다. 답답하고 안타까운 마음에 임이 오지 않는 이유가 임을 둘러싸고 있는 다수의 장애물 때문인 것은 아닌지 연쇄법과 열거법을 통해 해학적으로 드러내고 있다.

| 가 | 나 | 다 | 라 |

Q.2 이 작품의 **작가**와 **제목**을 알아보자.

25634-0083

Q.3 (가)~(라) 중 어떤 작품에 대한 설명일지 답해 보자.

보기 2

- '견회(遣懷)'는 '시름을 쫓다, 회포를 풀다, 마음을 달래다'의 뜻으로 쓰임.
- 윤선도는 죽음을 각오하고 당시 집권 세력들의 죄상을 격렬하게 규탄하는 상소를 올렸다가 도리어 이로 인해 모함을 받아 함경도 추성(秋城)으로 유배되고, 그곳에서 임금에 대한 **충성심**과 부모에 대한 **효심**이 드러나는 이 작품을 지음.

| 가 | 나 | 다 | 라 |

Q.4 이 작품의 **작가**와 **제목**을 알아보자.

25634-0084

Q.5 (가)~(라) 중 어떤 작품에 대한 설명일지 답해 보자.

보기 3

　연군 가사는 임금과 떨어진 신하가 임금을 그리워하고 걱정하며 **충성심**을 드러낸 가사 작품들을 가리킨다. 이 작품은 정철이 정쟁(政爭)으로 인해 관직에서 물러난 후 낙향하였을 때 쓴 연군 가사의 대표적 작품이다.

| 가 | 나 | 다 | 라 |

Q.6 이 작품의 **작가**와 **제목**을 알아보자.

25634-0085

Q.7 (가)~(라) 중 어떤 작품에 대한 설명일지 답해 보자.

보기 4

　육적이 원술을 찾아갔다가 대접받은 유자(귤)를 품고 나오다 떨어뜨리자 원술이 그 이유를 물으니 **어머니**께 드리려 했다고 한다.

| 가 | 나 | 다 | 라 |

Q.8 이 작품의 **작가**와 **제목**을 알아보자.

STEP.3 개념 Jump

[01-03] 다음 글을 읽고 물음에 답하시오. | 고1 전국연합학력평가 |

(가)

㉠남은 다 쟈는 밤에 니 어이 홀로 ㅆ야
옥장(玉帳) 깊푼 곳에 쟈는 님 싱각는고
㉡천리(千里)예 외로운 쑴만 오락가락 ㅎ노라

- 송이 -

(나)

그립고 그리워도 볼 수가 없어
마음은 바람에 나부끼는 종이 연 같아라
㉢돗자리라면 말아 두고 돌이라면 굴려 낼 수 있으련만
이 마음의 응어리 어느 때나 고칠까
그리운 사람은 멀리 하늘 모퉁이에 있는데
구름 뜬 하늘 아래 늘어진 푸른 버들
아득한 시름은 끝이 없어라
㉣홀로 앉아 공후를 타니
공후는 하소연하는 듯 흐느끼는 듯
다 타도록 비단 적삼 젖는 줄도 몰랐네
원컨대 쌍쌍이 나는 새가 되어서
임 향한 창 앞에 서 있고자
원컨대 밝은 달이 되어
임의 창문 휘장 뚫어 비춰 들고자
㉤슬픈 노래 잠 못 드는 밤 어찌 이리 긴고
꿈속에서도 요산 남쪽 건너지 못하였네
기나긴 그리움에 공연히 애만 끊노라

- 성현, 「장상사(長相思)」 -

(다)

명황(明皇)*은 귀비(貴妃)*룰 주겨나 여히여니
셟다 셟다 ㅎ돌 우리ㄱ티 셜울런가
사라져 못 보니 더욱 ㅎ나 망극(罔極)ㅎ다
수심(愁心)은 블이 되여 가슴애 픠여나니

절로 난 그 블이 눔의 탓도 아니로디
내히 하 셜워 수인씨(燧人氏)*룰 원(怨)ㅎ노라
함양궁전(咸陽宮殿)*이 다 뭇 삼월(三月) 블거셔도
지금(至今)에 그 블롤 오래 타다 ㅎ것마는
이 원수(怨讎) 이 블은 몃 삼월(三月)을 디내연고
눈믈은 임우(霖雨)이 되고 한숨은 ㅂ롬이 되여
블거니 쓰리거니 그츨 적도 업서시니
이 비로 뎌 블을 쎔즉도 ㅎ다마는
엇씨 ㅎ 블인디 풍우중(風雨中)에 타 노왜라
수화상극(水火相克)*도 거즛말이 되엿고야
픠거니 쓰리거니 승부(勝負) 업시 싸호거든
죠고만ㅎ 몸은 전장(戰場)이 되엿ㄴ다
아이고 하ㄴ 님아
칠석(七夕)비 ㄴ리워 이 싸홈 말이쇼셔
어엿쓴 이 몸은 살가 너겨 ㅂ라니다
알고져 전생(前生)의 므슴 죄(罪)룰 지어두고
여휠 제 검던 머리 희도록 못 보는고
ㅅ랑은 혜염업서* 노소(老少)도 모르ㄴ가
십년전(十年前) 맹서(盟誓)롤 오늘 믄득 싱각ㅎ니
금석(金石) ㄱ튼 말ㅅ미 어제론덧 그제론덧 귀예 징징ㅎ야시니
이 ㅁ음 이 맹서(盟誓) 진토(塵土)이 되다 니줄소냐
아소온 내 ㅆ은 다시 볼가 ㅂ라거든
일년(一年) 삼백일(三百日)에 니친 훌니 이실소냐

- 박인로, 「상사곡(相思曲)」 -

*명황,귀비: 당나라 현종과 양귀비. 안사의 난으로 양귀비가 죽음.
*수인씨: 중국 고대 전설상의 제왕. 불을 쓰는 법을 전하였다고 함.
*함양궁전: 진나라 때 중국 함양에 지어진 궁전으로, 항우가 불태웠는
데 삼 개월 동안 꺼지지 않았다고 함.
*수화상극: 물과 불은 서로 용납하지 않는다는 뜻.
*혜염업서: 생각이 없어서.

---

01 ㉠~㉤에 대한 설명으로 적절하지 **않은** 것은?   25634-0086

① ㉠: '남'과 화자의 서로 다른 상황을 통해 화자가 놓인 외로운 처지를 표현하고 있다.   Ok No
② ㉡: 화자의 '꿈'을 통해 화자가 먼 곳에서 여유롭게 살고자 하는 염원을 표현하고 있다.   Ok No
③ ㉢: '돗자리', '돌'과 대비되는 화자의 마음을 통해 화자의 맺혀 있는 감정을 강조하고 있다.   Ok No
④ ㉣: 화자가 연주하는 '공후'의 소리를 통해 화자의 답답함과 슬픔을 표현하고 있다.   Ok No
⑤ ㉤: 화자가 '밤'에 잠을 자지 못하는 상황을 통해 화자의 애절한 감정을 강조하고 있다.   Ok No

02

 를 바탕으로 (나)와 (다)를 감상한 내용으로 적절하지 **않은** 것은?　　25634-0087

> **〈보기〉**
>
> '충신연주지사'는 충성스러운 신하가 왕을 그리워하며 부른 노래를 의미하는데, (나)와 (다)가 여기에 속한다. 이러한 주제 의식을 담은 노래들은 신하가 왕으로부터 멀리 떨어져 이별이 오래 지속된 상황에서 생긴 감정을 표현하고 있다. **왕에 대한 신하의 사랑과 그리움**을 주로 표현하며, 자신의 마음을 몰라주는 왕에 대한 **원망**을 드러내기도 한다.

① (나)의 '그리운 사람'이 '멀리 하늘 모퉁이에 있는데'라고 한 것은 신하가 왕으로부터 멀리 떨어져 있는 상황을 나타낸 것이겠군.　[Ok | No]

② (나)의 '기나긴 그리움에 공연히 애만 끊노라'라고 한 것은 신하가 왕을 그리워하고 있음을 나타낸 것이겠군.　[Ok | No]

③ (다)의 '수심'이 '가슴'에 피어난 것이 '늄의 탓도 아니로디'라고 한 것은 신하가 자신의 마음을 몰라주는 왕을 원망하고 있음을 나타낸 것이겠군.　[Ok | No]

④ (다)의 '여흴 제 검던 머리 희도록 못 보는고'라고 한 것은 신하와 왕이 오랫동안 이별하고 있음을 나타낸 것이겠군.　[Ok | No]

⑤ (나)의 '밝은 달이 되어' '임의 창문 휘장'에 비추겠다는 것과 (다)의 '내 뜻은 다시 볼가 브라거든'이라고 한 것은 왕에 대한 신하의 사랑을 나타낸 것이겠군.　[Ok | No]

03

|새|와 |블|에 대한 설명으로 가장 적절한 것은?　　25634-0088

① |새|는 화자의 심리 전환을 표출하고, |블|은 화자의 성격 변화를 유도하고 있다.　[Ok | No]

② |새|는 화자의 현재 상황을 표현하고, |블|은 화자의 미래 모습을 암시하고 있다.　[Ok | No]

③ |새|는 화자의 내적인 갈등을 강조하고, |블|은 화자의 외적인 화해를 보여 주고 있다.　[Ok | No]

④ |새|는 화자의 간절한 바람을 드러내고, |블|은 화자의 애타는 정서를 부각하고 있다.　[Ok | No]

⑤ |새|는 화자의 반성적인 태도를 나타내고, |블|은 화자의 실천적인 행위를 제시하고 있다.　[Ok | No]

앞으로 고전 시가를 공부하면서 정말 자주 만나게 될 네 가지 **주제**를 배워 봤어. 고전 시가는 사실 작가에 따른 주제도, 자주 등장하는 발상도, 표현 방식도 아주 전형적이야. 몇 가지 주제와 발상들을 정리해 놓으면 앞으로 공부하는 데에도 큰 도움이 될 거야. 고전 시가를 너무 두려워만 하지 말자고~~. :)

오늘 꼭 알아야 할 개념 # 유유자적 # 삶의 현장 # 비판 # 탄로

STEP.1 개념 Hi

개념 6 1 자연 속에서 유유자적하는 삶

유유자적(悠: 한가로울 유, 悠: 한가로울 유, 自: 스스로 자, 適: 갈 적)
속세를 떠나 아무 속박 없이 조용하고 편안하게 삶.

안분지족(安: 편안할 안, 分: 나눌 분, 知: 알 지, 足: 발 족)
편안한 마음으로 제 분수를 지키며 만족할 줄을 앎.

안빈낙도(安: 편안할 안, 貧: 가난할 빈, 樂: 즐길 락, 道: 길 도)
가난한 생활을 하면서도 편안한 마음으로 도를 즐겨 지킴.

시험지에는 이런 식으로 등장해.

> | 고1 전국연합학력평가 |
>
> 31.
> 〈보기〉
> (가)에는 속세를 벗어나 자연의 아름다움을 즐기면서 **유유자적**한 삶을
> 살고자 하는 화자의 모습이 드러나 있다. 이 작품에서 **자연은 화자가 지향**
> **하는 공간**으로 인간 세상과 대립되는 공간을 의미한다. 화자는 인간 세상
> 을 멀리하고 **자연에 귀의하고자 하는 태도**를 보이고 있다.
>
> ① ㉠은 **속세의 사람들이 추구하는 가치에서 벗어난** 화자의 모습을 드러낸다고 볼 수
> 있군.
> ② ㉡은 화자가 **자연의 아름다움에 감탄**하며 이를 즐기고 있다고 볼 수 있군.
> ③ ㉢은 **인간 세상과 대립되는 자연**으로 화자가 지향하는 공간으로 볼 수 있군.

양반 사대부들의 작품에 정말 자주 나타나는 공간이 있어. 바로 ㅈㅇ이야. ㅅㅅ에서 추구하는 것들을 멀리하며 자연에 묻혀 ㅇㅂㅈㅈ, ㅇㅂㄴㄷ하며 살아가는 것은 양반 사대부들이 지향하는 삶의 모습이었거든. 이때의 자연은 ㅇㅅ의 대상이자 ㅍㄹ의 공간이라고 할 수 있어.

개념 6 2 자연, 삶의 현장

시험지에는 이런 식으로 등장해.

> | 고3 전국연합학력평가 |
>
> 34.
> 〈보기〉
>
> **자료 1: 작가의 삶**
> 이휘일은 조선 중기의 유학자로 벼슬길에 나서지 않고 **농촌에서 생활**
> 하였다. **농민의 삶을 공유**하면서도 유교적 가치를 실현하는 사대부의 소
> 임을 외면하지 않았다.
>
> **자료 2: '서전가팔곡후'에서 작가가 창작 동기를 밝힌 글**
> 작가는 '서전가팔곡후(書田家八曲後)'에서 '농사를 업으로 삼는 사람은
> 아니지만 **전원에서 생활**하면서 **체험**하고 알게 된 것을 노래로 나타낸다.

고전 시가에 드러나는 ㅈㅇ의 모습은 크게 두 가지로 나눠 볼 수 있어. 자연은 완상의 대상, 풍류의 공간으로 그려지기도 하지만, ㅅ의 공간 자체로 드러날 때도 종종 있거든. 현실적으로 먹고살아야 하는 공간으로 나타날 때도 있고, 건강한 ㄴㄷ이 이루어지는 삶의 현장으로 그려질 수도 있다는 걸 기억하자.

〈중략〉 아이들로 하여금 노래하게 하여 때때로 들으며 스스로 즐기려 한 다.'라고 하며 이 작품의 창작 동기를 밝혔다.

② [자료 1]을 보니, 〈제2수〉에는 농민들과 상부상조하는 모습을 통해 **농민과 삶을 공유**하는 작가의 모습이 드러나 있군.

⑤ [자료 2]를 보니, 〈제4수〉에는 수확한 곡식을 보고 기뻐하는 화자의 모습에는 **전원에서 생활**했던 작가의 모습이 투영되어 있군.

개 념 6 3   비판

🗐 *시험지에는 이런 식으로 등장해.*

| 고3 모의평가 |

두터비 파리를 물고 두엄 우희 치다라 안자
것넌 산 바라보니 백송골(白松鶻)이 떠 잇거늘 가슴이 금즉하여 풀덕 뛰여 내닷다가 두엄 아래 잣바지거고
모쳐라 날낸 낼식만정 에헐*질 번 하괘라.

– 작자 미상 –

*에헐: 어혈. 타박상 등으로 피부에 피가 맺힌 것.

39. ① 대상을 **비판**하고자 하는 의도가 담겨 있다.

평민들의 작품 중에는 대상에 대한 ㅂ ㅍ 의식이 잘 드러나는 경우가 종종 있어. 특히 사설 시조에는 백성들을 수탈하는 ㅌ ㄱ ㅇ ㄹ 를 날카롭게 비판하거나 ㅍ ㅈ 하는 내용의 작품들이 많아.

개 념 6 4   탄로

탄로(嘆: 탄식할 탄, 老: 늙을 로)
늙음을 한탄함.

🗐 *시험지에는 이런 식으로 등장해.*

| 고2 전국연합학력평가 |

한 손에 막대 잡고 또 한 손에 가시 쥐고
늙는 길 가시로 막고 오는 백발 막대로 치려터니
백발이 제 먼저 알고 지름길로 오더라.

19. ④ (가)에서 **늙음이 오히려 빠르게 다가온다는 것**을 '지름길로 오더라'로 재치 있게 표현한 것에서 웃음이 유발된다고 할 수 있겠군.

동안이라는 말을 들으면 기분 나빠하는 사람은 없는 듯. :) 예전에도 그랬을까? 어느덧 백발이 되어 인생의 ㄴ ㅇ 을 안타까워하는 노래들이 있어. 그런 노래를 탄로가라고 해.

■ **초성 퀴즈 답** 자연, 속세, 안분지족, 안빈낙도, 완상, 풍류 / 자연, 삶, 노동 / 비판, 탐관오리, 풍자 / 늙음

STEP.2 **개념 Quiz**

너도 해 봐~~! 할 수 있어~!

정답 123쪽

(가)

鷰子初來時	제비 한 마리 처음 날아와
喃喃語不休	지지배배 그 소리 그치지 않네
語意雖未明	말하는 뜻 분명히 알 수 없지만
似訴無家愁	집 없는 서러움을 호소하는 듯
楡槐老多穴	느릅나무 홰나무 묵어 구멍 많은데
何不此淹留	어찌하여 그곳에 깃들지 않니
燕子復喃喃	제비 다시 지저귀며
似與人語酬	사람에게 말하는 듯
楡穴鸛來啄	느릅나무 구멍은 황새가 쪼고
槐穴蛇來搜	홰나무 구멍은 뱀이 와서 뒤진다오

(나)

아이 적 늙은이 보고 백발을 비웃더니
그동안에 아이들이 나 웃을 줄 어이 알리
아이야 웃지 마라 나도 웃던 아이로다.

〈제1수〉

사람이 늙은 후에 거울이 원수로다.
마음이 젊었더니 옛 얼굴만 여겼더니
센 머리 씽건 양자* 보니 다 죽어야 하이야.

〈제2수〉

늙고 병이 드니 백발을 어이 하리
소년행락이 어제론 듯 하다마는
어디가 이 얼굴 가지고 옛 내로다 하리오.

〈제3수〉

*씽건 양자: '찡그린 얼굴'이라는 의미로 추측됨.

(다)

이 듕에 시름업스니 어부(漁父)의 생애(生涯)로다
일엽편주(一葉扁舟)를 만경파(萬頃波)애 씌워두고
인세(人世)를 다 니젯거니 날 가는 주를 알랴

〈제1수〉

구버ᄂᆞᆫ 천심녹수(千尋綠水) 도라보니 만첩청산(萬疊靑山)
십장홍진(十丈紅塵)이 언매나 ᄀᆞ렷ᄂᆞᆫ고
강호(江湖)애 월백(月白)ᄒᆞ거든 더옥 무심(無心)ᄒᆞ애라

〈제2수〉

청하(靑荷)*애 바블 ᄡᆞ고 녹류(綠柳)에 고기 ᄢᅦ여
노적화총(蘆荻花叢)*에 ᄇᆡ ᄆᆡ야두고
일반청의미(一般淸意味)*를 어ᄂᆡ 부니 아ᄅᆞ실가

〈제3수〉

장안(長安)을 도라보니 북궐(北闕)이 천리(千里)로다
어주(漁舟)*에 누어신ᄃᆞᆯ 니즌 스치 이시랴
두어라 내 시ᄅᆞᆷ 아니라 제세현(濟世賢)*이 업스랴

〈제5수〉

*청하: 푸른 연잎.
*노적화총: 갈대와 물억새의 덤불.
*일반청의미: 자연으로 인해 순수해진 내면.
*어주: 낚시질할 때 쓰는 조그만 배.
*제세현: 나라를 구제할 현명한 선비.

(라)

서산의 아침볕 비치고 구름은 낮게 떠 있구나
비 온 뒤 묵은 풀이 뉘 밭에 더 짙었든고
두어라 차례 정한 일이니 매는 대로 매리라

〈제1수〉

둘러내자* 둘러내자 긴 고랑 둘러내자
바라기 역고* 를 고랑마다 둘러내자
잡초 짙은 긴 사래 마주 잡아 둘러내자

〈제3수〉

땀은 듣는 대로 듣고 볕은 쬘대로 쬔다
청풍에 옷깃 열고 긴 휘파람 흘리 불 때
어디서 길 가는 손님네 아는 듯이 머무는고

〈제4수〉

돌아가자 돌아가자 해 지거든 돌아가자
냇가에 손발 씻고 호미 메고 돌아올 제
어디서 우배초적(牛背草笛)*이 함께 가자 재촉하는고

〈제6수〉

*둘러내자: 휘감아서 뽑자.
*바라기 역고: 잡초의 일종.
*우배초적: 소의 등에 타고 가면서 부는 풀피리 소리.

25634-0089

Q.1 (가)~(라) 중 어떤 작품에 대한 설명일지 답해 보자.

보기 1

　이 작품은 '그동안에 아이들이 나 웃을 줄 어이 알리', '늙고 병이 드니 백발을 어이 하리'와 같은 표현을 통해 **늙어 버린 자신의 상황에 대한 탄식의 마음**을 드러내고 있다.

　가　　나　　다　　라

Q.2 이 작품의 작가와 제목을 알아보자.

....

....

....

25634-0091

Q.5 (가)~(라) 중 어떤 작품에 대한 설명일지 답해 보자.

보기 3

　조선 시대 사대부들의 시조에는 자연이 자주 등장하는데, 작품 속 자연에 대한 인식이 같지는 않다. 흔히 자연은 속세를 벗어난 화자가 동화되어 살고 싶어 하는 공간이자 안빈낙도(安貧樂道)의 공간으로 그려져 있다. 반면에 이 작품에서의 자연은 **소박하게 살아가는 삶의 현장이자 건강한 노동 속에서 흥취를 느끼는 공간**으로 그려져 있다.

　가　　나　　다　　라

Q.6 이 작품의 작가와 제목을 알아보자.

....

....

....

25634-0090

Q.3 (가)~(라) 중 어떤 작품에 대한 설명일지 답해 보자.

보기 2

　작가는 만년에 혼탁한 정계(政界)에 싫증을 느껴 병을 핑계로 사직하고 고향에 돌아와 여생을 보냈다. 그는 **자연을 즐기며** 시작(詩作)에 힘썼으며, (중략) 이 작품을 통하여 **유유자적**하는 삶과 우국의 심정을 형상화하였다.

　가　　나　　다　　라

Q.4 이 작품의 작가와 제목을 알아보자.

....

....

....

25634-0092

Q.7 (가)~(라) 중 어떤 작품에 대한 설명일지 답해 보자.

보기 4

　이 작품은 조선 후기 지배층의 횡포와 피지배층의 고난을 드러낸 작품임을 배웠어. 이 작품에서 '황새'와 '뱀'은 백성들을 괴롭히는 지배 세력을 상징하고, '제비'는 지배 세력으로부터 착취당하는 백성들을 상징해. 피지배층의 고난은 삶의 터전마저 빼앗기는 절박한 상황으로 그려지고 있어. 이 작품을 통해 작가는 **당대의 부정적 현실을 우회적으로 고발**하고 있어.

　가　　나　　다　　라

Q.8 이 작품의 작가와 제목을 알아보자.

STEP.3 개념 Jump

[01-02] 다음 글을 읽고 물음에 답하시오.

| 고2 전국연합학력평가 |

(가)

어버이 낳으시고 임금이 먹이시니
낳은 덕 **먹인 은을 다 갚고자** 하였더니
숙연히 **칠십이 넘**으니 할 일 없어 하노라
〈제1수〉

연하에 깊이 곤 병 약이 효험 없어
강호에 버려언져 **십 년** 밖이 되었어라
그러나 **이제 다 못 죽음**도 긔 **성은**인가 하노라
〈제3수〉

달 밝고 바람 자니 물결이 비단일다
단정*을 비껴 놓아 오락가락 하는 흥을
백구야 하 즐겨 말고려 세상 알까 하노라
〈제5수〉

피 소주 무우저리* 우습다 어른 대접
남은셔 이른 말이 **초초타*** 하건마는
두어라 이도 **내 분**이니 분내사*인가 하노라
〈제8수〉
- 나위소, 「강호구가」 -

*단정: 작은 배.
*피 소주 무우저리: 풀로 만든 소주와 무절임.
*초초타: 보잘것없이 초라하다.
*분내사: 분수에 맞는 일.

(나)

들은 지 오래더니 보았구나 백상루
야속하다 강산이 날 기다리고 있었던가
처음으로 만나보고 예전 본 듯 반기니
유정한 너인가 인연 있는 나이던가
[A] ┌ 고려 옛터를 어느 해에 고쳤기에
    └ 웅장한 누각이 어제 세운 듯하구나
처마가 높이 솟아 공중에 들렸으니
금빛 푸른빛 밝게 빛나 그림자가 물가에 뻗쳤네
높은 난간 비껴 앉아 취하여 돌아보니
[B] ┌ 좌우 현판의 옛사람들 지은 시는
    │ 풍경이 보채어 조화를 얻었으니
    └ 생각이 막혀 보탤 것이 전혀 없다
[C] ┌ 수많은 푸른 산 흰 구름 사이에 솟아나
    │ 높으니 낮으니 넓으니 좁으니 흩어져 있는 것은
    └ 묘향산이 마주보여 푸른 병풍을 둘렀도다
[D] ┌ 높다란 성곽이 산허리를 에둘러
    │ 굽거니 펴거니 숨거니 뵈거니
    └ 변방의 방비는 철옹성에 가깝도다
약산동대에 늦은 구름 다 걷히고
향로봉 어깨에 자줏빛 노을 비꼈을 때
창문을 열어젖히고 **베개에 기대**니
번잡한 마음에 눈까지도 겨를 없다
두 갈래로 내린 물이 누각 앞에 와 모아져
세 갈래 물줄기 되어 섞여 도로 감도니
쌍룡이 뒤틀며 여의주를 다투다가
산성을 가로 풀어 갈라 나온 모양이로다
(중략)
여울에 썰물 되어 물가가 옅어졌으니
마름 캐는 동자와 **빨래하는 아녀자**는
갯벌을 만나서 웃으며 가는가
[E] ┌ 아침 물결 잔잔하여 수면이 맑으니
    │ 눈앞이 어른어른 정신이 표연하니
    └ 열자*가 바람을 타고 공중에 떠 있는 듯
- 이현, 「백상루별곡」 -

*열자: 중국 전국 시대의 사상가로, 바람을 타고서 속세의 시비를 떠났다가 15일이 지난 후에 돌아왔다는 이야기가 전해짐.

01 [A]~[E]에 대한 설명으로 적절하지 <u>않은</u> 것은?   25634-0093

① [A]: 누각의 모습을 보며 왕조의 번영을 기원하고 있다.   Ok No
② [B]: 옛사람들이 지은 시를 긍정적으로 평가하고 있다.   Ok No
③ [C]: 구름과 어우러진 산의 모습에 대한 인상을 드러내고 있다.   Ok No
④ [D]: 성곽의 모습을 보고 변방 수비가 든든하다고 판단하고 있다.   Ok No
⑤ [E]: 아침 풍경을 보는 화자의 내면을 열자와 연관 지어 표현하고 있다.   Ok No

02  를 참고하여 (가), (나)를 감상한 내용으로 적절하지 <u>않은</u> 것은?   25634-0094

> (가)와 (나)에서 자연은 화자의 상황에 따라 서로 다른 의미로 나타난다. (가)에서 자연은 만년에 관직에서 물러난 화자가 머물렀던 **노후의 안식처**이자 **자족**의 공간이며 **임금에 대한 충성심이 유지되는 공간**이다. (나)에서 자연은 화자가 백상루에 올라 바라보며 감흥을 느끼는 대상으로, 아름다운 풍광을 품고 있으며 사람들의 **소박한 생활이 드러나는 공간**이다.

① (가)에서 '먹인 은을 다 갚고자' 했던 화자가 '이제 다 못 죽음'을 '성은'으로 여기는 것에서, 자연에서도 임금에 대한 충성심을 지니고 있다고 볼 수 있겠군.   Ok No
② (가)에서 '칠십이 넘'은 화자가 '강호'에서 '십 년' 넘게 살았다는 것에서, 자연을 노후의 안식처로 여기는 것으로 볼 수 있겠군.   Ok No
③ (가)에서 남이 '초초타 하'는 것을 '내 분'으로 여긴다는 것에서, 화자가 은퇴 후 자연에서의 삶에 만족하는 것으로 볼 수 있겠군.   Ok No
④ (나)에서 '향로봉'에 노을이 질 때 '창문을 열'고 '베개에 기대'는 것에서, 화자의 번잡한 마음이 아름다운 자연 풍광을 통해 해소되었다고 볼 수 있겠군.   Ok No
⑤ (나)에서 '동자'가 '마름 캐'고 '아녀자'가 '빨래하는' 것에서, 화자가 바라보는 자연은 사람들의 소박한 생활이 이루어지는 공간이라고 볼 수 있겠군.   Ok No

고전 시가에 대한 두려움을 버리면, 고전 시가가 나의 경쟁력이 될 수 있어. 자주 만나게 될 **주제**와 **발상**을 꽉 잡아 놓으면 누구든지 잘 읽어 낼 수 있다는 거 기억해 ~. :)

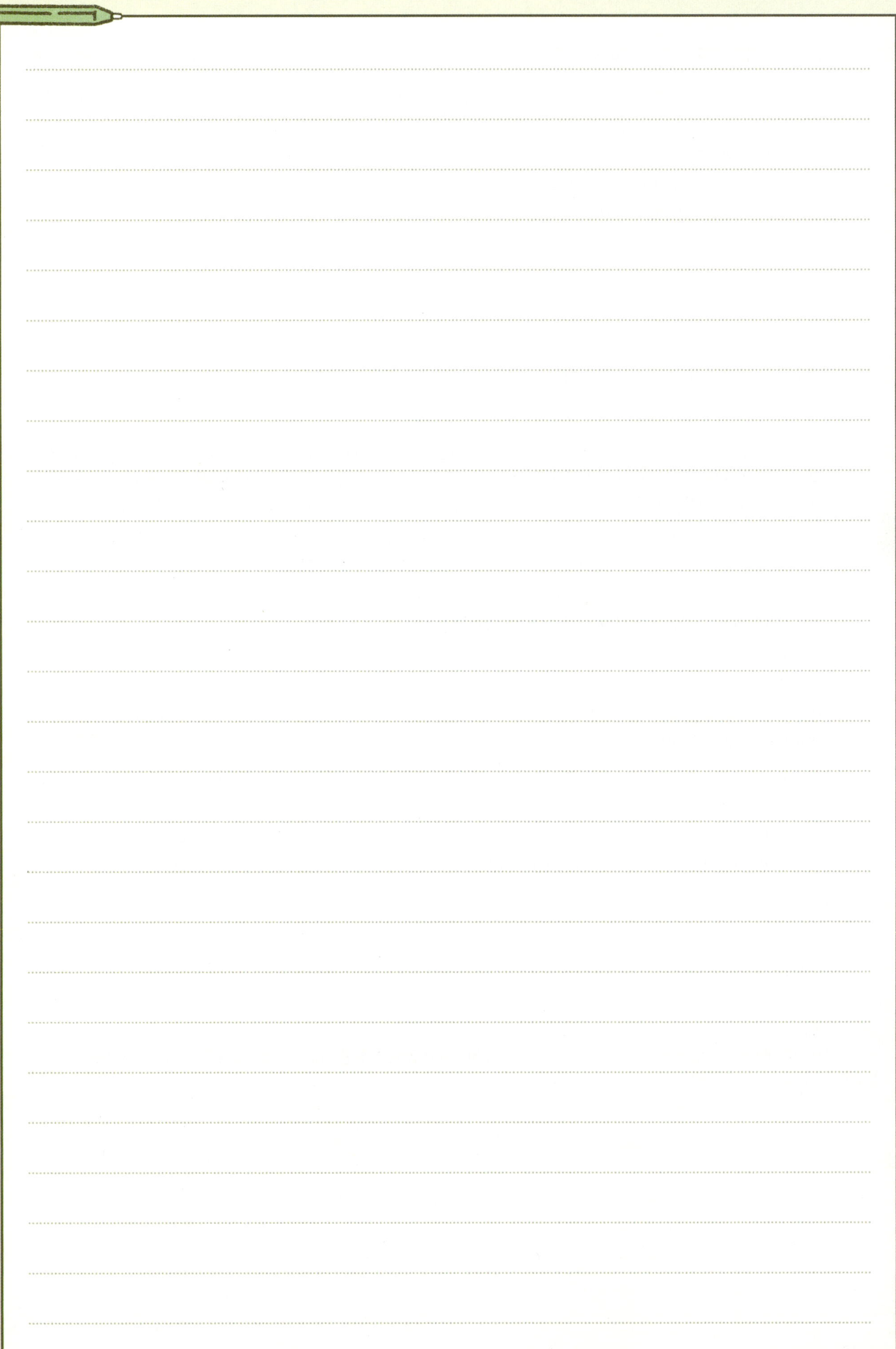

정답 모아서 보기

시 문학

오늘 꼭 알아야 할 개념

화자 # 청자 # 상황 # 정서 # 태도

STEP.2 개념 Quiz

본문 | 7쪽

김춘수, 「강우」

Q.1 상황 찾기

비가 많이 오고 있어. 화자는 **누군가를 찾고 있는** 것 같아.

Q.2 정서 찾기

사라진 누군가를 기다리는 것 같아. 그런데 기다리는 그 사람이 오지 않으니 화자는 풀이 죽는다고 했거든. 여기에서 화자의 **그리움**과 **실망감**이 느껴져.

Q.3 태도 찾기

마지막에 지금은 어쩔 수가 없다고 했는데, 이 부분에서 화자는 기다리는 누군가가 이제는 올 수 없다는 사실을 받아들일 수밖에 없다는 것을 깨닫고 **체념**하는 것 같아.

Q.4 O/X로 답해 보자.

① X ② X ③ O ④ X ⑤ X

STEP.3 개념 Jump

본문 | 8-9쪽

이성부, 「산길에서」 / 나희덕, 「그 복숭아나무 곁으로」
복효근, 「잔디에게 덜 미안한 날」

01 ① Ok ② No ③ Ok ④ Ok ⑤ Ok

02 ① ㉠ ㉡ ② ㉠ ㉡ ③ ㉠ ㉡

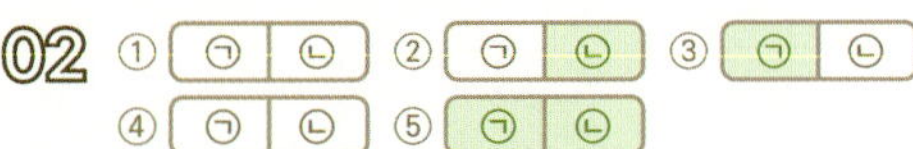

④ ㉠ ㉡ ⑤ ㉠ ㉡

03 ① Ok ② Ok ③ No ④ Ok ⑤ Ok

오늘 꼭 알아야 할 개념

긍정적 이미지 # 부정적 이미지 # 감각적 이미지

STEP.2 개념 Quiz

본문 | 12-13쪽

김광규, 「대장간의 유혹」

Q.1 긍정적 이미지 찾기

털보네 대장간, 시퍼런 무쇠낫, 꼬부랑 호미

Q.2 부정적 이미지 찾기

플라스틱 물건, 현대 아파트, 지금까지 살아온 인생, 똥덩이

Q.3 기출 작품 속에서 감각적 이미지 찾기

① 시각적
② 청각적
③ 미각적
④ 공감각적(시각의 후각화)
⑤ 후각적
⑥ 복합 감각(청각적 이미지, 후각적 이미지)
⑦ 공감각적(청각의 시각화)
⑧ 촉각적
⑨ 시각적
⑩ 공감각적(시각의 청각화)

STEP.3 개념 Jump

본문 | 14-17쪽

김기택, 「풀벌레들의 작은 귀를 생각함」

01 ① 긍정 ② 긍정 ③ 긍정 ④ 부정 ⑤ 긍정

02 ① No ② No ③ Ok ④ No ⑤ No

정지용, 「비」 / 박재삼, 「매미 울음에」
성기조, 「고향으로 가는 길」

03 ① Ok ② Ok ③ No ④ Ok ⑤ Ok

04 ① Ok ② Ok ③ Ok ④ Ok ⑤ No

오늘 꼭 알아야 할 개념
상승 이미지 # 하강 이미지 # 동적 이미지
정적 이미지 # 이미지의 기능

STEP.2 개념 Quiz 본문 | 20-21쪽

박목월, 「불국사」

Q.1 ㅅㄱ적 이미지

시각 / 흰 달빛, 자하문, 달 안개, 대웅전, 큰 보살, 범영루 뜬 그림자

Q.2 ㅊㄱ적 이미지

청각 / 물소리, 바람 소리, 솔 소리

Q.3 ㅈ적 이미지

정 / 불국사의 고요한 정경

정현종, 「떨어져도 튀는 공처럼」

Q.4 ㅅㅅ 이미지

상승 / 튀는 공이 되어, 떠올라야지, 튀어오르는 공

Q.5 ㅎㄱ 이미지

하강 / 떨어져도, 쓰러지는

박두진, 「청산도」

Q.6 O/X로 답해 보자.

① O ② X ③ O ④ O ⑤ O

STEP.3 개념 Jump 본문 | 22-25쪽

이육사, 「절정」 / 김남조, 「생명」

01 ① Ok ② Ok ③ Ok ④ No ⑤ Ok
02 ① Ok ② Ok ③ Ok ④ Ok ⑤ No

오장환, 「고향 앞에서」

03 ① Ok ② No ③ Ok ④ Ok ⑤ Ok
04 ① Ok ② No ③ Ok ④ Ok ⑤ Ok

오늘 꼭 알아야 할 개념
제목으로 의미 파악하기 # 상황으로 의미 파악하기
문맥으로 의미 파악하기 # 시어 간의 관계로 의미 파악하기

STEP.2 개념 Quiz 본문 | 28-29쪽

김소월, 「나의 집」

Q.1 '나의 집'의 의미로 볼 수 있을지

O/X로 답해 보자.

① X ② X ③ O ④ X ⑤ X

나희덕, 「방을 얻다」

Q.2 '빈방'의 의미로 볼 수 있을지

O/X로 답해 보자.

① X ② X ③ X ④ O ⑤ X

STEP.3 개념 Jump 본문 | 30-33쪽

윤동주, 「쉽게 씌어진 시」 / 신경림, 「동해 바다 – 후포에서」

01 ① Ok ② No ③ Ok ④ Ok ⑤ Ok
02 ① Ok ② No ③ Ok ④ Ok ⑤ Ok

정끝별, 「현 위의 인생」 / 나희덕, 「뿌리로부터」

03 ① Ok ② Ok ③ No ④ Ok ⑤ Ok
04 ① Ok ② Ok ③ Ok ④ Ok ⑤ No

오늘 꼭 알아야 할 개념
의미의 대비   # 명암의 대비   # 색채의 대비
과거와 현재의 대비

STEP.2 개념 Quiz
본문 | 36-37쪽

김소월, 「길」

Q.1 대비되는 시어 찾기

기러기 vs. 나(화자)

Q.2 대비의 방법으로 드러내고자 한 의미

길, 방황, 대비

박용래, 「월훈」

Q.3 이 시에 나타난 대비(대립)의 관계에 대해
O/X로 답해 보자.

① X   ② X   ③ O

STEP.3 개념 Jump
본문 | 38-41쪽

김종길, 「성탄제」

01 ① Ok ② Ok ③ Ok ④ Ok ⑤ No

02 ① Ok ② Ok ③ Ok ④ Ok ⑤ No

이현보, 「어부 단가」

03 ① Ok ② Ok ③ Ok ④ Ok ⑤ No

04 ① No ② No ③ Ok ④ No ⑤ No

오늘 꼭 알아야 할 개념
비유   # 직유법   # 은유법   # 대유법   # 의인법
활유법   # 풍유법

STEP.2 개념 Quiz
본문 | 44-45쪽

Q.1 비유적 표현이 사용되었는지
O/X로 답해 보자.

① O (은유)   ② O (은유)   ③ X
④ O (은유)   ⑤ O (풍유)

Q.2 다음 문장들에 어떤 비유적 표현이 사용되었는지
적어 보고, 같은 표현법이 쓰인 것끼리 연결해 보자.

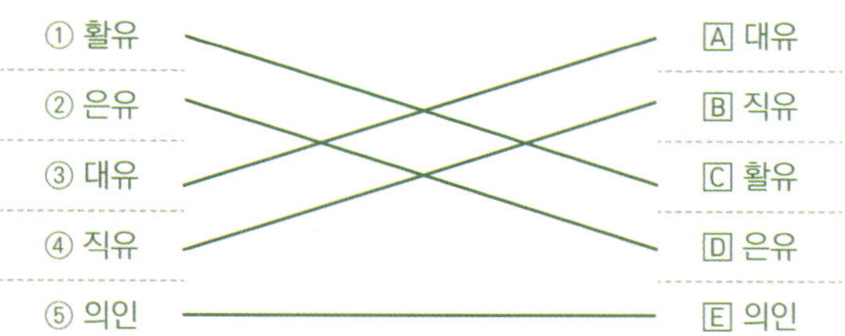

① 활유 — C 활유
② 은유 — D 은유
③ 대유 — A 대유
④ 직유 — B 직유
⑤ 의인 — E 의인

문태준, 「가재미」

Q.3 이 시에 사용된 비유적 표현 죄다 찾기

가재미처럼, 나는 그녀의 옆에 나란히 한 마리 가재미로 눕는다, 가재미가 가재미에게 눈길을 건네자, 파랑 같은 날들, 그녀의 물속 삶, 그녀의 오솔길, 나뭇가지처럼, 느릅나무 껍질처럼 등

Q.4 비유의 방법으로 드러내고자 한 의미

가재미, 죽음, 비유, 위로

STEP.3 개념 Jump
본문 | 46-49쪽

작자 미상, 「한숨아 세한숨아~」 / 작자 미상, 「잠노래」

01 ① No ② No ③ No ④ Ok ⑤ No

02 ① No ② No ③ No ④ Ok ⑤ No

정철, 「어와 동량재로~」 / 이원익, 「고공답주인가」

03 ① Ok ② Ok ③ Ok ④ No ⑤ Ok

04 ① 가 나 ② 가 나 ③ 가 나
④ 가 나 ⑤ 가 나

오늘 꼭 알아야 할 개념

\# 원형적 상징　\# 관습적 상징　\# 창조적 상징

STEP.2 개념 Quiz　본문 ㅣ 52-53쪽

문정희, 「율포의 기억」

Q.1 ㉠, ㉡에 대해 반응한 것으로 적절한지 ○/X로 답해 보자.

① X　② X　③ X　④ O　⑤ X
⑥ X　⑦ X　⑧ X　⑨ O　⑩ X

이신의, 「단가」

Q.2 <보기 1>을 참고하여 윗글의 '솔', '명월', '매화'의 상징적 의미로 적절한 것을 <보기 2>에서 찾아 써 보자.

① 조정에서 쫓겨나 유배를 간 작가
② 진정한 벗
③ 작가가 간직하고 있는 지조

STEP.3 개념 Jump　본문 ㅣ 54-55쪽

한용운, 「나룻배와 행인」 / 김영랑, 「내 마음을 아실 이」
강은교, 「우리가 물이 되어」

01 ① No　② Ok　③ No　④ No　⑤ No
02 ① Ok　② Ok　③ No　④ Ok　⑤ Ok

오늘 꼭 알아야 할 개념

\# 운율　\# 운율을 만드는 법 _ 반복　\# 운율의 효과

STEP.2 개념 Quiz 　본문 ㅣ 58-59쪽

Q.1 ①~⑥에 사용된 방법으로 알맞은 것을 찾아 연결해 보자.

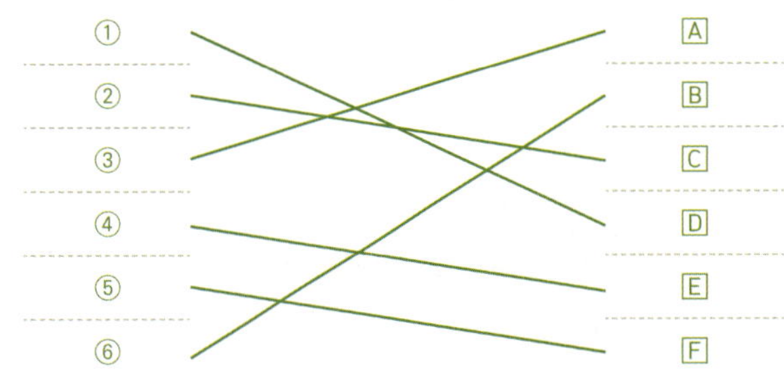

Q.2 ①~④에 사용된 방법으로 알맞은 것을 찾아 연결해 보자.

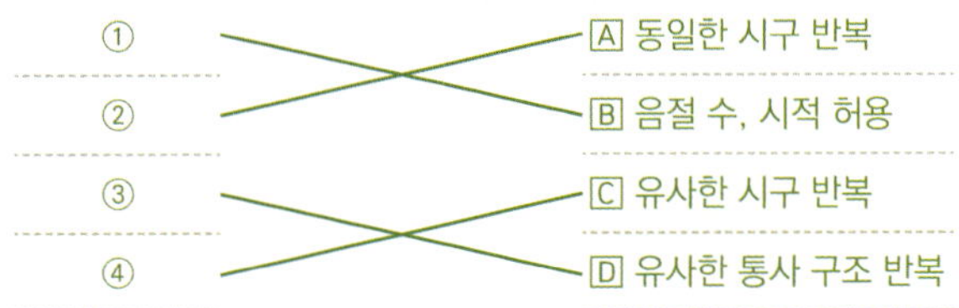

STEP.3 개념 Jump 　본문 ㅣ 60-61쪽

권호문, 「한거십팔곡」 / 박재삼, 「추억에서」
시의 음보에 관한 평론

01 ① Ok　② No　③ Ok　④ Ok　⑤ Ok
02 ① Ok　② Ok　③ No　④ Ok　⑤ Ok
03 ① No　② No　③ Ok　④ No　⑤ No

오늘 꼭 알아야 할 개념
시간적 구성 # 공간적 구성 # 수미상관 # 선경후정

STEP.2 개념 Quiz
본문 | 64-65쪽

이수익, 「결빙의 아버지」
Q.1 윗글에 대한 설명으로 적절한지 O/X로 답해 보자.

① O ② X ③ O ④ O ⑤ O

김영랑, 「모란이 피기까지는」
Q.2 윗글에 대한 설명으로 적절한지 O/X로 답해 보자.

① O ② X ③ O ④ O

정약용, 「보리타작」
Q.3 윗글에 대한 설명으로 적절한지 O/X로 답해 보자.

① O ② O ③ O ④ X

STEP.3 개념 Jump
본문 | 66-69쪽

김영랑, 「사개 틀린 고풍의 툇마루에」 / 정진규, 「따뜻한 달걀」
01 ① Ok ② Ok ③ No ④ Ok ⑤ Ok

허영자, 「씨앗을 받으며」
02 ① Ok ② No ③ Ok ④ Ok ⑤ Ok
03 ① Ok ② No ③ No ④ No ⑤ No

오늘 꼭 알아야 할 개념
선물 <보기> # 조건 <보기>

STEP.2 개념 Quiz
본문 | 72-73쪽

Q.1 어떤 시의 문제에 제시된 <보기>를 읽어 보자.

① 작가, 정서, 태도
② 윤동주
③ 가치, 윤리
④ 이상, 성찰, 부끄러움, 성찰, 이상, 시인

Q.2 어떤 시의 문제에 제시된 <보기>를 읽어 보자.

① 상황, 정서
② 승려, 누이, 추모
③ 고려, 고향, 도읍지, 무상감, 그리움

Q.3 어떤 시의 문제에 제시된 <보기>를 읽어 보자.

① 사랑, 결실, 위협
② 사랑, 위협, 상황, 정서, 태도

Q.4 어떤 시의 문제에 제시된 <보기>를 읽어 보자.

① 잡가
② 집약, 감정, 화자

STEP.3 개념 Jump
본문 | 74-77쪽

윤동주, 「서시」 / 월명사, 「제망매가」 / 길재, 「오백 년 도읍지를~」
01 ① Ok ② Ok ③ Ok ④ No ⑤ Ok
02 ① Ok ② Ok ③ Ok ④ Ok ⑤ No

신석정, 「꽃덤불」 / 전봉건, 「사랑」
03 ① Ok ② No ③ Ok ④ Ok ⑤ Ok

오늘 꼭 알아야 할 개념
\# 설의법　\# 영탄법　\# 반어법　\# 역설법

STEP.2　개념 Quiz
본문 | 82-83쪽

신경림, 「수유나무에 대하여」

Q.1 설의법 혹은 영탄법이 쓰인 부분을 찾아보자.

네가 살아온 나날을 누가 / 어둠뿐이었다고 말하는가,
누가 말하는가 이 노래 듣는 이 / 오직 하늘과 별뿐이라고
➪ 설의

박인로, 「누항사」

Q.2 설의법 혹은 영탄법이 쓰인 부분을 찾아보자.

입과 배가 누가 되어 어즈버 잊었도다
➪ 영탄
저 물을 바라보니 푸른 대도 하도 할샤
➪ 영탄

Q.3 반어법 혹은 역설법이 쓰인 부분을 찾아보자.

① 반어　　　　　　　　④ 역설
② 역설　　　　　　　　⑤ 반어
③ 역설　　　　　　　　⑥ 역설

이형기, 「낙화」

Q.4 다음 시구들에 반어법이 쓰였는지
역설법이 쓰였는지 판단해 보자.

결별이 이룩하는 축복
➪ 역설

STEP.3　개념 Jump
본문 | 84-87쪽

김광규, 「상행」

01 ① Ok　② Ok　③ Ok　④ No　⑤ Ok
02 ① Ok　② Ok　③ Ok　④ Ok　⑤ No

황진이, 「어져 내 일이야~」 / 안민영, 「임이별 하올져긔~」

03 ① No　② No　③ Ok　④ No　⑤ No
04 ① Ok　② Ok　③ Ok　④ Ok　⑤ No

오늘 꼭 알아야 할 개념
\# 열거법　\# 연쇄법　\# 도치법　\# 점층법　\# 시적 허용

STEP.2　개념 Quiz
본문 | 90-91쪽

Q.1 다음 시구에 쓰인 표현법을 찾아보자.

① 연쇄　　　　　　　　④ 도치, 열거
② 도치, 영탄　　　　　⑤ 점층
③ 도치, 역설　　　　　⑥ 열거

작자 미상, 「어이 못 오던다~」

Q.2 배운 표현법을 중심으로 감상해 보자.

① 연쇄
② 반복, 리듬감
③ 원망, 연쇄, 열거, 해학

김소월, 「나의 집」

Q.3 배운 표현법을 중심으로 감상해 보자.

① 도치, 그대, 집, 강조
② 나의 집
③ 운율감

조지훈, 「고풍 의상」

Q.4 배운 표현법을 중심으로 감상해 보자.

① 운율감
② 예스러운
③ 빗대어
④ 색채어, 감각적

STEP.3　개념 Jump
본문 | 92-95쪽

이성복, 「다시 봄이 왔다」 / 김기택, 「벽」

01 ① Ok　② No　③ No　④ No　⑤ No
02 ① Ok　② Ok　③ Ok　④ No　⑤ Ok
03 ① Ok　② Ok　③ Ok　④ No　⑤ Ok

유치환, 「바위」 / 김남조, 「설일」

04 ① Ok　② Ok　③ Ok　④ No　⑤ Ok
05 ① Ok　② Ok　③ Ok　④ Ok　⑤ No

오늘 꼭 알아야 할 개념
\# 감정 이입   \# 객관적 상관물   \# 독백체 & 대화체

STEP.2 개념 Quiz   본문 ㅣ 98-99쪽

작자 미상, 「귀뚜리 저 귀뚜리~」

Q.1 '귀뚜리'의 시적 기능에 대한 설명이 적절한지 판단해 보자.

① Ok   ② Ok   ③ Ok   ④ No   ⑤ Ok

유리왕, 「황조가」 / 이개, 「방안에 혓는~」

Q.2 (가)와 (나)를 읽고 ㉠과 ㉡을 비교해 보자.

대조, 이입

이수익, 「결빙의 아버지」

Q.3 이 시는 독백체인지, 대화체인지 생각해 보자.

대화, 어머니, 어머니

유치환, 「바위」

Q.4 이 시는 독백체인지, 대화체인지 생각해 보자.

독백, 혼잣말

STEP.3 개념 Jump   본문 ㅣ 100-101쪽

윤동주, 「눈 오는 지도」 / 김종철, 「만나는 법」

01 ① Ok   ② Ok   ③ Ok   ④ Ok   ⑤ No

02 ① Ok   ② No   ③ Ok   ④ Ok   ⑤ Ok

03 ① Ok   ② No   ③ No   ④ No   ⑤ No

오늘 꼭 알아야 할 개념
\# 우국지정   \# 연군지정   \# 그리움과 원망   \# 풍수지탄

STEP.2 개념 Quiz   본문 ㅣ 104-105쪽

Q.1 (가)~(라) 중 어떤 작품에 대한 설명일지 답해 보자.

가   나   다   라

Q.2 이 작품의 작가와 제목을 알아보자.

작자 미상, 「어이 못 오던다~」

Q.3 (가)~(라) 중 어떤 작품에 대한 설명일지 답해 보자.

가   나   다   라

Q.4 이 작품의 작가와 제목을 알아보자.

윤선도, 「견회요」

Q.5 (가)~(라) 중 어떤 작품에 대한 설명일지 답해 보자.

가   나   다   라

Q.6 이 작품의 작가와 제목을 알아보자.

정철, 「속미인곡」

Q.7 (가)~(라) 중 어떤 작품에 대한 설명일지 답해 보자.

가   나   다   라

Q.8 이 작품의 작가와 제목을 알아보자.

박인로, 「조홍시가」

STEP.3 개념 Jump   본문 ㅣ 106-107쪽

송이, 「남은 다 쟈는 밤에~」 / 성현, 「장상사」
박인로, 「상사곡」

01 ① Ok   ② No   ③ Ok   ④ Ok   ⑤ Ok

02 ① Ok   ② Ok   ③ No   ④ Ok   ⑤ Ok

03 ① No   ② No   ③ No   ④ Ok   ⑤ No

오늘 꼭 알아야 할 개념
유유자적   # 삶의 현장   # 비판   # 탄로

STEP.2 개념 Quiz
본문 ㅣ 110-111쪽

Q.1 (가)~(라) 중 어떤 작품에 대한 설명일지 답해 보자.

[가] [**나**] [다] [라]

Q.2 이 작품의 작가와 제목을 알아보자.

신계영, 「탄로가」

Q.3 (가)~(라) 중 어떤 작품에 대한 설명일지 답해 보자.

[가] [나] [**다**] [라]

Q.4 이 작품의 작가와 제목을 알아보자.

이현보, 「어부 단가」

Q.5 (가)~(라) 중 어떤 작품에 대한 설명일지 답해 보자.

[가] [나] [다] [**라**]

Q.6 이 작품의 작가와 제목을 알아보자.

위백규, 「농가구장」

Q.7 (가)~(라) 중 어떤 작품에 대한 설명일지 답해 보자.

[**가**] [나] [다] [라]

Q.8 이 작품의 작가와 제목을 알아보자.

정약용, 「고시」

STEP.3 개념 Jump
본문 ㅣ 112-113쪽

나위소, 「강호구가」 / 이현, 「백상루별곡」

01 ① [No] ② [Ok] ③ [Ok] ④ [Ok] ⑤ [Ok]

02 ① [Ok] ② [Ok] ③ [Ok] ④ [No] ⑤ [Ok]

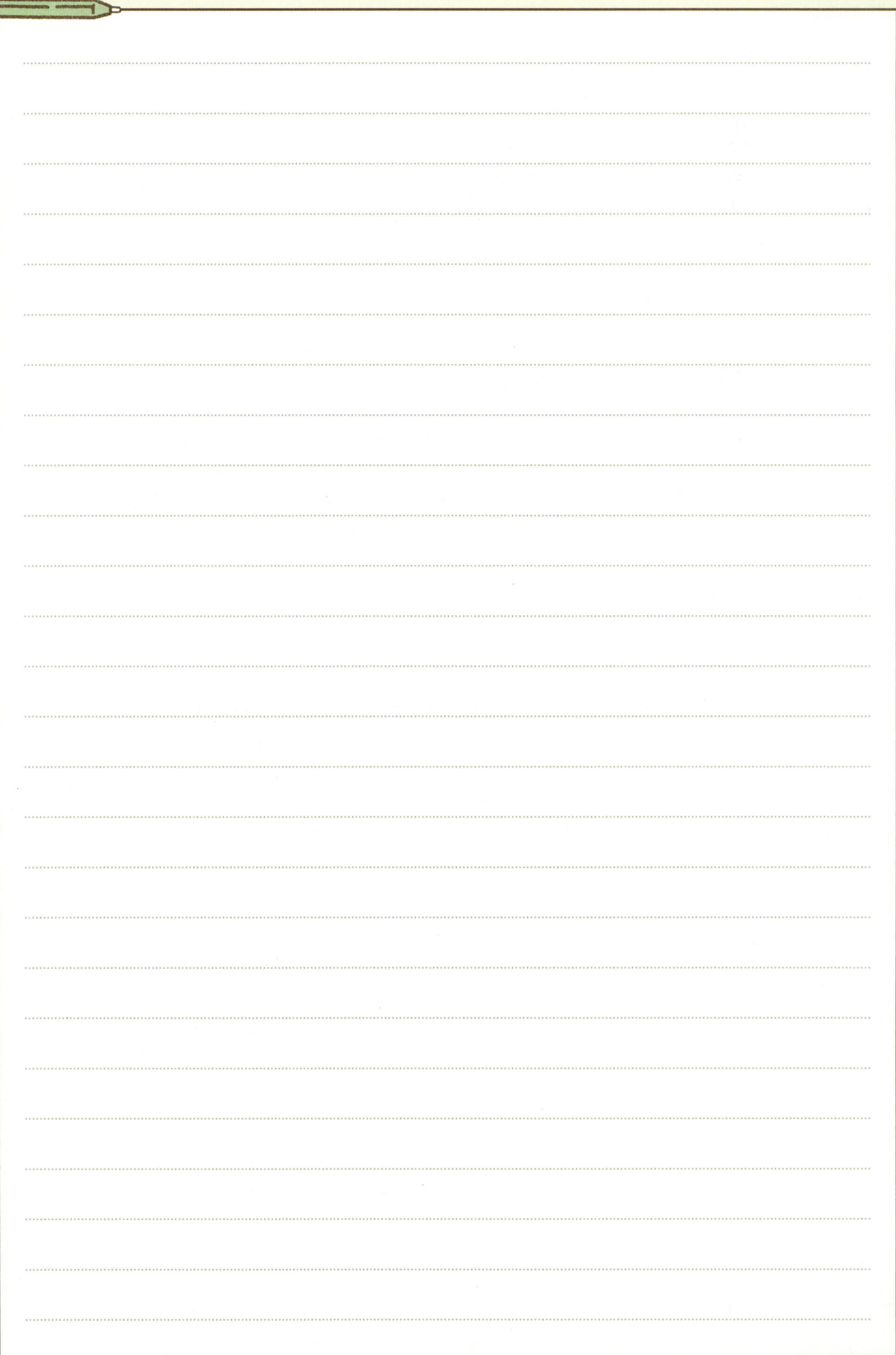

EBS

윤혜정 선생님 직접 집필, 강의

윤혜정의 개념의 나비효과

입문 편

1권
문학_시 문학

윤혜정 선생님과 함께 네 꿈에 날개를 달아 줄, **만점 국어**의 시작과 끝

개념의 나비효과 입문 편
국어 공부 시작의 방향을
잡아주는 국어 입문서

개념의 나비효과 수능 편
개념부터 제대로 꼼꼼히
공부하는 수능 국어 개념

개념의 나비효과 패턴 편
수능 국어의 패턴 연습으로
부족한 약점 보완

개념의 나비효과 고난도 기출 편
변별력 높은 기출문제로
완성하는 수능 국어

개정판

윤혜정 선생님 직접 집필, 강의

윤혜정의 개념의 나비효과

입문 편

1권
문학_소설 문학

국어 영역 No.1

소설 문학

01강 Nice to meet you, 소설!

시는 너무 짧아서 어려워. 막 생략하고 막 함축하니까~?
소설은 또 너무 길어서 어려워. 막 복잡하고 막 헷갈리니까~? ㅎㅎㅎ 핑계 대지 마라잉.

ISTJ 삼순이

어제 '□□ □□' 드라마 봤어?

당연하지, 요즘 사막 같은 내 인생의 오아시슨데~ ㅎㅎㅎ

근데 어제 여주인공이 메고 있는 가방 봤어?

왜왜?

그게 말이 돼? 지금 월세를 석 달 동안 못 내서 쫓겨날 판인데,
그 가방 하나면 월세 삼 년 치 내고도 남겠더라.

우아~ 그게 그렇게 비싼 가방이야? 코디가 나빴네. 캐릭터 파악 잘못했음!

얘들은 지금 자기들도 모르는 사이에 소설의 인물 제시 방법(간접 제시)에 대해 논하고 있습니다. ^-^;

그건 그렇고, 어제 우리 오빠(남주인공) 표정 연기 봤냐?
그 상황에서 입은 웃는데 눈은 울고 있는, 그 말도 안 되는 연기!!

맞아, 맞아. 그 분노 유발 상황과 복잡한 심정에 딱 맞는 최고의 연기였어!
노벨상 줘야 돼!

응? 그래도 노벨상은 좀…….

얘들은 지금 자기들도 모르는 사이에 인물의 심리와 태도를 파악하고 있습니다.

그런데 아무래도 여주인공이 남주인공 이모 같아.

뭐어??

여주인공의 왼쪽 귓바퀴에 난 사마귀 보고 남주인공 엄마가 기겁하잖아.
암튼 느낌이 그래.

아, 뭐야. 여동생도 아니고 웬 이모? 출생의 비밀이야? 안 돼~~~!!!!

얘들은 지금 자기들도 모르는 사이에 인물 간의 관계를 파악하고 있습니다.

 작가의 Mission!

M. ㅈㅈ 를 설정한다.

M. 주제를 가장 잘 구현할 수 있는 ㅇㅁ 을 설정한다.

M. 인물들 간에 일어날 ㄱㄷ 을 구상한다. ✨

M. 인물들 사이에서 ㅅㄱ 이 일어날 만한 장치를 주도면밀하게 마련한다. ✨

　　– 그럴 일이 생길 만한 ㅈㅅ , ㅂㅇㄱ

　　– 그럴 일이 생길 만한 인물들의 ㅅㄱ , ㄱㅊㄱ

　　– 그럴 일이 생기게 하는 ㅅㅈ

M. 발생한 갈등이 ㅎㅅ 되어 가는 과정을 그린다.

M. 그 과정에서 말하고자 하는 바(= ㅈㅈ)가 자연스럽게 드러나게 한다.

■ 초성 퀴즈 답 주제, 인물, 갈등, 사건, 장소, 분위기, 성격, 가치관, 소재, 해소, 주제

 출제자의 Mission!

M. ㅈㅁ 을 선정한다. ✨

　　– 의미 있는 장면 단위로 잘라 내는 것이 관건!

　　– 소설의 ㅈㅁ , ㅂㄱ , ㅅㅈ , ㅇㅁ 의 ㅁ 등을 통해 지문의 앞뒤 내용을 ㅇㅊ 할 수 있는 장면을 지문으로 선정한다.

M. 소설의 요소들(ㅈㅈ , ㄱㅅ , ㅁㅊ , ㅇㅁ , ㅅㄱ , ㅂㄱ)을 이해하고 파악해 냈는지를 평가할 수 있는 문항을 출제한다.

M. 제시된 지문만으로 알 수 없는 정보들은 〈 ㅂㄱ 〉와 ㅅㅈ 로 제공한다. ✨

M. 주어진 정보를 통해서 도출해 낼 수 없는 정답을 요구하는 문항은 수정하거나 보완한다.

■ 초성 퀴즈 답 지문, 제목, 배경, 소재, 인물, 말, 유추, 주제, 구성, 문체, 인물, 사건, 배경, 보기, 선지

우리의 Mission!

Ⓜ 처음 만난 소설 지문이라는 부담을 버린다. 완전 중요! ⭐

Ⓜ 제공된 정보에 한해서는 사실적 이해, 추론적 이해 완료!

> **말하자면 이런 식!**
>
> 윗글의 내용으로 **미루어 알 수 없는** 것은?
>
> ① '김만호'는 현실의 변화를 재빨리 수용한다.
> ② '김만호'와 '강 목사'는 삶의 태도와 관점이 매우 다르다.
> ③ '교장 어른'은 '강 목사'보다는 '김만호'의 입장에 서 있다.
> ④ '나'는 '재종숙'과 '교장 어른'이 화해할 수 있다고 생각한다.
> ⑤ '재종숙'은 '김만호'의 수상 문제가 사회 정의와 관련되어 있다고 본다.

Ⓜ 문두(문제)와 선지에 노출되어 있는 개념을 이해하고 지문에 적용한다.

> **말하자면 이런 식!**
>
> 윗글의 **서술상의 특징**과 그 효과에 대한 설명으로 가장 적절한 것은?
>
> ① **의식의 흐름 기법**을 사용하여 인물의 내적 욕망을 드러내고 있다.
> ② **특정 인물의 시각에서 서술**하여 그의 내면에 공감하도록 유도하고 있다.
> ③ **성격과 행위의 괴리**를 보여 주어 인물이 처한 심리적 상황을 부각하고 있다.
> ④ **서술자**가 인물과 사건을 **권위적으로 논평**하여 **주제를 선명**하게 드러내고 있다.
> ⑤ **시대적 배경**을 섬세하게 **묘사**하여 사회 **현실의 문제를 실감** 나게 드러내고 있다.

Ⓜ 출제자가 요구하는 조건을 잘 파악하면서, 그 기준에 따라 지문을 이해한다.

> **말하자면 이런 식!**
>
>  **보기** 는 '작가 노트' 중 일부이다. 이를 참고하여 윗글을 감상한 내용으로 적절하지 **않은** 것은?
>
> 
>
>
> 인간이란 누구나 각자 해석한 만큼의 생을 살아 낸다. 해석의 폭을 넓히기 위해서는 사전적 정의에 만족하지 말고 그 반대어도 함께 들여다볼 일이다. 행복과 불행, 삶과 죽음, 정신과 육체, 풍요와 빈곤. 행복의 이면에 불행이 있고, 불행의 이면에 행복이 있다. 풍요의 뒷면을 들추면 반드시 빈곤이 있고, 빈곤의 뒷면에는 우리가 찾지 못한 풍요가 숨어 있다. 세상의 일들이란 모순으로 짜여 있으며 그 모순을 이해할 때 조금 더 삶의 본질 가까이로 다가갈 수 있는 것이다.
>
> ① '더욱 바빠졌고 나날이 생기를 더'하는 어머니의 모습은 불행의 이면에 행복이 있다는 삶의 모순을 보여 주는 것이겠군.
> ② '아버지가 내게 물려주고 싶었던 중요한 인생의 비밀'은 삶의 본질이 모순에 있음을 드러내는 것이겠군.
> ③ '그 다짐에 충실했던 일 년'은 사전적 의미와 그 반대 의미까지도 탐구하여 모순된 생에 대한 이해를 확장한 시기였겠군.
> ④ '내게 없었던 것을 선택한' 나의 결정은 물질적 행복의 이면에 있는 불행을 거부하려는 모순을 보여 주는 것이겠군.
> ⑤ '무덤 속 같은 평온'은 물질적 풍요에도 불구하고 정신적 빈곤에 시달렸던 이모의 모순된 삶을 드러내는 것이겠군.

Ⓜ 출제자의 의도를 파악하고, 미리 준비할 건 제대로 준비한다.
　－ 출제자가 평가하려는 항목 파악 → 지문 파악의 기준으로 삼기 〈개념 및 유형 정리 필수!〉 ⭐

오늘 꼭 알아야 할 개념 # 소설의 요소들

STEP.1 개념 Hi  정말 중요한 시간! 소설의 요소들을 개념 주머니에 쏙~!

개념 01 소설의 요소들

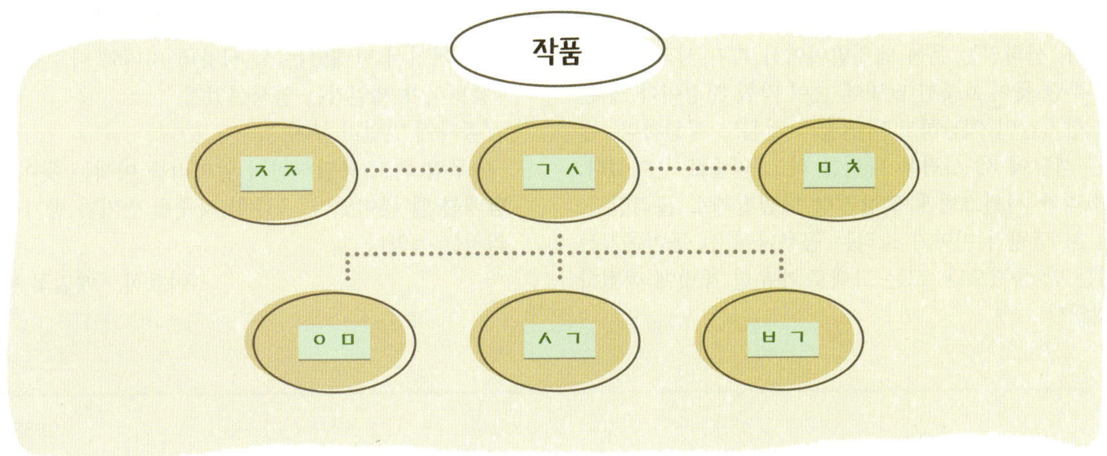

주제	• 제목으로 주제 파악하기 • 배경으로 주제 파악하기 • 소재로 주제 파악하기 • 인물의 성격을 통해 주제 파악하기 • 서술자의 태도를 통해 주제 파악하기
구성	• 발단 – 전개 – 위기 – 절정 – 결말 • 순행적 구성, 역순행적 구성, 액자식 구성(환몽 구조) 등
문체	• 서술상의 특징, 1인칭 시점(주인공, 관찰자) / 3인칭 시점(전지적, 관찰자) • 해학, 풍자, 반어, 냉소적 어조 등
인물	• 주동/반동 인물, 긍정적/부정적 인물 등 • 인물의 성격, 심리, 태도, 가치관을 제시하는 방법(직접 서술, 말과 행동 묘사)
사건	• 내적 갈등 • 외적 갈등(인물과 인물, 인물과 사회, 인물과 운명, 인물과 자연 등)
배경	• 시간적 배경, 공간적 배경, 자연적 배경, 사회적 배경, 상황적 배경 • 배경의 기능

■ **초성 퀴즈 답** 주제, 구성, 문체, 인물, 사건, 배경

STEP.2 개념 Quiz

1

이지러는 졌으나 보름을 가제 지난 달은 부드러운 빛을 흐붓이 흘리고 있다. 대화까지는 칠십 리의 밤길, 고개를 둘이나 넘고 개울을 하나 건너고 벌판과 산길을 걸어야 된다. 길은 지금 긴 산허리에 걸려 있다. 밤중을 지난 무렵인지 죽은 듯이 고요한 속에서 짐승 같은 달의 숨소리가 손에 잡힐 듯이 들리며, 콩 포기와 옥수수 잎새가 한층 달에 푸르게 젖었다. 산허리는 온통 메밀밭이어서 피기 시작한 꽃이 소금을 뿌린 듯이 흐붓한 달빛에 숨이 막힐 지경이다. 붉은 대궁이 향기같이 애잔하고 나귀들의 걸음도 시원하다. 길이 좁은 까닭에 세 사람은 나귀를 타고 외줄로 늘어섰다. 방울 소리가 시원스럽게 딸랑딸랑 메밀밭께로 흘러간다. 앞장선 허 생원의 이야기 소리는 꽁무니에 선 동이에게는 확적히는 안 들렸으나, 그는 그대로 개운한 제멋에 적적하지는 않았다.

"장 선 꼭 이런 날 밤이었네. 객줏집 토방이란 무더워서 잠이 들어야지. 밤중은 돼서 혼자 일어나 개울가에 목욕하러 나갔지. 봉평은 지금이나 그제나 마찬가지나 보이는 곳마다 메밀밭이어서 개울가가 어디 없이 하얀 꽃이야. 돌밭에 벗어도 좋을 것을, 달이 너무도 밝은 까닭에 옷을 벗으러 물방앗간으로 들어가지 않았나. 이상한 일도 많지. 거기서 난데없는 성 서방네 처녀와 마주쳤단 말이네. 봉평서야 제일가는 일색이었지."

"팔자에 있었나 부지."

아무렴 하고 응답하면서 말머리를 아끼는 듯이 한참이나 담배를 빨 뿐이었다. 구수한 자줏빛 연기가 밤기운 속에 흘러서는 녹았다.

- 이효석, 「메밀꽃 필 무렵」 -

25634-0095

Q.1 이 장면의 포인트 요소는 무엇일까?

Q.2 윗글에 대하여 나눈 의견으로 적절한지 O/X로 답해 보자.

① 다양한 감각적 표현을 써서 시적인 느낌을 자아내는군. [O] [X]
② 등장인물이 과거를 회상하기에 적합한 분위기를 만들고 있지. [O] [X]
③ 메밀꽃 핀 달밤이라는 배경이 낭만적 분위기를 고조시키고 있어. [O] [X]
④ 달의 숨소리가 들릴 듯한 무서운 분위기가 이야기를 집중해서 듣게 하지. [O] [X]
⑤ 서정적인 배경과 인물들의 기이한 인연이 적절히 조화되었다고 할 수 있어. [O] [X]

② 성진이 돌아와 밤에 혼자 빈방에 누우니 팔선녀의 말소리가 귀에 쟁쟁하고 얼굴빛은 눈에 아른거려 앞에 앉아 있는 듯, 옆에서 당기는 듯 마음이 황홀하여 진정치 못하다가 문득 생각하였다.

'남자로 태어나서 어릴 때는 공자와 맹자의 글을 읽고, 자라서는 요순(堯舜) 같은 임금을 섬겨, 나가면 백만 대군을 거느려 적진에 횡행하고, 들어서는 백관(百官)을 장악하는 재상이 되어 몸에는 비단 두루마기를 입고, 허리에는 황금으로 만든 도장을 차고, 임금을 섬기고 백성을 달래며, 눈에는 아리따운 미색을 희롱하고, 귀에는 좋은 풍류 소리를 들으며, 영화를 당대에 자랑하고 공명을 후세에 전하면 그것이야말로 진실로 대장부의 일일 텐데, 슬프다, 우리 불가는 다만 한 바리 밥과 한 병 물과 두어 권 경문과 백팔 염주뿐이라, 도덕이 비록 높고 아름다우나 적막하기 심하구나.'

이럭저럭 잠을 이루지 못하여 밤이 이미 깊었다. 눈을 감으면 팔선녀가 앞에 앉았고 눈을 떠 보면 문득 간 데가 없었다.

성진이 마음에 뉘우쳐 생각하되,

'㉠불법(佛法) 공부는 마음을 정하는 것이 제일인데 사사로운 마음이 이렇듯 일어나니 어찌 나의 앞날에 해롭지 않겠는가?'

하고, 즉시 향로에 전단을 다시 피우고, 의연히 포단(蒲團)에 앉아 정신을 가다듬어 염주를 굴리며 염불을 하였다.

- 김만중, 「구운몽」 -

Q.3 이 장면의 포인트 요소는 무엇일까?

Q.4 다음 중 ㉠에 나타난 심리가 가장 잘 형상화되어 있는 것은?

① 흐르는 것이 물뿐이랴. / 우리가 저와 같아서 / 강변에 나가 삽을 씻으며 / 거기 슬픔도 퍼다 버린다.

- 정희성, 「저문 강에 삽을 씻고」 -

② 나의 무덤 앞에는 그 차가운 비(碑)ㅅ돌을 세우지 말라. / 나의 무덤 주위에는 그 노오란 해바라기를 심어 달라.

- 함형수, 「해바라기의 비명(碑銘)」 -

③ 산에는 꽃 피네. / 꽃이 피네. / 갈 봄 여름 없이 / 꽃이 피네. // 산에 / 산에 / 피는 꽃은 / 저만치 혼자서 피어 있네.

- 김소월, 「산유화(山有花)」 -

④ 언제나 내 더럽히지 않을 / 티없는 꽃잎으로 살어 여려 했건만 / 내 가슴의 그윽한 수풀 속에 / 솟아오르는 구슬픈 샘물을 어이할까나.

- 신석초, 「바라춤」 -

⑤ 모란이 피기까지는, / 나는 아직 나의 봄을 기다리고 있을 테요. / 모란이 뚝뚝 떨어져 버린 날, / 나는 비로소 봄을 여읜 설움에 잠길 테요.

- 김영랑, 「모란이 피기까지는」 -

STEP.3 개념 Jump

[01-02] 다음 글을 읽고 물음에 답하시오.　　　　　　　　　　| 고1 전국연합학력평가 |

[앞부분 줄거리] 설렁탕집 주인 '달평 씨'는 선행은 아무도 모르게 해야 한다는 신념을 가진 인물이다. 그러나 우연히 신문 기자들에 의해 선행이 과장되어 세상에 알려지면서 달평 씨는 대중들의 시선을 의식하게 되고, 본래 자신의 모습을 잃어버리는 첫 번째 죽음을 맞게 된다.

그러나 어쩐 일인지 세상 사람들의 관심은 달평 씨에게서 자꾸 멀어져 가고 있었다. 그것을 눈치 못 챌 매스컴들이 아니었다. 달평 씨의 미담이 **세상 사람들에게 알려지는 기회가 부쩍 줄어들었다.**

그러나 달평 씨는 거기서 물러설 위인이 아니었다. 그가 **입을 더 크게 벌렸다.**

"나는 전과잡니다. 용서 못 받을 죄를 수없이 지고도 뻔뻔스럽게 살아온 흉악무도한 죄인입니다."

달평 씨는 듣기에 **끔찍한 지난날 자기의 악행**을 요목요목 들추어 만천하에 공개하기 시작했다. 치한, 사기, 모리배, 폭력…… 등등, 그는 초빙되어 간 그 강단에 서서 꾸벅꾸벅 조는 사람들의 머리를 들게 하고 그 쳐든 얼굴에 공포를 끼 얹었다. 그다음에 그가 보여 주는 연기는 참회하는 자의 흐 느낌과 손수건을 적시는 눈물이었다. 그리고 그는 결론짓 곤 했다.

"여러분은 이제 내가 어째서 내 식구의 배를 굶겨 가면서 나보다 못사는 사람, 나보다 불우한 이웃을 위하는 일에 몸을 던졌는가를 아시게 되었을 겁니다."

청중들이 떠나갈 듯 박수를 치며 고개를 크게 주억거렸다.

"어머니, 그게 사실입니까? 아버지가 신문에 난 것처럼 그렇게 나쁜 죄를 많이 진 분입니까?"

달평 씨의 아들딸이 숨 가쁘게 달려와 어머니의 얼굴을 쳐다보았다. 그들은 그제야 어머니의 얼굴에 전에는 전혀 볼 수 없었던 그늘이 깔려 있음을 발견했다. 그녀의 입에서 나온 대답 역시 전과는 달리 남편이 밖에서 한 말을 부정하 는 것이었다.

"아니다, 느 아버진 결코 그렇게 나쁜 짓을 할 어른이 아 니다."

"그럼, 뭡니까? 아버진 왜 당신의 입으로 그런 말을 하시 는 겁니까?"

그러나 달평 씨의 부인은 더 대답하지 않고, 신문을 보고 부쩍 늘어난, 얼굴이 험악한 사람들의 식당 방문을 맞기 위해 일어서고 있었을 뿐이다. 어떻든 달평 씨의 그러한 폭탄선언으로 인해 세상 사람들은 **다시 달평 씨를 입에 올 리기 시작**했던 것이다. 얼굴이 험악하게 생긴 사람들이 찾 아와 손을 벌리기 시작했고 그들이 만든 무슨 **친선 단체의 회장직 감투가** 여지없이 **달평 씨에게 씌워**지기도 했다.

그러나 날 샌 원수 없고 밤 지난 은혜 없다고 세상 사람들 은 모든 걸 너무나 쉽게 잊었다. 세상 사람들은 달평 씨를 다시 그들의 관심 밖으로 내동댕이쳤다. 보은식당의 종업 원들은 식당 안에서 나폴레옹처럼 초조하게 서성거리는 달

평 씨의 모습을 더욱 자주 보게 되었다.

"오늘 A 주간 신문 기자가 왔다 갔지?"

어느 날 밖에 나갔다 들어온 달평 씨가 그의 부인한테 물 었다.

"예, 왔었어요."

"와서 뭘 묻읍데까?"

"당신이 정말 옛날에 그런 나쁜 짓을 한 사실이 있느냐고 묻더군요?"

"그래서?"

"모른다고 했지요, 제가 잘 모르는 일이기 때문에……."

후우 가슴이라도 쓸어내릴 듯 숨을 내쉬던 달평 씨가 손 가락을 동그랗게 해 보이며 물었다.

"그래, 얼마나 쥐어 보냈소?"

"아무것도요, 마침 돈이 집에 하나도 없어서."

"뭐라구? 그래, 그 사람을 빈손으로 보냈단 말이야?"

"아무래도 식당 문을 닫아야 할까 봐요. 지난 기 세금도 아직……."

"뭐야? 도대체 여편네가 장살 어떻게 하길래 그따위 소릴 하는 거야?"

그러나 달평 씨의 부인은 사자처럼 포효하는 남편한테 맞 서 대들지 않았다. 언제나처럼 조용한 얼굴로 식당에 찾아 온 손님을 맞았을 뿐이다.

이때 식당에 와 있던 달평 씨의 **아들딸들**이 어머니 대신 우, 하고 일어섰던 것이다.

"아버지, 도대체 왜 이러시는 거예요?"

"아버지, 지금 우리 집 형편이 어떻게 돌아가고 있는지 아시고나 계신 겁니까?"

"아빠, 아빠보다 열 배, 아니 백 배, 천 배, 만 배도 더 잘 사는 사람들도 못하는 일을 아빠가 어떻게 하신다고 그 러시는 거예요? 아빠, **오른손이 하는 일을 왼손이 모르게 하라는 말 생각 안 나**세요?"

"아버지, 제발 정신 좀 차리세요!"

자식들이 내쏟는 그 공박에 속수무책으로 멍청히 듣고만 있던 달평 씨가 벌떡 일어나 종업원들도 다 있는 그 자리에 서 폭탄선언을 한 것이 바로 그때였다.

그것은 정말 대형 폭탄이었다. 어쩌면 달평 씨가 가진 마 지막 카드였을 것이다.

"내 이 말은 더 있다가 하려 했었지만…… 기왕 아무 때고 알아야 할 일…… 올 것은 빨리 오는 게 피차……."

여느 때와 달리 말까지 더듬어 대는 달평 씨의 목소리는 사뭇 비장한 느낌까지 드는 것이었다. 종업원들까지 숨을 죽였다.

"너희 셋은 모두 내 핏줄이 아냐. 기철이 넌 호남선 기차 간에서 주웠고, 기수 넌 서울역 광장에 버려진 걸 주워 온 거고, 애숙이 넌 파주 양갈보촌이 네 고향이지. 물론 남들 한테야 저기 있는 느털 어머니 배 속으로 난 것처럼 연극

을 해 왔다만…….”

　얼굴이 하얗게 질린 달평 씨의 세 남매가 서로 얼굴을 마주 본 다음 황황히 눈길을 피하며, 구원이라도 청하듯 카운터에 앉은 그들 어머니 쪽으로 고개를 돌렸다.

　그때 달평 씨의 부인이 이제까지 그 누구도 보지 못했던 분연한 얼굴 표정으로 일어섰던 것이다. 그네가 소리쳤다.

　“여보, 이젠 당신 자식들까지 팔아먹을 작정이에요?”

　가속으로 무너져 내려 더 어찌할 길 없는 남편의 그 두 번째 죽음의 순간에 이처럼 거연히 부르짖고 일어선 **그네의 외침**은 우리의 **달평 씨를 다시 한번 살려 낼 오직 한 가닥의 빛**이었던 것이다.

- 전상국, 「달평 씨의 두 번째 죽음」 -

---

01 윗글을 이해한 내용으로 가장 적절한 것은?

25634-0097

① **청중들**은 달평 씨의 강연을 듣고 나서 심드렁해했다. ☐ Ok ☐ No

② **달평 씨의 아들딸**은 어머니의 발언으로 인해 아버지를 이해하게 되었다. ☐ Ok ☐ No

③ **종업원들**은 달평 씨에게 경제적 어려움을 호소하며 도움을 요청했다. ☐ Ok ☐ No

④ **달평 씨**는 A 주간 신문 기자를 만나 새로운 선행을 알릴 수 있었다. ☐ Ok ☐ No

⑤ **달평 씨의 부인**은 어려워진 식당 운영에 대해 화를 내는 남편에게 맞서 대들지 않았다. ☐ Ok ☐ No

02  를 참고하여 윗글을 감상한 내용으로 적절하지 **않은** 것은?

25634-0098

　이 작품은 **주인공인 '달평 씨'**가 대중의 시선을 지나치게 의식하게 되면서 몰락해 가는 과정을 그리고 있다. 순수한 의도로 선행을 베풀어 오던 달평 씨는 언론에 의해 유명세를 치르게 된 후 그것에 중독되어, 자극적인 정보에만 반응하는 대중과 언론의 관심을 끌기 위해 보여 주기식 선행을 베풀고 거짓을 지어낸다. 그러한 허위의식으로 인해 그는 점점 자신의 정체성을 잃어 가고, 끝내 가족까지 파탄에 이르게 한다.

① '세상 사람들에게 알려지는 기회가 부쩍 줄어들'자 '입을 더 크게 벌'리는 달평 씨의 모습에서 대중의 관심을 얻고자 하는 인물의 욕심이 드러나는군. ☐ Ok ☐ No

② '끔찍한 지난날 자기의 악행'을 공개하자 '다시 달평 씨를 입에 올리기 시작'하는 사람들을 통해 자극적인 정보에만 반응하는 대중들의 모습을 보여 주는군. ☐ Ok ☐ No

③ '달평 씨에게 씌워'진 '친선 단체의 회장직 감투'를 거부하지 않은 것은 불우한 사람들까지도 철저하게 속이려는 달평 씨의 허위의식을 보여 주는군. ☐ Ok ☐ No

④ '오른손이 하는 일을 왼손이 모르게 하라는 말 생각 안 나'느냐고 묻는 '아들딸들'의 말을 통해 달평 씨가 보여 주기식 선행을 베풀고 있음이 드러나는군. ☐ Ok ☐ No

⑤ '달평 씨를 다시 한번 살려 낼 오직 한 가닥의 빛'인 '그네의 외침'은 달평 씨가 더 이상 파탄의 길로 가지 않도록 하는 아내의 저항이겠군. ☐ Ok ☐ No

내가 그리는 개념 마인드맵

　이제 소설의 요소들을 하나씩 꼼꼼히 공부해 나갈 예정이야.
　소설 문학의 개념들도 탄탄하게 정리해서, 처음 보는 소설 작품도 자신 있게, 그리고 즐겁게 읽어 보자. :)

오늘 꼭 알아야 할 개념　# 표현론적 관점　# 반영론적 관점　# 효용론적 관점　# 절대론적 관점　# 종합적 관점

STEP.1 　 개념 Hi

개 | 념 | 0 | 2 　 **감상의 관점**

어려서부터
강아지를 키워 온 A 군

"영화를 보는 내내 울었어요. 비록 말
못 하는 동물이지만 사람의 마음을 읽어
낼 줄 아는 '마음이'야말로 진정한
가족이고 친구더라고요."

영화
〈마음이〉

어려서 큰 개에게 물린
아픈 기억이 있는 B 양

"영화는 영화예요. 아무리 그렇다고 짐승이
사람의 가족이나 친구가 될 수 있나요?
개들이 사람의 마음을 안다고 하는 건
그저 사람들의 착각이죠."

왜 똑같은 영화를 보고도 감상이 다를까? 그건 감상하는 사람의 경험과 배경지식이 서로 다르기 때문일 거야. 소설 작품을 읽을 때도 마찬가지로 작품을 읽는 독자에 따라 그 의미가 다르게 해석될 수 있어. 그뿐만 아니라 작가에 대한 정보, 작품이 쓰인 시대에 대한 정보에 따라서도 감상의 내용은 달라질 수 있다는 걸 기억하자.

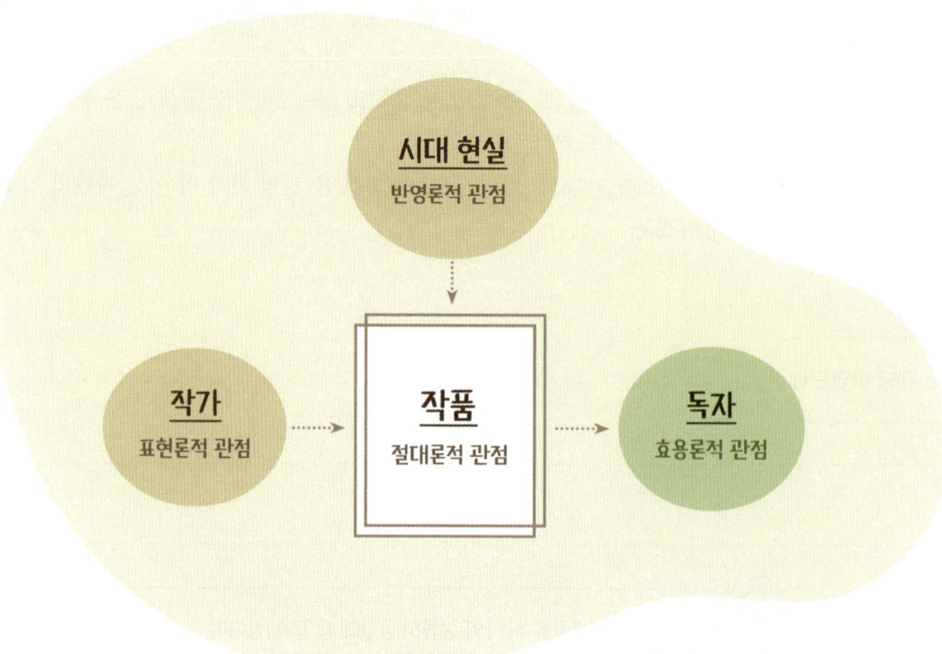

1 외재적 관점

① <u>ㅍㅎ</u>론적 관점: 작품을 <u>ㅈㄱ</u>의 체험, 사상, 감정 등을 표현한 것으로 보는 관점. 작가의 의도, 작가의 전기적 사실이나 체험, 작가의 작품 경향, 작가의 심리 상태 등을 고려하여 작품을 감상함.

장점	단점
작가에 대한 정보가 전혀 없는 상태에서 작품을 이해하는 것보다 좀 더 정확한 이해가 가능함.	작가의 의도가 고스란히 작품에 반영된다는 보장이 없기 때문에 한계가 있음.

② <u>ㅂㅇ</u>론적 관점: 작품에 나타난 현실과 실제의 현실이 맺고 있는 관련성에 초점을 맞추어 작품을 해석하는 관점. 작품을 <u>ㅎㅅ</u>을 모방하거나 반영하는 실체로 보고 작품의 시대적 배경이나 역사적 사건, 당대의 일반적인 가치관 등을 중점적으로 연구함.

장점	단점
문학 작품에 대한 이해가 구체적 삶의 현실이나 사회, 역사, 문화 전반에 대한 이해로까지 확대될 수 있음.	작품을 개연성 있는 허구보다는 현실 자체를 그대로 그려 낸 것으로 오해할 우려가 있음.

③ <u>ㅎㅇ</u>론적 관점: 문학 작품이 <u>ㄷㅈ</u>에게 미치는 영향에 초점을 두고 작품을 감상하는 관점. 작품이 당대 혹은 후대의 독자들에게 어떤 영향을 끼쳤는가에 관심을 두고 작품을 읽은 독자들의 반응이나 평가, 교훈 등이 어떠했는가를 파악하는 데 주안점을 둠. 독자의 직업이나 성별, 속한 계층과 살아가는 시대 등이 다르기 때문에 같은 작품이라도 반응이나 평가가 달라질 수 있음.

장점	단점
문학 작품이 창작되고 향유되는 데 있어서 독자가 수동적인 객체가 아니라 능동적인 주체가 됨.	독자가 주관적으로 느낀 의미를 작품의 진정한 의미라고 생각하는 감상의 오류에 빠질 수 있음.

2 내재적 관점(<u>ㅈㄷ</u>론적 관점)

작품을 하나의 완결된 세계로 파악하여 작품 외적인 요소를 일절 배제하고 오로지 <u>ㅈㅍ</u> 그 자체의 내적 형식에 초점을 맞추어 감상하는 관점. 작품에 사용된 서술 방식, 문체와 어조, 인물과 사건의 구성 방식, 갈등 구조 등을 중점적으로 파악함.

장점	단점
문학 작품 자체에 집중하여 작가의 의도나 역사적 배경에 영향을 받지 않고, 작품 자체가 지닌 문학적 가치를 온전히 이해하고 감상할 수 있음.	문학의 언어가 궁극적으로는 역사성을 배제할 수 없다는 점을 간과할 수 있음.

3 <u>ㅈㅎ</u>적 관점

문학은 인간의 모든 부분을 다루고 있기 때문에 문학 작품을 감상할 때에는 작품의 내적 구조는 물론 작가, 현실, 독자 등 다각도에서 종합적으로 작품에 접근하는 것이 바람직하다고 보는 관점

■ **초성 퀴즈 답** 표현, 작가 / 반영, 현실 / 효용, 독자 / 절대, 작품 / 종합

STEP.2 개념 Quiz

　사람들은 아버지를 난쟁이라고 불렀다. 사람들은 옳게 보았다. 아버지는 난쟁이였다. 불행하게도 사람들은 아버지를 보는 것 하나만 옳았다. 그 밖의 것들은 하나도 옳지 않았다. 나는 아버지, 어머니, 영호, 영희, 그리고 나를 포함한 다섯 식구의 모든 것을 걸고 그들이 옳지 않다는 것을 언제나 말할 수 있다. 나의 〈모든 것〉이라는 표현에는 〈다섯 식구의 목숨〉이 포함되어 있다. 천국에 사는 사람들은 지옥을 생각할 필요가 없다. 그러나 우리 다섯 식구는 지옥에 살면서 천국을 생각했다. 단 하루라도 천국을 생각해 보지 않은 날이 없다. 하루하루의 생활이 지겨웠기 때문이다. 우리의 생활은 전쟁과 같았다. 우리는 그 전쟁에서 날마다 지기만 했다. 그런데도 어머니는 모든 것을 잘 참았다. 그러나 그날 아침 일만은 참기 어려웠던 것 같다.

　"통장이 이걸 가져왔어요."

　내가 말했다. 어머니는 조각마루 끝에 앉아 아침 식사를 하고 있었다.

　"그게 뭐냐?"

　"철거 계고장예요."

　"기어코 왔구나!"

　어머니가 말했다.

　"그러니까 집을 헐라는 거지? 우리가 꼭 받아야 할 것 중의 하나가 이제 나온 셈이구나!"

　어머니는 식사를 중단했다. 나는 어머니의 밥상을 내려다보았다. 보리밥에 까만 된장, 그리고 시든 고추 두어 개와 조린 감자.

　나는 어머니를 위해 철거 계고장을 천천히 읽었다.

(중략)

　어머니는 조각 마루 끝에 앉아 말이 없었다. 벽돌 공장의 높은 굴뚝 그림자가 시멘트 담에서 꺾이며 좁은 마당을 덮었다. 동네 사람들이 골목으로 나와 뭐라고 소리치고 있었다. 통장은 그들 사이를 비집고 나와 방죽 쪽으로 걸음을 옮겼다. 어머니는 식사를 끝내지 않은 밥상을 들고 부엌으로 들어갔다. 어머니는 두 무릎을 곧추세우고 앉았다. 그리고 손을 들어 부엌 바닥을 한번 치고 가슴을 한번 쳤다. 나는 동사무소로 갔다. 행복동 주민들이 잔뜩 몰려들어 자기의 의견들을 큰 소리로 말하고 있었다. 들을 사람은 두셋밖에 안 되는데 수십 명이 거의 동시에 떠들어 대고 있었다. 쓸데없는 짓이었다. 떠든다고 해결될 문제는 아니었다.

　나는 바깥 게시판에 적혀 있는 공고문을 읽었다. 거기에는 아파트 입주 절차와 아파트 입주를 포기할 경우 탈 수 있는 이주 보조금 액수 등이 적혀 있었다. 동사무소 주위는 시장 바닥과 같았다. 주민들과 아파트 거간꾼들이 한데 뒤엉켜 이리 몰리고 저리 몰리고 했다.

(중략)

　어머니는 대문 기둥에 붙어 있는 알루미늄 표찰을 떼기 위해 식칼로 못을 뽑고 있었다. 내가 식칼을 받아 반대쪽 못을 뽑았다. 영호는 어머니와 내가 하는 일이 못마땅한 모양이었다. 그러나 마음에 드는 일이 우리에게 일어나 주기를 바랄 수는 없는 일이었다. 어머니는 무허가 건물 번호가 새겨진 알루미늄 표찰을 빨리 떼어 간직하지 않으면 나중에 괴로운 일이 생길 것이라는 것을 알고 있었다. 어머니는 손바닥에 놓인 표찰을 말없이 들여다보았다. 영희가 이번에는 어머니의 손을 잡아끌었다.

　"너희들이 놀게 되지만 않았어도 난 별걱정을 안 했을 것이다."

　어머니가 말했다.

　"스무날 안에 무슨 뾰족한 수가 생기겠니. 이제 하나하나 정리를 해야지."

　"입주권을 팔려고 그래요?"

　영희가 물었다.

　"팔긴 왜 팔아!"

　영호가 큰 소리로 말했다.

　"그럼 아파트 입주할 돈이 있어야지."

　"아파트 안 가."

　"그럼 어떻게 할 거야?"

　"여기서 그냥 사는 거야. 이건 우리 집이야."

　영호는 성큼성큼 돌계단을 올라가 아버지의 부대를 마루 밑에 놓았다.

　"한 달 전만 해도 그런 이야길 하는 사람이 있었다."

　아버지가 말했다. 어머니가 내준 철거 계고장을 막 읽고 난 참이었다.

　"시에서 아파트를 지어 놨으니까 얘긴 그걸로 끝난 거다."

　"그건 우릴 위해서 지은 게 아녜요."

　영호가 말했다.

　"돈도 많이 있어야 되잖아요?"

　영희는 마당가 팬지꽃 앞에 서 있었다.

　"우린 못 떠나. 갈 곳이 없어. 그렇지 큰오빠?"

　"어떤 놈이든 집을 헐러 오는 놈은 그냥 놔두지 않을 테다."

　영호가 말했다.

　"그만 둬."

　내가 말했다.

　"그들 옆엔 법이 있다."

　아버지 말대로 모든 이야기는 끝나 버린 것이나 마찬가지였다.

- 조세희, 「난쟁이가 쏘아 올린 작은 공」 -

25634-0099

Q.1  보기 를 참고하여 각각 어떤 관점에서 윗글을 감상한 내용인지 답해 보자.

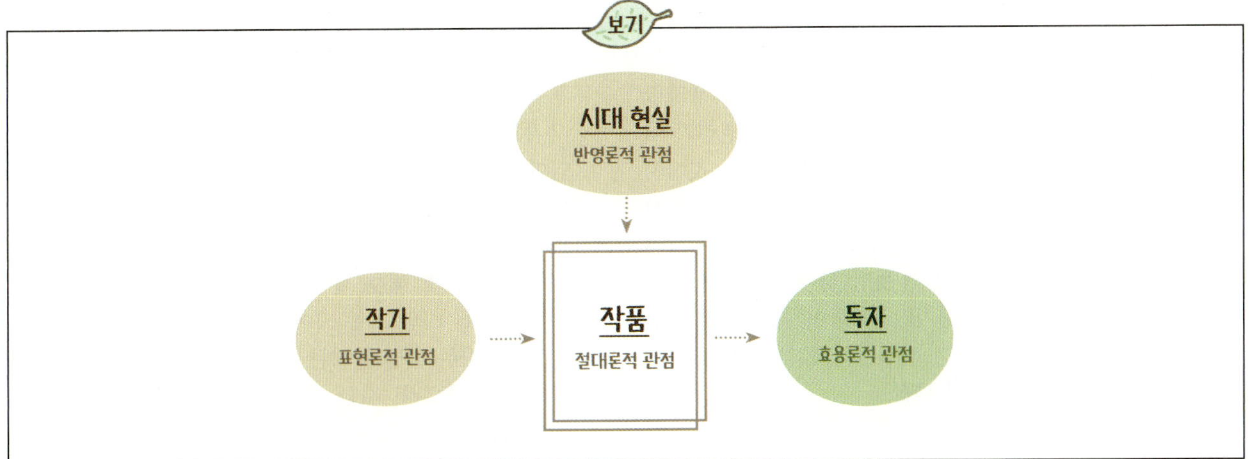

① 이 작품에는 우리 사회의 소외 계층에 많은 관심을 보였던 작가의 세계관이 반영되어 있다.　　(　　　　　　)적 관점

② 이 작품의 특징으로는 다양한 상징적 소재를 동원했다는 점과 간결한 문장을 구사했다는 점을 들 수 있다.　　(　　　　　　)적 관점

③ 이 작품은 영호네 가족을 둘러싼 소외 계층의 삶을 다루었다는 점에서, 우리 사회의 문제점에 대해 생각하게 한다.　　(　　　　　　)적 관점

④ 이 작품은 같은 제목의 연작 12편 중 네 번째에 해당하는 소설로 새로운 기법과 서정적인 아름다움까지 잘 보여 준다.　　(　　　　　　)적 관점

⑤ 이 작품은 산업화, 도시화가 급격히 진행되던 시대를 배경으로 하여 당시 우리 사회가 지닌 구조적 모순을 반영한 것이다.　　(　　　　　　)적 관점

Q.2 다음 대화는 「장난감 도시」라는 소설에 대한 할아버지와 손자의 반응이다. 할아버지가 손자보다 이 작품에 더 공감하는 까닭은 무엇일까? 그리고 할아버지는 어떤 관점에서 이 작품을 감상한 것일까?

할아버지께서는 (　　　　　　　　　　　　　　) 때문이다.

할아버지께서는 (　　　　　　　　　　　　) 에서 작품을 감상하셨다.

[01-02] 다음 글을 읽고 물음에 답하시오.　　　　　　　　　| 고1 전국연합학력평가 |

용쇠는 역시 아무 대꾸가 없다.

"내 자식이니까 내 맘대로 한다구? 자네는 이렇게 생각할는지 모르겠네마는 그러나 부모가 자식을 때릴 권리가 어디 있나? 사람에게 수족을 붙여 준 것은 일하라는 것이지 남을 함부로 때리라는 것은 아니야. 부모나 자식이나 사람이기는 일반이라 하면 제 자식이나 남의 자식이나 그리 등분이 없을 게다. 덮어놓고 제 뜻만 맞추라고 남을 강제하는 것은 포학한 짓이 아닌가? 얼럭박이*를 밉다고 암만 뚜드려 준대야 그게 별안간 반질반질해질 이치는 없지! 자네는 오늘부터 짐승을 배우게!"

"무얼? 짐승을?"

하고 용쇠는 얼굴이 빨개지며 불안한 표정으로 쳐다본다.

"그래! 짐승을 배우란 말이야! 자네 집에 제비가 제비 새끼를 치지 않는가? 그 어미 제비를 배우란 말이야! 공자님의 말이나 누구의 말보다도."

용쇠는 그게 무슨 소리인지 다만 자기를 모욕하는 줄만 알았다. 그래 ㉠속으로는 분하였지마는 그대로 참고 들었다.

용쇠가 이렇게 혼이 난 뒤에 동리 사람들은 더욱 정도룡을 두려워하였다. 그러나 그를 경외하기는 그전부터 하였다. 그것은 그의 건장한 체격과 또한 그의 의리 있는 심지가 누구든지 자연히 그를 신뢰하고 싶은 마음이 생기게 하였다. 그것은 그를 미워하는 사람까지도 속으로는 그의 행동을 감복하였다. 그래 그의 이름이 근사한 것을 기화로 그를 모두 계룡산 정도령(鄭道令)이라 하였다.

그에 대한 이러한 존경은 건넛말 양반촌에서도—유명한 김 주사까지도—그를 만만히 보지 못하였다. 그래 고양이 있는 집에서 기를 펴지 못하고 사는 생쥐같이 지내던 이 동리 사람들이 그로 말미암아 적지 않은 힘을 입었다. ㉡그래 이 동리 사람들은 어른 아이 없이 그를 참으로 정도령같이 믿으며 그의 말이라면 모두 복종하게 되었다. 물론 이 동리의 크거나 적은 일은 그의 계획과 지휘로 해결되었다. 그런데 그를 그중 사랑하기는 어린아이들과 여자들이었다. 그것은 무지한 남자와 부모의 횡포를 규탄해 주는 까닭으로 그러하였다. 마치 일전에 용쇠를 혼내 주듯 하므로.

그렇다고는 하지마는 이 동리 사람들의 생활은 참으로 가련하였다. 용쇠는 그래도 딸이나 팔아먹었지마는 늙은 부모하고 어린 자식들에 식구는 우글우글한데 양식이 떨어져서 굶주리는 집이 경성드뭇하였다*. 더구나 지금은 농가에서는 제일 어려운 보릿고개를 당한 판이니까. 모는 심어야겠는데 보리는 아직 덜 익어서 채 익지 않은 풋보리를 베어다가 뽀얀 물을 짜내서 죽물을 끓여 먹는 집도 많다.

[중략 부분의 줄거리] 마을의 지주 김 주사는 춘이네가 소작하던 논을 하루아침에 일본인 고리대금업자에게 넘긴다. 소작하던 논을 떼이고 먹고살기가 어려워진 춘이 조모는 김 주사를 찾아간다.

김 주사는 감투를 쓰고—그는 지금 도 평의원이다마는 감투 쓸 일은 이 밖에도 많다. 전 금융조합장, 전 보통학교 학무위원, 전 군참사, 적십자사 정사원, 지주회 부회장—(이 담에 죽을 때에는 명정을 쓰기가 어려울 만큼 이렇게 직함이 많았다)—점잖은 목소리로 논 떼는 이유를 이렇게 말하였다.

"여태까지 몇 해를 잘 지어 먹었으니 인제는 고만 지어 먹게. 다른 사람도 좀 지어 먹어야지."

그때 노파는 벌벌 떨리는 목소리로

"아이구 나으리! 지금 와서 논을 떼면 어찌합니까? 그러면 제집 식구는 모다 굶어 죽겠습니다!"

하고 개개빌어 보았으나 김 주사는 그런 것은 나는 모르고, 내 땅은 내 말대로 언제든지 뗄 수 있지 않으냐—됩다 불호령을 하였다.

그래도 ㉢춘이 조모는 한나절을 애걸복걸하며 올 일 년만 더 지어 먹게 해 달래 보았으나 그는 도무지 막무가내이었다. 벌써 다시 변통이 없을 줄 안 춘이 조모는 그 길로 나오다가 그 집 대뜰 위에서 그 아래로 물구나무를 서서 고만 그 자리에 즉사하였다. 그는 지금 여든다섯 살인데 여기까지도 간신히 지팡이를 짚고 기어 왔었다.

그러나 김 주사는 조금도 개의치 않고 하인을 명하여 송장을 문밖으로 끌어내게 하였다. 그리고 송장 찾아가라고 춘이 집으로 전갈을 시키고 일변 구장을 불러서 경찰서로 보고하게 하였다. 김 주사는 마침 그 일인과 술을 먹을 때이므로 그는 물론 튼튼한 증인이 되었다.

행여 무슨 도리나 있는가 하고 기다리던 춘이 모자는 천만뜻밖에 이 기별을 듣고 천지가 아득하여 전지도지* 쫓아갔다. ㉣그들은 지금 시체 옆에 엎드려서 오직 섧게 통곡할 뿐이었다.

그런데 정도룡은 오늘 자기 집 모를 심다가 이 기별을 듣고는 한달음에 뛰어들어 왔다. 벌써 마을 사람들은 많이 모여 서서 김 주사의 포학한 행위를 욕하고 있다. 그중에 핏기 있는 원득이는 이 당장에 쫓아가서 그놈을 박살 내자고 팔을 걷고 나서는데 겁쟁이들은 우물쭈물 눈치만 보고 겉으로 돈다. 더구나 김 주사 집 땅을 부치는 사람들은 아무 말도 못 하고 벌써부터 꽁무니를 사리려 든다.

"혀—참 그거 원…… 나는 논을 갈다 왔는데 좀 가 보아야겠군!"

하고 ㉤용쇠가 머리를 주죽주죽하며 돌아서는 바람에 나도 나도 하고 몇 사람이 그 뒤를 따라서려 하는데 별안간 정도룡은 벽력같이 소리를 질렀다.

"동리에 큰일이 났는데 제집 일만 보러 드는 늬놈들도 김 주사 같은 놈이다."

이 바람에 개 한 마리가 자지러지게 놀라서 깨깽거리며 달아난다. 그래 그들은 머주하니 돌쳐섰다. 이때의 정도룡은 눈에서 불덩이가 왔다 갔다 하였다. 그는 아이들을 늘어

놓아서 들에 있는 사람들을 모조리 불러들였다. 그들은 그의 전갈을 듣고 모두 뛰어들어 왔다. 더구나 용쇠 같은 이 났단 말을 듣고.

　정도룡은 그들을 **일일이 지휘하**여 일 치를 순서를 분배한 후 나머지 사람들은 상여를 메고 위선 김 주사 사는 동리로 급히 갔다.

— 이기영, 「농부 정도룡」 —

*얼격박이: 얼굴에 흠이 많은 이를 이르는 말.
*경성드뭇하다: 많은 수효가 듬성듬성 흩어져 있음.
*전지도지: 엎드러지고 곱드러지며 몹시 급히 달아나는 모양.

---

01 ㉠~㉤에서 알 수 있는 인물의 심리에 대한 설명으로 적절하지 **않은** 것은?　　25634-0100

① ㉠: 자기가 저지른 잘못에 대한 용쇠의 뉘우침이 드러나 있다.　Ok｜No
② ㉡: 정도룡에 대한 동리 사람들의 신뢰감이 드러나 있다.　Ok｜No
③ ㉢: 지금까지 소작하던 논을 떼인 춘이 조모의 막막함이 드러나 있다.　Ok｜No
④ ㉣: 가족의 갑작스런 죽음에 대한 춘이 모자의 애통함이 드러나 있다.　Ok｜No
⑤ ㉤: 자신의 일에만 관심을 갖는 사람들에 대한 정도룡의 분노가 드러나 있다.　Ok｜No

02 〔보기〕를 바탕으로 윗글을 감상한 내용으로 적절하지 **않은** 것은?　　25634-0101

> 〔보기〕
>
> 　이 작품은 **일제 강점기 농촌**을 배경으로 지주의 부당한 행위와 이로 인해 핍박받던 궁핍한 소작농들의 삶을 사실적으로 드러내고 있다. 특히 불의를 참지 못하는 인물이, 현실적 이해관계 때문에 불합리한 현실을 외면하는 사람들을 일깨우며 올바른 삶의 가치를 실천하기 위해 노력한다는 점이 특징적이다.

① '용쇠를 혼내 주듯' '무지한 남자와 부모의 횡포를 규탄'하는 정도룡의 모습에서 올바른 삶의 가치를 중시하는 인물의 태도를 알 수 있군.　Ok｜No
② '동리 사람들'이 '풋보리'로 '죽물을 끓여 먹는' 모습에서 일제 강점기 농촌의 궁핍한 삶을 알 수 있군.　Ok｜No
③ '내 땅은 내 말대로 언제든지 뗄 수 있지 않느냐'라고 말하는 김 주사의 모습에서 소작농을 핍박하는 지주의 태도를 알 수 있군.　Ok｜No
④ '김 주사 집 땅을 부치는 사람들'이 '눈치만 보'며 '꽁무니를 사리'는 모습에서 현실적 이해관계를 외면하는 사람들의 단면을 알 수 있군.　Ok｜No
⑤ '춘이 조모'의 장례를 '일일이 지휘하'는 정도룡의 모습에서 불의를 참지 못하는 인물의 실천적 노력을 알 수 있군.　Ok｜No

---

문학 작품을 감상하는 다양한 관점에 대해 공부했어. 이런 관점들은 소설에만 적용되는 게 아니라 다른 갈래의 작품들을 감상할 때에도 똑같이 적용되는 거야. 다양한 관점에서 문학 작품을 깊이 있게 감상하는 연습을 꾸준히 해 보자. :)

오늘 꼭 알아야 할 개념 # 인물의 유형 # 직접 제시 # 간접 제시

STEP.1 개념 Hi

개 념 0 3   인물의 유형

1 성격 변화에 따라

① **평면적 인물**: 작품의 처음부터 끝까지 ㅅ ㄱ 이 변화하지 않는 인물. 어떤 상황에서도 인물의 성격이 변하지 않고 ㄱ ㅈ 되어 있음.

② **입체적 인물**: 사건의 전개 과정에 따라 성격이 발전하고 ㅂ ㅎ 하는 인물. 인물 내면의 요인이나 환경, 운명 등에 의해 성격이 변함.

2 역할에 따라

① **주동 인물**: 사건을 주도적으로 이끌면서 작가가 표현하고자 하는 ㅈ ㅈ 를 실천하는 역할을 하는 인물. 일반적으로 작품의 ㅈ ㅇ ㄱ 을 의미하며 작가 의식을 ㄷ ㅂ 하는 인물이라고 할 수 있음.

② **반동 인물**: 작품에서 주동 인물과 대립하며 ㄱ ㄷ 을 일으키는 인물. 작가가 표현하고자 하는 ㅈ ㅈ 에 반대되는 성향을 지닌 인물. 대체로 ㅂ ㅈ 적인 인물로 그려짐.

3 중요도에 따라

① **주요 인물**: ㅈ ㅇ ㄱ 이나 그와 비슷한 정도로 작품에서 중요한 역할을 하는 인물. 사건 전개에 있어 반드시 필요한 인물

② **주변 인물**: 주요 인물을 ㅂ ㅈ 하는 인물. 주요 인물을 돕거나 돋보이게 하는 역할을 함. (= 부차적 인물)

4 성격에 따라

① **전형적 인물**: 어떤 사회, 계층이나 집단의 사람들이 지니는 ㅂ ㅍ 적인 성격을 띤 인물. 각 인물의 개별적인 성격과 더불어 특정 계층이나 집단을 ㄷ ㅍ 하는 성격을 지님.

② **개성적 인물**: 특정한 계층의 보편적 성격보다는 개인의 ㄷ ㅈ 적 성격을 뚜렷이 지니고 있는 인물. 감정적인 측면이나 태도에서 남들과는 다른 특징을 보임.

개 념 0 4   직접 제시

서술자가 인물의 성격을 직접적으로 설명하는 방법
= 말하기(telling), 분석적 제시

장점	단점
• 서술자가 등장인물의 성격이나 심리를 직접 분석하여 설명해 주므로, 인물에 대한 정보를 독자에게 ㅇ ㅎ 없이 전달할 수 있음.	• 서술자가 등장인물에 대한 구체적이고 자세한 묘사 없이 정보를 분석적으로 전달하므로, 인물에 대한 정보 전달이 ㅊ ㅅ 적 설명이 될 수 있음.
• 서술자가 분석하여 정리한 내용을 착착 설명하면 되므로, 서술 ㅅ ㄱ 을 절약할 수 있음.	• 독자 입장에서는 서술자가 등장인물의 성격을 딱 정리해서 말해 줘 버리므로, 인물에 대해서 나름대로 ㅅ ㅅ 하거나 추론할 일어짐.

⋯⋯▶ 많이 쓰이는 경우? ㄱ ㅈ 소설, ㅈ ㅈ ㅈ ㅅ ㅅ ㅈ 시점

🗐 *시험지에는 이런 식으로 등장해.*

서술자가 인물의 성격을 **직접 설명**하고 있다.

요약적 서술을 통해 인물의 삶의 내력을 드러내고 있다.

개념 ｜ 0 5　간접 제시

인물의 모습이나 행동을 묘사하거나 인물의 말(대화)을 통해 인물의 성격을 간접적으로 드러내는 방법
= 보여 주기(showing), 극적 제시

장점	단점
• 서술자가 인물의 모습이나 행동을 묘사해 주므로, 독자는 극을 보는 듯한 ㅅ ㅅ ㅎ 느낌을 받을 수 있음. • 독자는 서술자가 제시하는 내용을 바탕으로 장면을 적극적으로 ㅅ ㅅ 하며 인물의 성격이나 심리를 이해할 수 있음.	• 인물에 대한 ㅅ ㅅ ㅈ 의 주관적 평가나 판단을 드러내기에는 불편함.

⋯⋯➤ 많이 쓰이는 경우? ㅎ ㄷ 소설, ㄱ ㅊ ㅈ 시점

▱ 시험지에는 이런 식으로 등장해.

행동과 대화를 통해 인물을 희화화하고 있다.

세밀한 외양 묘사로 인물의 심리를 드러내고 있다.

대화를 통해 인물의 성격을 **간접적으로 제시**하고 있다.

인물의 외양 묘사를 통해 인물 간의 갈등을 형상화하고 있다.

■ **초성 퀴즈 답** 성격, 고정, 변화 / 주제, 주인공, 대변, 갈등, 주제, 부정 / 주인공, 보조 / 보편, 대표, 독자 / 오해, 시간, 추상, 상상, 고전, 전지적 서술자 / 생생한, 상상, 서술자, 현대, 관찰자

STEP.2　개념 Quiz

◔ 정답 109쪽

모두들 잘 아는 「춘향전」을 떠올리며 퀴즈에 답해 볼까?

1　남원 부사의 아들 이몽룡과 기생 월매의 딸 성춘향은 사랑하는 사이가 된다. 그러나 이몽룡은 임기가 끝난 아버지를 따라 서울로 돌아간다. 춘향은 새로 부임한 남원 부사 변학도의 수청 들기를 거부하며 끝까지 항거하다가 관장을 능욕한 죄로 옥에 갇혀 죽을 지경에 이른다. 이때 어사가 되어 돌아온 이몽룡이 사랑의 약속을 지키며 기다린 춘향을 구하고 탐관오리 변 사또를 벌한다. 모든 사연을 전해 들은 임금은 춘향을 이몽룡의 정실부인으로 삼도록 명하고, 이후 두 사람은 행복하게 살았다.

－「춘향전」의 줄거리 －

25634-0102

Q.1　「춘향전」의 인물에 대한 설명으로 **적절한지 O/X로 답해 보자.**

① 여성이 **주동 인물**로 등장한다.　O X

② **반동 인물**을 응징하는 내용이 드러난다.　O X

③ 권력에 의한 **반동 인물**의 횡포가 나타난다.　O X

④ 사랑을 이루기 위한 **주요 인물**의 노력이 담겨 있다.　O X

⑤ **인물들**은 신분 상승을 이루기 위해 혼인하고자 한다.　O X

자동차 속에서 이인국 박사는 들고나온 석간을 펼쳤다. 일 면의 제목을 대강 훑고 난 그는 신문을 뒤집어 꺾어 삼 면으로 눈을 옮겼다.

'북한 소련 유학생 서독으로 탈출'

바둑돌 같은 굵은 활자의 제목. 왼편 전단을 차지한 외신 기사. 손바닥만 한 사진까지 곁들여 있다.

그는 코허리에 내려온 안경을 올리면서 눈을 부릅떴다. 그의 시각은 활자 속을 헤치고 머릿속에는 아들의 환상이 뒤엉켜 들이차 왔다. 아들을 모스크바로 유학시킨 것은 자기의 억지에서였던 것만 같았다.

출신 계급, 성분, 어디 하나나 부합될 조건이 있었단 말인가. 고급 중학을 졸업하고 의과 대학에 입학된 바로 그해다.

이인국 박사는 그때나 지금이나 자기의 처세 방법에 대하여 절대적인 자신을 가지고 있다.

"얘, 너 그 노어 공부를 열심히 해라."

"왜요?"

아들은 갑자기 튀어나오는 아버지의 말에 의아를 느끼면서 반문했다.

"야 원식아, 별수 없다. 왜정 때는 그래도 일본 말이 출세를 하게 했고 이제는 노어가 또 판을 치지 않니. 고기가 물을 떠나서 살 수 없는 바에야 그 물속에서 살 방도를 궁리해야지. 아무튼 그 노서아 말 꾸준히 해라."

아들은 아버지 말에 새삼스레 자극을 받는 것 같진 않았다.

"내 나이로도 인제 이만큼 뜨내기 회화쯤은 할 수 있는데, 새파란 너희 낫세로야 그걸 못 하겠니?"

"염려 마세요, 아버지……."

아들의 대답이 그에게는 믿음직스럽게 여겨졌다.

이인국 박사는 심각한 표정으로 말을 이었다.

"어디 코 큰 놈이라구 별것이겠니, 말 잘해서 진정이 통하기만 하면 그것들두 다 그렇지……."

이인국 박사는 끝내 스텐코프 소좌의 배경으로 요직에 있는 당 간부의 추천을 받아 아들의 소련 유학을 결정짓고야 말았다.

"여보, 보통으로 삽시다. 거저 표 나지 않게 사는 것이 이런 세상에선 가장 편안할 것 같아요. 이제 겨우 죽을 고비를 면했는데 또 쟤까지 그 '높이 드는' 복판에 휘몰아 넣으면 어쩔라구……."

"가만있어요, 호랑이 굴에 가야 새끼를 잡는 법이오. 무슨 세상이 되든 할 대로 해 봅시다."

"그래도 저 어린것을 어떻게 노서아까지 보낸단 말이오."

"아니, 중학교 애들도 가지 못해 골들을 싸매는데, 대학생이 못 가 견딜라구."

"그래도 어디 앞일을 알겠소……."

"괜한 소리, 쟤가 소련 바람을 쏘이구 와야 내게 허튼소리 하는 놈들도 찍소리를 못 할 거요. 어디 보란 듯이 다시 한번 살아 봅시다."

아들의 출발을 앞두고, 걱정하는 마누라를 우격다짐으로 무마시키고 그는 아들의 유학을 관철하였다.

'흥 혁명 유가족두 가기 힘든 구멍을 이인국의 아들이 뚫었으니 어디 두구 보자…….'

그는 만장의 기염을 토하며 혼자 중얼거리고는 희망에 찬 미소를 풍겼다.

그다음 해에 사변이 터졌다.

잘 있노라는 서신이 계속하여 왔지만 동란 후 후퇴할 때까지 소식은 두절된 대로였다.

마누라의 죽음은 외아들을 사지로 보낸 것 같은 수심에도 그 원인이 있었다고 그는 생각하고 있다.

이인국 박사는 신문 다치키리(스크랩) 속에 채워진 글자를 하나도 빼지 않고 다 훑어 내려갔다. 그러나 아들의 이름에 연관되는 사연은 한마디도 없었다.

'이 자식은 무얼 꾸물꾸물하느라고 이런 축에도 끼지 못한담…… 사태를 판별하고 임기응변의 선수를 쓸 줄 알아야지, 멍추같이…….'

그는 신문을 포개어 되는 대로 말아 쥐었다.

'개천에서 용마가 난다는데 이건 제 애비만도 못한 자식이야.'

그는 혀를 찍찍 갈겼다.

'어쩌면 가족이 월남한 것조차 모르고 주저하고 있는 것이나 아닐까. 아니 이제는 그쪽에도 소식이 가서 제게도 무언중의 압력이 퍼져 갈 터인데…… 역시 고지식한 놈이 아무래도 모자라…….'

그는 자동차에서 내리자 건가래침을 내뱉었다.

'독또오루 리, 내가 책임지고 보장하겠소. 아들을 우리 조국 소련에 유학시키시오.'

스텐코프의 목소리가 고막에 와 부딪는 것만 같았다.

– 전광용, 「꺼삐딴 리」 –

Q.2 「꺼삐딴 리」의 인물에 대한 설명으로 적절한지 O/X로 답해 보자.

① 소설은 독특한 표현 방식을 통해 사건이나 인물을 서술하게 된다. 이 글은 전혀 박사답지 않은 **인물**에게 '박사', '독또오루' 등의 호칭을 부여하여 오히려 인물의 본색을 부각하는 반어적인 기법을 활용하고 있다. ▢O ▢X

② 소설의 인물은 그 성격에 따라 **전형적 인물**과 **개성적 인물**로 나눌 수 있는데, 전형적 인물은 사회의 특정 계층이나 집단의 공통된 성격을 대표한다. 이 글의 주인공은 자기의 영달만을 추구하는 기회주의적 지식인의 전형이라 할 수 있다. ▢O ▢X

③ **[중간 부분의 줄거리]** 불상을 닦는 일로 총수의 미움을 사게 된 유자는 총수의 개인 운전수 자리에서 쫓겨나 회사에 속한 차량의 교통사고를 처리하는 업무를 맡는다.

그가 다루는 사건도 태반이 가해자의 운전 윤리 마비증이 자아낸 것이었다. 그렇지만 가해자가 그룹 내의 동료 운전수라 하여 팔이 들이굽는다는 식의 적당주의를 취한 적은 거의 없었다.

다만 사건 처리에 필요한 서류를 갖추기 위해 신상 기록 대장에 있는 주소를 찾아가 보면 일쑤 비탈진 산꼭대기에 더뎅이 진 무허가 주택에서 근근이 셋방살이를 하는 축이 많았고, 더욱이 인건비를 줄이느라고 임시로 쓰던 스페어 운전수들이 사는 꼴이 말이 아닐 때는, 그 운전자의 자질 여부를 떠나서 현실적인 딱한 사정에 괴로워하지 않을 수가 없었던 것이다.

스페어 운전수는 대체로 벌이가 시답지 않아 결혼도 못 한 채 늙고 병든 홀어미와 단칸 셋방에 살고 있거나, 여편네가 집을 나가 버려 어린것들만 있는 경우가 적지 않았고, 들여다보면 방구석에 먹던 봉지 쌀이 남은 대신 연탄이 떨어지고, 연탄이 있으면 쌀이 없거나 밀가루 포대가 비어 있어, 한심해서 들여다볼 수가 없고 심란해서 돌아설 수가 없는 집이 허다한 것이었다.

그는 결국 주머니를 털었다. 스페어 운전수의 사고에는 업무 추진비 명색도 차례가 가지 않아 자신의 용돈을 털게 되는 것이었다. 식구가 단출하면 쌀을 한 말 팔아 주고, 식구가 많은 집은 밀가루를 두 포대 팔아 주고, 그리고 연탄을 백 장씩 들여놓아 주는 것이 그가 용돈에서 여툴* 수 있는 한계였다.

그는 쌀가게에서 쌀이나 밀가루를 배달하고, 연탄 가게에서 연탄 백 장을 지게로 져 올려 비에 안 젖게 쌓아 주기를 마칠 때까지 그 집을 떠나지 않았다. 그리고 그 집을 나와

서 골목을 빠져나오다 보면 늘 무엇인가를 빠뜨리고 오는 것처럼 개운치가 않았다.

그는 비탈길을 다 내려와서야 그것이 무엇이라는 것을 깨닫곤 하였다. 산동네 초입의 반찬 가게를 보고서야 아까 그 집의 부엌에 간장밖에 없었던 것이 뒤늦게 떠오른 것이었다.

그러면 다시 주머니를 뒤졌다.

그가 반찬 가게에서 집어 드는 것은 만날 얼간하여 엮어 놓은 새끼 굴비 두름이었다. 바다와 연하여 사는 탓에 밥상에 비린 것이 없으면 먹어도 먹은 것 같지 않아 하는 대천 사람의 속성이 그런 데서까지도 드티었던* 것이다.

도로 산비탈을 기어 올라가서 굴비 두름을 개 안 닿게 고양이 안 닿게 야무지게 매달아 주면서,

"뷕(부엌)에 제우(겨우) 지랑(간장)뱅이 읇으니 뱁이구 수제비구 건건이가 있으야 넘어가지유. 탄불에 궈 자시든 뱁솥에 쪄 자시든 하면, 생긴 건 오죽잖어두 뇌인네 입맛에 그냥저냥 자셔 볼 만헐뀨."

쌀이나 연탄을 들여 줄 때는 회사에서 으레 그렇게 돌봐 주는 것이거니 하고 멀건 눈으로 쳐다만 보던 노파도, 그렇게 반찬거리까지 챙겨 주는 자상함에는 그가 골목을 빠져나갈 때까지 눈시울을 적시고 있는 것이 보통이었다.

– 이문구, 「유자소전(兪子小傳)」 –

*여투다: 돈이나 물건을 아껴 쓰고 나머지를 모아 두다.
*드티다: 밀리거나 비켜나거나 하여 약간 틈이 생기다.

25634-0104

Q.3  를 바탕으로 「유자소전」을 감상했을 때, 적절한 반응인지 O/X로 답해 보자.

 보기

「유자소전」은 제목에서 알 수 있듯이 인물의 행적을 사실적으로 기록하는 전(傳)의 형식을 빌려 와 전통적 삶의 양식을 현대적으로 재현하려고 했다. 또한 지역 방언과 익살스러운 표현을 적극적으로 활용하는 문체를 사용했고, 인간적 도리를 꾸준히 실천하는 **평면적인 인물**을 통해 산업화 속에 나타나는 부정적 가치관과 인간 소외의 문제를 들추어내고 있다. 이 작품은 양심적이고 인정미 넘치는 주인공의 삶을 조명하여 산업화 속에 사라지고 있는 전통적 삶의 양식을 보여 주고자 했던 작가 의식이 반영되어 있다.

① **유자**가 소외된 사람들을 돕는 인정미 넘치는 모습을 통해 인간적 도리를 실천하는 인물의 모습을 보여 주고 있군.　　O　X

② 총수의 운전수에서 교통사고를 처리하는 업무 담당자로 처지가 바뀌고 나서야 인간성을 회복하는 **유자**는 평면적 인물이라고 볼 수 있군.　　O　X

STEP.3 개념 Jump

[01-03] 다음 글을 읽고 물음에 답하시오.

| 고2 전국연합학력평가 |

"차제*에 저도 사직원을 던져 버릴까 합니다."

두 잔째의 커피를 다 비우고 나서 나는 우물쭈물 서두를 꺼냈다.

"인마, 그따위 징징 쥐어짜는 소리 할려구 바쁜 사람 오라 가라 했어?"

강 선배는 어이없다는 표정이었다.

"아닙니다. 우는소리가 아니고 이건 진심입니다. 갑자기 ㉠서울 생활이 싫어졌습니다. 직장 생활도 마찬가지고요."

"회사 그만두면 뭐 할래?"

"어머니한테 가서 모처럼 효자 노릇 좀 하죠. 직장이랍시고 숨통 꽉 막히는 분위기에서 구차스럽게 연명하기보다는 차라리 ㉡농사짓는 쪽이 마음 편할 것 같습니다."

강 선배가 불시에 너털웃음을 터뜨렸다.

"야 인마, 농사는 뭐 아무나 다 짓는 것인 줄 알아? 도대체 ㉢니가 바라는 서울 생활이란 게 어떤 건데?"

"그건 말입니다, 그건 저……."

그걸 막상 말로써 표현하려니 혀가 잘 돌지 않았다. 나는 한참을 더듬거린 후에야 간신히 이렇게 대답했다.

"이를테면 말이죠, 대처에 사는 사람들답게 도량이 넓어서 남의 약점도 감싸 줄 줄 알고, 안목이 높아서 진실하고 허위를 정확히 가릴 줄도 알고……. 그리고 또…… 상대방의 인격이나 사생활을 존중할 줄도 알고, 정직하게 노력하는 사람한테는 반드시 응분의 보상이 뒤따르고……."

"허허허, 그건 서울 얘기가 아니지. 넌 지금 ㉣천국을 얘기하고 있어."

강 선배는 한바탕 또 껄껄거리다가 느닷없이 탁자 너머로 팔을 뻗어 내 가슴을 툭 쳤다.

"그런 따위 감상적이고 나약한 자세로 인생을 보다가는 넌 결국 서울에서 낙오자가 될 수밖에 없어. 어금니를 악물고 뼈 빠지게 뛰어도 겨우 제 밥 찾아 먹을까 말까 하는 세상이야. 날 보라구, 날! 난 말이지, 이번에 당한 수모를 결단코 잊지도 않고 그것 때문에 꺾이지도 않을 거야. 절치부심에다 와신상담을 짬뽕해 가지고 언젠가는 내가 되로 받은 것을 상대방한테 말로 갚아 버릴 작정이지."

[중간 부분의 줄거리] '나'는 매일 들르던 다방에서 볼 때마다 꾀죄죄한 행색으로 로스앤젤레스행 비행기 표에 대해 문의하는 이 씨에게 호기심을 느낀다. '나'는 그와 대화할 기회가 생기지만 열대어 얘기만 듣다가 헤어진다. 한편 의도하지는 않았지만 손 과장을 회사에서 쫓아낸 '나'는 회사 생활이 불편하기만 한 가운데 이 씨의 전화를 받게 된다.

"난 오늘 여길 떠나기로 했습니다."

"떠나다니, 아니 그럼 기어이 로스앤젤레스로……."

"아닙니다."

멋쩍은 웃음소리가 들렸다.

"그쪽은 포기한 지가 벌써 며칠 전입니다."

"그렇다면 어디로 가실 계획입니까?"

"고향으로 내려갈까 합니다."

"이 선생님은 고향이 어디신가요?"

"서울입니다."

"서울요?"

"네, 서울이 내 고향이지요. 이번에 고향에 내려가면 아마 달휘 씨를 만나기가 어려울 것 같습니다. 아무쪼록 건강하시고 행복하시기 바랍니다. 여길 떠나도록 내 등을 힘껏 떠밀어 준 달휘 씨한테 절대로 그 고마움 잊지 않을 작정입니다."

더 붙잡고 마잘 겨를도 없이 찰칵 하고 전화가 끊겼다. 이 씨의 말뜻을 헤아려 보느라고 나는 수화기를 제자리에 놓을 생각도 미처 못 하고 있었다. 고향인 서울로 가기 위해서 그는 시방 그 서울을 떠나려 하고 있다. 그 모순을 어떻게 풀어야 할지 몰라서 나는 한동안 난감한 기분이었다.

고향이라…….

그러자 이 씨가 말하던 그 고향의 의미가 갑자기 확연한 모습으로 눈앞에 육박해 오는 것이었다. 그것은 복숭아꽃, 살구꽃, 아기 진달래가 피는 그런 고향이 아니었다. 매우 상징적인 의미를 띤 다른 어떤 고향을 가리키고 있었음에 틀림없다.

고향!

나 역시 그 고향 에 돌아가야 할 시기가 되었음을 나는 퍼뜩 깨달았다. 그 고향으로 가기 위해서는 다른 무엇보다도 고향 길의 초입에 해당하는 손 과장의 관문부터 우선 뚫을 필요가 있었다. 그래서 나는 손 과장의 부인이 들어 있는 대학 병원의 입원실 번호를 물어보려고 당장 눈에 안 띄는 곽 선배의 모습을 사무실 안에서 두리번두리번 찾기 시작했다.

- 윤흥길, 「꿈꾸는 자의 나성(羅城)*」 -

*차제: 때마침 주어진 기회.
*나성: '로스앤젤레스'의 한자음 표기.

01 윗글에 대한 설명으로 가장 적절한 것은? 25634-0105

① 대화를 통해 인물의 내적 갈등을 나타내고 있다. Ok | No

② 요약적 제시를 통해 사건을 빠르게 진행하고 있다. Ok | No

③ 서술자의 교체를 통해 새로운 국면을 이끌어 내고 있다. Ok | No

④ 시간적 배경의 제시를 통해 시대적 상황을 부각하고 있다. Ok | No

⑤ 외양 묘사를 통해 인물의 성격을 간접적으로 드러내고 있다. Ok | No

02 ㉠~㉣에 대해 이해한 내용으로 적절하지 **않은** 것은? 25634-0106

① '나'는 ㉠과 ㉢의 불일치로 괴로워하고 있다. Ok | No

② '강 선배'와 '나'는 둘 다 ㉠에 대해 부정적인 인식을 가지고 있다. Ok | No

③ '강 선배'는 ㉡에 대한 '나'의 인식에 문제를 제기하고 있다. Ok | No

④ '나'는 ㉡에 대한 그리움으로 인해 ㉢의 삶을 추구하고 있다. Ok | No

⑤ ㉣은 '강 선배'가 ㉢을 실현 가능성이 없는 세계로 여기고 있음을 보여 주고 있다. Ok | No

03 윗글의 그 고향 에 대한 설명으로 가장 적절한 것은? 25634-0107

① 인물을 둘러싼 객관적 현실이 변화된 공간 Ok | No

② 자신의 문제를 회피하지 않고 부딪쳐 나가는 공간 Ok | No

③ 가족 관계를 회복하여 인간다운 삶을 영위할 수 있는 공간 Ok | No

④ 현실로 인한 내적 갈등을 일시적으로 해소할 수 있는 공간 Ok | No

⑤ 치열한 경쟁 사회에서 살아남기 위해 재충전할 수 있는 공간 Ok | No

내가 그리는 개념 마인드맵

'인물'은 소설을 구성하는 아주 중요한 요소야. 출제자도 우리도 소설에서 인물에 주목하지 않을 수 없거든. 어떤 성격의 인물이 어떤 상황에서 무슨 갈등을 겪는지, 그리고 그 갈등을 어떻게 풀어 나가는지에 주목해야 돼. 소설을 읽을 때는 항상 인물을 따라가기!

오늘 꼭 알아야 할 개념 # 인물의 심리 # 인물의 태도

STEP.1 개념 Hi

개 념 0 6 인물의 심리 및 태도

1 인물의 말을 통해 눈치채기

인물들 간의 대화를 통해 인물의 ㅅㄹ 나 ㅌㄷ 를 알 수 있음.

2 인물의 행동을 통해 눈치채기

인물의 ㅍㅈ , ㅅㄱ 등의 묘사를 통해 인물의 심리나 태도를 알 수 있음.

한 가지 더 배우기!

- **익명_이름을 밝히지 않음.**
  인물로부터 정감을 없애거나, 인물 간의 소원한 관계를 드러냄.

  [예] 김승옥, 「서울, 1964년 겨울」: 사내, 안 ┈┈▶ 개인주의화, 익명화된 현대 도시인들의 모습을 나타냄.

  [예] 이청준, 「눈길」: 노인 ┈┈▶ 인물(어머니)에 대한 거리감을 드러냄.

- **인물의 특징이 드러나는 이름**
  인물의 직업이나 계층적 특징을 드러냄.

  [예] 김동리, 「황토기」: 억쇠 ┈┈▶ 힘이 센 장사임.

  [예] 오영수, 「갯마을」: 해순(海順)

사람은 이름대로 산대요. 선생님 이름은 은혜 혜, 곧을 정~ 그래서 내가 은혜롭고 곧게 사나 봐요. ㅎㅎ

📑 *시험지에는 이런 식으로 등장해.*

41. ㉠~㉤에 대한 이해로 적절하지 **않은** 것은?

> "여보, ㉠두더지가 땅 밖에 나오면 죽게 마련이라오. 우리 그만 깊숙이 산골로 들어가서 밭농사나 짓자요┈┈." ▶▶말
> ㉡"어쩔까, 산골은 어디 없이 매한가지가 아니겠나?" ▶▶말
> ㉢"그럼 감자씨도 넣까?" ▶▶말
> ㉣동욱은 그의 아내의 입을 바라본다. ▶▶행동
> "윤 생원도 알고 보니 당신보다도 세 살 위인 마흔둘입니다. ㉤마흔둘이면 한창인데 이 산속에서 어떻게 홀애비로 늙겠오." ▶▶말

① ㉠: **절망적인 상황을 벗어나고자 하는 심정**이 드러나 있다.
❷ ㉡: 정착할 곳을 찾아가는 상황을 **조금 더 견뎌 주기를 바라는 심정**이 드러나 있다.
③ ㉢: 봄철 농사일에 대한 **기대감**이 드러나 있다.
④ ㉣: 상대가 말하려 하는 내용에 대한 **궁금함**이 드러나 있다.
⑤ ㉤: 윤 생원의 처지를 **걱정**하는 모습이 드러나 있다.

29. [A]~[C]에 대한 설명으로 적절하지 **않은** 것은?

[A] "아아니, 그래, 애아범이 미우면 으떻게는 못 해서, 그 더러운 뒷간 숙에다 글쎄 가둬야만 헌단 말예요? 그래 노인이 심사를 그렇게 부려야 옳단 말예요?"

[B] "그건, 괜한 소리유, 괜한 소리야. 이 늙은 사람이 미쳐서 남을 뒷간 속에다 가둬? 모르구 그랬지, 모르구 그랬어. 난 꼭 아무두 없는 줄만 알구서, 그래, 모르구 자물쇨 챘지. 온, 알구야 왜 미쳤다구 잠그겠수?"

[C] "모르긴 왜 몰라요. 다아 알구서 한 짓이지. 그래 자물쇨 챌 때, 안에서 말하는 소리두 못 들었단 말예요? 듣구두 모른 체했지. 듣구두 그냥 잠가 버린 거야."

▶▶말들

① [A]에서 인물은 상대의 행위가 **옳지 않다고 판단**하여, 반복적으로 추궁하며 상대가 잘못했음을 분명히 한다.

② [B]에서 인물은 상대의 주장이 사실과 다르다며, 모르고 그랬다는 말을 반복함으로써 자신의 **억울함**을 알린다.

③ [C]에서 인물은 추측을 바탕으로 상대의 발언이 **신뢰하기 어렵다고 반박**하고, 상대의 반응에 아랑곳하지 않고 거짓으로 답했다며 몰아붙인다.

❹ [A]에서 인물은 **상대의 행위와 동기를 함께 비난**하고, [B]에서 인물은 상대의 비난을 파악하지 못해 **자신의 행위에 대해서만 인정**한다.

⑤ [A]에서 인물이 상대에게 **화**를 내자, [B]에서 인물은 **당황**하며 자신을 **방어**하지만, [C]에서 갈등 상황은 지속된다.

■ **초성 퀴즈 답** 심리, 태도 / 표정, 습관

STEP.2 개념 Quiz

'부산 부두에 발을 올려 딛는 때부터 내 고향이다. 내 고향은 나에겐 편안히 설 자리를 줄 리가 없다. 그것을 바라고 그것을 꾀할 나도 아니다. 그곳에는 여러 동무들이 있을 것이다. 어서 신들메를 끄르지 말고 그대로 뛰어나오시오. 당신만은 온몸을 사리고 저편에 붙지 말고 용감하게 우리 속에 와 끼어 주시오. 이렇게 부르짖는 힘차고 씩씩한 친구들이 나를 맞아 줄 것이다. 오, 어서 달려가다오!'

윤건은 차 속이 좁고 갑갑한 듯이 땀에 절은 학생복 저고리는 벗어 걸어 놓고 셔츠 바람으로 몇 번이나 승강대에 나와서 날아가는 이국의 밤경치를 내다보곤 하였다.

그 이튿날 아침, 차가 고베 플랫폼에서 쉬게 되었음에 윤건은 도시락을 사러 나왔다가 어떤 낯익은 조선 청년을 만나게 되었다. 그 청년도 윤건을 얼른 알아보고 마주 와서 손을 잡았다.

"귀국하시는 길입니까?"

"네."

"저도 이 찻간에 탔습니다."

그 청년은 윤건이 도시락 사려는 것을 보고 말렸다. 윤건은 그에게 끌려 식당차로 올라갔다. 윤건은 그 청년의 성명을 기억하지는 못하였으나 그가 W 대학 학생이었던 것과 그가 고학은 하나 자기와 같이 험한 일을 하지 않고도 어떻게 좋은 하숙에 있으며, 학비를 넉넉히 쓰던 사람이란 것으로 그의 낯을 익혀 둔 기억만은 있었다.

"이번이 졸업이시던가요?"

그 남색 신사복을 새로 지어 입은 청년이 보이에게 조반을 시키고 윤건에게 물었다.

"네, 졸업하고 나갑니다."

"저도 이번에 아주 나가는 길이지요. 동경 길을 다시 못 다닐 것을 생각하면 퍽 섭섭해요. 돈만 모으면 얼마든지 또 올 수야 있겠지만…… 실례지만 어데 취직되셨습니까?"

"아직 못 했습니다."

"그럼, 매우 걱정되시겠군요. 놀지들은 말아야 할 터인데…… 어떤 방면을 희망하십니까?"

윤건은 얼른 대답이 나오지 않았다. 그 청년의 말이 몇 마디 내려가지 않아서 윤건의 비위를 건드려 놓았다. 돈만 모으면 또 동경 길을 다닐 수 있다느니, 놀지들은 말아야 한다느니, 어떤 방면을 희망하느냐는 등 몹시 윤건의 귀에 거슬리는 말들이었기 때문이다. 꽤 달랑거리는 친구로구나, 하고 대뜸 멸시를 느꼈으나 윤건은 곧 그것을 후회하였다.

'길동무다! 단순하게 한차를 타고 한 조선으로 간다는 것보다도 더 큰 운명에 있어서 길동무가 아니냐?'

윤건은 곧 안색을 고치고 그에게 대답하였다.

"글쎄, 걱정이올시다. 아직 어떤 방면으로 나갈는지 생각 중이올시다. 노형은 어데 작정되셨습니까?"

"네. 뭐 신통한 곳은 아니에요. 그래두 여간 힘들지 않은 곳이에요. 더구나 조선 사람은 좀처럼 가 볼 생각도 못 먹는 곳인데 어떻게 유력자 하나를 만나서 한 1년 졸랐더니 다행히 됐습니다."

"어딘데요?"

"○○은행 본점이오."

"㉠좋은 데 취직하셨습니다."

윤건은 속으로 아니나 다르랴, 하면서도 상대자가 상대자인만치 마음에 없는 좋은 대답을 해 주었다.

"뭘요…… 하기는 큰일을 못 할 바에야 내 한 사람이 헐벗지 않도록 하는 것도 작게 보아 조선 사람 하나가 헐벗지 않는 것이 되니까요……."

"㉡좋은 해석이십니다."

윤건은 또 꿀꺽 참고 마음에 없는 거짓 대답을 해 주었다.

– 이태준, 「고향」 –

25634-0108

Q.1 맥락을 고려하여 ㉠과 ㉡을 이해한 내용으로 적절한지 O/X로 답해 보자.

① ㉠은 상대의 성취를 축하하는 말이고, ㉡은 상대의 의견에 동조하는 말이다.   O X

② ㉠은 상대의 우월함을 인정하는 말이고, ㉡은 자신의 열등감을 감추기 위해 한 말이다.   O X

③ ㉠은 상대의 의심을 피하기 위해 한 말이고, ㉡은 상대의 관심을 끌기 위해 한 말이다.   O X

④ ㉠과 ㉡은 모두 상대에 대한 진심을 드러내지 않은 말이다.   O X

⑤ ㉠과 ㉡은 모두 상대의 태도를 변화시키고자 하는 의도로 한 말이다.   O X

[앞부분의 줄거리] 순자는 상경한 이후 처음으로 고향으로 가는 중에, 기차 안에서 우연히 남분이를 만나 몽기미 소식을 듣는다.

섬을 산다는 것은 근처 무인도의 일 년간 해초 채취권을 사는 것을 말한다. 그해에 갯것이 잘 자라면 상당히 재미를 보는 수도 있지만, 흉작일 때는 본전도 못 건지기 일쑤였다. 듣보기장사 애 말라 죽는다고, 그런 투기를 한 사람들은 이른 봄부터 미역은 포자가 제대로 붙나 톳은 제대로 자라나, 부등가리 안 옆 조이듯 가슴을 조이며 날이면 날마다 그 섬을 들락거렸다. 순자는 몽기미 집집마다 굴쩍처럼 너덜너덜 달라붙은 그 가난이 새삼스레 가슴을 후볐다.

"나는 작년에 우리 집에 삼십만 원 송금했어. 그러고도 또 그만치 저축은 저축대로 따로 했거든. ㉠언니, 우리 동네 한 집 일 년 수입이 통틀어 얼만 줄 알아? 어촌계에서 갯것을 똑같이 나누니까 뻔한데, 미역·톳·우뭇가사리·돌김, 이런 것들을 상회에 넘긴 값을 촘촘히 계산해 보니까, 일 년 수입이 꼭 십이만 원이야. 내 한 달 벌이도 못 되더라고. 깔깔."

남분이는 은근히 자기 자랑을 하며 큰 소리로 깔깔거렸다. 시골뜨기 계집아이가 한 달 수입이 십이만 원이 넘는다면 이것은 자랑할 정도가 아니었다.

"지금 뭘 하고 있는데 벌이가 그렇게 좋아?"

㉡"히히. 언니 실망하지 않을래?"

남분이는 야살스럽게* 히들거렸다.

"실망하긴?"

"운전하고 있어. 히히."

"운전? 아니, 계집애가 어떻게 운전을 다 배웠어?"

"히히. 기술이 별로 필요 없는 운전이야."

"기술이 필요 없는 운전?"

"주전자 운전 있잖아?"

"주전자 운전이라니?"

순자는 눈을 더 크게 뜨고 도무지 어리둥절하기만 한 표정이었다.

"어이구, 칵 막혔구먼. 서울 헛살았어. 깔깔."

㉢"아니, 무슨 소리를 하고 있는 거야?"

"손에다 쥐어 모셔야 알겠구먼. 술 주전자 운전이란 말이야. 술 주전자! 깔깔."

㉣"그러니까……."

순자는 그제야 웃물이 도는 듯* 눈을 거슴츠레하게 떴다.

"어때? 서울서야 돈만 벌면 그만이잖아. 지금 서울에 주전자 운전사가 몇만 명인 줄 알아? ㉤그것도 당당한 직업이야. 그사이에 식순이 공순이 다 해 봤지만, 그건 남의 종살이밖에 안 되더라고. 몸뚱이 도사리고 더런 새끼들한테 구박받여 붙박여 하루 종일 뼛골 빼 봐야 하루 벌이가 그게 얼마야? 서울서 사람값은 하나도 돈이고 둘도 돈이야. 국장이 과장보다 월급이 많고 서기가 급사보다 월급이 많은 건, 그만치 층하 가려 사람대접을 달리하는 게 아니고 뭐야?"

남분이는 조금도 스스럼이 없었다. 그러니까 십만 원 넘게 번다는 자기가 과장이라면 공순이들은 급사 턱이나 된다는 본새였다.

– 송기숙, 「몽기미 풍경」 –

*야살스럽게: 얄밉고 되바라지게.
*웃물이 도는 듯: 알 것 같은 실마리가 잡히는 듯.

25634-0109

Q.2 ㉠~㉤에 대한 설명으로 적절한지 O/X로 답해 보자.

① ㉠: 고향의 상황과 비교하여 자신의 상황을 자랑하고 싶어 하는 남분이의 심정이 드러나 있다.　　[O　X]

② ㉡: 순자의 마음이 상할 것을 걱정하여 조심스러워하는 남분이의 태도가 드러나 있다.　　[O　X]

③ ㉢: 남분이가 하는 말의 의미를 제대로 이해하지 못해 어리둥절해하는 순자의 모습이 드러나 있다.　　[O　X]

④ ㉣: 남분이가 하고 있는 일이 무엇인지 어렴풋이 짐작하고 있는 순자의 모습이 드러나 있다.　　[O　X]

⑤ ㉤: 자신의 직업에 대해 부끄럼 없이 떳떳하게 여기는 남분이의 태도가 드러나 있다.　　[O　X]

STEP.3　개념 Jump

[01-02] 다음 글을 읽고 물음에 답하시오.　　　　　　　　　　　| 고2 전국연합학력평가 |

　적어도 그 다락 속에는 어머니의 은밀한 움직임에 명분을 줄 만한 물건들을 찾아볼 수 없었다. 그러나 나는 곧 그것을 발견했고 해답도 얻어 낼 수 있었다. 그것은 무심코 지독*의 뚜껑을 열어 봤을 때였다. 지독의 뚜껑을 열어제치는 순간, 나는 굳어 버린 듯 그 자리에서 꼼짝할 수 없었다. 나는 못 볼 것을 본 것처럼 소스라쳐 지독의 뚜껑을 닫고 문 쪽으로 기어 나갔다. 이불이 깔려 있는 방은 조용했고 툇마루에서는 옹알이를 하고 있는 아우의 기척이 들려왔다. 나는 다시 안쪽으로 들어가서 지독의 뚜껑을 벗겼다. 놀랍게도 그 지독엔 가녑까지 넘쳐 내릴 것 같은 곡식이 가득 채워져 있었다. 그것은 도정까지 마친 하얀 멥쌀이었고 옆에 있는 지독엔 보리쌀이 반 넘어나 채워져 있었다. 채워 놓은 곡식에서 풍기는 특유의 비릿한 누린내가 코로 스며들었다. 문득 지독 속으로 손을 집어넣고 싶은 충동을 느꼈다. 그러나 그럴 수 없었다. 평두가 되게 손등으로 꼭꼭 다져 놓은 곡식 사래 위에는 ㉠다섯 손가락의 형용이 너무나 선명한 손도장이 찍혀 있었기 때문이었다. 다식판에 요형(凹形)으로 파 놓은 음각 무늬처럼 선명한 어머니의 손자국을 보는 순간 나는 섬짓한 긴장을 느꼈다. 그것은 함부로 범접할 수 없는 장군의 견장과 같은 것이었다. 내가 만일 그 쌀독 속을 헤적여 놓게 되면 어머니는 당장 다른 사람의 범접을 눈치채게 될 것이었다. 어머니가 곡식을 다루는 꼼꼼한 경계심이 그 손자국에는 선명하게 드러나 있었다. 어머니는 심란해질 때, 그리고 우리들의 모습에서 찢어지는 가난을 목도했을 때 이 다락으로 올라와서 지독의 뚜껑을 열어 보곤 했을 것이었다. 그리고 어떤 때는 우리 형제들을 밖으로 내몰고 몰래 지독의 곡식을 채워 왔을 것이었다. 나는 오랫동안 지독을 물끄러미 바라보며 앉아 있었다. 이 많은 곡식을 다락 위에다 채워 두고도 우리 세 식구는 속절없이 배를 주려 왔던 것이었다. 나는 어머니 스스로 파 놓고 있는 함정의 모순을 어떻게 삭여 내야 할지 전혀 궁리가 닿지 않았다. 그때처럼 어머니를 미워했었던 적은 없었다. 단 한 톨의 손상인들 결코 용납하지 않겠다는 어머니의 섬짓한 의지를 손자국에서 발견하는 순간, 나는 사냥꾼에게 불을 맞고 죽을 때를 기다리는 짐승처럼 처절한 기분이었다. 곡식들이 지독 가녑으로 넘쳐 날 것같이 채워질 동안 어머니는 얼마나 많은 손자국으로 채워지는 곡식을 가늠해 왔을까. 그리고 굶주림 속에서도 어머니 스스로 만든 위안 속에서 살아온 것이었다. 그 곡식이 밥이나 죽으로 둔갑하지 않는 한 그것은 언제까지나 어머니의 곡식일 뿐 우리 세 식구의 곡식은 될 수 없었다. 그러나 바로 그때였다. ㉡마루로부터 와락 뛰어든 아우의 다급한 말소리가 들려왔다.
　"히야, 엄마 온다."

[중략 부분 줄거리] 다락에 숨어 있다가 어머니에게 발각된 그날 밤 어머니는 우리를 혼내는 대신 쌀밥을 해 주셨다.

　어머니가 우리들의 자존심을 부추기고 나온 결정적인 사건이 있었다. 그것은 갑자기 너무 많은 양의 밥을 먹고 난 뒤 설사에 부대끼느라고 밤잠을 설쳐야 했던 그날 밤 이후로 어머니는 고미다락의 문을 채우지 않았다는 것이다. 다락에 대해서는 각별한 경계심을 갖고 채워 두기를 게을리하지 않던 어머니가 채워 둔다는 수칙을 스스로 깨뜨려 버린 것이었다. 어머니가 왜 그랬는지 그 내심을 알 수 없었다. 한동안이 지난 뒤에야 그것을 발견했던 우리는, 채워진 다락에 대해서 가졌던 강렬한 호기심보다 더욱 강렬하게 다락의 일에 빨려 들고 말았다. 어느 날 아우는 다락이 채워지지 않았다는 것을 어머니에게 일깨워 준 적이 있었다. 그러나 어머니는 코대답만 할 뿐 화들짝 놀라서 단속하려 들지 않았다. 그렇다고 어머니가 다락 출입을 중지해 버린 것도 아니었다. 옛날과 다른 점이 있다면, 우리가 바라보는 앞에서 그곳을 출입하기 시작했다는 것과 조마조마하고 비밀스런 발자국 소리도, 우리들 몰래 길게 몰아쉬던 숨소리도 그 뒤로는 들을 수 없게 되었다는 점이었다. 어머니는 자주 허리가 저리다는 둥, 청소를 해야겠다는 둥 혼잣소리로 다락 출입의 고초를 늘어놓곤 하였다. 지극히 일상적인 그런 말들이 우리들로 하여금 다락에 대한 신비감을 반감시키는 단서가 됐을지도 몰랐다. 그렇다 해서 다락에 대한 원천적인 호기심이 희석되진 않았다. 다만 호기심의 방향이 바뀌어진 셈이었다. 그 다락에 자물쇠가 채워져 있는 동안 그것은 오직 어머니의 것이었다. 그런데 다락문이 개방된 이후로 그것은 우리 세 사람 모두의 것이 되었다. 아우와 나 사이에 은연중에 지켜진 관행에 따른다면, 내가 학교에서 생활하는 시간을 제외한 모든 시간을 아우와 짝이 되어 보낸다는 점이었다. 심지어 측간을 가는 일조차 행동 통일이 되어야 직성이 풀렸다. 그런데 어느 날이었다. 그날 우리는 한길에 있을 아이들을 찾아서 무심코 고샅길을 벗어나고 있었다. 그때 아우는 걸음을 딱 멈추었다.
　"히야?"
　"……?"
　"집 비워 두고 우리 둘 다 나가면 안 된다."
　㉢아우의 반란은 의외였다. 우리는 어머니가 돌아온다는 보장이 없는 시각이라면 종일토록 줄곧 집을 비워 두고 쏘다녔었기 때문이었다. 그것이 어머니에게도 그랬었겠지만 우리들에게도 편했다.
　"니는 가기 싫어졌나?"
　"아니다, 가고 싶다."
　"그런데 왜 앙탈이고?"
　"히야는 다락문이 열려 있는 거 모르나, 누가 들어와서 다락문 열면 우짤락꼬."
　그랬다. 그제서야 나도 뒤통수가 찡했다. 우리는 한길로 진출하려던 속셈을 바꾸어야 했다. 다락문을 예전처럼 다시 채워 놓는다면 우리들 나들이에 꺼림칙함을 지워 버릴 수도 있었다. 그러나 우리들 능력으로는 그것이 손쉬운 일이 아니었고, 또 ㉣어머니가 열쇠를 지니고 있는 것인지도 의문이었다. 그것이 난감했다. 나는 공연히 아우에게 쏘아붙였다.

"그러면 우짤래? 니 혼자서 집 지키고 있을래?"

아우는 아무런 갈등도 보이지 않고 고개를 주억거렸다. 고개만 주억거렸을 뿐만 아니라 그때까진 좀처럼 내뱉은 적이 없던 한마디를 서슴없이 덧붙였다.

"히야 혼자 갔다 오니라."

그러한 ㉤아우의 대견함은 낯설고 놀라운 것이었다.

－ 김주영, 「고기잡이는 갈대를 꺾지 않는다」 －

*지독: 종이를 삶아 짓찧어서 만든 독.

---

01 ㉠~㉤에 대한 설명으로 적절하지 <u>않은</u> 것은?　　25634-0110

① ㉠: 누구도 범접할 수 없게 하기 위한 어머니의 의지를 나타내고 있다.　Ok No

② ㉡: 어머니가 허용하지 않은 공간에 출입한 것을 들킬까 염려하는 마음이 담겨 있다.　Ok No

③ ㉢: 행동 통일이 되어 왔던 관행을 '나'가 깨뜨리려 한 일에 대한 아우의 불만을 표현하고 있다.　Ok No

④ ㉣: 아이들과 함께 놀고 싶은 생각에 제동이 걸리는 이유 중 하나로 작용하고 있다.　Ok No

⑤ ㉤: 혼자서라도 다락을 지키겠다는 아우의 언행이 뜻밖이었음을 드러내고 있다.　Ok No

02 　보기　의 선생님의 질문에 대한 대답으로 적절하지 <u>않은</u> 것은?　　25634-0111

보기

선생님: 이 작품을 감상할 때는 '그날 밤'을 전후로 달라지는 인물의 행동과 심리, 사건의 전개 양상에 주목하는 것이 중요합니다. 작품에 나타난 시간의 흐름을 아래와 같이 정리할 때, 그날 밤 이전과 이후에 변화된 것이 무엇인지를 파악해 볼까요?

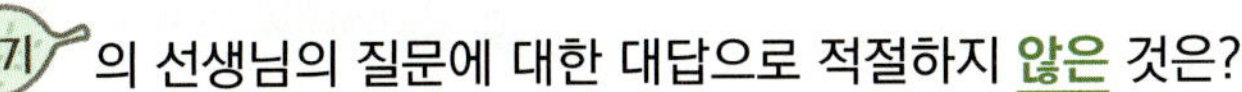

Ⓐ 이전	그날 밤	Ⓑ 이후

① Ⓐ에서 다락에 대해 품었던 '나'의 원천적인 호기심이, Ⓑ에서 모두 희석되었음을 알 수 있습니다.　Ok No

② Ⓐ에서 다락의 곡식에 대해 가졌던 어머니의 꼼꼼한 경계심이, Ⓑ에서 느슨해지고 있음을 알 수 있습니다.　Ok No

③ Ⓐ에서 다락의 곡식에 대해 어머니가 가졌던 애착을, Ⓑ에서 '나'와 아우도 가지게 되었음을 알 수 있습니다.　Ok No

④ Ⓐ에서 어머니만 짊어졌던 다락에 대한 책임감이, Ⓑ에서 '나'와 아우에게도 부여되고 있음을 알 수 있습니다.　Ok No

⑤ Ⓐ에서 몰래 다락방에 출입했던 어머니가, Ⓑ에서 '나'와 아우가 바라보는 앞에서도 출입하고 있음을 알 수 있습니다.　Ok No

인물의 심리를 파악하는 일은 우리의 삶이기도 해. ㅎㅎ 시험 문제라고만 생각하지 말고, 우리가 살아가면서 놓이게 되는 수많은 상황 속에서 나와 다른 사람들의 마음을 생각해 보듯이, 소설의 특정한 장면에서도 인물들의 심리와 태도를 곰곰이 생각해 보면 되는 거야. :)

오늘 꼭 알아야 할 개념   # 소설의 갈등   # 갈등의 유형   # 갈등의 기능

STEP.1 개념 Hi

개념 0 7   갈등(葛藤)

갈등 (葛: 칡 갈, 藤: 등나무 등)
『문학』 소설이나 희곡에서, 등장인물 사이에 일어나는 ㄷㄹ 과 ㅊㄷ 또는 등장인물과 환경 사이의 모순과 대립을 이르는 말.

칡 ←

→ 등나무

1 갈등의 유형

① **ㄴㅈ 갈등**: 한 인물의 마음속에서 일어나는 상반되거나 분열된 심리가 원인이 되는 갈등으로 인물이 겪는 고민, 근심, 불안, 방황, 망설임, 분노 등이 해당함.

② **ㅇㅈ 갈등**: 인물과 그를 둘러싼 외부적인 요소의 상반된 입장과 태도가 원인이 되어 생기는 갈등

  ㉠ **인물과 인물의 갈등**
    – ㅈㄷ 인물과 ㅂㄷ 인물 간의 대립과 충돌로 생기는 갈등
    – 개인의 가치관이나 성격, 태도, 감정 등을 포착해 낼 수 있음.

  ㉡ **인물과 운명의 갈등**
    – 인물이 자신의 삶에 주어진 가혹한 ㅇㅁ 의 테두리를 벗어나지 못함으로써 겪게 되는 갈등
    – 대부분 인간의 능력으로 어찌할 수 없는 운명론적인 조건을 제시하고, 이에 인물이 패배하거나 순응하는 내용의 결말로 구성됨.

  ㉢ **인물과 사회의 갈등**
    – 인물이 자신이 속한 ㅅㅎ 의 윤리나 제도 등과 충돌하여 생기는 갈등

  ㉣ **인물과 자연의 갈등**
    – 인물이 거대한 힘을 가진 ㅈㅇ 환경과 부딪쳐 싸우면서 겪게 되는 갈등

② 갈등의 기능

① ⌈ㅅㄱ⌋**을 전개시킴.**
- 소설에서 갈등의 가장 기본적인 기능은 앞뒤 사건을 인과적으로 연관시켜 사건을 전개시키는 것임.
- 앞의 사건에서 벌어진 갈등의 결과가 다음 사건과 연결되는 중요한 고리 역할을 함.

② ⌈ㅈㅈ⌋**를 분명히 제시함.**
- 소설은 갈등이 발생하고 해소되는 과정을 통해 이야기가 전개됨.
- 극적인 갈등은 독자들에게 흥미를 유발하면서 작가가 전달하고자 하는 주제를 분명하게 드러내는 역할을 함.

③ 인물의 ⌈ㅅㄱ⌋**을 강화함.**
- 소설의 갈등은 인물의 내적 요인이나 외부적 환경으로 발생하는데, 갈등이 빚어지는 과정에서 인물의 가치관과 태도가 드러남.
- 갈등을 통해 인물의 가치관과 태도를 좀 더 분명하게 알 수 있음.

시험지에는 이런 식으로 등장해.

[A]는 **인물들 간에 심화되는 갈등**을 중심으로, [B]는 인물이 겪는 **내적 갈등**을 중심으로 서술하고 있다.
인물 간의 심화되는 갈등을 해결할 수 있는 실마리를 제공하고 있다.

한 가지 더 배우기!   **알아 두면 웃을 수 있는 현대 소설의 갈등 양상**

① ⌈ㄱㅇ⌋ VS ⌈ㅅㅎ⌋ **구조**
- 한 개인의 이상이 그가 속한 사회 제도나 관습의 모순과 충돌할 때 갈등이 발생함.

② ⌈ㅇㄴ⌋ 자 VS ⌈ㅇㄴ⌋ 자
- 신분이나 빈부의 격차, 권력의 유무에 따라 발생하는 불합리성에 개인이 저항할 때 갈등이 발생함.

③ ⌈ㅇㄴ⌋ VS ⌈ㅇㄴ⌋
- 분단으로 생긴 남북 간의 이념 대립에 따라 갈등이 발생함.

④ ⌈ㅇ⌋ 것 VS ⌈ㅅㄹㅇ⌋ 것
- 전통적이고 토속적인 것과 외래적이고 현대적인 것, 구세대와 신세대 사이에 갈등이 발생함.

⑤ ⌈ㅇㄱ⌋ 적인 것 VS ⌈ㅂㅇㄱ⌋ 적인 것
- 물질주의, 기계주의, 폭력, 전쟁 등으로 갈등이 발생함.

■ **초성 퀴즈 답** 대립, 충돌 / 내적, 외적, 주동, 반동, 운명, 사회, 자연 / 사건, 주제, 성격 / 개인, 사회, 있는, 없는, 이념, 이념, 옛, 새로운, 인간, 비인간

STEP.2 개념 Quiz

1

[앞부분의 줄거리] **조준구**와 **아내 홍 씨**는 **서희**가 물려받아야 할 최 참판가의 재산을 가로채고, **하인 삼수**를 내세워 마을 사람들을 착취한다. 한편, **윤보**는 의병 자금을 확보하기 위해 최 참판가 습격을 준비하는데 **삼수**가 찾아온다.

"아무리 그리 시치미를 떼 쌓아도 알 만치는 나도 알고 있이니께요. 머 내가 훼방을 놓자고 찾아온 것도 아니겄고, 나는 나대로 생각이 있어서 온 긴데 너무 그러지 마소. 한마디로 딱 짤라서 말하겠소. 왜눔들하고 한통속인 조가 놈을 먼지 치고 시작하라 그 말이오. 고방에는 곡식이 썩을 만큼 쌓여 있고 안팎으로 쌓인 기이 재물인데 큰일을 하자 카른 빈손으로 우찌 하겄소. 그러니 왜눔과 한통속인 조가부터 치고 보믄 꿩 묵고 알 묵는 거 아니겄소."

"야아가 참 제정신이 아니구마는."

"하기사 전력이 있이니께 나를 믿지 않는 것도 무리는 아니겄소. 하지마는 두고 보믄 알 거 아니오?"

"야, 야 정신 산란하다. 나는 원체 입이 무겁고 또 초록은 동색이더라도 내 안 들은 거로 해 둘 기니 어서 돌아가거라. 공연히 신세 망칠라."

윤보는 삼수 등을 민다.

"이거 놓으소. 누가 안 가까 바 이러요? 지내 놓고 보믄 알 기니께요. 내가 머 염탐이라도 하러 온 줄 아요? 흥, 그랬을 양이믄 벌써 조가 놈한테 동네 소문 고해바칬일 기고 읍내서 순사가 와도 몇 놈 왔일 거 아니오."

큰 소리로 지껄이며 삼수는 언덕을 내려간다.

'빌어묵을, 이거 다 된 죽에 코 빠지는 거 아닌지 모르겄네. 날을 다가야겄다.'

삼수가 왔다 간 다음 날 밤, 자정이 넘었다. 칠흑의 밤을 타고 덩어리 같은 침묵을 지키며 타작마당에 장정들이 모여들었다. 마을에서는 개들이 짖는다. 불은 켜지 않았지만 집집에선 인적기가 난다. 언덕 위의 최 참판 댁은 어둠에 묻혀 위엄에 찬 그 형태는 보이지 않는다. 타작마당에서는 윤보의 그 우렁우렁한 목소리가 평소보다 얕게 울리고, 이윽고 횃불이 한 개 두 개 또 세 개, 계속하여 늘어나고 그 횃불은 움직이기 시작한다.

[중략 부분의 줄거리] **윤보 일행**이 습격하자 **조준구**와 **홍 씨**는 사당 마루 밑에 숨어 있다가 **삼수**의 도움을 받는다. **윤보 일행**이 떠나고 날이 밝았다.

"서희 이, 이년! 썩 나오지 못할까!"

나오길 기다릴 홍 씨는 아니다. 방문을 박차고 들어가서 서희를 끌어 일으킨다.

"네년 소행인 줄 뉘 모를 줄 알았더냐? 자아! 내 왔다! 이제 죽여 보아라! 화적 놈 불러들일 것 없이!"

나오지 않는 목청을 뽑으며, 거품이 입가에 묻어 나온다.

"자아! 자아! 못 죽이겠니?"

손이 뺨 위로 날았다. 앞가슴을 잡고 와락와락 흔들어 댄

다. 서희 얼굴이 흙빛으로 변한다. 울고 있던 봉순이,

"왜 이러시오!"

달려들어 서희 몸을 잡아당기니 실 뜯어지는 소리와 함께 홍 씨 손에 옷고름이 남는다.

"감히 누굴! 감히!"

하다가 별안간 방에서 뛰쳐나간다. 맨발로 연못을 향해 몸을 날린다. 그는 죽을 생각을 했던 것이다.

"애기씨!"

울부짖으며 봉순이 뒤쫓아 간다.

"죽어라! 죽어! 잘 생각했어! 어차피 너는 산목숨은 아니란 말이야! 죽고 남지 못할 거란 말이야!"

고래고래 소리를 지른다. 서희는 연못가에서 걸음을 뚝 멈춘다. 돌아본다. 흙빛 얼굴에 웃음이 지나간다.

"내가 왜 죽지? 누구 좋아하라고 죽는단 말이냐?"

나직한 음성이다. 홍 씨 눈을 똑바로 주시한다.

"사람 영악한 것은 범보다 더 무섭다는 말 못 들으셨소?"

여전히 나직한 음성이다.

"무서우면 어떻게 무서워! 우리 내외한테 비상을 먹이겠다 그 말이냐?"

아이고! 아이고! 눈물도 안 나오는 헛울음을 울더니 이번에는 봉순에게 달려들어 머리끄덩이를 꺼두르고 한 소동을 피운다. 읍내서 헌병, 순사들이 왔다는 말에 홍 씨는 겨우 본채로 돌아갔다. 서희는 찢긴 저고리를 내려다본다.

"길상이 놈이 날 죽으라고 내버리고 갔다."

눈이 부어오른 봉순이는,

"마지막까지 남아서 찾았지마는 사당 마릿장 밑에 숨은 줄이야 우, 우찌…… 으흐흐흐."

되풀이 입술을 떨면서 서희는 말했다.

"길상이 놈이 날 죽으라고 내버리고 갔다."

달려온 헌병들에게 맨 먼저 당한 것은 삼수다.

"나, 나으리! 이, 이기이 우찌 된 영문입니까!"

헌병이 총대를 들이대자 겁에 질린 삼수는 그러나 무엇인가 잘못되었거니 믿는 구석이 있어서 조준구를 향해 도움을 청하였다.

"이놈! 이 찢어 죽일 놈 같으니라구!"

무섭게 눈을 부릅뜬 조준구를 바라본 삼수 얼굴은 일순 백지장으로 변한다.

"예? 머, 머, 머라 캤십니까?"

"이놈! 네 죄를 몰라 하는 말이냐? 간밤에 감수한 생각을 하면 네놈을 내 손으로 타살할 것이로되 으음, 능지처참할 놈 같으니라구. 이놈! 어디 한번 죽어 봐라!"

"나, 나으리! 꾸, 꿈을 꾸시는 깁니까? 이, 이 목심을 건지디린 이, 이 삼수 놈을 말입니다!"

그러나 조준구는 바로 저놈이 폭도의 앞잡이였다고 이미 한 말을 다시 강조할 뿐이다. 물론 이 경우 폭도란 의병을 일컬은 것이다.

- 박경리, 「토지」 -

Q.1   를 참고하여 윗글을 감상한 내용으로 적절한지 O/X로 답해 보자.

「토지」는 개화기부터 해방 무렵까지 우리 민족의 수난과 저항의 역사를 다루고 있다. 근대 이전까지 비교적 안정적이었던 신분 질서와 사회적 관계는 이 시기를 거치며 큰 변화를 겪는데, 「토지」에서는 몰락한 양반층, 친일 세력, 저항 세력, 기회주의자 등 다양한 인물들이 **때로 협력하고 때로 대립하면서 복잡한 관계망을 형성**한다.

① 최 참판가 습격을 준비하던 윤보가 삼수의 제안을 듣지 않은 것으로 하겠다는 내용으로 보아, **윤보**는 **삼수**와의 협력 관계를 거부한 것이군. ☐ O ☐ X

② 타작마당에 모인 장정들이 횃불을 들고 윤보와 함께 움직이는 것으로 보아, **이들**은 조준구로 대표되는 **친일 세력**과 대립하고 있군. ☐ O ☐ X

③ 봉순이가 달려들어 서희 몸을 잡아당기는 것으로 보아, 이전까지 비교적 안정적이었던 신분 질서가 흔들리며 **봉순이**와 **서희**의 협력 관계가 약화되고 있군. ☐ O ☐ X

④ 홍 씨의 모욕에 죽을 생각을 했던 **서희**가 홍 씨의 눈을 똑바로 주시한 것으로 보아, **홍 씨**와 **서희**는 대립 관계를 이어 가겠군. ☐ O ☐ X

⑤ 윤보에게 조준구를 치라고 했던 삼수가 조준구의 목숨을 구해 줬다는 것으로 보아, **조준구**와 **삼수**의 관계는 상황에 따라 변하는군. ☐ O ☐ X

만수 씨는 명절 앞두고 업자들한테서 들어오는 구두표 같은 상품권은 사양하다 못해 받아서는 자신은 가지지 않고 구두 많이 닳은 사람부터 순서대로 나눠 줬다. 그것도 평소에 사람 하나하나를 잘 지켜보지 않으면 힘든 일이었다. 그렇게 시간이 흘렀다.

ⓐ구내식당 아줌마들이나 여직원들 사이에서 만수 씨는 노총각에 사람 좋고 하니 인기가 하늘을 찌를 듯했다. 공장 전체 인원 육백 명 중 여자는 서른 명도 안 되는데 그중 삼분의 일이 구내식당에 있었다.

그런데 어느 때부터인가 여자들 사이에 이상한 소문이 났다. 만수 씨와 내가 전부터 사귀던 사이이고 둘 사이에 아기가 있는데 그 아이를 만수 씨가 키우고 있다는 식이었다. 내가 딴 남자하고 바람이 나서 아기를 버리고 떠나갔다가 그 남자한테 싫증이 나자 다시 만수 씨에게 빌붙어 피를 빨아먹고 있다는 것이었다. 소문이라는 게 원래 어처구니없는 것이지만 해도 너무한다 싶었다. 건드리면 더 커질 것 같아서 아예 아무 말을 하지 않았다. 하지만 몇 달이 지나기도 전에 소문은 온 공장 안에서 기정사실이 되었다. 여자들 모두가 나를 질투하고 미워하게 되었다. 지옥이 따로 없었다. 내 칫솔에 새똥이 묻어 있기도 하고 면도날이 내가 조리를 담당한 냄비 속에 들어 있기도 했다. 도저히 견딜 수가 없어 만수 씨를 찾아갔다.

—미안합니다. 저 때문에 오해를 받아서 많이 괴로우신 걸 잘 압니다. 제가 아무리 아니라고 해도 사람들이 의심을 더 하니까 어쩔 수가 없네요. 좀 잠잠해질 때까지 다른 데가 계시면 어떨까요. 제 여동생이 결혼하고 나서 저 사는 동네 중학교 앞에서 ⓑ분식집을 합니다. 거기를 좀 도와주세요. 월급은 지금보다 많이 드리라 할게요. 부탁합니다.

만수 씨는 그렇게 말했다. 오래도록 생각했지만 다른 도리가 없었다. 사실 나는 만수 씨를 좋아했다. 만수 씨를 처음 봤을 때부터 좋아하고 있었다.

오빠가 그 여자를 데리고 와서 주방을 맡기라고 했을 때는 억장이 무너지는 것 같았다. 튀김, 어묵, 떡볶이 같은 아이들 주전부리 음식 파는 가게 크기라는 게 어른 세 사람만 서 있어도 꽉 차는데 어떻게 사람을 더 들이라는 것인가. 칼과 도마, 싱크대는 여자들한테는 양보할 수 없는 고유 영역 같은 것인데 하루아침에 물러나라니 말도 안 되는 소리였다. 떡볶이나 어묵에 무슨 솜씨를 부릴 일이 있는가. 어린 학생들 코 묻은 돈 받아서 월급을 주고 월세 내고 나면 남는 게 뭐가 있을 것인가. 내가 거기까지 얘기했을 때 오빠가 점퍼 안주머니에서 적금 통장을 꺼내 놓았다. 그동안 나온 월급을 모은 것이라며 건물 주인한테 이야기해서 가게를 키워 가지고 제대로 된 식당을 해 보자고 했다. 이제까지 무슨 생각으로 아무 말도 하지 않았는지 원망스러웠고 그다지 고맙지도 않았다.

[중략 부분의 줄거리] 구내식당에서 일하던 여자의 음식 솜씨 덕분에 새로 차린 기사 식당은 자리를 잡는다. 하지만 IMF 이후 공장을 되살리려는 투쟁에 여자가 참여하면서 식당 운영에 차질이 생긴다. 이에 여동생의 남편이 만수에게 불만을 토로한다.

—아니, 형님 다니던 회사가 형님이 게으르고 일 안 해서 망한 겁니까. 망해도 그렇지, 자본가라는 놈들이 어떤 놈들인데 그놈들이 형님네처럼 아무것도 없이 나갔겠냐고요. 지금도 홍콩이나 하와이 해변 같은 데 가서 빼돌린 돈 가지고 떵떵거리면서 잘살고 있어요.

처남이 착하다는 건 인정한다. 성실하기도 했다. 그런데 방향이 틀렸다. 같이 해야 할 일은 같이 열심히 하겠지만 싸울 일은 싸워서 해결해야 하지 않는가. 또 싸울 때도 상대를 제대로 골라서 싸워야지 제 편, 제 식구에게 피해를 입혀 가며 제 살 깎아 먹기 식으로 하는 건 나부터 용납할 수 없었다. 그냥 놔두니까 처남은 계속 주절주절 말을 이어 가고 있었다.

—우리 어릴 때 굶기를 밥 먹듯 하던 때를 생각해 봐. 나는 원망하는 사람이 없어. 내 팔자가 그런 걸 뭐. 또 원망해서 뭐해? 그 사람들이 잘못을 뉘우치고 제자리로 돌려놓을 것도 아니고 그럴 능력도 없고. 그 사람들이 그러고 싶어서 그러겠냐고. 부도내고 싶어 부도내는 회사가 어디 있겠어? 나는 이렇게 가난하지만 소박하게, 보통 사람 나름의 행복을 누리면서 살아가면 된다고 생각하네.

그런 건 내 알 바가 아니었다. 나부터 살길을 찾아야 했다.

—지금 저 주방에 있는 아줌마하고는 무슨 사이인 겁니까?

—진주 씨? 우리는 같이 싸우고 있어. 투쟁.

—뭐 때문에 투쟁하는데요? 누구를 상대로요?

—우리가 공장을 지키기 위해서 싸우다 보면 사장님이 투자자를 데리고 돌아오실 거야. 그럼 회사 주식을 담보로 가지고 있는 채권단한테 빚도 갚고 공장이 다시 돌아가는 거지. 우리는 희망이 있어. 희망 때문에 싸우는 거야.

—그런데 수민이 엄마가 저 아줌마하고 앞으로 어쩔 거냐고 자꾸 그러는데요. 계속 이렇게 살 수는 없다고.

—지금처럼 일이 있으면 투쟁 현장에 가서 밥도 해 주고 옛날 회사 사람들하고 일주일에 한 번 만나는 데 같이 가고 끝나면 여기 와서 바쁠 때 음식 제대로 하는지 감독하고 하면 되지.

—우리 식당 하루 스물네 시간 돌아가는 뎁니다. 누구는 자기 하고 싶은 대로 멋대로 일했다 말았다 하고 월급은 사장보다 더 챙겨 가고 누구는 하루 스물네 시간 꼬박 일하고 있는데…… 수민이 엄마가 무슨 죄를 졌습니까. 그런다고 형님이 돈이나 많이 주는 것도 아니고. 집도 그렇지요. 지금 애들 자꾸 크니까 교육 문제도 그렇고 집을 옮겨야 되고 하는데 돈 생기는 데는 ⓒ기사 식당밖에 없잖습니까. 그런데 그 돈을 형님이 다 통장에 집어넣고 꼭 움켜쥐고 있다고…….

—아니, 그건 아닌데. 여기 재료비하고 인건비, 월세 제하고 나서 또 우리 공장에서 같이 투쟁하는 식구들 먹고 자고, 각자 가족이 있으니까 최소한 앞가림은 해야 하고 그러느라고 다 썼지. 우리 공장 때문에 소송도 걸려 있고 거기

도 돈이 엄청나게 들어가서 말이지. 내가 뭘 쥐고 있겠어. 내가 장부에 다 기록해 놨어.

어처구니가 없었다. 아이들이 좁아터진 집 안에서 열대야가 기상 관측 이래 신기록을 내고 있는 한여름에 온몸에 땀띠가 나서 잠을 못 자고 울고 아내는 손이 불어 터지도록 설거지하고 일해서 번 돈을 엉뚱한 데 처넣어 왔다는 말이었다.

- 성석제, 「투명 인간」 -

25634-0113

Q.2 ⓐ~ⓒ를 이해한 내용으로 적절한지 O/X로 답해 보자.

① ⓐ에서 조성된 **인물 간의 긴장감**은 ⓑ에서 심화된다. O X

② ⓐ로 인한 **인물 간 유대감**은 ⓒ에서 반감된다. O X

③ ⓑ에서의 **인물과 사회와의 갈등**이 ⓒ에서 인물 간의 갈등으로 전환된다. O X

④ ⓐ, ⓒ에서는 특정 인물이 **갈등 해결의 실마리**를 제공한다. O X

⑤ ⓑ, ⓒ와 관련된 **갈등**은 특정 인물이 타인을 대하는 태도가 원인으로 작용한다. O X

STEP.3　개념 Jump

[01-02] 다음 글을 읽고 물음에 답하시오.　　　　　　　　　| 고2 전국연합학력평가 |

　어머니는 동물적 본능에 가까울 정도로 **생에 대한 집착**이 강했다. 조금만 아프거나 배고픈 것도 참지 못했다. 노인정에서 점심 먹은 것이 조금 부실한 날은 해가 떨어지기도 전에 허기진 모습으로 집에 돌아와서 숟가락을 들고 밥통부터 찾곤 했다. 이 때문에 우리 **집** 전기밥통에는 언제나 밥이 준비되어 있게 마련이다. **밥이 없으면** 아무렇지 않은 일에도 **까탈을 부리**며 심하게 며느리를 닦달했다. 어머니한테 밥은 곧 생명이며 에너지원이다. 어머니는 또 몸의 컨디션이 조금만 나빠도 아이들처럼 엄살을 떨며 당장 병원에 찾아가 주사 맞는 것을 좋아했다. ㉠**노인네들이 항생제 주사를 많이 맞는 것이 좋지 않다는 말을 해도 듣지 않았다.** 우리 가족들 중에서 해마다 가장 먼저 독감 예방 주사를 맞는 것도 어머니다.

　어머니가 젊었을 적에는 그렇지가 않았다. 배고픈 것도 잘 참았고 아무리 아파도 자리보전하거나 약을 먹지도 않았다. ㉡**몸살이 나서 끙끙 앓으면서도 휘청거리며 호미를 들고 밭에 나가는 모습을 자주 보았다.** 젊었을 적 어머니는 자신의 몸을 전혀 돌보지 않았다. 아무리 배가 고파도 먹을 것이 있으면 자식들 입에 먼저 넣어 주는 것으로 행복해하였다. 자신보다 가족을 위해서 희생하는 것을 삶의 보람으로 생각하는 것 같았다. **어머니의 삶은 궁핍과 땀과 희생과 인종**의 그것이었다. 한창 젊은 시절에는 아버지한테 소박을 당해 눈물 대신 땀을 흘리는 것으로 외로움을 참았다. 첩질이나 하면서 세월을 보냈던 반거충이 아버지가 세상을 뜨자, 어머니는 남은 식구들의 생계를 떠맡았다. 계속된 궁핍의 고통 속에서도 우리 식구가 살아남을 수 있었던 것은 순전히 어머니의 희생 때문이었다. 우리 식구의 생명줄을 머리에 이고 버둥거렸던 어머니의 모습은 내 가슴속에, 이 세상에서 가장 아름답고 강한 존재로 살아 있었다.

　그러던 어머니가 달라진 것이다. 곰곰이 생각해 보니 나이가 들고 자식들이 저마다 앞가림하고 살게 되자, **특유한 어머니의 냄새**를 피우기 시작한 것 같다. 더 정확히 따져 보면 도시로 나와 아들 며느리와 함께 살기 시작하면서부터인지도 모른다. 따로 살 때는 그렇지 않았는데 함께 살면서부터 고부 사이가 서서히 버그러지기 시작했다. 아내의 짜증 섞인 투정질에서 그것을 느낄 수가 있었다. ㉢**그 무렵부터 말로 형언할 수 없는 어머니의 냄새가 솔솔 풍기기 시작했다.** 내 코에 어머니의 냄새는 오래된 신김치에서 나는 군내 같기도 하고, 쿠리한 된장 냄새, 시지근한 땀 냄새, 퀴퀴한 곰팡이 냄새, 고리고리한 멸치젓 냄새, 꿀꿀한 두엄 썩는 냄새, 짭조름한 오줌버캐 지린내, 고리착지근한 발가락 고린내, 생고등어 비린내, 시금털털, 고리탑탑, 쓰고 시고 짜고 매운 냄새 등이 적당한 비율로 뒤섞여 있는 것 같았다.

　나는 **어머니의 냄새**가 **역겹다고 느껴질** 때마다 젊었을 때의 어머니를 떠올리곤 한다. 젊은 시절 어머니의 냄새는 풀잎 향기보다 상큼했다. 아내가 외출할 때 몸에 뿌리는 불란서 향수보다 더 향기로웠다. 어머니의 냄새가 너무 좋아 잠시도 떨어져 있기가 싫었다. 친구들과 싸움질을 하다 얻어맞고 분이 머리끝까지 치솟아 있을 때도 어머니 냄새를 맡고 있으면 마음이 차분하게 가라앉으면서 스르르 잠이 들곤 했다.

[중략 부분 줄거리] 어머니의 냄새를 이유로 집을 나간 아내에게 '나'는 당분간 어머니를 동생이 모시도록 하겠다고 약속하고 아내를 집으로 돌아오게 했다.

　예상했던 대로 어머니는 가시 돋친 목소리로 한바탕 쏘아 댔다. 아내는 얼굴이 창백해지더니 현기증을 일으키며 흐물흐물 쓰러지고 말았다. 가까스로 안방으로 기어 들어가서는 이불을 뒤집어쓰고 누워 버렸다.

　"**냄새 때문에 숨을 쉴 수가 없어요.**"

　아내가 이불을 뒤집어쓴 채 물기 젖은 목소리로 힘없이 말했다. 나는 그런 아내를 탓할 수가 없었다. 온종일 누워 있어도 좋으니 집에 있어주는 것만으로 만족해야만 했다. 나는 우선 창문부터 열고 코끝이 아리도록 안방에 라벤더 향수를 듬뿍 뿌려 댔다. ㉣**아내가 누워 있는 사이 어머니는 기세 좋게 주방에서 달그락거리며 저녁을 준비하고 있었다.** 예상했던 대로 아내는 주방에 나와 보지 않았고 저녁을 먹지도 않았다.

　"네 처 또 아프냐?"

　식탁에 마주 앉아 저녁을 먹던 어머니가 마뜩찮은 표정으로 뚜벅 물었다.

　"어머니 목욕은 자주 하세요?"

　나는 대답 대신 밥그릇에 시선을 박은 채 생뚱맞게 물었다.

　"왜? 에미헌테서 냄새날까 싶어서?"

　"어머니는 우리 집에서 아무 냄새도 못 맡으세요?"

　"냄새? 사람 사는 집에서 사람 냄새가 나겠제잉. 그리고 살림살이 냄새도 날 것이고. 아무 냄새도 안 나면 워디 사람 사는 집이간듸, 그것이사 귀신이 사는 집이제잉."

　"어머니한테서 나는 냄새는 무슨 냄새지요?"

　"나헌테서 냄새가 나냐?"

　"모르셨어요?"

　"나헌테서 무신 냄새가 난다고 그려."

　"**아주 심해요.**"

　"어떤 냄새?"

　"모르겠어요."

　어머니는 고개를 좌우로 돌려 가며 자신의 몸에서 나는 냄새를 맡느라 연신 코를 벌름거리며 킁킁거렸다.

　"아무 냄새도 안 나는듸. **절대로 내 몸에서 나는 냄새가 아녀.**"

　어머니는 '절대로'라는 말에 힘을 주어 단호하게 부인했다.

"자, 어디, 한번 맡아 봐."
　그러면서 어머니는 상반신을 내 앞으로 바짝 꺾으며 재촉했다. 나는 더 할 말이 없어 부지런히 숟가락질만 해 댔다.
　"이놈아, 에미한테서 나는 냄새는 에미가 자식 놈들을 위해서 알탕갈탕 살아온, 길고도 쓰디쓴 세월의 냄샌겨."

어머니는 깊은 한숨을 섞어 가며 말했다. ⓜ쓰디쓴 세월의 냄새라는 어머니의 말이 명치끝을 후벼 팠다. 길고도 쓰디쓴 세월의 냄새라니……

- 문순태, 「늙으신 어머니의 향기」 -

---

01 ㉠~㉤에 대한 설명으로 적절하지 **않은** 것은?　　　25634-0114

① ㉠: 다른 사람의 말을 듣지 않는 어머니의 완고한 모습이 드러나 있다.　Ok No

② ㉡: 자신을 돌보기보다 가족을 위해 헌신했던 어머니의 모습이 드러나 있다.　Ok No

③ ㉢: 어머니의 냄새가 좋은지 나쁜지 판단하기 어려워하는 '나'의 모습이 드러나 있다.　Ok No

④ ㉣: 아내의 상황에 아랑곳하지 않는 어머니의 모습이 드러나 있다.　Ok No

⑤ ㉤: 어머니가 한 말에 아픔을 느끼는 '나'의 모습이 드러나 있다.　Ok No

02 보기 를 바탕으로 윗글을 감상한 것으로 적절하지 **않은** 것은?　　　25634-0115

> **보기**
>
> 　소설은 감각적 소재를 활용하여 현실의 문제를 드러내기도 한다. 이 작품은 자식이 어머니의 인생을 이해하지 못한 채 그 기본적 삶의 욕구를 부정적으로 여기고 냄새를 문제시하는 모습을 그리고 있다. 특히 작가는 냄새에 대한 각기 다른 인식으로 형성된 **갈등**을 통해 부모 세대에 대한 그릇된 관념을 지적한다.

① '집'에 '밥이 없으면' '까탈을 부리'는 어머니의 모습을 '나'가 '생에 대한 집착'이라 생각하는 것에는 부모 세대에 대한 그릇된 관념이 드러나 있군.　Ok No

② '어머니의 삶'을 '궁핍과 땀과 희생과 인종'으로 보는 것에는 어머니의 인생을 부정적으로 여기는 '나'의 모습이 드러나 있군.　Ok No

③ '특유한 어머니 냄새'는 현실의 문제를 드러내는 소재로 사용되고 있군.　Ok No

④ '어머니의 냄새'를 '역겹다고 느'끼는 '나'와 '냄새 때문에 숨을 쉴 수가 없'다는 아내의 말에서 어머니의 냄새를 문제시하는 자식의 모습이 드러나 있군.　Ok No

⑤ '아주 심해요'라는 '나'의 말과 '절대로 내 몸에서 나는 냄새가 아녀'라는 어머니의 말에서 냄새에 대한 각기 다른 인식으로 형성된 갈등이 표출되고 있군.　Ok No

내가 그리는 개념 마인드맵

　소설 속에 갈등이 없다면 이야기가 진행될 수 없을 거야. 인물이 무엇 때문에 갈등을 겪게 되는지, 갈등의 원인과 양상, 그리고 해결되는 과정에 주목하면서 소설을 읽는 연습을 꾸준히 해 보자. :)

오늘 꼭 알아야 할 개념   # 소설의 구성 단계   # 역순행적 구성   # 액자식 구성

STEP.1 개념 Hi

소설에서 사건들은 서로 긴밀하게 연결되어서 작가가 말하고자 하는 주제를 드러내.
주제를 드러내기 위해 작가는 사건들을 치밀하게 계산하고 조직하지. 퍼즐처럼 말이야.
이렇게 소설에서 이야기의 전개, 사건의 필연성, 주제의 표현 등을 고려해 작가가 사건들을 인과 관계에 따라 새롭게 재구성한 것을 소설의 구성(plot)이라고 해.

개념 | 0 8   소설의 구성 단계

1 **발단**

소설의 도입부. 시간적 · 공간적 ㅂㄱ, 주요 인물의 ㅅㄱ이 제시됨. 소설의 전체적인 ㅂㅇㄱ가 드러나고 ㅅㄱ의 실마리가 나타남.

> **한 가지 더 배우기!**
>
> • 인물의 ㄷㅎ로 시작하는 이야기
>   ⤷ 독자의 호기심·흥미를 유발하며, 독자는 인물 간의 관계나 인물이 처한 상황을 알 수 있음.
>
> • 시간적 · 공간적 ㅂㄱ을 들먹이는 이야기
>   ⤷ 배경은 인물의 심리 상태나 사건의 전개를 암시하는 역할을 함. 또 주제와 어울리는 분위기를 제시함.
>
> • ㅇㅈ식으로 만드는 이야기
>   ⤷ 액자 틀에 해당하는 외부 이야기에는 글을 쓰게 된 동기나 내부 이야기의 주인공에 대한 실용적인 정보가 제공되는 경우가 많음.
>
> • ㅇㅇ하며 시작하는 이야기
>   ⤷ 인용된 시나 소설, 격언 등은 소설의 주제나 주인공, 중심 사건과 밀접한 관계를 맺고 있는 경우가 많음.

2 **전개**

사건이 본격적으로 전개되는 부분. 이야기가 복잡하게 얽혀 들어가고 ㄱㄷ이 겉으로 드러남. ㅂㅅ을 통해 다가올 사건을 암시하기도 함.

3 **위기**

ㄱㄷ이 고조되고 심화되는 단계. 사건의 ㅂㅈ이 나타나기도 하며, 새로운 사건이 발생하여 위기감이 고조되면서 사건이 절정에 이르는 계기를 마련함.

4 **절정**

모든 사건과 갈등이 최고조에 이르고 결말을 예고하는 단계. 갈등의 정점에서 해결의 전환점에 이르게 됨.

5 **결말**

인물들 사이에서 벌어진 모든 사건이 해결되고 갈등이 해소되어 마무리되는 단계. ㅈㅈ를 드러냄.

> **한 가지 더 배우기!**
>
> - 인물의 <u>ㅁ</u> 을 통해 눈치채기
>   - ➡ 결말에 인물의 말을 배치함. 그 말 속에서 독자는 <u>ㅈ ㅈ</u> 를 찾아내고 오래 기억할 수 있음.
>
> - 독자에게 할 일을 남겨 두기
>   - ➡ 사건의 결말을 명확하게 끝맺지 않고 남겨 둠. 독자는 여운이 남는 그 결말을 붙들고 앞으로 어떻게 될까 <u>ㅅ ㅅ</u> 하며 결말에 담긴 다양한 의미를 생각함.

개념 09 구성의 유형

1 중심 사건 수에 따라

① **단일 구성**: 중심적인 사건은 단 <u>ㅎ</u> 개! 통일된 인상이나 압축된 긴장감을 나타내는 데 효과적임. 단편 소설에 많이 사용됨.

② **복합 구성**: 중심 사건이 <u>ㄷ</u> 개 이상! 복잡하게 얽혀 전개되는 구성으로, 주로 장편 소설에 많이 사용됨.

2 사건의 진행 방식에 따라

① **평면적 구성**: <u>ㅅ ㄱ</u> 의 흐름대로 사건이 진행되는 구성 방식. <u>ㅇ ㄷ ㄱ</u> 적 구성의 고전 소설에 흔함.

② **입체적 구성**: 순차적인 시간의 흐름에 따라 전개하는 것이 아니라, <u>ㅅ ㄱ</u> 의 흐름을 바꾸어 사건을 구성함(= 역순행적 구성). 현대 소설에서 어느 특정 장면을 강조하고자 할 때 활용함.

3 이야기의 구성 형태에 따라

① **액자식 구성**: 하나의 이야기 속에 또 하나의 이야기가 들어 있는 구성. 이야기의 핵심 내용은 <u>ㄴ ㅂ</u> 이야기(내화)임! 내화는 신빙성을 위해 서술자와 일정한 거리를 유지함.

② **피카레스크식 구성**: 독립된 각각의 이야기에 <u>ㄷ ㅇ ㅎ</u> 인물이 등장하여 각기 다른 사건들을 경험하고 이를 통해 주제 의식을 드러내는 구성 방식. 연작 형식의 소설에 많이 사용됨.

> 예 「명탐정 코난」
> 검은 조직에 의해 어린아이가 되어 버린 고등학생 명탐정 남도일이 검은 조직의 실체를 파헤치며 어려운 사건을 해결해 나가는 이야기

③ **옴니버스식 구성**: 하나의 주제를 바탕으로 독립된 몇 편의 이야기가 구성되어 있는 형태. 하나의 주제 아래 <u>ㄷ ㅇ ㅎ</u> 인물들이 등장하여 이야기나 사건을 펼쳐 나감.

> 예 「우리들의 블루스」
> 한수와 은희, 영옥과 정준, 영주와 현, 동석과 선아, 인권과 호식, 미란과 은희, 춘희와 은기, 옥동과 동석.
> 따뜻한 제주, 생동감 넘치는 제주 오일장, 차고 거친 바다를 배경으로 14명의 시고 달고 쓰고 떫은 인생 이야기를 옴니버스라는 압축된 포맷에 서정적이고도 애잔하게, 때론 신나고 시원하고 세련되게 전해 준 드라마.
>
> 여러 편의 영화를 이어 본 것 같은 재미와 함께 작가는 '무너지지 마라, 끝나지 않았다, 살아 있다, 행복하라, 응원하고 싶었다'고 한다.
> – 기획 의도 발췌 –

■ **초성 퀴즈 답** 배경, 성격, 분위기, 사건 / 대화, 배경, 액자, 인용 / 갈등, 복선 / 갈등, 반전 / 주제, 말, 주제, 상상 / 한, 두 / 시간, 일대기, 시간 / 내부, 동일한 / 다양한

STEP.2 개념 Quiz

1

그래 내 어저께 싸운 것이지 결코 장인님이 밉다든가 해서가 아니다. 모를 붓다가 가만히 생각을 해 보니까 또 싱겁다. 이 벼가 자라서 점순이가 먹고 좀 큰다면 모르지만 그렇지도 못한 걸 내 심어서 뭘 하는 거냐, 해마다 앞으로 축 거불지는 장인님의 아랫배(가 너무 먹는 걸 모르고 냇병이라나, 그 배)를 불리기 위하여 심곤 조금도 싶지 않다.

"어이구 배야!"

㉠난 몰 붓다 말고 배를 쓰다듬으면서 그대루 논둑으로 기어올랐다. 그리고 겨드랑에 꼈던 벼 담긴 키를 그냥 땅바닥에 털썩 떨어치며 나도 털썩 주저앉았다. 일이 암만 바빠도 나 배 아프면 고만이니까. 아픈 사람이 누가 일을 하느냐. 파릇파릇 돋아 오른 풀 한 숲을 뜯어 들고 다리의 거머리를 쑥쑥 문대며 장인님의 얼굴을 쳐다보았다. 논 가운데서 장인님도 이상한 눈을 해 가지고 한참 날 노려보더니,

"넌 이 자식, 왜 또 이래 응?"

"배가 좀 아파서유!"

하고 ㉡풀 위에 슬며시 쓰러지니까 장인님은 약이 올랐다. 저도 논에서 철벙철벙 둑으로 올라오더니 잡은 참 내 멱살을 움켜잡고 뺨을 치는 것이 아닌가.

"이 자식, 일허다 말면 누굴 망해 놀 속셈이냐. 이 대가릴 까놀 자식?"

우리 장인님은 약이 오르면 이렇게 손버릇이 아주 못됐다. 또 사위에게 '이 자식 저 자식' 하는 이놈의 장인님은 어디 있느냐. 오죽해야 우리 동리에서 누굴 물론하고 그에게 욕을 안 먹는 사람은 명이 짜르다 한다. 조그만 아이들까지도 그를 돌아 세 놓고 '욕필이(본이름이 봉필이니까), 욕필이' 하고 손가락질을 할 만치 두루 인심을 잃었다. 허나 ㉢인심을 정말 잃었다면 욕보다 읍의 배 참봉 댁 마름으로 더 잃었다. 번이 마름이란 욕 잘하고, 사람 잘 치고, 그리고 생김 생기길 호박개 같애야 쓰는 거지만 장인님은 외양이 똑 됐다. 장인에게 닭 마리나 좀 보내지 않는다든가 애벌논 때 품을 좀 안 준다든가 하면 그해 가을에는 영락없이 이 땅이 뚝뚝 떨어진다. 그러면 미리부터 돈도 먹이고 술도 먹이고 안달재신으로 돌아치던 놈이 그 땅을 슬쩍 돌라 안는다. 이 바람에 장인님 집 외양간에는 눈깔 커다란 황소 한 놈이 절로 엉금엉금 기어들고, 동리 사람들은 그 욕을 다 먹어 가면서도 그래도 굽신굽신하는 게 아닌가……

– 김유정, 「봄·봄」 –

25634-0116

Q.1 다음은 윗글에 대한 설명이다. 빈칸에 알맞은 말을 넣어 보자.

이 글은 ⬜⬜ 사건을 ⬜⬜ 상황에 끌어들여 인물들의 관계를 드러내고 있다. ㉠~㉢을 사건이 일어난 순서대로 배열해 보면, 장인이 마름 일로 인해서 인심을 잃었다는 ⬜이 확실한 과거의 사실로서 가장 먼저 일어났다. 어저께 장인과 다투다가 배가 아프다고 논둑에 기어오른 장면인 ⬜이 그다음이고, 논둑에 올라 배가 아프다며 풀 위에 쓰러지자 장인이 약이 오른 장면인 ⬜이 가장 나중에 일어난 일이다.

2

[앞부분의 줄거리] 수성궁을 찾은 선비 유영은 꿈속에서, 죽은 김 진사와 운영을 만나 그들의 이야기를 듣는다. 안평 대군의 궁녀인 운영은 김 진사와 사랑에 빠진다. 김 진사는 노비인 '특'의 도움을 받아 운영과 달아날 계획을 세우나 특의 배신으로 안평 대군에게 들키게 되고, 운영은 자결을 한다. 김 진사는 특을 불러 지난날의 죄를 용서해 주며 청량사에서 운영을 위한 불공을 드릴 준비를 하라고 분부하나 특은 계속 악행을 저지른다.

때는 마침 홰나무 꽃이 노랗게 피는 시절이었습니다. 나는 과거를 볼 생각은 없었으나 공부를 핑계 삼아 청량사에 올라갔습니다. 며칠을 묵으며 특이란 놈이 한 짓을 자세히 듣게 되었지요. 분을 이기지 못했으나 특을 어찌할 방도가 없었습니다. 목욕재계한 다음 부처님 앞에 나아가 두 번 절하고 세 번 머리를 조아린 뒤 향을 살라 합장하고 이렇게

빌었습니다.

"운영이 죽을 당시 했던 약속이 너무도 서글퍼 차마 저버릴 수 없었나이다. 그래서 특이라는 종놈으로 하여금 정성을 다해 불공을 드리게 하여 명복을 빌려 했었습니다. 그랬건만 지금 이 종놈이 부처님께 빌던 말을 들으니 패악이 극심하여 운영의 마지막 소원마저 모두 물거품이 되고 말았습니다. 이 때문에 제가 감히 다시 비나이다. 부처님, 운영을 다시 살아나게 해 주옵소서. 부처님, 운영을 저의 배필로 맺어 주옵소서. 부처님, 운영과 제가 다음 생에서는 이 같은 원통함을 면하게 해 주옵소서. 부처님, 특이란 종놈의 목숨을 끊고 쇠로 만든 칼을 씌워 지옥에 가두어 주옵소서. 부처님께서 이렇게 해 주신다면 운영은 12층 금탑을 세우고 저는 큰 절을 세 곳에 세워 부처님 은혜에 보

답하겠나이다."

기도를 마치고 일어서서 백 번 절하며 머리를 땅에 조아리고 나왔습니다.

이레 뒤에 특은 우물에 빠져 죽었습니다. 그 뒤로 나는 세상사에 뜻이 없어, 몸을 깨끗이 씻고 새 옷으로 갈아입은 다음 조용한 방에 누웠습니다. 나흘 동안 먹지 않다가 한번 장탄식을 하고는 마침내 일어나지 못했습니다.

적기를 마치고 붓을 놓았다. 두 사람은 마주 보고 슬피 울었는데, 울음을 그치지 못했다. 유영이 위로의 말을 건넸다.

"두 분이 다시 만나셨으니 소원을 이룬 셈이요, 원수 같은 종놈이 이미 죽었으니 분도 풀렸을 터인데, 어찌 그리도 하염없이 비통해하십니까? 다시 인간 세상에 나지 못한 것을 한스러워하시는 겁니까?"

김 진사가 눈물을 거두고 감사의 뜻을 표하며 이렇게 말했다.

"우리 두 사람 모두 원한을 품고 죽었기에 염라대왕은 우리가 죄 없이 죽은 것을 가련히 여겨 인간 세상에 다시 태어나게 하려 했습니다. 그러나 지하의 즐거움도 인간 세계보다 덜하지 않거늘 하물며 천상의 즐거움이야 말해 무엇하겠습니까? 이 때문에 우리는 인간 세계에 태어나기를 소망하지 않았습니다. 다만 오늘 밤 서글퍼하는 것은 다른 이유에서입니다. 대군이 몰락하여 수성궁에 주인이 없어지자 새들은 슬피 울고 사람들의 발길도 끊어졌으니, 이것만 해도 참으로 슬픈 일이지요. 게다가 새로 전쟁을 겪은 뒤 화려하던 집은 잿더미가 되고 고운 담장은 무너져 내려 오직 섬돌의 꽃과 뜨락의 풀만 우거져 있습니다. 봄빛은 예전 모습 그대로이거늘 사람 일은 이처럼 바뀌었으니, 이곳에 다시 와 지난날을 추억하매 어찌 슬프지 않겠습니까!"

유영이 말했다.

"그렇다면 그대들은 모두 천상에 계신 분들인가요?"

김 진사가 말했다.

"우리 두 사람은 본래 천상의 신선으로, 오랫동안 옥황상제를 곁에서 모시고 있었지요. 그러던 어느 날 상제께서 태청궁에 납시어 내게 동산의 과실을 따 오라는 명을 내리셨습니다. 나는 반도와 경실과 금련자를 많이 따서 사사로이 운영에게 몇 개를 주었다가 발각되고 말았습니다. 그래서 속세로 유배되어 인간 세상의 고통을 두루 겪는 벌을 받았지요. 이제는 옥황상제께서 죄를 용서하셔서 다시 삼청궁(三淸宮)에 올라 상제 곁에서 시중을 들고 있습니다. 그러다가 때때로 회오리바람 수레를 타고 내려와 속세에서 예전에 노닐던 곳을 찾아보곤 한답니다."

이윽고 눈물을 뿌리며 유영의 손을 잡고 말했다.

"바닷물이 마르고 바위가 문드러져도 이 사랑의 감정은 사라지지 않을 것이요, 천지가 다해도 이 한은 사그라지지 않을 것입니다. 오늘 밤 그대와 만나 이렇게 회포를 풀었으니 전생의 인연이 없었더라면 어찌 이런 일이 있겠습니까? 엎드려 바라건대 선생은 저희가 쓴 글을 수습하시어 영원히 전해 주시기 바랍니다. 그리하여 경망스런 사람의 입에 헛되이 전해져 우스갯거리가 되지 않도록 해 주시면 참으로 고맙겠습니다."

(중략)

유영이 취하여 깜빡 잠이 들었다. 잠시 뒤 산새 울음소리에 깨어 보니, 안개가 땅에 가득하고 새벽빛이 어둑어둑하며 사방에는 아무도 보이지 않는데 다만 김 진사가 기록한 책 한 권이 남아 있을 뿐이었다. 유영은 서글프고 하릴없어 책을 소매에 넣고 집으로 돌아왔다. 상자 속에 간직해 두고 때때로 열어 보며 망연자실하더니 침식을 모두 폐하기에 이르렀다. 그 후 명산을 두루 유람하였는데, 그 뒤로 어찌 되었는지는 알 수 없다.

― 작자 미상, 「운영전」 ―

25634-0117

Q.2 <보기>를 참고하여 윗글을 감상한 내용으로 적절한지 O/X로 답해 보자.

보기

> **선생님**: 「운영전」은 몽유자가 꿈속에서 남녀 주인공을 만나 겪은 일을 중심으로 내용이 전개되는데, 현실이라는 **외부 이야기** 속에 꿈이라는 **내부 이야기**가 들어 있는 **액자 구조**를 갖추고 있습니다. 또한 남녀 주인공들이 천상계에서 죄를 지어 지상계로 내려왔다가 다시 천상계로 돌아가는 적강 화소(謫降話素), 남녀 주인공들의 이야기를 그들의 목소리로 말하게 한 발상, 삽입된 시와 서사 전개 간의 밀접한 연관, 비극적 성격 등이 잘 어우러져 높은 평가를 받고 있습니다.

① 몽유자가 꿈에서 깨어난 후 발견한 책은 **내부 이야기**와 **외부 이야기**를 매개하는 소재로 볼 수 있군. 〔O〕〔X〕

② 몽유자가 **꿈속**에서 남녀 주인공을 만나 그들의 사연을 듣는 공간을 천상계로 설정하여 몽환적 분위기를 조성하고 있군. 〔O〕〔X〕

③ **내부 이야기**에 남자 주인공이 자신의 목소리로 말하는 부분이 있어 상황을 바라보는 그의 시각을 엿볼 수 있군. 〔O〕〔X〕

④ **내부 이야기**에서 남녀 주인공이 한을 품고 죽는 것과 **외부 이야기**에서 몽유자가 망연자실하여 침식을 폐하는 것으로 보아 이 작품이 비극적 성격을 지녔음을 알 수 있군. 〔O〕〔X〕

STEP.3 개념 Jump

[01-02] 다음 글을 읽고 물음에 답하시오. | 고2 전국연합학력평가 |

[앞부분의 줄거리] 남파 간첩으로 체포되어 21년을 복역하고 작고한 작은할아버지의 생애를 석사 논문의 주제로 삼은 손자는 할아버지에게 과거사를 묻는다. 손자는 할아버지의 반응을 이끌어 내려 노력하는 한편, 다른 가족에게서도 작은할아버지의 행적에 관한 증언을 듣고 기록한다.

(가)

　작은할아버지의 생애와 그분이 살았던 시대를 두고 석사 논문을 쓰겠다는 마음이 애초부터 있었던 것은 아니다. 그분이 설령 남이라 해도 분단 현실에 희생양으로서 당신 생애가 관심을 끌 만했는데, 제삼자가 아닌 바로 우리 집안 어른이었다. 논문 부제로 붙인 '분단 시대 어느 사회주의자의 생애'에 합당한, 고난으로 점철된 그분 생애는 누구든 정리해 볼 만한 값어치가 있었다. '국민의 정부'가 들어서고 남북 화해 물꼬가 햇볕 정책이란 이름으로 트이자 북한에 대해 거리낌 없이 말해도 좋을 만큼 시대가 달라졌다. 그러자 작은할아버지는 유령의 가면을 벗고 지하에서 지상의 가족 앞에 그 모습을 드러냈다. 명절이나 집안 길흉사로 가족이 모이는 날이면 그분에 대한 일화가 이제 쉬쉬하지 않고 어른들 입에 자연스럽게 오르내리게 되었다. 작년 할머니 기일 때였다. 큰댁 식구, 고모네 식구에, 우리 식구가 할아버지 댁에 모이니 어린 조카들까지 합쳐 스물에 이르렀다. 속칭 '1·4 후퇴' 때 월남한 조부모 대 아래 50년 사이 후손이 그만큼 가지를 쳤던 것이다. 그날도 추모 예배 끝에 작은할아버지에 관한 일화가 어른들 입에서 오르내렸다. 「할아버지, 이제 새천년 이십일 세기가 시작됐는데 올해부터 우리 집안 쪽에서라도 작은할아버지 기일을 찾아 줘야 되잖겠어요? 그날 오늘처럼 가족이 모여 추모 예배를 보면 어때요?」 큰집 준식 형이 말을 꺼냈다. 「지금 너 뭐랬니? 대학 때 속깨나 썩이더니 아직도 삐딱한 생각을 청산 못했군. 뭐라구, 작은아버지 제사? 말이나 되는 소리니? 그 양반 제사를 우리가 왜 지내? 그 양반이 집안을 쑥대밭으로 만들었는데. 아버지도 그럴 맘 없겠지만, 난 반대야. 무슨 낯짝 있다구 우리 집 제삿밥 얻어먹어? 그 양반 망령인들 기독교식 제삿밥 먹으려 들갔어?」 술이 거나해진 큰아버지가 당신 맏아들인 준식 형을 삿대질하며 꾸짖었다.

(나)

　1950년 12월 초순이었다. 제비 떼같이 창공에 뜬 폭격기 편대가 몰아치는 눈보라를 뚫고 엄청난 양의 폭탄을 퍼붓고 있었다. 폭탄이 떨어지는 지점마다 불티가 하늘로 치솟았다. 종전 전 일본 땅에다 그랬듯 미제가 원자 폭탄을 투하할 거란 소문이 거짓말이 아니란 생각이 들었고, 봄이 와도 저 땅엔 풀인들 싹을 틔우겠냐 싶었다. 나는 고향 땅에 남겨 둔 부모님과 처자식 걱정이 태산 같았다. 전쟁이 나도 나는 인민군에 소집되지 않았고, 개천역 저탄장 작업소에서 일했는데, 일제 때 유경험자라 개천 광산 석탄 채굴 노동자로 작업 터를 바꾸었다. 열댓 살짜리까지 전선으로 빠지고 40대 장정이 대부분을 차지한 광산 노동자들은 전쟁 와중에도 전선에서 쓸 석탄 채굴에 여념이 없었다. 전황이 기울어 평양을 남쪽에 내줬다는 소식이 광산까지 전해지기

가 10월 초, 탄광이 폐쇄되어 읍내 집으로 돌아오자 아니나 다를까, 뒤이어 국군과 연합군이 읍내를 점령했다. 뒤따라 들어온 치안대, 한청(대한 청년단), 청방(청년 방위대)이 좌익 분자 색출에 혈안이 되어 꼬투리가 잡혔다 하면 하루를 못 넘겨 처형되거나 제 묻힐 구덩이 제가 파서 생매장 당했다. 사람 목숨이 파리 목숨처럼 한순간에 사라지던 험한 시절이라 청년 노동자 동맹 분소 부부장이었던 나로서는 우선 살아남자면 우익 지푸라기라도 붙잡아야 할 처지였다. 중공군 참전 소식이 들리고 마침 개천읍에 주둔해 있던 국군 부대 병기창이 철수를 서두르며 노무자를 징발하기에 나는 거기에 자원했다. 부대로 찾아온 어머니가 내게, 너들 식구만이라도 남으로 내려가 몸을 피하라고 아내에게 이르겠다 했는데, 아내와 젖먹이 딸린 자식 넷이 읍내에 남아 있는지 피난길에 나섰는지 알 수 없었다. 「너들 식구는 피난 나서더래두, 우리 양주야 살 만큼 산 목숨 아닌가. 그러니 배가 앞산만 한 광수 아내와 우리 양주는 여기 남을래. 광수가 살아서 집 찾아 돌아올 날까지 대장간을 지켜야지.」 하던 어머니의 마지막 말이 줄곧 귓바퀴에서 맴돌았다. 나는 개털 모자를 눌러썼는데 트럭이 속력을 내자 몰아치는 눈바람에 안면이 내 살 같지 않았고 무명으로 감싼 발톱은 집게로 뽑듯 아렸다. 그해 겨울, 결국 발가락 두 개가 동상으로 떨어져 나갔다. 생각만 해도 끔찍한 시절이었다. 늙고 할 일 없으니 자나 깨나 그 시절 생각이다. 손자 녀석까지 남의 심사를 박박 긁으니 초조함과 불안이 온몸을 옥죄어 온다. 나는 의자 등받이에 몸을 붙이고 일렁이는 불꽃을 본다. 「여보, 봉창 밖이 왜 저렇게 환해요? 불이 난 게 아니에요?」 갑자기 죽은 아내 목소리가 들린다. 증손골로 찾아온 맏이 녀석과 한바탕 난리를 치르고 난 뒤 화가 가라앉지 않아 곽가 불러 술이나 한잔하려 아내에게 술상을 차리라고 말한 뒤라, 나는 깜짝 놀라 뒷봉창을 보았다. 봉창이 훤했다. 나는 방문을 열고 뛰어나갔다. 변소 뒤 군용 천막으로 덮어 둔 폐지 더미에서 불길이 일고 있었다. 덩이덩이 쌓아 둔 폐지 더미가 바람을 타고 불길에 휩싸였다. 「여보, 어떡해요. 작은서방님이……」 뒤쫓아 나온 아내가 울먹였다. 폐지는 다 타 버리더라도 광수부터 살려야 했다. 나는 정신없이 불길 속으로 뛰어들었다.

　기침이 쏟아지고 갑자기 숨길이 가쁘다. 더 앉아 배겨 낼 수가 없다. 나는 의자에서 기우뚱 일어선다. 옷걸이에 걸린 10년 넘게 입어 온 점퍼를 걸친다. 할아버지, 어디 가시게요? 하며 손자 녀석이 며늘애와 함께 빵을 먹다 돌아본다. 나는 대답 없이 현관으로 가서 테두리에 인조털 달린 겨울용 검정 고무신을 신는다.

(다)

　불길에 뛰어든 아버지가 연기에 질식해 까무러친 작은아버지를 업구 수지면 소재 민간 병원으로 십 리 길을 뛰었지. (질문: 병원에 입원한다면 작은할아버지 신분이 밝혀질 텐데, 할아버지가 거기에 대한 대비책은 있었는지요? 하고 내가 물었다.) 아버지 생각으론 작은아버지를 우선 살려 놓구 봐야겠다는 마음부터 앞섰겠지. 화급한 마음에, 의사가

만약 신원을 대라면 폐지 집하장에서 일하는 일꾼이라고 둘러대려 했거나 말이야. 졸도했던 작은아버지는 하루 만에 깨어났으나 숨길만 붙었을 뿐 호스로 음식물을 공급해야 할 만큼 목구멍이 화기로 상했구 얼굴과 손발은 온통 붕대에 감겨 있었으니 병원에서 쉬 빼낼 수가 있어야지. 이튿날, 소방관과 경찰이 들이닥쳐 화재 원인을 캐구 인명 피해와 재산 피해를 파악하던 중 일꾼 하나가, 주인어른이 불더미에서 사람을 구해 내서 업구 갔다는 말을 흘려, 작은아버지가 병원에 입원한 사실이 들통난 거지. 그제야 아버지가 아뿔싸 했으나 이미 때가 늦었어. 작은아버지의 위조된 도민증이 들통난 거야. 박 정권이 들어선 초기라 당시 시국이 얼마나 살벌했는지 알아? 전국 깡패 소탕령이 내려져 잡아들이는 족족 국토 개발 사업장에 보내구, 호구 조사가 철저했으니……. 수원 경찰서에서 정보부로 옮겨 가며 신문받을 동안 아버지두 고문을 혹독히 당하셨나 봐.

- 김원일, 「손풍금」 -

01

의 [A]에 포함될 수 있는 내용으로 적절하지 <u>않은</u> 것은?　　25634-0118

> 이 작품에서는 장별로 서술자가 교차되고 다양한 인물의 진술이 증언 기록의 방식으로 제시됨으로써 '과거의 기억에 대한 다중 진술'이 구현되고 있다. 서술자 혹은 인물의 질문과 탐색, 침묵과 진술을 통해 과거에 대한 정보가 등장인물이나 작품 외부의 독자에게 전달되고 축적되는 과정에서 가족의 과거사가 드러난다. (가)와 (다)의 서술자인 손자, (나)의 서술자인 할아버지, (다)에 기록된 증언의 제공자인 아버지를 각각 ㉮, ㉯, ㉰라고 할 때, 윗글은 다음과 같이 이해할 수 있다.
>
> [A]

① '손자 녀석까지 남의 심사를 박박 긁으니'라는 ㉯의 반응은 ㉮의 탐색이 쉽지 않을 것임을 짐작하게 한다. `Ok` `No`
② ㉯의 내면 서술은 가족의 과거와 관련된 정보를 작품 외부의 독자에게 전달하는 기능을 한다. `Ok` `No`
③ ㉯가 '초조함과 불안'을 느끼는 이유는 ㉰의 진술을 통해 짐작할 수 있다. `Ok` `No`
④ ㉰가 추측을 통해 사건을 전달하는 과정에서 ㉰의 진술과 ㉯의 기억 간에 상충되는 부분이 발견되고 있다. `Ok` `No`
⑤ ㉮가 탐색하고자 하는 가족의 과거사는 ㉰의 진술을 통해 그 일면이 드러나고 있다. `Ok` `No`

02

 를 참고하여 (나)를 이해한 내용으로 적절하지 <u>않은</u> 것은?　　25634-0119

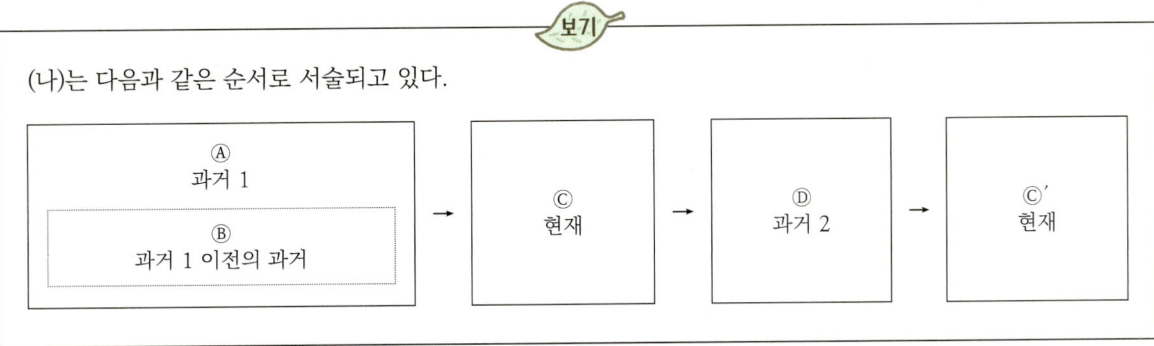

① Ⓑ에는 전쟁 발발 이후부터 Ⓐ에 이르기까지 서술자가 겪은 일이 제시되어 있다. `Ok` `No`
② '어머니의 마지막 말'을 기점으로 서술자의 생각이 Ⓑ에서 Ⓐ로 돌아오고 있다. `Ok` `No`
③ '늙고 할 일 없으니 자나 깨나 그 시절 생각이다.'라는 언급은 Ⓒ와 Ⓒ´에서의 서술자의 상황을 표현한 것이다. `Ok` `No`
④ Ⓓ가 Ⓐ보다 시간적으로 앞서 있음은 Ⓐ와 Ⓓ에 제시된 시대적 배경의 비교를 통해 확인할 수 있다. `Ok` `No`
⑤ Ⓐ와 Ⓓ는 과거 시제로, Ⓒ와 Ⓒ´는 현재 시제로 서술되어 사건이 일어난 시점과 이를 서술하는 시점이 구분되고 있다. `Ok` `No`

> 오늘 배운 구성의 개념들은 정말 중요해. 앞으로 기출문제를 풀다가 '역순행적 구성'이라든가 '액자식 구성' 같은 개념이 등장하면 배운 개념이 적용되는 장면들을 잘 살피며 읽어 보자. :)

소설의 배경

오늘 꼭 알아야 할 개념 # 소설의 배경 # 배경의 기능

STEP.1 개념 Hi

개념 10 배경

영화 「맘마미아」의 촬영지인 그리스의 어느 작은 섬.
영화 첫 장면의 아름다운 바다 배경은 인물들의 사랑이 펼쳐질 만한 분위기를 만들어 준다는 것!

1 배경의 종류

① **자연적 배경**: 소설에서 나타나는 자연적인 환경. 주로 사건이 일어나는 구체적인 시간과 공간을 의미함.

② **사회적 배경**: 소설 속에 나타나는 ㅅㅎ 현실과 ㅇㅅ적 상황. 정치, 경제, 종교, 문화는 물론 직업, 계층, 연령 등과 시대적 상황까지도 포함함.

③ **심리적 배경**: 인물이 처한 심리적 상황이나 독특한 ㄴㅁ 세계. 심리적 배경은 주로 사건의 논리적인 전개 과정보다는 등장인물의 내면 심리와 그 변화에 초점을 맞추어 서술하는 소설에 나타남.

📑 *시험지에는 이런 식으로 등장해.*

| 고3 전국연합학력평가 |

[앞부분의 줄거리] 태희는 낮에 강도가 침입한 이웃 경주네 집에서 경주 엄마와 함께 밤을 지낸다.

　개업식은 오후 두 시였지만 그녀는 일찌감치 집을 비워 두고 시내로 나갔다. 긴 겨울 방학에 이어 다시 봄 방학까지, 남편과 같이 있던 날들의 답답한 호흡에 자신도 모르는 사이에 지쳐 버렸다는 것인가. ㉠**남편의 출근이 시작되자마자 그녀 역시 바깥 세계로 나갈 작은 희망 사항을 하나 가슴에 품고 있던 중이었다.** 그저 한가한 시내버스에 몸을 싣고 종점에서 종점까지 가 보든가, 새로 개장한 백화점에 들러 본다든가. 그것도 아니면 근처 국민학교를 찾아가서 뛰어다니는 신입생들의 가슴에 매달린 흰 손수건이라도 쳐다보든가. 아이를 갖지 못한 여자에게 하루는 터무니없이 길었다. 게다가 아이를 갖지 못한 남편과 아내가 같이 보내는 하루는 그 얼마나 멀고 먼 모래밭인지.

– 양귀자, 「밤의 일기」 –

41. ① ㉠: '태희'가 집을 비우고 시내에 나가게 된 **심리적 배경**에 해당한다.

④ **상황적 배경**: 전쟁, 죽음, 질병과 같은 특정한 상황을 설정하여 그러한 상황에서 느끼는 인물의 의식을 보여 줌. 이러한 상황적 배경 설정은 그 자체가 주제와 밀접한 연관성을 띰.

📖 **시험지에는 이런 식으로 등장해.**

| 고1 전국연합학력평가 |

　　　"형님, 혹시 어머니 집에 오시지 않았어요?"
　　　"어머니가 우리 집에 오시다니, 무슨 소리야?"
　　　나는 그 순간 불길한 예감에 휘감겼다.
[B]　"큰일 났네. 어머니가 없어졌어요."
　　　"없어지다니, 자세하게 이야기해 봐."
　　　"우리 집에 오신 후 맥이 빠진다면서 밥도 안 드시고 방 안에만 누워 계셨거든요. 그런데 아침에 일어나 보니 안 보여요."

　　　도시를 빠져나온 나는 무작정 고향으로 가는 국도를 타고 달렸다. 황금빛 들판에는 벼들끼리 온몸으로 서로에게 부대끼며 물결 치고 있었다. 땅의 혼령들로 가득한 그곳에서 어머니의 냄새가 바람
[C]　처럼 훅 덮쳐 왔다. 나는 국도 변에 차를 세우고 길게 숨을 들이켰다. 어머니의 향기로운 냄새가 아우성치며 온몸의 핏줄 속으로 빨려 들어왔다. 어머니의 향기가 사무치게 그리웠다.

－ 문순태, 「늙으신 어머니의 향기」 －

36. ④ [B]는 [C]에서의 '나'의 행동이 나타나게 되는 **상황적 배경**이 된다.

② 배경의 기능

① ㅂㅇㄱ 를 조성함.
② 인물의 ㅅㄹ 나 앞으로의 사건에 대한 힌트를 줌.
③ ㅈㅈ 를 슬쩍 알려 줌.
④ ㄱㅇㅅ 을 부여함.

한 가지 더 배우기!

상식이 풍부한 우리는 이런 것까지 동원해서 배경을 이해하죠.

▶ 시대

• **개화기**: 신교육 사상, ㄱㅁ 운동, ㄱㅎ 의식 고취　예 이광수, 「무정」 / 심훈, 「상록수」
• **일제 강점기**: 민족의 수난과 고통, ㅎㅇ 정신　예 현진건, 「고향」 / 염상섭, 「만세전」
• **8·15 광복**: 해방 이후의 ㅎㄹ 한 사회의 모습　예 채만식, 「논 이야기」
• **6·25 전쟁**: ㅇㄴ 의 갈등, 전쟁의 ㅊㅎ 함　예 오상원, 「유예」 / 손창섭, 「비 오는 날」
• **산업화 시대**: ㅇㄱ 소외, 자본가와 노동자 간의 갈등　예 조세희, 「난쟁이가 쏘아 올린 작은 공」

▶ 장소

• **농촌**: ㅈㅇ 적이고 ㅎㅌ 적인 공간　예 김유정, 「봄·봄」
• **땅(토지)**: 민중의 ㅅ 의 터전　예 박경리, 「토지」 / 채만식, 「논 이야기」
• **도시**: 기계 문명이 발달하고 인간 간의 관계가 ㄷㅈ 된 공간　예 김승옥, 「서울, 1964년 겨울」
• **아파트**: 현대 도시인의 대표적인 생활 공간이며 타인과 ㅇㄹ 된 삶을 살아가는 공간　예 최인호, 「타인의 방」

■ **초성 퀴즈 답** 사회, 역사, 내면 / 분위기, 심리, 주제, 개연성 / 계몽, 개화, 항일, 혼란, 이념, 참혹, 인간 / 전원, 향토, 삶, 단절, 유리

STEP.2 개념 Quiz

1 　그 뒤로는 원구도 생활에 위협을 느끼기 시작했다. 한 달 가까이나 장마로 놀고 보니 자연 시원치 않은 장사 밑천을 그럭저럭 축내게 된 것이었다. 원구가 얻어 있는 방도 지루한 비에 습기로 눅눅해졌다. 벗어 놓은 옷가지며 이부자리에까지도 곰팡이가 끼었다. 그의 마음속에까지 곰팡이가 스는 것 같았다. 이런 날 이런 음산한 방에 처박혀 있자니, 동욱과 동옥의 일이 자연 무겁고 우울하게 떠오르는 것이었다. 점심때가 거의 되어서 원구는 퍼붓는 비를 무릅쓰고 집을 나섰다. 오늘은 동욱이와 마주 앉아 곰팡이 슨 속을 술로 씻어 내리며, 동옥이도 위로해 주어야겠다고 생각하고 원구는 술과 통조림을 사 들고 찾아갔다. 낡은 목조 건물은 전과 마찬가지로 금방 쓰러질 듯이 빗속에 서 있었다. 유리 없는 창문에는 거적도 그대로 드리워 있었다.

　　　　　　　　　　　　　　　　　　 - 손창섭, 「비 오는 날」 -

25634-0120

Q.1 윗글의 배경은 어떤 기능을 하는지 생각해 보자.

　이 글에는 한 달 가까이나 장맛비가 이어지고 있는 날씨, 이로 인한 습기로 눅눅하고 음산한 방이 배경으로 설정돼 있다. 이러한 배경은 작품 전체의 [ㅂ ㅇ ㄱ]를 조성하는 기능을 한다.

2 　버들댁은 들판과 바다를 왼쪽에 끼고 걸었다. 들판에는 겨울 보리들이 파랬다. 바다에는 부연 먼지 같은 안개가 덮여 있었다. 그 우중충한 안개가 그녀의 마음속에도 끼어 있었다. 한숨을 쉬었다. 이 자식은 언제나 철이 들어 제 앞가림을 하고 살려는가. 죽기 전에 그놈 당당하게 사는 모습 보는 것이 소망인데 좀처럼 기미가 보이지 않았다. 그 암담한 생각을 하자 다리가 팍팍해졌다. 후유, 하고 한숨을 쉬었다.

　　　　　　　　　　　　　　　　　　 - 한승원, 「버들댁」 -

25634-0121

Q.2 윗글의 배경은 어떤 기능을 하는지 생각해 보자.

　이 글에는 부연 먼지 같은 우중충한 안개가 덮여 있는 바다가 배경으로 제시되어 있다. 이러한 배경은 제 앞가림을 하지 못하는 손자('이 자식', '그놈')에 대한 버들댁의 암담한 [ㅅ ㄹ]를 드러내는 기능을 한다.

3 　**[앞부분의 줄거리]** 새 학년이 시작된 고등학교 2학년 학급. '나'는 임시 반장을 맡게 된다. 이것 때문에 '나'(이유대)는 기표와 재수파(再修派)에게 좋지 않게 보여 집단 구타를 당했고, 나는 기표를 악마라고 규정한다. 반장을 맡은 형우 또한 기표와 재수파에게 집단 구타를 당하지만 가해자를 끝내 밝히지 않음으로써 학교에서 영웅이 되고, 기표를 제외한 재수파들은 형우에게 용서를 빈다.

　담임 선생이 교단에서 내려서고 그 대신 반장 임형우가 사뭇 엄숙한 표정으로 단 위에 섰다.

　"담임 선생님의 말씀처럼 지금 우리 친구 하나가 매우 어려운 처지에 놓여 있다. 좀 늦은 감이 있지만 지금이라도 힘을 합쳐 그 친구를 구원해 주어야 한다고 생각한다."

　이렇게 서두를 잡은 형우는 언젠가 하굣길에서 내게 들려준 기표네 가정 형편을 반 아이들한테 이야기하기 시작했다. 그런데 놀라운 일은 형우의 혀였다. 나한테 얘기를 들려줄 때의 그런 적대감은 씻은 듯 감추고 오직 우의와 신뢰 가득한 말로써 우리의 친구 기표를 미화하는 일에 열을 올렸던 것이다.

　기표 아버지가 중풍에 걸려 식물인간처럼 누워 있는 정경이며 기표 어머니의 심장병, 그러한 부모들을 위해서 버스 안내원을 하던 기표 여동생의 눈물겨운 얘기, 라면으로 끼니를 때우는 기표네 식구들의 배고픔이 눈에 보이듯 열거되었다. 그런 가난 속에서도 가난을 결코 겉에 나타내지 않고 묵묵히 학교에 나온 기표의 의지가 또한 높게 치하(致賀)되었다. 더구나 그런 가난 속에서 유급을 했기 때문에 1년간의 학비를 더 마련해야 했던 그 고통스러운 얘기도 우리들 가슴에 뭉클 뭔가 던져 주었다.

　"나는 얼마 전 기표가 버스 안내원을 하던 여동생을 몹시 때린 일을 알고 있습니다. 그 여동생은 몸이 약해 버스 안내원을 그만두었던 것인데 생활이 더 어렵게 되자 돈을 벌기 위해 술집에 나가기로 했었다는 것입니다. 우리는 그 여동생이 앞으로 어떤 무서운 수렁에 떨어져 내릴는지 아무도 알 수가 없습니다.”

반 아이들은 사뭇 숙연한 자세로 형우의 말에 귀를 기울였다.

형우는 기표네 가정 사정을 낱낱이 얘기함으로써 이제까지 우리들에게 신화적 존재로 군림해 온 기표의 허상을 빈곤이라는 그 역겨운 것의 한 자락에 붙들어 맨 다음 벌거벗기려 하는 것 같았다. 기표는 판잣집 그 냄새나는 어둑한 방에서 라면 가락을 허겁지겁 건져 먹는 ㉠한 마리 동정받아 마땅한 벌레로 변신되어 있었다.

(중략)

이제 아이들은 아무도 기표를 무서워하지 않았다. 형이라고 호칭하는 아이도 드물었다. 아무나 곁에 가서 말을 걸 수가 있었고 때로는 어깨도 쳤다.

그것은 기표가 아주 부끄러움을 잘 타는 아이로 변해 버렸기 때문이다. 누구를 만나도 수줍어하는 그 아이는 그렇게 당당하던 체구마저도 왜소하게 짜부라진 채 우리가 보통 사진을 찍을 적에 ‘치이즈’ 하고 웃듯 그런 미소를 얼굴에 담고 있었다.

우리는 그렇게 미소 짓는 기표의 얼굴을 보면서 일사불란한 항해를 계속했다. 담임은 더욱 깊은 이해로써 우리 반을 돌봐주었다. 반장 형우는 그 나름의 성실과 지혜로 ‘우리’를 위해 헌신했다. 우리 교실에 들어오는 선생님마다 칭찬의 말을 아끼지 않았다. 기표의 얘기가 영화로 만들어진다는 얘기가 더욱 구체적으로 드러나기 시작했고 우리들은 덩달아 술렁거렸다.

그러던 어느 날 우리는 기표의 자리가 빈 것을 알았다. 다음 날도 그는 결석했다. 무단결석이었다. 담임 선생이 한 아이를 기표네 집에 보냈다.

“집에도 없어. 이틀 전에 집을 나갔대.”

우리들은 서로 얼굴을 마주 보며 술렁거리기 시작했다. 뭔가 심상찮은 생각들이 머리에 젖어 들었다. 기표가 내리 사흘이나 결석을 한 아침나절이었다. 수업 중인데 담임이 형우와 나를 찾는 쪽지가 왔다. 우리가 교무실에 내려갔을 때 담임 선생은 병색이 완연해 뵈는 어떤 여자와 얘기를 나누고 있었다. 그네는 초가을인데도 낡고 두터운 오버를 걸치고 있었다.

“아이구, 우리 기표 친구들이구만, 시상에 이렇게 고마운 친구들이 어디 있겠누. 그런데 이눔에 자슥이……”

그네는 몸을 일으켜 우리에게 굽실거리며 때 낀 손수건으로 눈물을 찍어 냈다. 그네는 우리의 손을 더듬어 쥐고 싶어 했다.

“자, 이제 고만 돌아가십시오. 얘들하고 의논해서 찾아보겠습니다.”

담임 선생은 기표 어머니를 내쫓듯 교무실에서 밀고 나갔다. 그네는 교무실을 나가며 자꾸 아쉬운 듯 우리들 얼굴을 돌아다보았다. 그네를 배웅하고 돌아온 담임이 의자에 소리 나게 주저앉으며 부들부들 떨리는 손으로 담배를 피워 물었다.

“이 망할 새끼가 끝까지 말썽이란 말이야.”

그는 담배 연기를 깊이 빨아들였다가 내뿜으며 투덜거렸다.

“내일 천일 영화사 사람들하고 만나기로 약속한 날이잖냐? 그런데 이 망할 새끼가…….”

그는 서랍에서 편지 하나를 꺼내 우리들 앞에 내던졌다. 기표가 바로 밑의 여동생한테 보낸 편지였다. 편지 맨 앞줄에 이렇게 쓰여 있었다.

㉡‘무섭다. 나는 무서워서 살 수가 없다.’

- 전상국, 「우상의 눈물」 -

25634-0122

Q.3 윗글에 대한 설명으로 적절한지 O/X로 답해 보자.

① 시대적 상황을 제시하여 사건의 의미를 부여하고 있다.　　　　　　　　O　X

② 특정 공간의 묘사를 통해 서정적 분위기를 자아내고 있다.　　　　　　O　X

③ 작중 인물의 시각에서 서술하여 그의 내면에 공감하도록 유도하고 있다.　　O　X

Q.4 윗글의 서사적 흐름을 고려하여 ㉠과 ㉡을 연결하여 이해해 보자.

㉡에서 기표가 무섭다고 말하는 것은 곧 담임 선생과 형우의 태도와 관련이 있다. 담임 선생과 형우의 합법적 폭력, 즉 그들은 기표를 돕고자 하는 것처럼 보이지만 이면에는 기표를 무기력한 인간으로 만들고자 하는 의도가 담겨 있는 것이다. 이와 같이 기표가 무기력한 인간으로 변신하게 된 것은 다름 아닌 기표의 가정 환경이 급우들에게 폭로되면서부터이다. 따라서 ㉠은 ㉡과 같은 결과를 초래한 ㅇㅇ이며 상황적 ㅂㄱ이라 할 수 있다.

STEP.3 개념 Jump

[01-02] 다음 글을 읽고 물음에 답하시오.

여기 동남향으로 후미진 골짜기에 억새와 솔가지로 덮은 움막이 하나 보인다. 양동욱 내외가 들어 있다.

동욱 내외는 이 지리산 공비 소탕이 완료되던 다음 해 봄에 여기를 찾아들어 막을 매고 밭을 일구기 시작했다.

피난살이를 부산에서 했다. **아무리 버둥거려 봐도 살 수가 없었다.** 살아갈 재간이 없었다. 무슨 짓이든 못할 게 없겠으나 할 짓이, 할 일이 없었다.

약만 쓰면 살릴 줄 뻔히 알면서도 그렇지 못 해 아이까지 죽였다.

영선고개 판잣집마저 헐리게 되자 별 작정도 없이 그만 떠 버렸다.

진주에서 몇 달 동안 살았다.

목수나 미장이 뒷일꾼으로도 다녀 봤다. 한 달에도 며칠, 그나마도 작자가 달아 품삯은 고사하고라도 제 몫에 돌아오지도 않았다.

그의 아내가 양은그릇을 받아 이고 장사로도 나서 봤다. 주로 촌마을을 찾아다녔다. 본전도 더 깎지 않고는 팔리지 않았다.

할 일이 없었다. 살아갈 수가 없었다.

산청으로 들어갔다.

여기서는 더 할 일이 없었다.

"여보, ㉠**두더지가 땅 밖에 나오면 죽게 마련이라오. 우리 그만 깊숙히 산골로 들어가서 밭농사나 짓자요……."**

이래서 돈푼 될 것은 모조리 팔았다.

밀가루 두 포대와 감자씨 반 말을 사고 우거지 한 꾸러미를 바꿨다.

팽이, 호미, 톱, 낫 이런 연모와 함께 된장 몇 사발, 소금 두 됫박 그 밖에 석유 한 병, 사기 호롱 한 개를 꾸려서 산청을 뒤로하고 산골로 접어들었다.

십 리도 넘게 들어갔다. 동욱의 걸음이 뜬다.

누구나 그래도 다 살아가는데 누구나 다 사는 세상에서 나만 살지 못하고 이렇게 무인 산골로 쫓겨 가다니— 하니 동욱은 어떤 패배감 같은 설움이 치밀어 목이 메인다. 그럴수록 뒤따라오는 그의 아내가 측은하기도 하고 미덥기도 했다.

㉡**"어쩔까, 산골은 어디 없이 매한가지가 아니겠나?"**

하고 동욱이 골짜기를 두리번거리자

"매한가질 바야 더 들어가요. 길이 막히는 데까지 가 보자요!"

해는 벌써 한나절이 가까왔다. 어느 산구비로 희부옇게 강물이 보였다. 먼발치로 강만 바라보고 무작정 걸었다. 벼랑을 끼고 얼마를 돌아 나가자 강은 발밑으로 흐르고 있었다. 물이 밭은 강이었다. 강을 건넜다. 있는 듯 없는 듯한 오솔길을 따라 산기슭을 돌고 몇 등을 넘어 골짜구니로 들어섰다. 들어갈수록 질펀한 골짜기였다. 길 옆에 오지그릇 조각들이 보였다.

"동네였나 부지?"

"그런가 봐요!"

하잘것없는 이 **오지그릇 조각들**이 이 날 이 두 내외에게는 먼 조상의 무덤이나 찾은 것처럼 **가슴이 설레고 반가**왔다.

[중략 줄거리] 산골 생활에 적응해 나가던 부부는 자신들에게 집을 지어 준 박 노인과 함께 살아가기를 바란다. 박 노인은, 과거에 자신을 배신했지만 가엾은 처지가 된 윤 생원을 거두어 부부를 찾아와 함께 생활해 나간다.

한 이틀 쉬더니 윤 생원은 팽이를 들고 나선다. 놀자니 온 전신이 근질거린다고 한다.

그런가 하면, 눈이 덮이기 전에 거름을 한 번 먹여야 한다고, 아직 차지도 않은 뒷간에다 물을 타서 보리밭에 퍼내기도 한다. 박 노인도 놀기 심심하다면서 산으로 올라가 나무를 베곤 한다.

정월달도 그럭저럭 넘어가고 이월 초순 어느 날 밤이었다. 저녁을 먹고 나서 그대로 담배를 피우면서 박 노인이

"벌써 진달래가 폈데!"

그러자 동욱 아내가

"곧 나물이 돋겠네, 좋아라."

"나물은 역시 야산이 빨라. 여기는 산이 깊어서……."

동욱이

㉢**"그럼 감자씨도 넣까?"**

하자, 박 노인이

"씨는 넉넉한지?"

동욱 아내가

"잔것만 가려서 두어 말 돼요!"

그러자 윤 생원이 불쑥

"돼지는 언제 살까요?"

하자, 박 노인은 비로소 생각이 난 듯

"세 전에 누가 구시(구유*) 두 개 파 달라 카는데, **구시 두 개 파**면 돼지 새끼 한 자우 사질까?"

그러자 윤 생원이 또

"안 되면 도끼자루하고 도리깨 살도 다 내지."

"나도 **산나물 나면 여 내다 보낼**래."

이러고 난 한 열흘 뒤에 동욱과 윤 생원은 새로 일군 밭부터 골을 치기 시작한다. 삽에다 칡 새끼를 걸어 동욱이가 당기고 윤 생원이 삽질을 했다. 서 마지기 턱이나 씨를 넣었다. 꼬박 사흘이 걸렸다. 감자갈이를 마치고 동욱과 윤 생원은 박 노인을 따라 **산에서 구유감을 굴려 내**렸다. 며칠째 꽃바람이 불기 시작하자 산은 날로 물기가 어리기 시작한다.

닭이 품자리를 찾는다. 알은 딱 열일곱 개밖에 낳지 않았다. 동욱 내외는 뜰 옆 양지쪽에서 닭을 품기면서 그의 아내가

"여보, 아무래도 방을 한 간 더 달아야 해요!"

"뭐하게 방은 또……."
"윤 생원 말요……."
㉣동욱은 그의 아내의 입을 바라본다.
"명숙이 엄마를 데리고 올까고―."
동욱은 비로소 말뜻을 알아차리고 씨익 웃으면서
"올까?"
"오다뿐이겠오. 인제 나이 서른일곱인데, 아이를 달고 그게 어데 사는 게라고!"

"그렇게 됐으면 좋긴 하겠는데……."
"윤 생원도 알고 보니 당신보다도 세 살 위인 마흔둘입디다. ㉤마흔둘이면 한창인데 이 산속에서 어떻게 홀애비로 늙겠오."

– 오영수, 「메아리」 –

*구유: 마소의 먹이를 담아 주는 그릇.

---

01 ㉠~㉤에 대한 이해로 적절하지 <u>않은</u> 것은?

25634-0123

① ㉠: 절망적인 상황을 벗어나고자 하는 심정이 드러나 있다.　Ok　No
② ㉡: 정착할 곳을 찾아가는 상황을 조금 더 견뎌 주기를 바라는 심정이 드러나 있다.　Ok　No
③ ㉢: 봄철 농사일에 대한 기대감이 드러나 있다.　Ok　No
④ ㉣: 상대가 말하려 하는 내용에 대한 궁금함이 드러나 있다.　Ok　No
⑤ ㉤: 윤 생원의 처지를 걱정하는 모습이 드러나 있다.　Ok　No

02 **보기**를 바탕으로 윗글을 감상한 내용으로 적절하지 <u>않은</u> 것은?

25634-0124

> **보기**
>
> 　「메아리」에서는 삶의 의욕을 잃어 가던 인물들이 **산속**에서 서로 협력하는 과정이 나타난다. 이를 통해 작가는 인물들이 공동체를 형성해 나가며 인간다운 삶을 회복하는 모습을 보여 준다. **산속**은 정신적 위안과 안정을 주는 공간으로, 삶의 애환을 지닌 인물들이 과거에 겪은 상처를 딛고 살아가게 해 준다. 아울러 산속은 혼란한 **도시**와 대비되어 인물들에게 물질적 안정을 주고 일상적인 삶을 가능하게 하는 동시에 새로운 구성원을 품을 수 있는 열린 공간으로 제시된다.

① '아무리 버둥거려 봐도 살 수가 없었'던 피난살이와 '할 일이 없'어 살 수 없던 **도시**는 동욱 부부가 삶의 의욕을 잃었던 원인이라고 할 수 있겠군.　Ok　No
② 동욱 내외가 '오지그릇 조각들'을 보면서 '가슴이 설레고 반가'워하는 장면에서 **산속**이 정신적 위안과 물질적 안정을 주는 공간임을 알 수 있겠군.　Ok　No
③ 돼지를 기르고 싶다는 윤 생원의 말에 '구시 두 개 파'겠다거나 '산나물 나면 여 내다 보'태겠다고 대답하는 장면에서 **서로를 도우며 살아가는 인물들의 모습**을 확인할 수 있겠군.　Ok　No
④ 박 노인이 윤 생원과 함께 '산에서 구유감을 굴려 내'리는 장면에서 과거의 **상처를 딛고 살아가는 공동체의 모습**을 확인할 수 있겠군.　Ok　No
⑤ 윤 생원을 생각하며 '명숙이 엄마를 데리고' 오겠다는 아내와 '씨익 웃으'며 기대하는 동욱의 모습에서 **산속**이 새로운 인물을 품을 수 있는 열린 공간으로 제시되어 있다고 할 수 있겠군.　Ok　No

배경이 없는 이야기는 있을 수가 없겠지? 언제, 어디에서, 어떤 상황에서, 어떤 분위기에서 사건이 일어나고 있는지 항상 생각해 보자. :)

08강 소설의 소재

오늘 꼭 알아야 할 개념 # 소설 속 소재 # 소재의 기능

STEP.1 개념 Hi

개 념 1 1 소재

작품의 여기저기에서 이야기를 만들고 전개해 나가는 데 필요한 다양한 재료들

 소재 또한 작가가 자신의 의도를 드러내기 위해 고민 끝에 사용한 장치들이죠.

소재의 기능

① 인물의 ㅅㄹ 나 ㅅㄱ 을 드러냄.
② ㄱㄷ 을 불러일으키기도, 해소시키기도 함.
③ 사건과 사건을 ㅇㄱ 시킴.
④ ㅈㅁ 이 달라지게 함.
⑤ ㅈㅈ 까지 살짝 알려 주기도 함.

| 고2 전국연합학력평가 |

41. 노을빛 에 대한 이해로 가장 적절한 것은?
⑤ 인물이 시간의 흐름에 따라 새롭게 자각한 인식이 투영되어 있다.

→ 인물의 심리 및 태도를 드러냄.

| 고2 전국연합학력평가 |

44. ⓐ(도장)와 ⓑ(옥으로 된 가마)에 대한 이해로 가장 적절한 것은?
② ⓐ는 계획한 일을 실현하기 위한 수단이고, ⓑ는 명령을 이행하는 데 쓰이는 수단이다.

→ 사건과 사건을 연결하고, 사건을 전개시킴.

| 고2 전국연합학력평가 |

38. '부자'가 이야기 를 한 의도로 가장 적절한 것은?
③ 비리와 관련된 관원들을 우회적으로 비판하기 위해서

→ 주제를 드러냄.

■ **초성 퀴즈 답** 심리, 성격, 갈등, 연결, 장면, 주제

STEP.2 개념 Quiz

1

　새침하게 흐린 품이 눈이 올 듯하더니, 눈은 아니 오고 얼다가 만 비가 추적추적 내리었다.
　이날이야말로 동소문 안에서 인력거꾼 노릇을 하는 김 첨지에게는 오래간만에도 닥친 운수 좋은 날이었다. 문안에 (거기도 문밖은 아니지만) 들어간답시는 앞집 마나님을 전찻길까지 모셔다 드린 것을 비롯하여 행여나 손님이 있을까 하고 정류장에서 어정어정하며 내리는 사람 하나하나에게 거의 비는 듯한 눈길을 보내고 있다가, 마침내 교원인 듯한 양복장이를 동광 학교(東光學校)까지 태워다 주기로 되었다.
　첫 번에 삼십 전, 둘째 번에 오십 전 — 아침 댓바람에 그리 흉치 않은 일이었다. 그야말로 재수가 옴 붙어서 근 열흘 동안 돈 구경도 못 한 김 첨지는 십 전짜리 백동화 서푼, 또는 다섯 푼이 찰깍하고 손바닥에 떨어질 제 거의 눈물을 흘릴 만큼 기뻤었다. 더구나 이날 이때에 이 팔십 전이라는 돈이 그에게 얼마나 유용한지 몰랐다. 컬컬한 목에 모주 한 잔도 적실 수 있거니와, 그보다도 앓는 아내에게 설렁탕 한 그릇도 사다 줄 수 있음이다.
　그의 아내가 기침으로 쿨룩거리기는 벌써 달포가 넘었다. 조밥도 굶기를 먹다시피 하는 형편이니 물론 약 한 첩 써 본 일이 없다. 구태여 쓰려면 못 쓸 바도 아니로되, 그는 병이란 놈에게 약을 주어 보내면 재미를 붙여서 자꾸 온다는 자기의 신조에 어디까지 충실하였다. 따라서 의사에게 보인 적이 없으니 무슨 병인지는 알 수 없으나, 반듯이 누워 가지고, 일어나기는 새로 모로도 못 눕는 걸 보면 중증은 중증인 듯. 병이 이다지 심해지기는 열흘 전에 조밥을 먹고 체한 때문이다. 그때도 김 첨지가 오래간만에 돈을 얻어서 좁쌀 한 되와 십 전짜리 나무 한 단을 사다 주었더니, 김 첨지의 말에 의하면, 오라질 년이 천방지축으로 냄비에 대고 끓였다. 마음은 급하고 불길은 닿지 않아 채 익지도 않은 것을 그 오라질 년이 숟가락은 고만두고 손으로 움켜서 두 뺨에 주먹 덩이 같은 혹이 불거지도록 누가 빼앗을 듯이 처박질하더니만 그날 저녁부터 가슴이 땅긴다, 배가 켕긴다 하고 눈을 홉뜨고 지랄을 하였다. 그때 김 첨지는 열화와 같이 성을 내며,
　“에이, 오라질 년, 조랑복은 할 수가 없어, 못 먹어 병, 먹어서 병! 어쩌란 말이야! 왜 눈을 바루 뜨지 못해!”
하고 김 첨지는 앓는 이의 뺨을 한 번 후려갈겼다. 홉뜬 눈은 조금 바루어졌건만 이슬이 맺히었다. 김 첨지의 눈시울도 뜨끈뜨끈하였다. 이 환자가 그러고도 먹는 데는 물리지 않았다. 사흘 전부터 설렁탕 국물이 마시고 싶다고 남편을 졸랐다.
　“이런 오라질 년! 조밥도 못 먹는 년이 설렁탕은, 또 처먹고 지랄병을 하게.”
라고 야단을 쳐 보았건만, 못 사 주는 마음이 시원치는 않았다.
　인제 설렁탕을 사 줄 수도 있다. 앓는 어미 곁에서 배고파 보채는 개똥이(세 살먹이)에게 죽을 사 줄 수도 있다. — 팔

십 전을 손에 쥔 김 첨지의 마음은 푼푼하였다.
(중략)

　김 첨지도 이 불길한 침묵을 짐작했는지도 모른다. 그렇지 않으면 대문에 들어서자마자 전에 없이,
　“이 난장맞을 년, 남편이 들어오는데 나와 보지도 않아. 이 오라질 년.”이라고 고함을 친 게 수상하다. 이 고함이야말로 제 몸을 엄습해 오는 무시무시한 증을 쫓아 버리려는 허장성세인 까닭이다.
　하여간 김 첨지는 방문을 왈칵 열었다. 구역을 나게 하는 추기 — 떨어진 삿자리 밑에서 나온 먼지내, 빨지 않은 기저귀에서 나는 똥내와 오줌내, 가지각색 때가 켜켜이 앉은 옷내, 병인의 땀 섞은 내가 섞인 추기가 무딘 김 첨지의 코를 찔렀다. 방 안에 들어서며 설렁탕을 한구석에 놓을 사이도 없이 주정꾼은 목청을 있는 대로 다 내어 호통을 쳤다.
　“이 오라질 년, 주야장천 누워만 있으면 제일이야! 남편이 와도 일어나지를 못해.”라는 소리와 함께 발길로 누운 이의 다리를 몹시 찼다. 그러나 발길에 채이는 건 사람의 살이 아니고 나뭇등걸과 같은 느낌이 있었다. 이때에 빽빽 소리가 ‘응아’ 소리로 변하였다. 개똥이가 물었던 젖을 빼어 놓고 운다. 운대도 온 얼굴을 찡그려 붙여서 운다는 표정을 할 뿐이다. ‘응아’ 소리도 입에서 나는 게 아니고, 마치 배 속에서 나는 듯하였다. 울다가 울다가 목도 잠겼고 또 울 기운조차 시진(澌盡)한 것 같다.
　발로 차도 그 보람이 없는 걸 보자 남편은 아내의 머리맡으로 달려들어 그야말로 까치집 같은 환자의 머리를 껴들어 흔들며,
　“이년아, 말을 해, 말을! 입이 붙었어, 이 오라질 년!”
　“…….”
　“으응, 이것 봐, 아무 말이 없네.”
　“…….”
　“이년아, 죽었단 말이냐, 왜 말이 없어?”
　“…….”
　“으응, 또 대답이 없네, 정말 죽었나 버이.”
　이러다가 누운 이의 흰 창이 검은 창을 덮은, 위로 치뜬 눈을 알아보자마자,
　“이 눈깔! 이 눈깔! 왜 나를 바루 보지 못하고 천정만 바라보느냐, 응?”
하는 말끝엔 목이 메었다. 그러자 산 사람의 눈에서 떨어진 닭똥 같은 눈물이 죽은 이의 뻣뻣한 얼굴을 어룽어룽 적시었다. 문득 김 첨지는 미친 듯이 제 얼굴을 죽은 이의 얼굴에 한데 비벼 대며 중얼거렸다.
　“㉠설렁탕을 사다 놓았는데 왜 먹지를 못하니, 왜 먹지를 못하니…… 괴상하게도 오늘은 운수가 좋더니만…….”
- 현진건, 「운수 좋은 날」 -

Q.1 윗글에서 ⊙은 어떤 기능을 하는지 생각해 보자.

김 첨지의 아내는 '설렁탕'을 그토록 먹고 싶어 했으면서도 끝내 먹지 못하고 죽음을 맞는다. 이러한 사건 전개로 볼 때, '설렁탕'은 상황의 비극성을 더욱 [ㅅ ㅎ] 시키는 역할을 한다.

Q.2 다음 밑줄 친 소재 중, ⊙과 가장 유사한 기능을 하는 소재는?

① 내심 '나'를 좋아하는 점순이는 어느 날 '나'에게 은근히 감자 세 개를 쥐어 준다. 그러나 어수룩한 '나'는 점순이의 속마음도 모르고 자존심이 상해 그것을 뿌리친다. 그러자 점순이는 몹시 화가 나 눈물까지 흘리며 휑하니 달아난다.

– 김유정, 「동백꽃」 –

② 징용 나갔다가 한 팔을 잃은 만도는 제대하는 아들을 마중 나갔다가, 전쟁 통에 한쪽 다리를 잃은 아들의 모습에 몹시 상심한다. 돌아오는 길 내내 침묵하던 만도는 주막에서 술 몇 잔을 거푸 마신 다음에야 속이 좀 풀어져 비로소 아들에게 말을 건넨다.

– 하근찬, 「수난 이대」 –

③ 이틀이나 굶으며 일자리를 찾다가 집에 들어간 '나'는, 부엌에서 몰래 뭔가를 먹다 깜짝 놀라며 쥐었던 것을 얼른 아궁이에 던지고는 얼굴이 붉어진 채 밖으로 나가는 아내를 보고 불쾌함을 느낀다. 그러나 아내가 나간 뒤 아궁이에서 잇자국이 선명한 귤껍질을 발견한 '나'의 눈에는 눈물이 괸다.

– 최서해, 「탈출기」 –

한 차례 길게 심호흡을 뽑은 다음 강도는 마침내 결심했다는 듯이 이부자리를 돌아 화장대 쪽으로 향했다. 얌전히 구두까지 벗고 양말 바람으로 들어온 강도의 발을 나는 그때 비로소 볼 수 있었다. 내가 그렇게 염려를 했는데도 강도는 와들와들 떨리는 다리를 옮기다가 그만 부주의하게 동준이의 발을 밟은 모양이었다. 동준이가 갑자기 칭얼거리자 그는 질겁을 하고 엎드리더니 녀석의 어깨를 토닥거리는 것이었다. 녀석이 도로 잠들기를 기다려 그는 복면 위로 칙칙하게 땀이 밴 얼굴을 들고 일어나서 내 위치를 힐끗 확인한 다음 본격적인 작업에 들어갔다. 터지려는 웃음을 꾹 참은 채 강도의 애교스런 행각을 시종 주목하고 있던 나는 살그머니 상체를 움직여 동준이를 잠재울 때 이부자리 위에 떨어뜨린 식칼을 집어들었다.

"연장을 이렇게 함부로 굴리는 걸 보니 당신 경력이 얼마나 되는지 알 만합니다."

내가 내미는 칼을 보고 그는 기절할 만큼 놀랐다. 나는 사람 좋게 웃어 보이면서 칼을 받아 가라는 눈짓을 보냈다. 그는 겁에 질려 잠시 망설이다가 내 재촉을 받고 후닥닥 달려들어 칼자루를 낚아채 가지고 다시 내 멱을 겨누었다. 그가 고의로 사람을 찌를 만한 위인이 못 되는 줄 일찍이 간파했기 때문에 나는 칼을 되돌려 준 걸 조금도 후회하지 않았다. 아니나 다를까, 그는 식칼을 옆구리 쪽 허리띠에 차더니만 몹시 자존심이 상한 표정이 되었다.

"도둑맞을 물건 하나 제대로 없는 주제에 이죽거리긴!"

"그래서 경험 많은 친구들은 우리 집을 거들떠도 안 보고 그냥 지나치죠."

"누군 뭐 들어오고 싶어서 들어왔나? 피치 못할 사정 땜에 어쩔 수 없이……."

나는 강도를 안심시켜 편안한 맘으로 돌아가게 만들 절호의 기회라고 판단했다.

"그 피치 못할 사정이란 게 대개 그렇습니다. 가령 식구 중에 누군가가 몹시 아프다든가 빚에 몰려서……."

그 순간 강도의 눈이 의심의 빛으로 가득 찼다. 분개한 나머지 이가 딱딱 마주칠 정도로 떨면서 그는 대청마루를 향해 나갔다. 내 옆을 지나쳐 갈 때 그의 몸에서는 역겨울 만큼 술 냄새가 확 풍겼다. 그가 허둥지둥 끌어안고 나가는 건 틀림없이 갈기갈기 찢어진 한 줌의 자존심일 것이었다. 애당초 의도했던 바와는 달리 내 방법이 결국 그를 편안케 하긴커녕 외려 더욱더 낭패케 만들었음을 깨닫고 나는 그의 등을 향해 말했다.

"어렵다고 꼭 외로우란 법은 없어요. 혹 누가 압니까, 당신도 모르는 사이에 당신을 아끼는 어떤 이웃이 당신의 어려움을 덜어 주었을지?"

"개수작 마! 그 따위 이웃은 없다는 걸 난 똑똑히 봤어! 난 이제 아무도 안 믿어!"

그는 현관에 벗어 놓은 구두를 신고 있었다. 그 구두를 보기 위해 전등을 켜고 싶은 충동이 불현듯 일었으나 나는 꾹 눌러 참았다. 현관문을 열고 마당으로 내려선 다음 부주의하게도 그는 식칼을 들고 왔던 자기 본분을 망각하고 엉겁

결에 문간방으로 들어가려 했다. 그의 실수를 지적하는 일은 훗날을 위해 나로서는 부득이한 조처였다.

"대문은 저쪽입니다."

문간방 부엌 앞에서 한동안 망연해 있다가 이윽고 그는 대문 쪽을 향해 느릿느릿 걷기 시작했다. 비틀비틀 걷기 시작했다. 대문에 다다르자 그는 상체를 뒤틀어 이쪽을 보았다.

"이래 봬도 나 대학까지 나온 사람이오."

누가 뭐라고 그랬나. 느닷없이 그는 자기 학력을 밝히더니만 대문을 열고는 보안등 하나 없는 칠흑의 어둠 저편으로 자진해서 삼켜져 버렸다. 나는 대문을 잠그지 않았다. 그냥 지쳐 놓기만 하고 들어오면서 문간방에 들러 권 씨가 아직도 귀가하지 않았음과 깜깜한 방 안에서 에미 애비 없이 오뉘만이 새우잠을 자고 있음을 아울러 확인하고 나왔다. 아내는 잠옷 바람으로 팔짱을 끼고 현관 앞에 서 있었다.

"무슨 일이라도 있었나요?"

"아무것도 아냐."

잃은 물건이 하나도 없다. 돼지 저금통도 화장대 위에 고대로 있다. 아무것도 아닐 수밖에. 다시 잠이 들기 전에 나는 아내에게 수술 보증금을 대납해 준 사실을 비로소 이야기했다. 한참 말이 없다가 아내는 벽 쪽으로 슬그머니 돌아누웠다.

"뗄 염려는 없어, 전셋돈이 있으니까."

"무슨 일이 있었군요?"

아내가 다시 이쪽으로 돌아누웠다.

우리 집에 들어왔던 한 어리숙한 강도에 관해서 나는 끝내 한마디도 내비치지 않았다.

– 윤흥길, 「아홉 켤레의 구두로 남은 사내」 –

EBS 윤혜정의 개념의 나비효과 🦋 입문 편

Q.3 윗글에 나오는 '구두'의 상징적 의미를  를 참고하여 파악해 보자.

　　이른 아침이었다. 문간방 툇마루에 앉아서 권 씨가 구두를 닦고 있었다. 누구나 그렇듯이 그가 솔로 먼지나 떠는 정도의 일을 하고 있었다면 나는 그냥 지나쳤을지도 모른다. 바탕과 빛깔이 다르고 디자인이 다른 갖가지 구두를 대여섯 켤레나 툇마루에 늘어놓은 채 그는 떨고 바르고 닦는 데 여념이 없었다.

　　"그거 팔 겁니까?"

　　아침 인사 겸 농담 삼아 나는 그에게 말을 걸었다.

　　"팔 거냐구요?"

　　갑자기 일손을 멈추더니 그는 내 발을 내려다보았다. 아니, 내가 신고 있는 구두를 유심히 쏘아보는 것이었다. 이윽고 내 바짓가랑이와 저고리 앞섶을 타고 꼬물꼬물 기어올라 오는 그의 시선이 마침내 내 시선과 맞부딪치면서 차갑게 빛났다. 그는 얼굴이 시뻘겋게 달아오르는가 싶더니 어느새 입가에 냉소를 머금고 있었다.

　　"어떻게 보고 하시는 말씀인지는 모르지만……."

　　"제가 이거 실례했나 봅니다. 달리 무슨 뜻이 있어서가 아니고…… 다만 구두가 하두 여러 켤레라서…… 전 그저 많다는 의미루다……."

　　입을 꾹 다물고는 권 씨가 더 이상 나를 상대하지 않으려는 의사를 분명히 했으므로 내겐 아무 할 말이 없어져 버렸다.

　현실에 적응하지 못한 좌절감에 빠진 권 씨에게 '구두'는 현실의 좌절을 보상받고자 하는 　ㅈ　ㅈ　ㅅ　을 의미한다. 대학까지 나왔지만 온전한 생활 능력을 지니지 못한 권 씨는 구두의 반짝이는 빛 속에서 그 순간만큼은 현실의 고통을 벗어날 수 있는 것이다.

[앞부분의 줄거리] '나'는 너우네 아저씨가 위독하다는 소식을 듣고 한국 전쟁 때 자식 대신 성표를 데리고 피난했던 너우네 아저씨를 떠올린다.

밤새도록 반짝반짝 닦은 크고 작은 자물쇠를 앞뒤로 주렁주렁 달고 장군처럼 거만하고 당당하게 장사를 나가는 너우네 아저씨의 권위는 완벽했다. 내 자식을 사지에 뿌리치고 조카자식을 구해 내서 공부시킨다는 게 그렇게 위대한 일일까? 나는 그의 당당함에 압도된 채, 속으론 '언제고 그의 위대성이 터무니없는 가짜라는 걸 보고 말 테다'라는 엉큼한 생각을 키우고 있었다.

휴전이 되었지만 우린 고향에 돌아갈 수 없었다. 38 이남이었기 때문에 꼭 돌아갈 수 있으리라 믿었던 우리는 하필 우리 고향 쪽에서 남으로 쳐진 휴전선이 억울하고 원망스러웠다.

너우네 아저씨인들 그때 이별이 영이별 될 줄만 알았으면 설마 지게에 은표 대신 성표를 올려놓지는 않았으련만……. 형과 나는 고향을 아주 잃은 비감 때문에 이렇게 너우네 아저씨의 처사를 인간적으로 해석하려 들었다.

그러나 그게 아니었다. 너우네 아저씨는 한술 더 떠서 이렇게 될 줄 미리 알고 장조카를 구했노라고 으스댔다. 장조카를 공부시킬 위대한 사명을 띤 그의 행상이 조그만 점포로 발전할 무렵 우리도 생활이 좀 나아져서 딴 동네로 이사를 가게 됐다. 그러나 자주 소식을 주고받았고, 만날 기회도 심심찮게 있었다.

1년에 두 번 있는 동향인의 군민회도 우리 식구가 모두 기다리고 기다렸다가 참석하는 즐거운 모임이었지만 너우네 아저씨네도 꼭 숙질이 함께 참석했다. 또 실향민끼리의 의리라는 것도 각별해서 고향 땅에선 서로 모르고 지냈던 사이끼리도 경조사를 서로 연락하고 적극 참석했다.

결혼식장 같은 데서 가끔 만나는 너우네 아저씨는 성표를 대동할 적도 있었고 혼자일 적도 있었다. 물론 앞뒤에 자물쇠를 주렁주렁 달고 다니던 왕년의 행상 티는 조금도 나지 않았다. 그러나 내 눈엔 언제나 그가 ㉠자물쇠를 훈장처럼 달고 다니는 것처럼 보였다.

제 자식을 모질게 뿌리치고 장조카를 데리고 나와 성공시키기 위해 온갖 고생 다 했다는 걸로 자신을 빛내려 들었기 때문이다. 나는 그가 자물쇠 행상일 적에 매일 밤 그것을 닦아 훈장처럼 빛냈듯이, 요새도 매일 밤 자신의 내력을 번쩍번쩍 빛나게 닦고 있다고 생각했다. 그는 그 특이한 내력으로 어디서나 빛났다. 동향 사람들 중에서도 특히 나잇살이나 먹은 이들은 그의 자랑을 끝까지 들어 주고 아낌없이 그를 칭송하고 존경하는 걸로 자신의 도덕적인 결함까지 은폐하려 드는 것 같았다.

그러나 나는 은표 어머니의 ⓐ억장이 무너지는 소리를 잊지 못하는 한 그의 위대성이 가짜라는 게 드러나 그가 웃음거리가 되는 걸 보고야 말겠다는 생각을 단념할 수 없었다.

동향인의 결혼식도 잦았지만 장례식도 잦아졌다. 동향인이 모이는 자리에도 세대교체 현상이 나타나 나잇살이나 먹은 이들이 점점 줄었다. 너우네 아저씨의 자랑을 들어 주고 칭송할 사람도 그만큼 줄었다. 자신의 내력이 더 이상

자신을 빛내 줄 수 없다는 걸 알았는지 너우네 아저씨는 눈에 띄게 풀이 죽어 갔다. 나는 그런 허점을 놓칠세라 젊은 사람들한테 그가 한 짓을 풍겼다. 젊은이들의 반응은 노인들의 반응과 판이했다. 우린 이미 너우네 아저씨가 신봉하던 케케묵은 도덕과 상관없는 세대였다. 그건 한낱 웃음거리에 지나지 않았다. 그게 웃음거리라면 너우네 아저씨는 더 큰 웃음거리였다. 좀 더 생각이 깊은 젊은이라면 너우네 아저씨가 자기 처자식에게 저지른 비인간적인 처사에 분개해 마지않았고, 그를 숫제 징그러운 괴물 취급하려 들었다.

(중략)

"에구머니, 이제 죽을 날이 정말 가까웠나 봐. 곡기 끊으면 죽는다는데…….."

아주머니가 경망스럽게 숟갈을 내던지며 놀랐다. 그러나 나는 그가 무슨 말을 하고 싶어서 그런다는 확신을 얻고, 그의 경련 치는 손을 잡고 애타게 외쳤다.

"아저씨, 너우네 아저씨, 저를 알아보시겠어요? 네, 너우네 아저씨, 뭐라고 말씀 좀 해 보세요."

이윽고 아저씨의 손에 힘이 쥐어지는 듯하더니 입놀림이 확실해졌다. 나는 그의 멍청하던 눈에 그윽한 환희가 어리는 걸 똑똑히 보았고 그의 ⓑ입이 말하는 소리를 분명히 들었다.

"은표야, 아아, 은표야."

아저씨는 그렇게 말하고 있었다. 나는 아저씨가 그의 아들을 뿌리치고 대신 조카를 데리고 피난 내려온 뒤 한 번도 아들의 이름을 입에 올리는 걸 들은 적이 없었다. 은표의 단짝이었던 나를 보면 은표도 어느 하늘 밑에 죽지 않고 살았으면 저만할 텐데 하고 비감하는 눈치라도 보일 법한데 그런 적조차 없었다. 그는 아들을 뿌리침과 동시에 아들의 이름까지 잊어버렸을뿐더러 아예 기억에서 지우고 사는 사람 같았다. 아들 대신 장조카 데리고 피난 나왔다고 자랑할 때의 아들도 보통 명사로서의 아들이지 은표라는 고유 명사로서의 아들이 아니었다.

그가 처음으로 입에 올린 은표 소리는 나만 겨우 알아들을 만큼 희미했다. 그러나 내 귀엔 억장이 무너지는 소리로 들렸다. 그는 사력을 다해 ⓒ억장이 무너지는 소리를 내고 있었다. 아아, 30여 년 전 은표 어머니의 억장이 무너지는 소리는 이제야 앙갚음을 완수한 것이다.

나는 그렇게 되길 오랫동안 바라고 기다려 왔을 터인데도 쾌감보다는 허망감에 소스라쳤다.

다시 열쇠고리 장수가 늘어선 거리로 나왔을 땐 해가 뉘엿뉘엿했다. 해가 뉘엿뉘엿할 무렵이면 가슴에 하나 가득 갖가지 자물쇠를 늘인 채 봉지 쌀과 자반고등어를 사 들고 뒤뚱뒤뚱 걸어오던 너우네 아저씨의 모습이 떠올랐다. 봉지 쌀과 자반고등어 때문인지 자물쇠가 훈장으로 보이는 엉뚱한 착각은 일어나지 않았다. 그는 외롭고 초라한 자물쇠 장수에 지나지 않았다.

내가 그를 직시할 수 있기까지 자그마치 서른두 해가 걸렸던 것이다.

- 박완서, 「아저씨의 훈장」 -

25634-0127

Q.4 윗글에서 ㉠은 어떤 기능을 하는지 생각해 보자.

‘나’는 ‘자물쇠’를 보고 ‘너우네 아저씨’의 당당함을 드러내는 ⟨ㅎㅈ⟩ 같다는 생각을 한다. 그러나 위중한 상태에서 아들의 이름을 입에 올리는 ‘너우네 아저씨’를 보고 ‘자물쇠’는 ⟨ㅎㅈ⟩이 아니었다고 인식하게 된다. 그러므로 ‘자물쇠’는 ‘너우네 아저씨’에 대한 ‘나’의 ⟨ㅂㅈㅈ⟩ 인식을 드러내는 기능을 한다.

Q.5 ⓐ~ⓒ에 대한 설명으로 적절한지 O/X로 답해 보자.

① ⓐ를 통한 인물에 대한 판단을 ⓒ로 인해 보류하고 있다.　　O　X
② ⓑ를 통해 ⓐ를 회상하면서 사건의 전모가 밝혀지고 있다.　　O　X
③ ⓑ를 ⓒ로 인식하면서 상대에 대한 심리적 거리가 가까워진다.　　O　X

STEP.3 개념 Jump

[01-02] 다음 글을 읽고 물음에 답하시오.

| 고1 전국연합학력평가 |

권중만이는 벌써 오륙 년째나 동네를 드나드는 밭떼기 전문의 채소 장수였다. 동네에서 채소를 돈거리로 갈기 시작한 것도 권을 보고 한 일이었다. 권의 발걸음이 그치지 않는 한 안팎 삼동네의 채소는 사철 시장이 보장된 것이나 다름이 없었으니까. 동네에서는 권이 얼굴만 비쳐도 반드시 손님으로 대접하였다. 사람이 눅어서 흥정을 하는 데도 그만하면 무던하였지만 그보다는 그동안 동네에 베푼 바가 그러고도 남음이 있는 덕분이었다.

권은 알 만한 사람은 다들 일러 오던 채소 정보통이었다. 권은 대개 어느 고장에서 무엇을 얼마나 하고 있으며 또한 근간의 작황이 어떠하므로 장차 회계가 어떻게 되리라는 것까지도 미리 사심 없이 귀띔하기를 일삼곤 하였다. 영두는 그의 남다른 정확성에 혀를 둘렀고, 한번은 그 비결이 무엇인가를 물어본 적도 있었다. 권은 장삿속에 부러 비쌔면서 유세를 부려 봄직도 하건만, 천성이 능준하여 그러는지 그저 고지식하게 말하는 데에만 서슴이 없을 따름이었다.

"그건 어려울 거 하나 없시다. 큰 종묘상 몇 군데에서 씨앗이 나간 양만 알아도 얼거리가 대충 드러나니까……."

"몇 년 동안의 씨앗 수급 상황만 알면 사오 년 앞까지도 내다볼 수가 있다는 얘기네요."

"그건 아마 어려울 거요. 왜냐하면 빵이랑 라면이랑 고기 먹고 크는 핵가족 아이들은 김치를 거의 안 먹고, 좀 배운 척하는 젊은 주부들 역시 김장엔 전혀 신경을 안 쓰고…… 그러니 애들이 김치 맛을 알 겨를도 없거니와, 공장 김치나 시장 김치는 그만큼 맛도 우습고 비싸서 먹는댔자 양념으로나 먹으니 어떻게 대중을 하겠수."

"그럼 무 배추 농사는 머지않아 거덜이 나고 만다는 얘기요?"

"그럴 리야 있겠수. 왜냐하면 일본에서는 요즘 우리나라 김치 붐이 일어서 갈수록 인기가 높다거든."

"국내 수요가 주는 대신에 대일 수출이 느니 그게 그거란 얘기군요."

"그게 아니라 일본에서 유행하면 여기서도 유행하니깐 김치도 자연히 그렇게 되지 않겠느냐 이거지."

　　　　　　　(중략)

이론이 갖추어진 사람들은 불로 소득을 노리는 밭떼기 장수들로 하여 농산물이 제값을 받지 못하고 유통 구조가 어지러워진다고 몰아세우기에 항상 자신만만한 것 같았다. 물론 옳은 말이었다. 그렇지만 영두가 보기에는 밭떼기 장수들이야말로 가장 미더운 물주요 필요악 이상의 불가결한 존재였다. 그들이 아니면 누가 미리 목돈을 쥐여 줄 것이며, 다음의 뒷그루 재배에는 또 무엇으로 때맞추어 투자를 할 수 있을 것인가. 출하와 수송에 따른 군일과 부대 비용을 줄여 주는 것도 오로지 그들이 아니었던가.

그러기에 지난번의 그 일은 더욱 권중만이답지 않은 처사였다. 권은 텃밭에 간 알타리무를 가져가면서 뜻밖에도 만원만 접어 달라고 않던 짓을 하였다. 영두는 내키지 않았다. 돈 만 원이 커서가 아니었다. 만 원이면 자기 내외의 하루 품인데, 그 금쪽같은 시간을 명색 없이 차압당하는 꼴이나 다름이 없기 때문이었다. 권은 정색을 하고 말했다.

"요새는 아파트 사람들도 약아져서 밑동에 붙은 흙을 보고 사 가기 땜에 이렇게 숙전*에서 자란 건 인기가 없어요. 왜냐하면 흙 색깔이 서울 근처의 하천 부지 흙하고 비슷해서 납이 들었느니 수은이 들었느니…… 중금속 채소라고 만져도 안 본다구."

"그럼 일일이 흙을 털어서 내놓는 거요?"

"턴다고 되나. 반대로 벌겋게 묻혀야지."

"그렇게 놀랜흙*을 묻혀 놓으면 새로 야산 개간을 해서 심은 무공해 채소로 알고 사 간다…… 이제 보니 채소도 위조품이 있구먼."

"있지. 황토를 파다 놓고 한 차에 만 원씩 그 짓만 해 주는 이도 있고…… 어디, 이 씨가 직접 해 주고 만 원 더 벌어 볼려우?"

논흙에서 희읍스름한 매흙 빛깔이 나듯이 집터서리의 텃밭도 찰흙 색을 띠는 것이 당연한데, 그 위에 벌건 황토를 뒤발하여 개간지의 산물로 조작하되 그것도 갈고 가꾼 사람이 직접 해 줬으면 하고 유혹을 하니 듣던 중에 그처럼 욕된 말이 없었다.

영두는 성질이 나서 견딜 수가 없었으나 한두 번 신세 진 사람도 아니고 하여 대거리를 하자고 나댈 수도 없었다. 자칫 못 먹을 것을 만들어서 파는 사람으로 취급받지 않으려면 속절없이 농담으로 들어 넘기는 것이 상수란 생각도 들었다.

그래서 조용히 말했다.

"권씨 말대로 하면 농사짓는 사람은 벌써 다 병이 들었거나 갈 데로 갔어야 할 텐데 거꾸로 더 팔팔하니 무슨 조화속인지 모르겠네……."

권은 얼굴을 붉혔으나 그래도 그저 숙어 들기가 어색한지 은근히 벋나가는 소리를 했다.

"하지만 사 먹는 사람들이야 어디 그러우. 사 먹는 사람들은 내다 팔 것들만 약을 치고 집에서 먹을 것은 그러지 않을 거라고 생각하지."

영두는 속으로 찔끔하였다. 권의 말도 아주 틀린 말은 아니었던 것이다.

영두는 무 배추에 진딧물이 끼여 오가리가 들고 배추벌레와 노린재가 끓어 수세미처럼 구멍이 나도 집에서 먹을 것에는 분무기를 쓴 적이 없었다. 볼품이 없는 것일수록 구수한 맛이 더하던 이치를 익히 알고 있기 때문이었다.

그러나 그런 물건을 내놓을 경우에는 값이 있을 리가 없었다.

언젠가는 농가에서 채소를 농약으로 코팅하여 내놓는다고 신문에 글까지 쓴 사람도 있었지만, 그런 일이야말로 마지못해 없는 돈 들여 가면서 농약을 만져 온 농가에 물을 것이 아니요, 벌레가 조금만 갉은 자국이 있어도 칠색 팔색을 하며 달아나던 햇내기 소비자들이 자초한 일이라고 아니할 수가 없는 거였다.

벌레 닿은 자국이 불결스럽다 하여 진딧물 하나 없이 깨끗한 푸성귀만 찾는다면, 그것은 마치 두메의 자갈길 흙먼지엔 질색을 하면서도 도심의 오염된 대기는 보이지 않는 다는 이유만으로 무심히 활개를 쳐 온 축들의 어리석음과도 견줄 만한 것이었다.

- 이문구, 「산 너머 남촌」 -

*숙전(熟田): 해마다 농사를 지어 잘 길들인 밭.
*놀랜흙: 생토(生土). 생땅의 흙.

---

01 **만 원**에 대한 설명으로 가장 적절한 것은?　　　25634-0128

① '권중만'과 '영두' 사이의 갈등이 해소된 이유이다.　Ok No
② '영두'가 '권중만'의 조언을 수용하게 된 이유이다.　Ok No
③ '권중만'이 '영두'에게 친밀감을 보이게 된 이유이다.　Ok No
④ '영두'가 '권중만'에게 양보를 강요하게 된 이유이다.　Ok No
⑤ '영두'가 '권중만'에게 부정적으로 반응하게 된 이유이다.　Ok No

02 **보기**를 바탕으로 윗글을 감상한 내용으로 적절하지 **않은** 것은?　　　25634-0129

> **보기**
>
> 이 작품은 1980년대 농민들의 생활을 형상화하고 있다. 작가는 농민들이 농사의 경제적 이익을 고려하거나 농산물의 유통과 판매까지 감안하게 된 상황을 보여 준다. 작품 속 '영두'는 먹거리를 생산하는 농민으로서 가져야 할 태도를 인식하면서도 이러한 태도를 지켜 나가기 어려운 현실 속에서 가치관의 혼란을 겪고 있다. 작가는 이를 통해 당대 농민들이 겪고 있던 어려움을 현실감 있게 보여 준다.

① 농민들이 권중만을 보고 '채소를 돈거리로 갈기 시작'하는 상황은, 농사를 통한 경제적 이익 창출을 고려하는 농민들의 면모를 드러내는군.　Ok No
② 영두가 '국내 수요'와 '대일 수출'을 언급하며 권중만과 이야기를 나누는 모습은, 농산물의 유통과 판매까지 감안하는 농민의 현실을 드러내는군.　Ok No
③ 영두가 '밭떼기 장수'를 '미더운 물주요 필요악 이상의 불가결한 존재'로 받아들이는 것은, 다른 농민들의 어려운 상황을 이용해 경제적 이익을 추구하는 영두의 모습을 드러내는군.　Ok No
④ 영두가 '자칫 못 먹을 것을 만들어서 파는 사람으로 취급받지 않'으려 하는 것은, 먹거리를 생산하는 농민이 가져야 할 태도에 대해 인식하고 있음을 드러내는군.　Ok No
⑤ 영두가 '구수한 맛이 더하던 이치'에도 불구하고 '볼품이 없는 것'이 '값이 있을 리가 없'다고 판단하는 것은 농사에 대한 가치관을 따르기 어려운 현실에 대한 인식을 드러내는군.　Ok No

작가가 고심하면서 장치해 놓은 여러 소재들이 갖는 의미와 기능을 생각하면서 소설을 읽는다면 작품을 더 깊이 있고 재미있게 읽을 수 있을 거야. :)

09강 소설의 시점

오늘 꼭 알아야 할 개념   # 소설의 시점   # 1인칭 주인공 시점   # 1인칭 관찰자 시점   # 3인칭 관찰자 시점   # 전지적 서술자 시점

STEP.1 개념 Hi

개념 1 2   시점

시점 (視: 볼 시, 點: 점 점)
『문학』 소설에서, 이야기를 서술하여 나가는 방식이나 관점.

시점의 종류

(1) ㅇ인칭 ㅈㅇㄱ 시점: '나'가 작품 속 주인공으로 등장하여 이야기를 전개해 나가는 시점

　① 주인공이 직접 자신의 이야기를 하므로 주인공의 ㄴㅁㅅㄱ 를 효과적으로 표현할 수 있음.

　② 독자들에게 직접 말하는 느낌이 들기 때문에 ㅊㄱ 감과 ㅅㄹ 감을 줌.

　③ 주인공이 자신의 입장에서만 말하기 때문에 내용이 ㅈㄱ 적임.

　④ 독자는 ㅈㅇㄱ 이 보고 느낀 것만을 알게 된다는 한계점이 있음.

　　⏎ *시험지에는 이런 식으로 등장해.*

　　　이야기 속 서술자가 사건에 대해 평가하고 있다.
　　　주인공이 서술자가 되어 자신의 경험을 서술하고 있다.
　　　이야기 내부의 서술자가 인물의 내력을 제시하고 있다.
　　　서술자를 작중 인물로 설정하여 사건의 현장감을 조성하고 있다.

(2) ㅇ인칭 ㄱㅊㅈ 시점: 작품 속에 등장하는 부수적 인물인 '나'가 자신의 이야기가 아니라 주인공에 대한 이야기를 전달하는 시점. 작품에 '나'가 등장하지만 주인공이 아닌 ㄱㅊㅈ 임.

　① '나'의 눈에 비친 것만을 이야기함.

　② 독자는 '나'가 전해 주는 내용을 바탕으로 주인공의 심리나 성격을 ㅊㅊ 해야 함.

　　⏎ *시험지에는 이런 식으로 등장해.*

　　　중심인물로부터 전해 들은 사건의 전말이 제시되고 있다.
　　　등장인물인 서술자가 사건에 대해 거리를 두고 관찰하고 있다.
　　　이야기 속의 부수적 인물인 '나'가 주인공의 행동을 묘사하고 있다.
　　　사건을 체험한 서술자가 중심인물과 관련된 자신의 생각을 드러내고 있다.

> **한 가지 더 배우기!**
>
> 　1인칭 시점의 소설은 서술자인 '나'가 전해 주는 이야기에 의존할 수밖에 없다. 그런데 당최 믿음이 안 가는 서술자들이 있으니, 바로 미성숙하거나 무교양, 무지, 눈치코치 없는 1인칭 서술자 '나'이다. 때문에 독자가 더 분발해야 하는 것이다. 보통 이들은 순수한 사람이거나 어린아이로 설정된다.
>
> 　예 • 주요섭의 「사랑손님과 어머니」의 '옥희': 어린아이로 어머니와 아저씨의 심리를 파악하지 못하고 눈에 보이는 것만 전달한다. 독자는 옥희의 눈에 비친 어머니와 아저씨의 말과 행동을 통해 두 인물의 서로에 대한 마음을 추측하고 확인해야만 한다.
> 　　• 김유정의 「봄·봄」의 '나': 어수룩하고 순진한 '나'는 장인의 교활한 회유나 상황을 제대로 파악해 내지 못한다. 이러한 '나'의 어수룩한 모습이 해학을 유발한다.
> 　　• 채만식의 「치숙」의 '나': 무지하고 어리석은 '나'가 아저씨를 관찰하고 비판적으로 평가한다. 그러나 '나'는 일제 강점기라는 현실을 바르게 인식하지 못하고 일제에 순응하며 자신의 안정된 생활만을 추구하는 인물로, 독자는 '나'의 말을 의심하면서 오히려 아저씨를 긍정적으로 생각하게 된다.

(3) 3인칭 ㄱㅊㅈ 시점: 서술자가 소설의 사건이나 인물의 행동을 관찰자의 위치에서 서술하는 시점

① 서술자는 ㄱㄱ 적인 태도로 눈에 보이는 것만을 서술하며 일체의 해설이나 평가는 하지 않으므로 극적인 효과를 줌.

② 서술자는 작품 밖에 있으므로 인물을 부를 때는 '그, 그녀, 개똥이, 아무개'처럼 3인칭 대명사나 고유 명사(인물의 이름)로 부름.

③ 독자는 서술자의 객관적 설명을 통해 사건 전개나 작가의 의도에 대해 적극적으로 ㅅㅅ 해 의미를 찾아내야 함.

📑 *시험지에는 이런 식으로 등장해.*

서술자가 이야기 밖에서 인물과 사건을 객관적으로 관찰하고 있다.

이야기 밖 서술자가 관찰자의 입장에서 사건을 객관적으로 전달하고 있다.

서술자가 관찰자의 입장에서 사건을 객관적으로 전달하여 사실성을 높이고 있다.

(4) ㅈㅈㅈ 서술자 시점: 서술자가 작품 밖에서 등장인물과 사건에 대해 서술하는 시점. 서술자는 신처럼 등장인물들의 모든 것(속마음, 인간관계, 과거와 미래 등)을 훤히 들여다보듯 알고 있음.

① 서술자는 인물과 사건에 대해 ㅂㅅ 하고 ㅎㅅ 함.

② 때로는 서술자가 작가의 ㅇㅅ 관이나 전달하고자 하는 ㅈㅈ 까지도 직접적으로 드러내기도 함.

③ 서술자가 알아서 다 분석해서 말해 주므로 독자는 딱히 상상력을 발휘하지 않아도 됨.

📑 *시험지에는 이런 식으로 등장해.*

이야기 밖 서술자가 앞으로 전개될 사건을 예측하고 있다.

이야기 외부의 서술자가 특정 인물의 관점에서 사건을 해석하고 있다.

이야기 밖의 서술자가 중심인물의 내적 갈등이 해소되는 과정을 서술하고 있다.

이야기 속에 등장하는 서술자가 한 인물을 선택하여 그 인물의 시각에서 다른 인물의 행동이나 말을 서술하고 있다.

■ **초성 퀴즈 답** 일, 주인공, 내면세계, 친근, 신뢰, 주관, 주인공 / 일, 관찰자, 관찰자, 추측 / 관찰자, 객관, 상상 / 전지적, 분석, 해설, 인생, 주제

STEP.2 개념 Quiz

1

　　나는 다시 기범이 지껄였던 과거의 요설들이 생각난다. 세상을 항상 역(逆)으로만 바라보던 그의 난해성이 또 한 번 나를 혼란 속에 빠뜨린다. 그는 어쩌면 이 세상을 역순(逆順)과 역행(逆行)에 의해 누구보다 열심히 가장 솔직하게 살다 간 것 같다. 그에게 악과 선은 등과 배가 서 [A] 로 맞붙은 동위(同位) 동질(同質)의 것이었는지도 알 수 없다. 그는 악과 선 중 아무것도 믿지 않았고 오직 믿은 것이라고는 세상에는 아무것도 믿을 것이 없다는 사실뿐이었다. 그와 오일규가 맞부딪쳤을 때 오일규가 해체되는 것은 너무나 당연하다. 그것은 가장 비열한 삶이 가장 올바른 삶을 해체시키는 역설적인 예인 것이다.

　　　　　　　　　　　　　　　　　- 홍성원, 「무사와 악사」 -

25634-0130

Q.1 [A]의 서술상 특징으로 적절한지 O/X로 답해 보자.

① 이야기 내부의 서술자가 인물의 행동을 객관적으로 서술하고 있다.　　O X

② 이야기 내부의 서술자가 인물에 대한 평가를 관념적으로 서술하고 있다.　　O X

③ 이야기 외부의 서술자가 인물의 체험을 바탕으로 사건의 배경을 실감 나게 서술하고 있다.　　O X

④ 이야기 외부의 서술자가 인물의 회상을 중심으로 사건의 전개를 지연시키며 서술하고 있다.　　O X

⑤ 이야기 외부의 서술자가 인물의 내면을 묘사하여 인물 간의 갈등이 지속되고 있음을 서술하고 있다.　　O X

2

　　그의 두툼한 입술이 선잠에서 깬 어린애같이 움씰거리더니 겨우 인사말이 나왔다. 무슨 말이 더 있을 듯싶었는데 그는 이내 돌아서서 휘적휘적 걷기 시작했다. 나는 내심 그의 입에서 끈끈한 가래가 묻은 소리가, 이를테면, 오 선생 너무하다든가 잘 먹고 잘 살라든가 하는 말이 날아와 내 이마에 탁 늘어붙는 순간에 대비하고 있었는지도 모른다. 그래서 그가 갑자기 돌아서면서 나를 똑바로 올려다봤을 때 그처럼 흠칫 놀랐을 것이다.

　　　　　　　　　　　　　　- 윤흥길, 「아홉 켤레의 구두로 남은 사내」-

25634-0131

Q.2 윗글을 와 같이 바꾸어 썼을 때의 효과로 적절한지 O/X로 답해 보자.

보기

　　나는 그에게 겨우 인사말을 하고 돌아선다. 발걸음이 제대로 떼어지지 않는다. 입안에서는 '오 선생, …… 나도 정말 오 선생께 아쉬운 소리를 하는 것이 죽기보다 싫었소.'라든가 '오 선생이 내게 그러실 줄은 몰랐소.'라는 말들이 맴돈다. 그러나 말을 내뱉으려고 돌아서는 순간 말문이 막혀 버린다. 흠칫 놀라는 듯한 그의 표정은 마치 날아올 화살을 예상하여 무슨 변명이라도 하기 위해 철저히 대비하고 있는 듯하다.

① 인칭을 바꾸어 표현함으로써 '나(권 씨)'의 객관적 판단이 강조된다.　　O X

② 시제를 바꿈으로써 인물이 과거를 회고하는 듯한 느낌이 감소된다.　　O X

③ 서술 시점을 바꿈으로써 추측성이 강한 관찰자('오 선생')의 시점이 부각된다.　　O X

④ 멀어져 가는 사람의 시선에서 정지해 있는 사

람의 시선으로 바꿈으로써 서술 속도에 변화
가 생긴다. 　［ O ｜ X ］

⑤ 서술의 초점이 되는 인물을 '그'에서 '나'로
바꿈으로써 '나(권씨)'의 심정이 보다 정확하
게 드러난다. 　［ O ｜ X ］

③ 이 사내는, 어인 까닭인지 구보를 반드시 '구포'라고 발음하였다. 그는 맥주병을 들어 보고, 아이 쪽을 향하여 더 가져오라고 소리치고, 다시 구보를 보고, 그래 요새두 많이 쓰시우. 무어 별로 쓰는 것 '없습니다.' 구보는 자기가 이러한 사내와 접촉을 가지게 된 것에 지극한 불쾌를 느끼며, 경어를 사용하는 것으로 그와 사이에 간격을 두기로 하였다. 그러나 ⓐ이 딱한 사내는 도리어 그것에서 일종 득의감을 맛볼 수 있었는지도 모른다. 그뿐 아니라, 그는 한 잔 십 전짜리 차들을 마시고 있는 사람들 틈에서 그렇게 몇 병씩 맥주를 먹을 수 있는 것에 우월감을 갖고, 그리고 지금 행복이었을지도 모른다.

－ 박태원, 「소설가 구보 씨의 일일」 －

25634-0132

Q.3 윗글은 〈보기〉 (가)의 시점으로 서술되어 있다. ⓐ를 (나)의 시점으로 바꾸었을 때, 가장 적절한 것을 골라 보자.

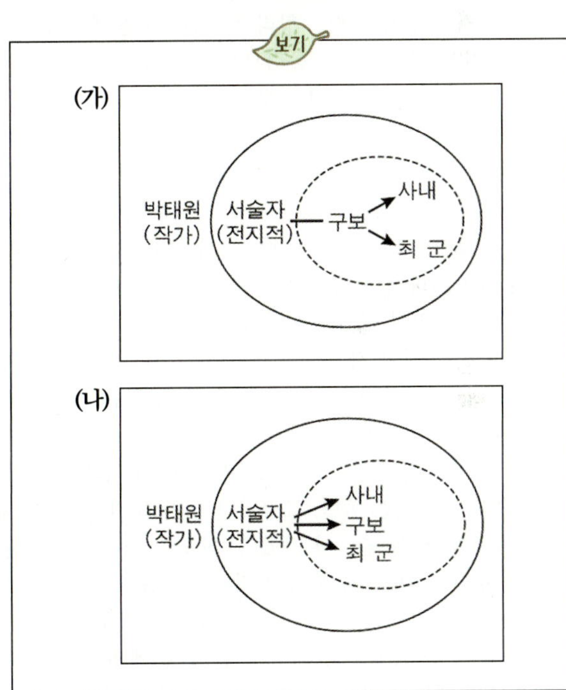

① 이 사내는 내가 공손한 척 말하는 것을 지켜보고 있었다.

② 이 사내는 내가 공손하게 말하는 것을 지켜보면서 득의감을 맛보고 있는지도 몰랐다.

③ 그 사내는 구보가 공손하게 말하는 것을 지켜보면서 득의에 찬 듯한 표정을 지었다.

④ 그 사내는 딱하게도 구보가 공손한 척 말하는 것을 알지 못한 채 득의감을 맛보고 있었다.

⑤ 그 사내는 딱하게도 구보가 공손한 척 말하는 것을 알지 못한 채 득의감을 맛보고 있었는지도 모른다.

STEP.3 개념 Jump

[01-03] 다음 글을 읽고 물음에 답하시오. | 고2 전국연합학력평가 + 평가원 모의평가 |

[앞부분의 줄거리] 화개 장터에서 주막을 운영하며 사는 옥화는 아들 성기가 타고난 역마살을 없애기 위해 절에도 보내 보고 책전을 열어 주기도 하는 등 갖은 노력을 기울인다. 어느 날, 체 장수 영감이 딸 계연을 데리고 와 옥화네 주막에 맡기고 떠난다. 옥화는 계연을 성기와 결혼시켜 역마살을 극복하고, 성기를 정착시키려 한다. 그러나 계연은 옥화의 이복동생임이 밝혀지고 성기의 사랑은 천륜에 의해 좌절된다.

[A] 계연의 시뻘겋게 상기된 얼굴은, 옥화와 그녀의 아버지가 그녀들을 지켜보고 있다는 것도 잊은 듯이 성기의 얼굴만 뚫어지게 바라보고 있었으나, 버드나무에 몸을 기대인 성기의 두 눈엔 다만 불꽃이 활활 타오를 뿐, 아무런 새로운 명령도 기적도 나타나지 않았다.

"오빠, 편히 사시오."

하고, 거의 울음이 다 된, 마지막 목소리를 남기고 돌아선 계연의 저만치 가고 있는 항라 적삼을, 고운 햇빛과 늘어진 버들가지와 산울림처럼 울려오는 뻐꾸기 울음 속에, 성기는 우두커니 지켜보고 있을 뿐이었다.

(중략)

보는 사람마다 성기의 회춘을 거의 다 단념하곤 하였을 때, 옥화는 이왕 죽고 말 것이라면, 어미의 맘속이나 알고 가라고 그래, 그 체 장수 영감은, 서른여섯 해 전 남사당을 꾸며 와 이 '화개 장터'에 하룻밤을 놀고 갔다는 자기의 아버지임에 틀림이 없었다는 것과, 계연은 그 왼쪽 귓바퀴 위의 사마귀로 보아 자기의 동생임이 분명하더라는 것을, 통정하노라면서, 자기의 왼쪽 귓바퀴 위의 같은 검정 사마귀까지를 그에게 보여 주었다.

"나도 처음부터 영감이 '서른여섯 해 전'이라고 했을 때 가슴이 섬찟하긴 했다. 그렇지만 설마 했지, 그렇게 남의 간을 뒤집어 놀 줄이야 알았나. 하도 아슬해서 이튿날 악양으로 가 명도까지 불러 봤더니 요것도 남의 속을 빤히 들여다보는 듯이 재줄대는구나, 차라리 망신을 했지."

옥화는 잠깐 말을 그쳤다. 성기는 두 눈에 불을 켜는 듯한 형형한 광채를 띠고, 그 어머니의 얼굴을 쳐다보고 있었다.

"차라리 몰랐으면 또 모르지만 한번 알고 나서야 인륜이 있는디 어쩌겠냐."

그리고 ㉠**부디 에미 야속타고나 생각지 말라고, 옥화는 아들의 뼈만 남은 손을 눈물로 씻었다.** 옥화의 이 마지막 하직같이 하는 통정 이야기에 의외로 성기는 도로 힘을 얻은 모양이었다. 그 불타는 듯한 형형한 두 눈으로 천장을 한참 바라보고 있던 성기는 무슨 새로운 결심이나 하듯 입술을 지그시 깨물고 있었다.

아버지를 찾아 강원도 쪽으로 가 볼 생각도 없다, 집에서 장가들어 살림을 할 생각도 없다, 하는 아들에게, 그러나, 옥화는 이제 전과 같이 고지식한 미련을 두는 것도 아니었다.

"그럼 어쩔라냐? 너 좋 대로 해라."

"……."

성기는 아무런 말도 없이 도로 자리에 드러누워 버렸다. 그리고 나서 한 달포나 넘어 지난 뒤였다.

성기가 좋아하는 여러 가지 산나물이 화갯골에서 연달아 자꾸 내려오는 이른 여름의 어느 장날 아침이었다. 두릅회에 막걸리 한 사발을 쭉 들이키고 난 성기는 옥화더러,

㉡**"어머니, 나 엿판 하나만 맞춰 주."**

하였다.

"……."

옥화는 갑자기 무엇으로 머리를 얻어맞은 듯이 성기의 얼굴을 멍하니 바라보고 있었다.

그런 지도 다시 한 보름이나 지나, 뻐꾸기는 또다시 산울림처럼 건드러지게 울고, 늘어진 버들가지엔 햇빛이 젖어 흐르는 아침이었다. 새벽녘에 잠깐 가는 비가 지나가고, 날은 다시 유달리 맑게 개인 화개 장터 갈림길 위에서, 성기는 그 어머니와 하직을 하고 있었다. 갈아입은 옥양목 고의적삼에, 명주 수건까지 머리에 질끈 동여매고 난 성기는, 새로 맞춘 새하얀 나무 엿판을 질빵해서 느직하게 엉덩이즈음에다 걸었다. 윗목판에는 새하얀 가락엿이 반 넘어 들어 있었고, 아랫목판에는 팔다 남은 이야기책 몇 권과 간단한 방물이 좀 들어 있었다.

그의 발 앞에는, 물과 함께 갈리어 길도 세 갈래로 나 있었으나, 화갯골 쪽엔 처음부터 등을 지고 있었고, 동남으로 난 길은 하동, 서남으로 난 길이 구례, 작년 이맘때도 지나 그녀가 울음 섞인 하직을 남기고 체 장수 영감과 함께 넘어간 산모퉁이 고갯길은 퍼붓는 햇빛 속에 지금도 하동 장터 위를 굽이돌아 구례 쪽을 향했으나, 성기는 한참 뒤 몸을 돌렸다. 그리하여 그의 발은 구례 쪽을 등지고 하동 쪽을 향해 천천히 옮겨졌다.

한 걸음, 한 걸음, 발을 옮겨 놓을수록 그의 마음은 한결 가벼워지어, 멀리 버드나무 사이에서 그의 뒷모양을 바라보고 서 있을 어머니의 주막이 그의 시야에서 완전히 사라져 갈 무렵 하여서는, 육자배기 가락으로 제법 콧노래까지 흥얼거리며 가고 있는 것이었다.

– 김동리, 「역마」 –

01 [A]의 서술상의 특징에 대한 설명으로 가장 적절한 것은?　　25634-0133

① 외면 묘사를 통해 인물의 내면 심리를 드러내고 있다.　Ok No

② 객관적 입장에서 사건의 경과를 간결히 요약하고 있다.　Ok No

③ 치밀한 배경 묘사로 서정적인 분위기를 그려 내고 있다.　Ok No

④ 상징적 사물을 통해 인물의 내면 심리를 암시하고 있다.　Ok No

⑤ 인물의 내면 심리를 분석하여 직접적으로 서술하고 있다.　Ok No

25634-0134

02 ㉠은 〈보기〉 (가)의 시점으로 서술되어 있다. ㉠을 (나)의 시점으로 바꾸어 썼을 때, 가장 적절한 것은?

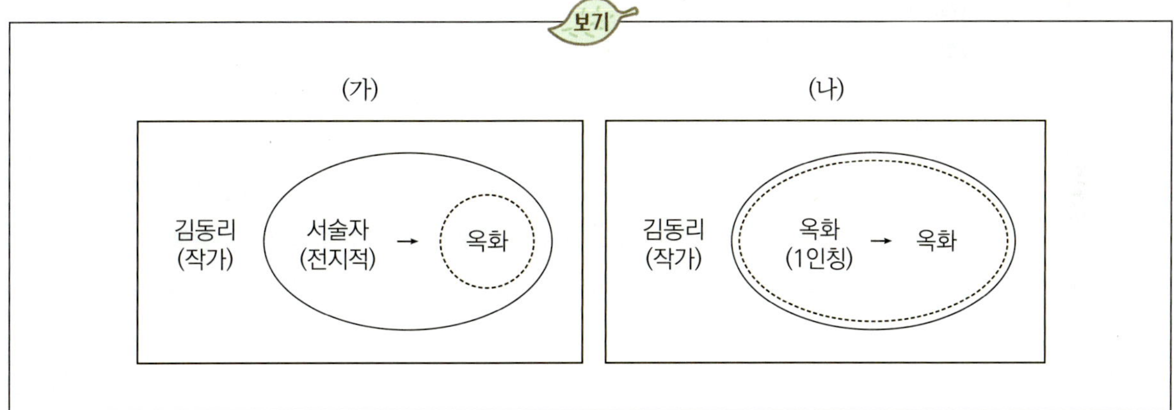

① 부디 나를 야속타고나 생각지 말라고, 나는 나의 뼈만 남은 손을 눈물로 씻었다.　Ok No

② 부디 나를 야속타고나 생각지 말라고, 나는 아들의 뼈만 남은 손을 눈물로 씻었다.　Ok No

③ 부디 나를 야속타고나 생각지 말라고, 옥화는 아들의 뼈만 남은 손으로 눈물로 씻었다.　Ok No

④ "부디 나를 야속타고나 생각지 마라."라고 말하며, 나는 나의 뼈만 남은 손을 눈물로 씻었다.　Ok No

⑤ "부디 어미 야속타고나 생각지 마라."라고 말하며, 엄마는 나의 뼈만 남은 손을 눈물로 씻었다.　Ok No

03 ㉡에 대한 설명으로 가장 적절한 것은?　　25634-0135

① 미래에 대한 불안감을 드러내고 있다.　Ok No

② 새로운 인물의 등장을 암시하고 있다.　Ok No

③ 암울한 현실을 뚜렷이 부각시키고 있다.　Ok No

④ 내적 갈등이 해소되었음을 암시하고 있다.　Ok No

⑤ 향토적인 분위기로 흥미를 유발하고 있다.　Ok No

시점은 표현상의 특징을 묻는 문제에서 VVVIP 단골로 출제되는 개념이야. 깊이 있게 정확하게 알아 두는 게 중요해. 앞으로 만나는 기출문제들을 통해 시점의 개념을 계속해서 반복 복습하도록 하자. :)

10강 소설의 문체

오늘 꼭 알아야 할 개념　# 소설의 문체　# 서술　# 묘사　# 대화　# 서술자의 어조

STEP.1 개념 Hi

개념 1 3 문체

작가가 언어를 사용하는 독특한 방식

1 문체의 기능

① 작가의 ㄱ ㅅ 을 나타냄.
② 작품의 ㅈ ㅈ 를 형상화함.
③ 소설의 ㅁ 적 특질을 드러냄.

2 문체의 구성 요소

① ㅅ ㅅ : 서술자가 인물, 사건, 배경 등에 대해 직접 ㅅ ㅁ 하므로 사건의 진행이 빠름. 해설적, 요약적, 추상적임.

② ㅁ ㅅ : 서술자가 인물, 사건, 배경 등을 그림 그리듯이 ㄱ ㅊ 적으로 전달하기 때문에 사건의 진행 속도는 느림. 독자들에게 생생하고 사실적인 이미지를 전달할 수 있음.

③ ㄷ ㅎ : 소설 속의 인물들이 주고받는 말. 인물들의 대화를 통해 ㅅ ㄱ 이 진행되며 인물의 심리와 태도가 ㄱ ㅈ 적으로 드러남.

3 문체의 종류

① 문장의 길이가 긴 문체 / 짧은 문체: 길이가 긴 문장은 차분하고 설명적인 느낌을 주는 반면, 길이가 짧고 간결한 문장은 사건 진행의 ㅅ ㄷ 감을 높이거나 중심 사건의 ㄱ ㅈ 감을 높이는 데에 효율적임.

🗐 *시험지에는 이런 식으로 등장해.*

| 고2 전국연합학력평가 |

　　그동안 나는 별의별 무서운 공상에 시달렸다. 나는 얻어터진다. 머리가 깨어져 다 죽게 된다. 그이가 나를 업고 간다. 몇 날 몇 달을 끝없이 간다. 시간이 끝나고 선생님이 나가자마자 뒤에서 종하가 대견한 짓이라도 해냈다는 듯이 "얘들아, 그 쪽지 어디까지 갔는지 이쪽으루 다시 돌려라." 하며 떠들었다. 나는 벌떡 일어나 겁내지 않으려 애쓰면서 말했다. "내가 가졌다 왜. 정말 너 이따위 장난만 하기냐?" 종하와 은수가 얼굴을 마주 보더니 어이없다는 듯 낄낄 웃어 댔다. "그게 니 깔치니?" "구경했으면 고맙다구 그럴 게지, 이 새끼가……." 나도 지지 않고 말했다. "너희들 사과 안 하면 그냥 안 둔다." 그에게로 가서 종이 조각을 내밀어 주었다. "사과해, 너는 선생님을 욕보인 나쁜 놈이다." "그래 병아리 선생님은 좋은 분이야." 하고 석환이가 잇따라 말하는 소리가 들렸다. "자, 이걸 네 손으로 찢어 버려." "이 새끼가…… 맞아 볼래?" 종하가 내 멱살을 잡아 앞뒤로 흔들다가 바닥에 쓰러뜨렸다. 은수와 영래가 "밟아 버려, 밟아." 외치는 소리도 들렸다. 아이들이 뒤로 한꺼번에 몰려들어 제각기 떠들었다. "너희들이 잘못이다." "우리는 병아리 선생님을 좋아한다." "그분은 훌륭한 사람이야." 기가 죽어 지내던 장판석이도 종하를 내게서 떼어 밀치면서 말했다. "애들 때리면 재미적다." 은수와 종하는 아직도 영래의 행동을 기다리며 씨근거렸다. 아이들이 사방에서 한마디씩 했다. "학급비를 거둬다 우리한텐 알리지두 않구 맘대로 쓴 건 잘못이다." "요전에 동열이를 때린 것두 잘못이라구 생각한다." "한 번도 자치회에서 물어보지도 않구 혼자 맘대로 한 건 더욱 잘못이다." 영래는 자기가 반 아이들에게서 완전히 고립되어 있다는 걸 알았는지 얼굴이 샛노랗게 질려 있었다. "너희들 반장에게…… 이러기냐?" "너는 반장

자격이 없어." "그만둬라." 나는 종하에게 종이쪽지를 내밀었다. 종하가 어떻게 했으면 좋겠느냐는 듯이 영래를 바라보자 그애는 의외로 나약해진 목소리로 중얼거렸다. "찢어, 인마." 종하가 그걸 찢었다. 나는 그것으로 충분하지는 않다고 생각했다. "내게 사과 안 할 테냐?" 아이들이 거칠어지고 있었다. "그래 사과하란 말야, 짜식들아." "사과 안 하면 몰매를 놓아서 쫓아내." 종하가 아주 비굴하게 들릴까 말까한 음성으로 말했다. "미안하다." 우리는 모두가 그애들이 너무나도 초라하게 풀이 죽은 걸 보고서 어리둥절해질 지경이었다. 나의 들끓던 수치감은 그때에 꽉 몰려 있던 오줌이 방광을 비집고 쏟아져 나올 때처럼 외부로 터져 나갔고, 가벼운 몸서리를 흠칫 느꼈던 것이었다.

– 황석영, 「아우를 위하여」 –

짧은 호흡의 문장은 긴장된 분위기를 드러내기 위한 것이군.

→ 긴박한 상황이 짧은 길이의 문장을 통해 효과적으로 표현되고 있다.

② 감각적이고 서정적인 문체: 인물, 사건, 배경 등을 구체적이고 감각적으로 표현하여 〔ㅅ ㅅ〕한 느낌을 줌.

📑 *시험지에는 이런 식으로 등장해.*

| 고2 전국연합학력평가 |

　　1단 기어는 고개의 가파름을 잘게 부수어 사람의 몸 속으로 밀어넣고, 바퀴를 굴려서 가는 사람의 몸이 그 쪼개진 힘들을 일련의 흐름으로 연결해서 길 위로 흘려 보낸다. 1단 기어의 힘은 어린애 팔목처럼 부드럽고 연약해서 바퀴를 굴리는 다리는 헛발질하는 것처럼 안쓰럽고, 동력은 풍문처럼 아득히 멀어져서 목마른 바퀴는 쓰러질 듯 비틀거리는데, 가장 완강한 가파름을 가장 연약한 힘으로 쓰다듬어 가며 자전거는 굽이굽이 산맥 속을 돌아서 마루턱에 닿는다.

　　그러므로 자전거를 타고 오르막을 오를 때, 길이 몸 안으로 흘러 들어올 뿐 아니라 기어의 톱니까지도 몸 안으로 흘러 들어온다. 내 몸이 나의 기어인 것이다. 오르막에서, 땀에 젖은 등판과 터질 듯한 심장과 허파는 바퀴와 길로부터 소외되지 않는다. 땅에 들러붙어서, 그것들은 함께 가거나, 함께 쓰러진다.

– 김훈, 「자전거 여행」 –

서정적인 문체를 통해 독자의 공감대를 넓히고 있다.

→ 서정적인 문체로 고갯길에서의 자전거 타는 행위를 세밀하게 서술하여 독자의 공감을 이끌어 내고 있다.

③ 토속어, 방언, 비속어를 많이 사용하는 문체: 사투리를 사용함으로써 〔ㅎ ㅌ〕적인 느낌을 주기도 하며, 비속어, 방언 등을 통해 인물의 〔ㅅ ㄱ〕을 구체화하기도 함.

📑 *시험지에는 이런 식으로 등장해.*

| 고3 전국연합학력평가 |

　　"야하, 부산은 눈두 안 온다, 잉. 어잉 야야, 벌써 자니 이 새끼, 벌써 자니. 진짜, 잉. 광석이 아저씨네 움물 말이다. 눈 오문 말이다. 뒤에 상나무 있잖니? 하얀 양산처럼 되는, 잉. 한번은 이른 새벽이 됐는데 장자골집 형수, 물을 막 첫 바가지 푸는데 푸뜩 눈뭉치가 떨어졌다, 그 형수 뒷머리를 덮었다. 내가 막 웃으니까, 그 형수두 눈 떨 생각은 않구, 하하하 웃는단 말이다. 원래가 그 형수 잘 웃잖니?"

광석이는 히죽히죽 웃으면서,

　　"토백이 반원 새끼덜, 우릴 사촌끼리냐구 묻더구나. 그렇다니까, 그러냐아구, 어쩌구. 그 꼬락서니라구야. 이 새끼 벌써 취핸?"

조금 사이를 두어,

　　"야하, 언제나 고향 가지?"

두찬이는 혀 꼬부라진 소리로,

"이제 금방 가게 되잖으리."
"이것두 다아 좋은 경험이다."
"암, 그렇구말구."
"우리, 동네 갈 땐 꼭 같이 가야 된다, 알겐."
"아무렴, 여부 있니. 우리 넷이 여기서 떨어지다니, 그럴 수가. 벼락을 맞을 소리지. 허허허, 기분 좋
다. 우리 더 마실까. 한 사발씩만 더, 딱 한 사발씩."

– 이호철, 「탈향」 –

사투리와 **비속어**를 사용하여 사실적인 느낌을 살리고 있다.
→ 이 글에서는 인물들의 대화 속에 지역 방언과 비속어가 사용되고 있다. 이를 통해 사실적인 느낌을 살리
　고 있다.

---

④ 운율감이 느껴지는 문체(운문체): 판소리계 소설과 같은 고전 소설에서 ○○감 있는 문체로 상황을 제시함.

시험지에는 이런 식으로 등장해.

| 고2 전국연합학력평가 |

"에구머니, 애고 무슨 일로 양쪽 환하더니 세상이 허전허전쿠나. 감았던 눈 뜨니 천지 일월 반갑도
다."
딸의 얼굴 쳐다보니 칠보화관(七寶花冠) 황홀하여 뚜렷하고 어여쁠사. 심 봉사가 그제사 눈 뜬 줄 알
고 사방을 살펴보니 형형색색 반갑도다. 심 봉사가 어찌 좋은지 와락 달려들어,
"이게, 누구냐. 갑자 4월 초8일 날 몽중 보던 얼굴일세. 음성은 같다마는 얼굴은 초면일세. 얼씨구나
지화자 이런 경사 또 있을까. 여보게 세상 사람들아 고진감래를 나를 두고 한 말일세. 얼씨구 좋을씨
구 지화자 좋을씨구. 어둠 침침 빈 방 안에 불 켠 듯이 반가웁고, 어둡던 눈을 뜨니 황성 궁중 웬일이
며, 궁 안을 살펴보니 내 딸 심청이가 황후 되기 천천만만 뜻밖이지. 창해만리 먼먼 길에 인당수 죽은
몸은 한세상에 황후 되고, 내 눈이 먼 지 40년에 눈을 뜨니 옛글에도 없는 말 허허 세상 사람들 이런
말 들어 봤소. 얼씨구 좋을씨구, 이런 경사 어데 있나."

– 작자 미상, 「심청전」 –

운율감 있는 문체로 상황을 제시하고 있다.
→ '어둠 침침 빈 방 안에 불 켠 듯이 반가웁고, 어둡던 눈을 뜨니 황성 궁중 웬일이며' 등의 부분에서 판소리
　계 소설의 특징인 운율감이 느껴진다.

개 념 1 4　어조

서술자의 말투. 인물, 사건 등에 대한 서술자의 정서적 태도

1 어조의 기능

① 작가의 ㅌㄷ , 가치관, 안목 등을 드러냄.
② 작품 전체의 ㅂㅇㄱ 를 형성함.
③ 작품의 ㅈㅈ 를 간접적으로 드러냄.

2 어조의 종류

① 해학: 익살을 통해 ㅇㅇ 을 유발하여 대상에 대한 ㅎㄱ 이나 ㅇㅁ 을 느끼게 하는 어조(냉소, 조소가 포함되지 않은 웃음)
② 풍자: 부정적 인물이나 현실에 대해 공격적으로 ㅂㅍ 하는 어조
③ 반어: 표현하고자 하는 바와 오히려 ㅂㄷ 로 표현함으로써 의미를 강조하는 어조
④ 냉소: 대상에 대하여 쌀쌀맞은 태도로 ㅂㅇㅇㅁ 업신여기는 어조

📎 *시험지에는 이런 식으로 등장해.*

| 고3 모의평가 |

　　천대를 받아도 얻어맞는 것보다는 낫다! 그도 그럴 것이다. 미친 체하고 떡목판에 엎드러진다는 셈으로 미친 체하고 어리광 비슷한 수작을 하거나, 스라소니 행세를 하거나 하여, 어떻든지 저편의 호감을 사고 저편을 웃기기만 하면 목전에 닥쳐오는 핍박은 면할 것이다. 속으로는 요놈 하면서라도 얼굴에만 웃는 빛을 띠면 당장의 급한 욕은 면할 것이다. 공포(恐怖), 경계(警戒), 미봉(彌縫), 가식(假飾), 굴복(屈服), 도회(韜晦)*, 비굴(卑屈) …… 이러한 모든 것에 숨어 사는 것이 조선 사람의 가장 유리한 생활 방도요, 현명한 처세술이다. 실상 생각하면 우리의 이러한 생활 철학은 오늘에 터득한 것이 아니요, 오랫동안 봉건적 성장과 관료전제 밑에서 더께가 앉고 굳어 빠진 껍질이지마는, 그 껍질 속으로 점점 더 파고들어 가는 것이 지금의 우리 생활이다.
　　"어떻든지 그저 내지인과 동등한 대우만 해 주면 나중엔 어찌되든지 살아갈 수 있겠죠."
　　청년은 무엇에 쫓겨가는 사람처럼 차 안을 휘휘 돌려다 보고 나서 목소리를 한층 낮추어서 다시 말을 잇는다. (후략)

　　　　　　　　　　　　　　　　　　　　　　　　– 염상섭, 「만세전」 –

*도회: 재능이나 학식 따위를 숨겨 감춤.

냉소적 어조를 통해 세태에 대한 비판적 태도를 드러내고 있다.
→ 조선 사람들의 잘못된 유풍을 업신여기며 쌀쌀하게 비웃는 '나'의 태도가 냉소적인 어조를 통해 잘 드러나고 있다.

■ **초성 퀴즈 답** 개성, 주제, 미 / 서술, 설명, 묘사, 구체, 대화, 사건, 간접 / 속도, 긴장, 생생, 향토, 성격, 운율 / 태도, 분위기, 주제 / 웃음, 호감, 연민, 비판, 반대, 비웃으며

STEP.2 개념 Quiz

그날 저녁때 황 진사가 온 것을 보고, 숙부님이,

"일재, 여기 젊고 돈 있는 색시가 있는데 장가 안 들라우?"

하고 물어보았다.

"아, 들면야 좋지만 선생도 아시다시피 천량이 있어야지."

하는 그의 얼굴에는 완연히 희색이 넘쳤다.

그의 얼굴에 희색이 넘침을 보신 숙모님은 돈이 없어도 장가를 들 수 있다는 것과, 장가만 들게 되면 깨끗한 의복에 좋은 음식도 먹을 수 있으리라 하는 것을 일러 주신즉,

"아, 그럼야 여북 좋갔수, 규수 나인 몇 살이구…… 집안도 이름 있구……."

그는 연방 입이 벌어져 침을 흘리며 두 눈에 난데없는 광채를 띠고 숙모님께로 대어드는 판이었다.

"과부래야 이름 아깝지 뭐, 이제 나이 삼십밖에 안 된걸……."

숙모님도 신명이 나는 모양으로 이렇게 자랑삼아 말한즉, 황 진사는 갑자기 낯빛이 홱 변해지며,

"아 규, 규수가, 시방 말씀한 그 규수가, 과, 과부란 말씀유?"

이렇게 물었다.

"왜 그류."

한순간 침묵이 흘렀다. 황 진사의 닫힌 입 가장자리에 미미한 경련이 일어나며, 힘없이 두 무르팍 위에 놓인 그의 두 손은 불불불 떨리고 있었다. 벽에 걸린 시계 소리가 똑딱똑딱 하고 들리었다. 그는 조용히 고갯짓부터 좌우로 돌렸다.

"당찮은 말씀유…… 흥, 과, 과부라니 당하지 않은 말씀을……."

그는 곧 호령이라도 내릴 듯이 누렇게 부은 두 볼이 꿈적꿈적하며 노기 띤 눈을 부라리곤 하더니, 엄숙한 목소리로,

"황후암(黃厚庵) 육 대 직손이유."

하고 다시,

"황후암 육 대 직손이 그래 남의 가문에 출가했던 여자한테 장가들다니 당하기나 한 소리요…… 선생도 너무나 과도한 말씀이유."

- 김동리, 「화랑의 후예」 -

12345-0136

Q.1 윗글의 서술상 특징으로 적절한지 O/X로 답해 보자.

① 행동 묘사와 대화를 통해 인물의 특성을 제시하고 있다. [O][X]

② 현재형 시제를 사용하여 생동감 있게 사건을 전개하고 있다. [O][X]

③ 실제 공간의 실감 있는 묘사를 통해 시대적 상황을 구체화하고 있다. [O][X]

청산댁은 며칠 남지 않은 손자 돌 채비에 일손이 바빴다. 콩나물도 통통하게 살이 오른 게 손가락 두 마디 정도 자라 있었다. 고사리며 취나물 등 산나물도 물에 담가 두었고 삶아서 두 번 물을 갈았다. 돌떡은 종류가 많을수록 좋다니까 인절미며 백설기 절편은 물론 수수떡도 하고 약과도 만들 작정이었다.

청산댁은 마루에서 수수를 고르고 있었다. 옆에 놓인 트랜지스터에서는 재방송 연속극이 흘러나오고 있었다.

"청산댁 기시요?"

"누구다요?"

청산댁은 연속극에 귀를 기울인 채 고개를 돌렸다. 반장이 낯모를 사내를 데리고 마당을 가로질러 오고 있었다.

"마침 기셨구만이라."

"워쩐 일이요. 일로 앉으씨요."

청산댁은 마루를 대충 치웠다.

"괜찮으요. 근디, 읍사무소서 나온 양반이요."

반장은 낯선 사내를 가리켰다.

"저 실례합니다. 읍사무소에서 나왔습니다."

"세금 다 냈는디 읍사무소는 무신……."

- 조정래, 「청산댁」 -

12345-0137

Q.2 윗글의 서술상 특징으로 적절한지 O/X로 답해 보자.

① **요약적 서술**을 통해 인물의 과거 상황을 제시하고 있다. 〔 O ｜ X 〕

② **사투리의 활용**을 통해 상황을 사실감 있게 표현하고 있다. 〔 O ｜ X 〕

③ **인물 간의 대화**를 통해 인물들의 성격 변화를 드러내고 있다. 〔 O ｜ X 〕

STEP.3 개념 Jump

[01-02] 다음 글을 읽고 물음에 답하시오. | 고3 전국연합학력평가 |

[앞부분의 줄거리] 땅 투기에 성공해 기업가로 변신한 최 사장은 익삼을 통해 동네의 저수지 관리를 동네 건달 종술에게 제안한다. 종술은 완장을 준다는 말에 제안을 승낙한다.

버스가 이리시를 출발할 당시부터 사람들은 이상한 완장을 찬 웬 그들먹한 사내한테 관심을 쏟기 시작했다. 인상마저 남달리 험악하게 생긴 그가 버스에 오르자마자 거만한 눈초리로 내부를 한 바퀴 둘러본 다음 빈자리를 찾아 앉았을 때 사람들은 우선 주눅부터 들었다.

"실례헙니다만……."

버스가 이리시의 경계를 벗어나 완연한 시골길로 들어설 무렵에야 겨우 옆자리의 청년은 용기를 내었다.

"선생님은 직업이 무엇인가요?"

종술로서는 난생처음 들어 보는 선생님 소리였다. 그러나 그는 퉁명스럽게 쏘아붙였다.

"실례허는 줄 알면서 묻기는 왜 물어?"

청년은 더 이상 아무 말도 하지 않았다.

"임 씨, 임 씨가 맡은 그 감독이 뭣이다요?"

종술은 얼른 소리 나는 쪽으로 고개를 돌렸다. 알 만한 얼굴이었다. 소재지에서 이발관을 하는 사람이었다. 아직도 소식이 깡통인 그에게 종술은 대뜸 눈알을 허옇게 부라렸다.

"여보쇼 장 씨, 당신 말버릇 조깨 세탁혀야 쓰겄어! 내가 장 씨 친구여 뭐여? 어따 대고 함부로 임 씨, 임 씨여?"

그러자 이발관 사장 또한 단박에 침 먹은 지네요 댓진 먹은 배암 꼴이 되었다. 종술이 어떤 위인인지는 소재지에서도 익히 아는지라 장 씨는 가급적이면 그 성깔을 덧들이지 않는 편이 자기 신상에 이롭다고 판단하고는 얼굴이 시뻘게질 정도로 만좌중에 당한 무안을 혼자서 삭이느라고 느닷없는 생병을 앓기 시작했다. 이발할 때마다 목덜미에 면도칼을 들이대고도 오히려 장 씨 쪽에서 덜덜 손이 떨리는 유일한 손님이 바로 종술이었기 때문이다.

거푸 두 사람이 완장을 찬 웬 거물한테 차례로 당하고 나서부터 버스 안의 승객들은 완전히 오가리가 들어 버렸다. 그들은 마치 훈육 주임의 감시하에 수학여행을 나선 학생들이나 다름없었다. 일행끼리 꼭 필요한 대화를 나누면서도 언제나 떠들썩한 시골 버스의 분위기답지 않게 목소리를 잔뜩 낮추어 완장의 눈치를 흘끔흘끔 살피는가 하면, 담배를 꺼내 입에 물면서도 종술의 완장에 자꾸만 신경이 쓰이는 바람에 선뜻 불을 댕기기를 망설일 지경이었다.

(중략)

"지금이 어느 땐고 허면, 날이 너무 가물어서 농민들 눈에

서는 피눈물이 맺히는 판국입니다요! 그런디 사장님이 요렇게 호화판으로 놀이허시는 걸 보고 농민들이 뭐라고 그러겠습니까요?"

최 사장을 상대로 종술은 무엄하게도 일장의 훈시를 시작했다. 그러자 대붓둑의 익삼 씨가 불쑥 훼방을 걸어 왔다.

"니깟놈이 이놈아, 농민들 피눈물 생각혀서 이놈아, 그 사람들한티 오날날까장 그 행패 다 떨어 왔냐, 이놈아!"

익삼 씨의 존재를 깡그리 무시한 채 종술은 다시 최 사장을 상대했다.

"허지만 좋습니다. 다 좋다니깨요! 사장님이 재미지게 놀다 가시는 것이사 지가 무신 권리로 막겠습니까마는, 다 허시드라도 낚시질만은 절대로 안 되누만이라우!"

"이 동네는 누가 사장이고 누가 사원인지 위아래도 알 수가 없네요."

원 양이 참다못해 매섭게 쏘아붙였다. 비로소 최 사장은 내가 이러고만 있을 때가 아니라고 생각했다. 그는 먼저 헛기침으로 목청부터 가다듬었다.

"너 이놈 임가야!"

"말씸 낮추시지요, 사장님."

"너를 이 저수지 감시원으로 취직시켜 준 사람이 누구냐?"

"그것이사 사장님이지 누구겠습니까요."

"그런 줄 알면서 사장이 허는 일을 니가 막는단 말이냐?"

"사장님이 정 그렇게 나오신다면 저도 한 말씸 묻겠습니다요. 어느 누구를 막론허고 낚시질을 막으라고 저한티 명령허신 냥반이 누굽니까?"

최 사장은 하도 기가 막혀서 허허 웃을 수밖에 없었다.

"웃으실 일이 아닙니다요!"

"이놈아, 그것이사 따른 사람들 이얘기지 누가 너보고 사장까장 단속허랬냐? 내가 내 재산 조깨 축내는 것도 니 눈엔 도적질로 뵈더란 말이냐?"

"그게 아니지라우! 따른 사람보담도 사장님이 손수 좋은 뽄을 뵈야야 넘들도 따르지, 만약 안 그러고 삼동네 이웃이 개나 걸이나 죄다 나서서 월척을 낚기로 뎀비는 날이면 그 뒷일을 사장님이나 지가 무신 재주로 감당허겄냐 이런 말씸이지라우!"

[A] 종술은 터무니없는 억지소리를 고집스럽게 밀고 나갔다. 그와 같은 행동의 이면에는 물론 부월이하고의 감정이 사단으로 작용하고 있었다. 그러나 그것만이 전부는 또 아니었다. 널금 저수지와 거기에 딸린 모든 부속물 하나하나를 그는 마치 자기 소유인 양, 제 살점이나 다름없

이 아끼고 사랑하고 있었다. 그처럼 끔찍한 저수지를 같 잖은 사장 나부랭이와 접객 업소의 여종업원 떨거지들로 하여금 손끝 하나라도 건드리게 하고 싶지 않은 까닭이 었다.

그는 최 사장 일행의 행동을 자신의 인격이나 자존심에 가해지는 일종의 모독으로 받아들이고 있었다.

"네. 이노옴, 니놈이 감히 누구를 도적놈 취급이냐!"

드디어 최 사장의 입에서 노성이 벽력같이 뻗어 나왔다.

"가암히 누구를 도적놈 취급이냐!"

대봇둑에서 지르는 익삼 씨의 고함이 메아리처럼 공허하게 그 뒤를 따랐다.

"너는 이놈아, 오날부로 감시원직에서 모가지다!"

- 윤흥길, 「완장」-

---

01 윗글에 대한 설명으로 가장 적절한 것은?　　　　25634-0138

① **독백**과 **대화**를 통해 인물의 내면 심리를 드러내고 있다.　Ok No

② **서정적인 배경**을 통해 사건의 전개 방향을 암시하고 있다.　Ok No

③ **사투리**와 **비속어**를 사용하여 사실적인 느낌을 살리고 있다.　Ok No

④ **과거와 현재를 반복 교차**하여 사건에 입체감을 부여하고 있다.　Ok No

⑤ **이질적인 시선을 가진 서술자**들을 통해 사회 현실을 총체적으로 그리고 있다.　Ok No

02 [A]에 대한 이해로 적절한 것은?　　　　25634-0139

① **인물의 내면**을 **직접적**으로 제시하고 있다.　Ok No

② **반전**을 통해 상황이 전환될 것을 암시하고 있다.　Ok No

③ 사건의 분위기를 다른 방향으로 **전환**시키고 있다.　Ok No

④ **반어적** 말하기를 통해 해학적 상황을 연출하고 있다.　Ok No

⑤ **상징적 소재**를 통해 문제 해결의 실마리를 제시하고 있다.　Ok No

내가 그리는 개념 마인드맵

오늘 배운 개념들 외에도 아주 다양한 소설의 문체들이 있어. 앞으로 더 다양한 기출문제들의 선지들을 통해 만나게 될 거야. 오늘 배운 개념들도 잊지 말고 지문에 적용해 보면서 잘 이해해 놓도록 하자. :)

소설의 주제

오늘 꼭 알아야 할 개념 # 소설의 주제 # 주제 찾기의 실제

STEP.1 개념 Hi

개념 15 주제

작가가 작품을 쓰는 이유! 주제는 작가가 작품을 통해서 독자들에게 하고자 하는 말로, 작가의 가치관, 사고방식 등을 담고 있음.

주제를 찾는 다양한 방법

① **ㅈ ㄱ** : 지문 맨 끝에 있잖아, '작가'와 '제목'. '- ○○○, 「어쩌고저쩌고」 -' 이렇게. 지문을 읽기 전에 어떤 작가의 작품인지 확인해야겠지? 작가의 경향이 작품에 반영돼 있을 수 있으니까. 표현론적 관점, 기억하지? 그러나 그분이 처음 뵙는 분이시라면? 어쩔 수 없는 거지, 뭐. 그래도 하늘은 안 무너짐!

② **작품의 ㅈ ㅁ** : 소설의 제목은 어떻게 정해질까? 분명 작가는 엄청난 고민 끝에 제목을 정했을 거야. 제목은 작품의 특징을 잘 나타내 줘야 하니까. 그렇기 때문에 이미 발표한 작품의 제목을 고민 끝에 수정까지 하는 게 아닐까? (예 염상섭의 「만세전」의 원래 제목은 '묘지'였음.) 작품의 제목 몇 자를 통해서도 주제를 예측해 볼 수 있다는 걸 기억하자.

> 예 채만식, 「레디메이드 인생」 / 노희경, 「세상에서 가장 아름다운 이별」

③ **작품의 배경이 되는 ㅅ ㄷ 현실** : 소설에는 작가가 살고 있던 시대의 현실이나 중요한 역사적 사건들이 반영되기 마련이야. 작품 속에 반영된 사회 현실은 주제와 연결되는 경우가 많기 때문에, 작품 속 주요 사건이 어떤 시대 현실을 바탕으로 하고 있는지 꼭 체크해 봐야 돼. 이런 정보는 〈보기〉 속에 제공되는 경우가 많으니까, 〈보기〉를 잘 챙겨야겠지?

> 예 하근찬, 「수난 이대」 / 김승옥, 「서울, 1964년 겨울」

④ **분위기를 조성하는 ㅂ ㄱ** : 배경은 작품 전체의 분위기를 형성한다는 것, 이미 배웠지? 작품의 분위기는 주제의 느낌과 아주 닮아 있기 마련이야. 희망차고 낙관적인 주제는 밝고 경쾌한 분위기를 배경으로 하기 쉽지. 배경을 통해 작품 전체의 분위기를 파악하고 그 느낌을 따라 주제까지 찾아내 보자.

> 예 김유정, 「봄·봄」 / 손창섭, 「비 오는 날」

⑤ **ㅅ ㅅ ㅈ 가 좋아하는 인물과 싫어하는 인물** : 서술자는 인물들의 말과 행동을 분석해서 설명하거나 관찰한 그대로를 독자들에게 전달해 주잖아. 가끔은 서술자가 인물에 대한 정보를 전달하는 과정에서 그 인물에 대한 자신의 가치 판단을 드러내기도 하는데, 우리는 그런 부분을 놓치지 말아야 돼. 작가를 대변하는 서술자가 어떤 인물을 긍정적 또는 부정적으로 평가하는지는 주제와 관련되거든.

> 예 채만식, 「치숙」 / 전광용, 「꺼삐딴 리」

⑥ **인물의 ㅅ ㄱ 과 그들의 ㄱ ㄱ** : 소설 구성의 3요소는 인물, 사건, 배경! 인물들의 갈등으로 인한 사건은 반드시 드러날 수밖에 없는 거지. 이러한 인물 간의 갈등, 관계를 통해서도 주제를 파악할 수 있어.

> 예 주요섭, 「사랑손님과 어머니」 / 이청준, 「눈길」

⑦ **작품 속에 배치되어 있는 ㅅ ㅈ 들** : 작품의 이곳저곳에 배치되어 있는 소재들은 소설의 내용을 전개시키고, 인물의 성격과 가치관이 드러나게 해. 더 나아가 주제를 드러내는 데에 사용되는 거지. 사건의 중심에 있는 소재를 찾아서 그것의 의미와 기능을 파악한다면 주제에 한 걸음 더 가까이 갈 수 있어.

> 예 박완서, 「카메라와 워커」 / 조세희, 「난쟁이가 쏘아 올린 작은 공」

■ **초성 퀴즈 답** 작가, 제목, 시대, 배경, 서술자, 성격, 관계, 소재

STEP.2 개념 Quiz

[앞부분의 줄거리] 덕순은 동네 어른으로부터 이상한 병에 걸린 사람이 병원에 가면 월급도 주고 병도 고쳐 준다는 말을 듣는다. 덕순은 열세 달이 되도록 배가 불러만 있는 아내가 이상한 병에 걸렸다고 믿고, 아내를 업고 팔자를 고칠 희망에 차 대학 병원으로 향한다.

"이 배 속에 어린애가 있는데요, 나오려다 소문이 적어서 그대로 죽었어요. 이걸 그냥 둔다면 앞으로 일주일을 못 갈 것이니 불가불 수술을 해야 하겠으나 또 그 결과가 반드시 좋다고 단언할 수도 없는 것이매 배를 가르고 아이를 꺼내다 만일 사불여의*하여 불행을 본다더라도 전혀 관계없다는 승낙만 있으면 내일이라도 곧 수술을 하겠어요."

하고 나어린 간호부는 조금도 거리낌 없는 어조로 줄줄 쏟아 놓다가,

"어떻게 하실 테야요?"

"글쎄요⋯⋯."

덕순이는 이렇게 얼떨떨한 낯으로 다시 한번 뒤통수를 긁지 않을 수 없었다.

간호부의 말이 무슨 소린지 다는 모른다 하더라도 속대중으로 저쯤은 알아챘던 것이니 아내의 생명이 위험하다는 그 말이 두렵기도 하려니와 겨우 아이를 뱄다는 것쯤, 연구거리는 못 되는 병인 양 싶어 우선 낙심하고 마는 것이다. 하나 이왕 버린 노릇이매,

"그럼 먹을 것이 없는데요⋯⋯."

"그건 여기서 입원시키고 먹일 것이니까 염려 마셔요⋯⋯."

"그런데요 저⋯⋯."

하고 덕순이는 열적은* 낯을 무얼로 가릴지 몰라 주볏주볏,

"월급 같은 건 안 주나요?"

"무슨 월급이오?"

"왜 여기서 병을 고치면 월급을 주는 수도 있다지요."

"제 병 고쳐 주는데 무슨 월급을 준단 말이오?"

하고 맨망스레도 톡 쏘는 바람에 덕순이는 고만 얼굴이 벌게지고 말았다. 팔자를 고치려던 그 계획이 완전히 어그러졌음을 알자, 그의 주린 창자는 척 꺾이며 두꺼운 손으로 이마의 진땀이나 훑어보는 밖에 별도리가 없는 것이다. 하나 아내의 생명은 어차피 건져야 하겠기로 공손히 허리를 굽신하여,

"그럼 낼 데리고 올게, 어떻게 해 주십시오."

하고 되도록 빌붙어 보았던 것이, 그때까지 끔찍끔찍한 소리에 얼이 빠져서 멀뚱히 누웠던 아내가 별안간 기급을 하여 일어나 살풍맞은 목성으로,

"나는 죽으면 죽었지 배는 안 째요."

하고 얼굴이 노랗게 되는 데는 더 할 말이 없었다. 죽이더라도 제 원대로나 죽게 하는 것이 혹은 남편 된 사람의 도릴지도 모른다. 아내의 꼴에 하도 어이가 없어,

"죽는 거보담야 수술을 하는 게 좀 낫겠지요!"

비소*를 금치 못하고 섰는 간호부와 의사가 눈에 보이지 않도록, 덕순이는 시선을 외면하여 뚱싯뚱싯 아내를 업고

나왔다. 지게 위에 올려놓은 다음 엎디어 다시 지고 일어나려니 이게 웬일일까, 아까 오던 때와는 갑절이나 무거웠다.

덕순이는 얼마 전에 희망이 가득히 차 올라가던 길을 힘풀린 걸음으로 터덜터덜 내려오고 있었다. 보지는 않아도 지게 위에서 소리를 죽여 훌쩍훌쩍 울고 있는 아내가 눈앞에 환한 것이다. 학식이 많은 의사는 일자무식인 덕순이 내외보다는 더 많이 알 것이니 생명이 한 이레를 못 가리라던 그 말을 어째 볼 도리가 없다. 인제 남은 것은 우중충한 그 냉골에 갖다 다시 눕혀 놓고 죽을 때나 기다리고 있을 따름이었다.

덕순이는 눈 위로 덮는 땀방울을 주먹으로 훔쳐 가며 장차 캄캄하여 올 그 전도를 생각해 본다. 서울을 장대고 왔던 것이 벌이도 제대로 안 되고 게다가 인젠 아내까지 잃는 것이다. 지에미붙을! 이놈의 팔자가, 하고 딱한 탄식이 목을 넘어오다 꽉 깨무는 바람에 한숨으로 터져 버린다.

한나절이 되자 더위는 더한층 무서워진다.

덕순이는 통째 짓무를 듯싶은 등허리를 견디지 못하여 먼젓번에 쉬어 가던 나무 그늘에 지게를 벗어 놓는다. 땀을 들여 가며 아내를 가만히 내려다보니 그동안 고생만 시키고 변변히 먹이지도 못하였던 것이 갑자기 후회가 나는 것이다. 이럴 줄 알았더면 동넷집 닭이라도 훔쳐다 먹였을 걸 싶어,

"울지 말아, 그것들이 뭘 아나 제까짓 게!"

하고 소리를 뻑 지르고는,

"채미* 하나 먹어 볼 테야?"

"채민 싫어요."

아내는 더위에 속이 탔음인지 한길 건너 저쪽 그늘에서 팔고 있는 얼음냉수를 손으로 가리킨다. 남편이 한 푼 더 보태어 담배를 사려던 그 돈으로 얼음냉수를 한 그릇 사다가 입에 먹여까지 주니 아내도 황송하여 한숨에 들이켠다. 한 그릇을 다 먹고 나서 하나 더 사다 주랴 물었을 때 이번에 왜떡이 먹고 싶다 하였다. 덕순이는 이것이 마지막이라는 생각으로 나머지 돈으로 왜떡 세 개를 사다 주고는 그대로 눈물도 씻을 줄 모르고 그걸 오직오직 깨물고 있는 아내를 이윽히 바라보고 있었다. 그러나 아내가 무슨 생각을 하였는지 왜떡을 입에 문 채 훌쩍훌쩍 울며,

"저 사촌 형님께 쌀 두 되 꿔다 먹은 거 부대 잊지 말구 갚우."

하고 부탁할 제 이것이 필연 아내의 유언이라 깨닫고는,

"그래 그건 염려 말아!"

"그리구 임자 옷은 영근 어머니더러 사정 얘길 하구 좀 빨아 달래우."

하고 이야기를 곧잘 하다가 다시 입을 일그리고 훌쩍훌쩍 우는 것이다.

덕순이는 그 유언이 너무 처량하여 눈에 눈물이 핑 돌아 가지고는 지게를 도로 지고 일어선다. 얼른 갖다 눕히고 죽이라도 한 그릇 더 얻어다 먹이는 것이 남편의 도릴 게다.

㉠때는 중복, 허리의 쇠뿔도 녹이려는 뜨거운 땡볕이었다.
덕순이는 빗발같이 내려붓는 등골의 땀을 두 손으로 번갈아 훔쳐 가며 끙끙 내려올 제, 아내는 지게 위에서 그칠 줄 모르는 그 수많은 유언을 차근차근 남기자, 울자, 하는 것이다.
- 김유정, 「땡볕」 -

*사불여의: 일이 뜻대로 되지 아니함.
*열적은: 좀 겸연쩍고 부끄러운.
*비소: 남을 비방하거나 비난하여 웃음.
*채미: 참외의 사투리.

25634-0140

Q.1 윗글을 읽고 의 빈칸에 알맞은 말을 넣어 보자.

> **보기**
>
> 김유정 작품의 특징은 중심인물들이 대부분 순박하고 어리숙하다는 점이다. 작가는 그런 인물들을 연민의 시선으로 바라봄으로써 인물이 겪는 문제의 원인이 개인이 아니라 부조리한 사회에 있음을 보여 준다.
>
> 작가는 「땡볕」에서 이러한 문제의식을 보여 주기 위해 인물의 성격과 대비되는 속성을 가진 ㄷㅎ ㅂㅇ 을 배경으로 설정했다. 덕순 내외는 동네 어른의 말만 믿고 희망에 차 대학 병원을 찾았으나 돈이 없어 병을 치료하지 못하고 비극적 죽음을 앞두게 된다. 이를 통해 근대 자본주의 사회의 ㅂㅇㄱ 성과 ㅁㅅ 을 비판하고 있다.

Q.2 ㉠에 나타난 '땡볕'은 작품의 제목이자 배경이다.

'땡볕'이 이 작품의 주제와 어떻게 관련되는지 생각해 보자.

'땡볕'이라는 배경을 통해 ________________________________ 을/를 상징적으로 드러내고 있다.

 103동 502호 김석만 씨는 내가 입금한 돈 칠백만 원을 돌려주시오!

붉은색 매직펜으로 큼지막하게 쓴 그 글씨들을 읽고 나는 남자의 얼굴을 다시 한번 바라보았다. 분명, 어젯밤 호프집에서 만난 그 남자가 맞았다. 부스스한 머리칼도, 검은색 양복도 그대로였다. 남자는 사람들을 향해 대자보를 높이 쳐들지도 않았고, 아파트 쪽도 쳐다보지 않은 채, 그저 가만히 고개를 숙인 채 앉아만 있었다. 돗자리가 끝나는 부분엔 남자의 것으로 보이는 감색 운동화 한 켤레가 가지런히 놓여 있었다.

나는 창문을 올리고 다시 차를 움직였다. 정문 경비가 내 차를 보자 인사를 했고, 나도 꾸벅 고개를 숙였다. 망신을 주려고 온 사람이었구나. 나는 핸들을 돌리면서 그렇게 생각했다. 뭐야, 그럼 어젯밤부터 저기에 저러고 있었다는 건가? 502호? 502호에 누가 살지? 저런다고 소용이 있을까? 직접 찾아가서 담판을 내야지. 나는 속도를 높이면서 그런 생각들을 하다가 이내 다시 그날 작성해야 할 서류들과 학과 취업률 따위들을 떠올렸다. 칠백만 원이든 천칠백만 원이든 남과 남 사이에 벌어진 일이었다. 내가 참견할 만한

일도, 참견할 수도 없는 일이었다. 그저 누군지 모를 사람의 망신을 한번 보았을 뿐, 저러다가 금세 말겠지. 나는 그렇게 생각했다. 나는 학교에 도착한 후 인터넷으로, 죽은 아이의 아빠가 단식을 시작했다는 기사와, 교육부에서 대학의 구조 조정 로드맵을 발표했다는 기사를 차례로 읽었고, 교무처와 인재 개발원 팀장들과 길게 통화를 했다. 그러다 보니 어느 순간 점심시간이 되었고, 자연스레 아침에 보았던 남자를 잊을 수 있었다.

그러나 저러다가 말겠지, 했던 남자는 내 예상과는 다르게 몇 날 며칠 그 자리에 계속 앉아 있었다. 그사이 파란 천막 모서리에는 커튼처럼 얇은 비닐이 사면으로 매달렸고, 돗자리 위에는 새로 스티로폼 두 장이 깔렸다. 밤이 되면 비닐을 내리고, 스티로폼 위에 침낭을 깔고 자는 모양이었다. 그리고 다시 아침이 되면 비닐을 둘둘 말아 올린 후, 합판에 붙인 대자보를 자신의 무릎 앞에 세웠다. 남자는 여전히 말이 없었고, 아파트 단지 안으로 들어오는 일도 없었으며, 아파트로 들어가는 사람들을 붙잡고 말을 거는 일도 없었다. 그는 그저 고요하게 거기에 앉아 있을 뿐이었다.

그 며칠 사이 나는 '참좋은 마트' 사장에게서 남자에 대한

사정을 좀 더 자세히 듣게 되었다. 그게요, 사정이 좀 딱하게 됐더라구요. '참좋은 마트' 사장은 나를 비치파라솔 의자에 앉힌 후 음료수 한 병을 따 주면서 말을 이었다. 저 사람이 어린 시절부터 부모 떠나서 어렵게 지낸 모양인데, 아, 얼마 전까지는 인천에 있는 무슨 세차장에서 일을 했다고 하더라구요. 한데, 저 사람 어머니라는 분이 몇 달 전에 갑자기 찾아와서는 자기가 빚을 졌으니 조금 도와달라고 하면서 계좌 번호를 놓고 간 모양이에요. 알고 봤더니 이 사람 어머니라는 분이 사채를 쓴 모양인데…… 추어탕 집 주방에서 일했다나 어쨌다나. 뭐 아무튼 거기에서 일하다가 관절염 때문에 그만두고 철없이 사채를 썼나 봐요. 처음에 이백만 원을 빌린 게 금세 사백만 원이 되고 육백만 원이 되고 칠백만 원이 된 모양이에요. 그러니 덜컥 겁이 났겠죠. 그래서 할 수 없이 오래전부터 왕래가 없던 아들을 찾아간 모양인데…… 남자도 선뜻 돈을 보내진 못한 모양이에요. 당장 그만한 돈을 마련하기도 어려웠겠지만, 뭐 안 봐도 뻔한 거 아니겠어요. 거 왜 섭섭하고 원망 같은 게 없었겠어요. 딱 봐도 해 준 것도 없는 어머니 같은데, 갑자기 찾아와서 도와달라고 하니…… 아무튼 그래도 이 사람이 몇 달 뒤에 그 계좌로 돈을 넣은 모양이에요. 군소리 없이 칠백만 원 전부.

'참좋은 마트' 사장은 그 대목에서 잠시 말을 끊었다. 언제부터인가 '란 헤어센스' 여사장도 우리 옆에 와서 자리를 잡고 앉아 있었다. 매미가 울고, 날파리가 많은 여름 저녁이었다.

한데, 여기서부터가 더 안타까운 얘기인데…… 그사이에 저 사람 어머니도 그 돈을 갚았다는 거예요. 살고 있던 방 보증금도 빼고 여기저기 아는 사람들한테 조금씩 융통도 하고…… 그리고 그 돈을 갚고 얼마 뒤에 바로 돌아가셨대요.

(중략)

아, 그래도 저 남자하고 정이 참 많이 들었는데…… 뭘 한 것도 없지만 몇 달 동안 매일매일 얼굴 보고 인사했는데……

그나마 첫서리 내리기 전에 일이 이렇게 돼서 얼마나 다행이에요. 저러다가 겨울 맞으면 큰일 나죠.

502호 할머니는 나서지 않을 거 같으니까 우리가 직접 전하는 거로 하죠, 뭐. 절차가 따로 필요 있나요?

나는 거기까지만 듣고 '참좋은 마트'를 나섰다. 바로 집으로 들어가려다가 말고 나는 걸음을 멈춘 채 뒤돌아 남자를 한 번 바라보았다. 남자는 대자보 판을 아예 양팔로 끌어안은 채 꾸벅꾸벅 졸고 있었다. 남자는 이제 어디로 가게 될까? 인천으로 돌아가겠지. 나는 남자의 인천 거처가 그때까지도 무사히 남아 있기를 바라보았다. 거기까지가 내가 남자를 위해 할 수 있는 전부라고 생각했다.

후에, 호프집 여주인으로부터 전해 들은 이야기에 따르면, 다음 날 그 남자는, 권순찬 씨의 행동은, 편지봉투에 정성껏 오만 원권 지폐로 칠백만 원을 마련해 간 아파트 입주민들을 충분히 당혹스럽게 만들었다고 한다.

입주민 대표는 여비조로 따로 이십만 원이 든 편지봉투도 들고 갔고, 신문 기자를 부르진 않았지만 '참좋은 마트' 사장이 스마트폰으로 그 모든 과정을 동영상으로 남기기로 했고, 사람들은 남자와 일일이 악수를 하며 박수를 칠 생각이었으며, 기꺼이 남자의 천막 철거 작업을 도울 작정이었지만……

하지만, 남자는 사람들의 그 모든 선의를 거부했다.

저는 이 돈을 받을 수가 없습니다.

남자는 그렇게 말하고 다시 대자보 판을 잡고 제자리에 앉았다.

아니, 권순찬 씨. 이게 우리가 다른 뜻이 있는 게 아니고요. 502호 할머니 대신해서 전해 드리는 겁니다. 여기 502호 할머니 돈도 포함되어 있어요.

입주민 대표가 그렇게 말했지만, 남자는 요지부동이었다.

저는 원래 그 할머니한테 돈을 받을 생각이 없었습니다. 저는 김석만 씨를 만나러 온 거예요. 그 사람을 직접 만나서 일을 해결하려고요……

모여 있던 사람들의 탄식이 흐르고, 몇 번의 실랑이가 더 오갔지만, 남자는 뜻을 굽히지 않았다. 그는 아무 일 아니라는 듯 천연스럽게 스티로폼 위로 올라온 모래를 손바닥으로 쓸어내리기도 했다.

그만 갑시다! 사람들의 성의를 원 저렇게 무시해서야…… 누군가 그렇게 외쳤고, 사람들은 하나둘 다시 단지 정문 쪽으로 되돌아왔다. 그것이 내가 전해 들은 그날 일의 전부였다.

아파트엔 그가 칠백만 원에 대한 이자를 받으려 한다는 소문이 돌기 시작했다.

- 이기호, 「권순찬과 착한 사람들」 -

25634-0141

Q.3 윗글을 읽고 보기의 빈칸에 알맞은 말을 넣어 보자.

보기

이 작품의 뒷부분에서 권순찬은 누군가의 신고로 아파트에서 쫓겨난다. 그 후, '나'는 외제 차를 타고 나타난 김석만 씨를 목격하고 자신과 입주민들의 모습을 돌아보게 된다. 입주민들은 작품의 제목처럼 ㅊㅎ 사람들이다. 그러나 문제의 ㅇㅇ과 ㅎㄱㅊ을 자신들의 입장에서만 찾은 입주민들은 자신들이 베푼 선의를 거절하였다는 이유로 권순찬에게 화를 낸다.

이 작품은 문제의 진짜 ㅇㅇ 을 보지 못하고 애꿎은 사람에게 화를 내는 아파트 입주민들의 모습을 통해 정작 비판해야 할

문제의 근본적인 원인을 파악하지 못하는 현대인의 모습을 ㅂ ㅅ 하게 한다.

③

[앞부분의 줄거리] 국민학교 2학년생인 '나'는 걸구대(궐기 대회)가 열릴 때마다 멧돼지를 서너 마리씩 미국 대통령이나 유엔 사무총장과 같은 외국 귀인들에게 보낸다는 것을 알고 의아해한다.

어린 소견에 도무지 알다가도 모를 노릇이었다. 그런 식으로 마구 보내 주다가는 오래지 않아 나라 안의 멧돼지는 깡그리 씨가 마를 판이었다. 그렇잖아도 가뜩이나 육고기가 부족한 가난뱅이 나라에서 서양 부자 나라의 지체 높은 양반들한테 뭣 때문에 툭하면 그 귀한 멧돼지들을 보낸단 말인가. 또 보낸다면 그 멀고 먼 나라까지 무슨 수로, 그리고 어떤 모양으로 그 짐승들을 보낸단 말인가.

멧돼지 보내기가 몇 번이나 되풀이된 다음, 마지막 순서로 혈서 쓰기가 시작되었다. 검정색 학생복 차림의 피 끓는 청년 학도들이 차례차례 연단에 올라 손가락을 깨물어 하얀 천 위에다 붉게 혈서를 쓰고 있었다. 그쯤에서 진력이 날 대로 나버린 급우 녀석들이 나를 향해 자꾸만 눈짓을 보내왔다. 엎어지면 코 닿을 자리에 집이 있는 내가 몇몇 친한 녀석들을 데리고 몰래 광장을 빠져나와 걸구대가 끝날 때까지 우리 식당에서 즐거운 시간을 함께 보낸 적이 종종 있었던 까닭이었다. 녀석들과 함께 걸구대에서 막 도망쳐 나오려는 순간이었다. 바로 그때 새롭게 연단에 오른 청년의 모습이 내 발목을 꽉 붙잡았다. 그보다 앞서 혈서를 쓴 학생들과 달리 그는 학생복 차림이 아니었다. 검정 물로 염색한 군복을 걸친 그 협수룩한 모습이 먼빛으로 봐도 어쩐지 많이 눈에 익어 보였다. 잠시 후에 열 손가락을 모조리 깨물어 혈서를 쓴, 참으로 보기 드문 열혈 애국 청년이 등장했음을 걸구대 사회자가 확성기를 통해 널리 알렸다. 곧이어 '북진 통일'이라고 대문짝만 하게 적힌 혈서가 청중에게 공개되었다. 치솟는 박수갈채로 역전 광장이 갑자기 떠나갈 듯 요란해졌다. 설마 그럴 리가 있겠느냐고, 혹시 내가 잘못 봤을지도 모른다고 생각하면서 나는 고개를 저었다. 나는 몇몇 급우들과 함께 슬며시 광장을 벗어나고 말았다.

내가 결코 잘못 본 게 아니라는 사실이 이윽고 밝혀졌다. 창권이 형은 열 손가락에 빨갛게 핏물이 밴 붕대를 친친 감은 채 식당에 돌아옴으로써 어머니와 나를 기절초풍케 만들었다. 너무도 어처구니가 없는 나머지 어머니는 형이 돌아오면 퍼부으려고 잔뜩 별러서 장만했던 욕바가지를 꺼내들 엄두조차 못 낼 정도였다. 아프지 않더냐는 내 걱정에

형은 마치 남의 살점 얘기하듯 심상하게 대꾸했다.

"괜찮어. 어째피 남어도는 피니깨."

그 혈서 사건 이후부터 창권이 형은 자기 몸 안에 들끓는 더운 피를 덜어 내기 위해 이따금 주먹으로 자신의 코쭝배기를 후려쳐 일부러 코피를 쏟아 내야 하는 수고를 더 이상 할 필요가 없게 되었다. 그리고 어머니 말마따나 형은 정말 우리 식당에서 아무짝에도 쓸모없는 인간으로 완전히 바뀌어 버렸다. 역전 광장에서는 사흘이 멀다 하고 크고 작은 걸구대가 잇달아 벌어졌다. 덕분에 형의 상처 난 손가락들은 좀체 아물 새가 없었다. 걸구대 때마다 단골로 혈서를 쓰는 열혈 애국 청년 노릇에 워낙 바쁘다 보니 식당 안에 진드근히 붙어 있을 겨를도 없었다. 어머니는 결국 역마살이 뻗쳐 하고많은 날들을 밖으로만 나대는 형의 발을 묶어 식당 안에 주저앉히려는 노력을 포기할 지경에 이르렀다. 형은 어느덧 장국밥을 전문으로 하는 식당의 허드재비 심부름꾼에서 당당한 손님으로 격이 달라져 있었다.

중요한 일로 높은 사람들을 만나러 간다며 아침 일찍 집을 나선 창권이 형이 해 질 녘에 다따가* 고등학생으로 변해 돌아왔다. 그동안 형의 변모는 너무나 급격해서 그러잖아도 눈알이 팽팽 돌 지경이었는데, 방금 새로 사 입은 빳빳한 학생복에 어엿이 어느 학교의 교표까지 붙인 학생모 차림은 상상을 뛰어넘는 것이라서 어머니와 나는 다시 한 번 할 말을 잃고 말았다.

"일트레면은 가짜배기 나이롱 고등과 학생인 심이지."

언제 학교에 들어갔었느냐는 내 물음에 형은 천연덕스레 대꾸하고 나서 한바탕 히히거렸다. 가짜 대학생 이야기는 더러 들어 봤어도 가짜 고등학생은 형이 처음이었다.

"핵교도 안 댕기는 반거충이 청년이 단골 혈서가란 속내가 알려지는 날이면 넘들 보기에도 모냥이 숭칙허다고, 날더러 당분간 고등과 학생 숭내를 내고 댕기란다."

형은 모자에 붙은 교표에 호호 입김을 불어 소맷부리로 정성스레 광을 내기 시작했다. 안 그래도 새것임을 만천하에 광고하듯 너무 번뜩여서 오히려 탈인 그 금빛의 교표를 형은 내친김에 아예 순금제로 바꿔 놓을 작정인 듯 시간 가는 줄 모르고 일삼아 닦고 또 닦아 댔다. 나는 국민학교 졸업이 학력의 전부인 형을 한동안 물끄러미 바라보았다. 가정 형편이 어려워 어릴 때부터 남의집살이로 잔뼈를 굵혀 나온 형은 자신을 진짜배기 고등학생으로 착각하고 있는

기색이었다.

"요담번 궐기 대회 때부텀 나가 맥아더 원수에게 보내는 멧세지 낭독까장 맡어서 허기로 결정이 나뿌렸다."

형은 교표 닦기를 끝마친 후 호주머니에서 피난민 시체로부터 선사받은 금장의 회중시계를 꺼내어 더욱더 공력을 들여 삐까번쩍 광을 내기 시작했다. 정말 갈수록 태산이었다. 형은 걸구대에서 자신이 맡은 역할이 단골 혈서가 노릇 말고 다른 중요한 것이 더 있음을 자랑스레 밝히는 중이었다. 나는 멧돼지를 멧세지라 잘못 발음한 형의 실수를 부득이 지적하지 않을 수 없었다. 하지만 무식한 가짜 고등학생은, 멧돼지가 아니라고, 꼬부랑말로 멧세지가 맞다고 턱도 없는 우김질을 끝까지 계속했다.

(중략)

창권이 형의 마지막 활약상은 그리 오래 지속되지 못했다. 그날도 형은 군산으로 원정을 떠나 적성 중립국 감시 위원들의 추방을 요구하는 시위대의 선두에 섰다. 시위 분위기가 무르익자 형은 그만 흥분을 가누지 못하고 미군 부대 철조망을 타 넘는 만용을 부렸다. 바로 그때 경비병들이 송아지만 한 셰퍼드들을 풀어놓았다. 형은 셰퍼드들의 집중 공격을 받아 엉덩이 살점이 뭉텅 뜯겨 나가고 왼쪽 발뒤꿈치의 인대가 끊어지는 중상을 입었다. 형이 병원에서 퇴원할 때는 이미 한쪽 다리를 저는 불구의 몸으로 변해 있었다.

퇴원한 뒤에도 창권이 형은 한동안 우리 집에 계속 머물렀다. 형의 그 가짜배기 애국 학도 행각을 애초부터 꼴같잖게 여기던 어머니는 쩔쑥쩔쑥 기우뚱거리는 걸음걸이로 하릴없이 식당 안팎을 서성이는 먼촌붙이 조카를 눈엣가시로

알고 노골적으로 박대했다. 우리 식당에 빌붙어 눈칫밥이나 축내며 지내던 어느 날, 형은 마침내 시골집으로 돌아갈 결심을 굳혔다.

떠나기 전날 밤, 창권이 형은 보퉁이를 다 꾸린 다음 크게 선심이라도 쓰는 척하면서 내게 금장 회중시계를 만져 볼 기회를 딱 한 차례 허락했다. 행여 닳기라도 할까 봐 오래 구경시키는 것마저도 꺼려 하던 그 귀물 단지를 형이 내 손에 통째로 맡긴 것은 그때가 처음이자 마지막이었다. 피난민 시체로부터 받은 선물이라고 주장하던 그 회중시계가 내 작은 손바닥 위에 제법 묵직한 중량감으로 올라앉아 있었다. 등잔불 그늘 안에서도 말갛고 은은한 광휘를 발산하는 금시계를 일삼아 들여다보고 있자니 마치 형의 금빛 찬란하던 한때를 그것이 째깍째깍 증언하는 듯한 느낌이 언뜻 들었다. 전쟁 기간을 통틀어 형의 수중에 남겨진 유일한 전리품이었다.

"형이 옳았어."

회중시계를 되돌려 주면서 형의 호의에 대한 답례 삼아 뭔가 형에게 위로가 될 적당한 말을 찾느라 나는 복잡한 머릿속을 한참이나 된장질하지 않으면 안 되었다.

"멧돼지가 아니었어. 멧세지가 맞는 말이여."

내 말에 아무런 대꾸 없이 형은 그저 보일락 말락 미소만 시부저기 흘리고 있을 따름이었다.

- 윤흥길, 「아이젠하워에게 보내는 멧돼지」 -

*다따가: 난데없이 갑자기.

Q.5 윗글을 읽고 보기의 빈칸에 알맞은 말을 넣어 보자.

보기

이 작품은 6 · 25 전쟁으로 인해 혼란해진 사회를 배경으로 한다. 창권이 형은 궐기 대회에서 애국 학도로 활약하게 되는 과정에서 ㄱ ㄹ 층에 편승하는 모습을 보인다. 정치적 목적을 위해 대중을 기만하는 권력층에 이용당하다 결국 몰락하게 되는 창권이 형을 통해 어리석은 인물이 가진 ㅇ ㅁ 의 허망함을 풍자하고 있다.

Q.6 '멧돼지'가 이 작품의 주제와 관련하여 어떤 기능을 하는지 생각해 보자.

'나'는 궐기 대회에서 벌어지는 일을 제대로 이해하지 못하는 순진한 어린아이이다. '멧세지'를 보내는 것을 '멧돼지 보내기'로 오해한 '나'를 통해 궐기 대회가 ㅎ ㅎ 화되고 있다.

STEP.3 개념 Jump

[01-02] 다음 글을 읽고 물음에 답하시오.

| 고2 전국연합학력평가 |

[앞부분의 줄거리] 불우이웃을 돕기 위한 물품을 기증하기 위해 우체국에 들른 '그'는 주차하는 도중 노인의 승용차 범퍼를 살짝 긁고, 노인과 시비 끝에 경찰관의 중재로 보험 처리를 하기로 한다.

"글쎄 그건 누구를 속이거나 남의 걸 빼앗는 게 아니고 자기 권리를 찾는 거라니까요. 그렇게 오랫동안 무사고 운전을 하셨으면 보험회사한테 얼마나 갖다 바친 거예요. 그동안 사소한 사고를 내고도 몇백 몇천씩 뜯어먹은 운전자들이 또 얼마나 많겠어요. 이제는 사장님 밥상을 찾아 먹을 때도 됐죠."

본업인 '차량 경정비'보다는 '덴트' '보험 처리'라는 글자를 훨씬 더 크고 화려하게 유리문에 붙여놓은 정비업체 사장은 몸집이 자그마했다. 안경 너머에서 눈이 반짝거렸고 작은 입술은 빠르고 매끄럽게 움직였다. 그는 매끈하게 치장해놓은 가게 안 공간에 어울리지 않게 크고 둔중해 보이는 자신의 차에 몸을 기댔다.

"글쎄, 보험회사 직원도 그런 말을 하긴 했어요. 쉽게 해결하는 방법이 있다고. 그래도 우리같이 순진한 사람이 그런 걸 할 수 있을까 싶은데."

그와 나이가 비슷해 보이는 사장은 말을 하면서도 눈과 귀, 손과 발을 쉬는 법이 없었다. 순식간에 그의 차에 새겨진 세월과 부주의의 흔적이 드러났다.

"여기 크게 박은 게 두 군데고 작은 건 네 군데네요. 범퍼는 쌔끈하게 칠해드리고…… 이거 다 합치면 한 칠팔십 되겠는데요. 제가 보험 할증 안 붙게 오십 안짝으로 맞춰드릴 테니까 사장님은 보험회사에 전화해서 주차장에 가만히 세워놓은 차를 누가 박고 갔다고 하세요. 차 어딨냐고 하면 우리 가게 전화번호 알려주시고 담당 직원 정해지면 전화하라고 제 번호 가르쳐주세요. 그다음에 사장님은 싹 빠지시면 됩니다. 나머지는 우리가 다 알아서 합니다. 프로니까요. 척하면 서로 알아보는 거죠."

차를 맡긴 그는 최대한 천천히 걸어서 십여 분 만에 자신의 거처인 오피스텔로 돌아왔다. 접촉 사고 이후 보험회사 직원의 예견대로 노인은 정비 공장을 찾아가서 범퍼 전체를 교환했고, 아슬아슬하게 보험료 할증이 없는 상태로 사태는 마무리되었다. 그는 노인과 시비를 벌이는 와중에 화풀이로 차를 발로 차고 주먹질을 한 뒤 생긴 흔적을 포함해 차에 생긴 크고 작은 상처를 손볼까 싶어서 차량 정비와 외장 수리를 전문으로 한다는 오피스텔 앞 정비업체를 찾았던 것이었다.

보험회사에 전화를 걸자 전과 마찬가지로 "친절하게 모시겠습니다. 파러웨이자동차보험 상담원 김민영입니다. 무엇을 도와드릴까요?" 하는, 기계음을 닮은 여자의 목소리가 들려왔다. 그는 알레르기 증상이라도 있는 것처럼 기침을 했다.

"제 차를요. 주차장에 놔뒀는데요. 어떤 놈이 살짝 박고

도망을 간 거 같아서요."

"예, 고객님, 정말 상심이 크시겠습니다. 그럼 먼저 고객님의 신원부터 확인하고 도와드리도록 하겠습니다. 전화번호가 공일팔 이삼하나 구일칠삼 맞으시나요? 고객님 성함은 박 자, 정 자, 국 자, 맞으시죠?"

신원을 확인하고 난 뒤 상담원은 차를 언제, 어디에, 어떻게 세워두었느냐고 물었다. 그가 오피스텔 주차장이라고 대답하자 주차장 몇 층 가운데 몇 층인지, 출입구에서 어느 정도 되는 위치인가도 물었다. 그는 허둥대는 와중에도 혹시 시시티브이가 작동했을지도 모른다고 생각해 주차장 바깥 건물 벽에 붙여서 세워두었다고 둘러댔다.

"그럼, 몇 월 며칠 몇 시부터 몇 시까지 차를 거기다 세워두셨습니까?"

대화가 진행되면서 상대의 목소리에서 처음의 기계 같던 느낌은 많이 사라졌다. 이십대 중반쯤이나 되었을까 싶게 앳되고 맑은 목소리에 그는 문득 수치심을 느꼈다.

(중략)

그의 차 뒷부분은 거대한 강철 손으로 움켜잡아 찌그러뜨린 듯했다. 원래 그가 세웠던 자리에서 받힌 충격으로 오십 센티미터쯤 움직여 기둥을 들이받은 터라 오른쪽 뒷문이 완전히 으스러진 채였다. 그는 나에게도 이런 행운이 찾아올 때도 있구나 싶어 가슴이 떨렸다. 그는 기쁨을 억제하며 일부러 크게 소리를 질렀다.

"아이고, 이거 새로 덴트 하고 코팅까지 한 게 일주일도 안 됐는데. 돈 처바른 게 흔적도 없네."

두꺼운 뿔테 안경을 쓰고 양복 정장을 입은 중년 남자가 다가왔다. 남자는 일단 고개를 깊이 숙였다.

"선생님, 이거 정말 죄송하게 됐습니다. 좋은 차를 잘 타시고 계신데 제가 실수를 해서 이렇게 되었네요. 지금 자동차 보험회사에 연락했습니다. 제 차는 벌써 정비 공장에서 차가 와가지고 견인을 해갔는데 같은 보험회사에서 고쳐도 좋을지, 선생님 의향이 어떠신지 몰라서 먼저 전화를 드렸습니다. 죄송합니다. 주무시는데 깨워서 또 죄송합니다. 얼마나 놀라셨습니까."

그는 두 손을 모아 공손히 답례라도 하고 싶은 심정이었다.

"별말씀 다 하십니다. 다 같이 운전하는 입장에서 보면 서로 이해할 수 있지요. 그런데 어쩌다가?"

목욕탕 천장의 환기 시설이 고장 났을 때 수리를 해주러 왔던, 팬을 사오면 갈아주겠다고 하던 젊은 기사가 나섰다.

"가해자 차주가 여기 사시는 분 맞고요. 삼이공오 넘버 확인했어요. 전화번호도 따놨어요. 우리도 자다가 소리가 꽝, 하고 나서 나와 봤는데요. 정말 폭탄 터지는 거 같았어요. 사장님 차는 앞에 있던 차가 커버를 해줘서 상황이 좀 나은 거예요. 그 차 완전 개박살났어요. 차주 분이 폐차해야 되겠다고 하더라고요. 출고 십 년 된 코란돈데요. 그 차주 분 되게 좋아하시면서……"

그는 말을 끊었다.

"아, 나도 칠 년 된 찬데. 그런데 나 차 바꿀라다가 계약금으로 목돈 들어가지, 등록비에 세금 무섭고 해서 좀 더 타자고 바로 얼마 전에 이백만 원 주고 싹 도색하고 내부 고쳐서 타던 거예요. **그 돈 들인 게 일주일도 안** 됐어요."

안쪽에 서 있던 여자들 중 하나가 기침을 했다. 그는 말을 멈추었다. 역시 공기가 안 좋아. 예민한 사람들은 오래 있으면 좋지 않지.

"어떻게 하시겠습니까. 같은 정비 공장에다 견인차를 또 오라고 전화할까요?"

투 버튼 회색 정장에 물방울무늬 넥타이를 맨 중년 남자가 정중하게 그에게 물었다. 그는 이럴 때는 어떻게 하는 게 좋을지 물어볼 사람이 있는지 생각해보았다. 그가 아는 한 주변에 같은 일을 겪은, 아니 그런 행운을 맞이해본 사람은 없었다. 시간이야 어떻든 간에, 전화를 받은 사람은 아침부터 재수가 없다고 할지도 모른다. 이 세계에는 행운의 총량이 정해져 있는데, 한 사람이 행운을 많이 가져가면 남은 것을 나눠 가져야 하는 사람들의 몫이 줄어든다. 자신의 몫이 줄어드는 것을 '재수가 없다'고 표현한다.

- 성석제, 「론도」 -

---

01 윗글의 인물에 대한 이해로 가장 적절한 것은?　　　　25634-0143

① **정비업체 사장**은 사고를 내고도 보험 처리를 하지 않는 운전자들을 비난하였다.　Ok No

② **'그'**는 보험회사 직원이 말한 방법을 자신이 실행할 수 있을지 의구심을 가졌다.　Ok No

③ **정비업체 사장**은 수리해야 하는 부분을 언급하며 '그'의 부주의함을 지적하였다.　Ok No

④ **중년 남자**는 '그'에게 자신과 같은 보험회사에서 차를 수리할 것을 요구하였다.　Ok No

⑤ **젊은 기사**는 중년 남자가 사고를 내는 순간에 목격한 내용을 '그'에게 전달하였다.　Ok No

02 **보기**를 바탕으로 윗글을 감상한 내용으로 적절하지 **않은** 것은?　　　　25634-0144

> **보기**
>
> '론도'는 주제 선율이 반복되는 사이에 주제 선율과 차이를 지닌 선율이 삽입되어 주제 선율을 부각하는 음악 형식이다. '론도'라는 음악 형식을 차용한 이 작품에서 주인공은 교통사고를 두 번 겪는데, 각각의 사건에서 가해자와 피해자로서 주인공의 입장은 달라지고 이에 따라 다른 태도를 보인다. 또한 주인공 이외의 인물들도 자신이 겪은 교통사고에서 자신의 입장에 따른 이해관계를 생각하며 행동하는 모습을 보인다. 작가는 이러한 인물들의 모습을 통해 **현대 사회의 이해타산적 세태**를 드러내고 있다.

① **'그'가 노인의 승용차 범퍼를 긁은 것**과, 중년 남자가 **'그'의 차를 '찌그러뜨린'** 것은 모두 교통사고에 해당하는데, 이는 '론도'라는 음악 형식을 차용하여 주인공이 겪는 사건을 보여 주는 것이라 할 수 있겠군.　Ok No

② **노인이 '정비 공장을 찾아가서 범퍼 전체'를 교체하는 것**과 **코란도 차주가 '폐차해야 되겠다'고 말하며 좋아하는 모습**에서 이해타산적 세태를 확인할 수 있겠군.　Ok No

③ **노인과 시비를 벌이며 '화풀이로 차를 발로 차고 주먹질을 한' '그'가 중년 남자와의 사고를 '행운이 찾아'온 것이라 여기는 것**은 자신의 입장에 따른 이해관계를 생각하며 행동하는 인물의 모습에 해당하겠군.　Ok No

④ **'그 돈 들인 게 일주일도 안' 되었다는 '그'**와 **'공손히 답례라도 하고 싶은 심정'이라고 생각하는 '그'의 모습**은 입장에 따라 다른 태도를 보이는 인물의 모습에 해당하겠군.　Ok No

⑤ **'접촉 사고'의 상황**과 **'오른쪽 뒷문이 완전히 으스러진' 사고의 상황**을 통해 사건에 따라 주인공의 입장이 달라진다는 점을 확인할 수 있겠군.　Ok No

> 주제 파악하기까지 끝. 소설의 다양한 요소들을 통해 작품이 전달하고자 하는 의미를 잘 읽어 낼 수 있어야겠지? 우리가 하나하나 배워 왔던 개념들이 소설의 주제를 이해하는 데에 도움을 줄 거야. 지금은 어려워도 계속해서 연습하면 잘 해낼 수 있어. :)

오늘 꼭 알아야 할 개념　# 변용　# 표현 바꾸기　# 서술 관점 바꾸기　# 갈래 바꾸기

STEP.1　개념 Hi

개 념 ｜ 1 6 　작품의 변용

작가가 작품을 어떤 관점에서 창작했을지 추리해 보고 읽는 이의 관점에서 작품을 재구성하는 것

① **표현 바꾸기**: 서술 방법(묘사, 대화, 서술)이나 표현 기교에 변화를 주어 새로운 효과를 모색하는 활동. 또는 새로운 내용을 추가하거나 내용을 삭제하여 새로운 느낌을 주는 활동

　…⋯➤ 문체나 어조의 특징과 효과 알아 두기

🗐 *시험지에는 이런 식으로 등장해.*

> ｜ 고1 전국연합학력평가 ｜
>
> 　진짜 옹가가 먼저 아뢰기를,
> 　"저희 조상 대대로 옹당촌에 사옵는데, 천만의외로 생면부지 모를 자가 저와 행색 같이하고 태연히 들어와서, 저의 집을 자기 집이라 하며 저의 가솔을 자기 가솔이라 이르오니 세상에 이런 변괴 어디 또 있나이까? 사리 밝으신 사또께서 밝혀 주시옵소서."
> **[A]**　가짜 옹가가 또한 아뢰기를,
> 　"제가 아뢰고자 하던 것을 저놈이 다 아뢰매 저는 다시 아뢸 말씀 없사오니, 명철하신 사또께서 샅샅이 살피시와 진실을 밝혀 주시면, 이제는 죽어도 여한이 없겠나이다."
> 　　　　　　　　　　　　　　　　　　　　　　　　　　　 – 작자 미상, 「옹고집전」 –
>
> **32.** [A]를 〈보기〉와 같이 바꾸어 썼을 때 나타나는 차이점으로 적절한 것은?
>
> > ────── 〈보기〉 ──────
> > 두 옹가가 각기 나서서 자신이 진짜라고 주장하며 흑백을 가려 주기를 사또에게 청하더라.
>
> ② **말하기 방식**으로 상황을 제시하고 있다.

② **서술 관점 바꾸기**: 시점에 변화를 주거나 동일한 대상 또는 사건에 대하여 다른 관점으로 접근하는 활동

　…⋯➤ 각 시점의 특징과 효과 알아 두기

🗐 *시험지에는 이런 식으로 등장해.*

> ｜ 고1 전국연합학력평가 ｜
>
> 　까마귀 새끼라는 것은 우리 아버지가 까맣게 연탄재를 뒤집어쓰고 다닌대서 그 아들인 나를 가리키는 말이다. 사실 아버지는 노상 시커먼 몰골을 하고 다녔다. 옷은 물론 국방색 신발도 어느새 감장 구두가 되어 있었다. 손 얼굴 할 것 없이 온몸이 껌정투성이였다. 어쩌다가 헹 하고 코를 풀면 콧물조차도 까맸다. 그런 가운데에서도 눈 하나만은 퀭하니 크게 빛났다. 아이들은 그런 아버지를 보고 까마귀라고 불러 댔으나 차마 대놓고 그러지는 못하고, 만만한 나만 보면 까마귀 새끼라고 놀려 댔다.
> **[A]**　하지만 저희네들 아버지는 별것이었던가. 영길이네 아버지는 조그마한 기계와 연탄불을 피워 가지고 다니면서, 뻥 소리와 함께 생쌀을 납작하게 눌러 튀겨 내는 장사를 하고 있었고, 종달이네 형님은 번데기 장수였다. 순철이네 아버지는 시장 경비원이었고, 귀달이네 아버지는 포장마차에서 장사를 하

고 있었다. 그래서 우리는 영길이더러 '뻥', 종달이더러는 '뻔'이라는 별명을 붙여 주었으며, 순철이 귀달이도 모두 하나씩 별명을 가지고 있었다. 그러니까 내가 까마귀 새끼라는 별명을 가지고 있다는 것은 어떻게 보면 당연한 것이고 별로 억울할 것도 없었다.

– 최일남, 「노새 두 마리」 –

26. [A]를 〈보기〉와 같이 바꾸어 썼을 때 나타나는 효과로 가장 적절한 것은?

〈보기〉

"까마귀 새끼." / 영길이가 놀렸다.
"너네 아버지는 까마귀, 넌 까마귀 새끼." / 종달이가 거들었다.
"신발도 깜장 구두, 연탄재 뒤집어쓴 껌정투성이."
아버지가 시장 경비원인 순철이도 한마디 했다.
"그래, 나 까마귀 새끼다. 그러는 니들은 뭐가 달라서." / "너네 아버지는 콧물도 까맣더라."
귀달네 아버지는 포장마차에서 장사를 하는데, 귀달이도 나를 놀린다. 나도 뻥튀기 장수 아들 영길이와 번데기 장수 동생 종달이의 별명을 불렀다.
"영길이는 뻥, 종달이는 뻔."

⑤ **인물 간의 대화**를 보여 주어 상황을 **현장감** 있게 제시하고 있다.

---

③ **갈래 바꾸기:** 소설을 희곡이나 시나리오, 시 등의 다른 문학 갈래의 특성에 맞게 형식을 바꾸어 표현해 보는 활동

⟶ 인물의 성격과 심리, 인물 간의 관계와 갈등 상황을 정확하게 파악하기
　　무대 장치, 음향 효과, 조명 등 다양한 장치와 기법의 효과 알아 두기

📑 *시험지에는 이런 식으로 등장해.*

| 고3 전국연합학력평가 |

S#110. 다른 거리

　문방구점, 라디오 방, 사진관, 제과점. 그는 길옆에 늘어선 가게의 진열장을 하나하나 기웃거리며 걷고 있다. 하나 철호의 눈에는 무엇인지 하나도 보이지 않는다.

　그는 어느 문 앞에 걸린 간판 앞에 우뚝 선다. '치과' 그것을 쳐다보는 철호의 얼굴이 점점 찌푸려지며 손으로 볼을 움켜쥔다. 철호가 주머니에서 만 환을 꺼내 보더니 이윽고 결심한 듯 안으로 들어간다.

– 이범선 원작, 나소운·이종기 각색, 「오발탄」 –

44. 〈보기〉는 S#110에 해당하는 원작 소설의 일부분이다. 〈보기〉를 시나리오로 각색할 때 고려했을 점으로 가장 적절한 것은?

〈보기〉

　문방구점, 라디오 방, 사진관, 제과점. 그는 길가에 늘어선 이런 가게의 진열장을 하나하나 기웃거리며 걷고 있었다. 그러면서도 무엇이 있는지 하나도 보이지는 않았다. 그러던 철호는 또 우뚝 섰다. 그는 거기 눈앞에 걸린 간판을 쳐다보고 있었다. 장기판만 한 흰 판에 빨간 페인트로 치과라고 써 있었다. 철호는 갑자기 이가 쑤시는 것을 느꼈다. 아침부터, 아니 벌써 전부터 훌떡훌떡 쑤시는 충치가 갑자기 아팠다. 양쪽 어금니가 아래위 다 쑤셨다. 사실은 어느 것이 정말 쑤시는 것인지조차도 분간할 수가 없었다. 철호는 호주머니에 손을 넣어 보았다. 만 환 다발이 만져졌다. 철호는 치과 간판이 걸린 층계 이층으로 올라갔다.

① 소설 속 인물의 **심리**가 시나리오 속 인물의 **표정과 행동**으로 드러나도록 한다.

STEP.2 개념 Quiz

1

새침하게 흐린 품이 눈이 올 듯하더니, 눈은 아니 오고 얼다가 만 비가 추적추적 내리었다.

(중략)

"으응, 또 대답이 없네, 정말 죽었나 버이."

이러다가 누운 이의 흰 창이 검은 창을 덮은, 위로 치뜬 눈을 알아보자마자,

"이 눈깔! 이 눈깔! 왜 나를 바루 보지 못하고 천정만 바라보느냐, 응?"

하는 말끝에 목이 메었다. 그러자 산 사람의 눈에서 떨어진 닭똥 같은 눈물이 죽은 이의 뻣뻣한 얼굴을 어룽어룽 적시었다. 문득 김 첨지는 미친 듯이 제 얼굴을 죽은 이의 얼굴에 한데 비벼 대며 중얼거렸다.

"설렁탕을 사다 놓았는데 왜 먹지를 못하니, 왜 먹지를 못하니…… 괴상하게도 오늘은 운수가 좋더니만……."

- 현진건, 「운수 좋은 날」 -

12345-0145

Q.1 윗글을 바꾸어 쓴  에 대한 학생들의 평가로 적절한지 O/X로 답해 보자.

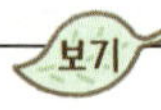

[처음]

새침하게 흐린 품이 비가 좀처럼 그치지 않을 듯하더니, 언제 그랬냐 싶게 비가 멎으면서 서편 하늘에 드물게 보는 무지개가 선명하였다.

[끝]

김 첨지의 눈에서 떨어진 닭똥 같은 눈물이 아내의 뻣뻣한 얼굴을 어룽어룽 적시었다. 이때였다. 위로 치뜬 눈이 제자리로 돌아오는가 싶더니 아내의 얼굴에 화색이 돌았다. 한동안 입을 다물지 못하던 김 첨지는 문득 미친 듯이 제 얼굴을 아내의 얼굴에 비벼 대며 중얼거렸다.

"내가 얼마나 가슴이 아팠는데…… 왜 이렇게 사람을 놀라게 하니…… 오늘은 드물게 운수가 좋더니만……."

"당신 언제 왔어요? 내가 정신없이 잠이 들었었나 봐요."

김 첨지는 아내를 일으켜 세운 뒤 말없이 숟가락을 쥐여 주었다. 아내는 아픈 사람 같지 않게 설렁탕 한 그릇을 마파람에 게눈 감추듯 비워 버렸다.

아내를 바라보는 김 첨지의 눈에서 또다시 뜨거운 눈물이 주르르 흘러내렸다.

---

① 아내에 대한 김 첨지의 깊은 사랑이 여기서는 구체적인 행동으로 드러나 있군. ☐O☐X

② 이렇게 바뀌니 행복한 결말이 되면서 안타까웠던 내 마음까지 따스해지는 것 같아. ☐O☐X

③ 이렇게 되면 작품 제목인 '운수 좋은 날'에 함축되어 있던 반어적인 의미도 없어지겠는데. ☐O☐X

④ 서술의 시점이 달라지니까 원작과 비교해 볼 때 독자와 서술자의 거리는 한결 가까워졌어. ☐O☐X

⑤ '비'가 그치고 '무지개'가 뜬 하늘을 배경으로 제시하여 뭔가 좋은 일이 있을 것을 암시해 주는 것 같아. ☐O☐X

우리가 이 마을에 처음 들어와 집이 없어서 곤란으로 지낼 제, 집터를 빌리고 그 위에 집을 또 짓도록 마련해 준 것도 점순네의 호의였다. 그리고 우리 어머니 아버지도 농사 때 양식이 딸리면 점순네한테 가서 부지런히 꾸어다 먹으면서, 인품 그런 집은 다시없으리라고 침이 마르도록 칭찬하곤 하는 것이다. 그러면서도 열일곱씩이나 된 것들이 수군수군하고 붙어 다니면 동리의 소문이 사납다고 주의를 시켜 준 것도 또 어머니였다. 왜냐하면, 내가 점순이하고 일을 저질렀다가는 점순네가 노할 것이고, 그러면 우리는 땅도 떨어지고 집도 내쫓기고 하지 않으면 안 되는 까닭이었다.

- 김유정, 「동백꽃」 -

12345-0146

Q.2 윗글을 〈보기〉로 바꾸었을 때 독자가 얻을 수 있는 효과로 적절한지 O/X로 답해 보자.

〈보기〉

그의 부모가 이 마을에 처음 들어왔을 때는 아무 거처도 없는 매우 곤란한 상황이었다. 그때 그들을 구해 준 것은 바로 점순네였다. 점순네의 도움으로 그들은 집터를 마련할 수 있었고, 또 양식이 떨어지면 곧바로 빌려다 먹을 수 있었다. 그 은혜에 감복하여 그의 부모는 늘 고마워했고 인품으로는 그런 집이 없다고 칭찬을 아끼지 않았다. 그래서 어머니는 점순네의 고마움에 보답하기 위해서라도 쓸데없는 행동을 삼가라고 주의를 주었던 것이다. 더구나 나이가 열일곱이나 되는 그가 동갑인 점순과 어울려 다닌다면 동네에 나쁜 소문이 나는 것은 불을 보듯 번한 노릇이고, 또 자칫 마름 집을 노하게 할 수도 있다고 우려했기 때문이었다. 무례한 행동으로 소작지가 떨어지고 집에서도 쫓겨날지 모른다고 생각한 것이다.

① 극적 긴장감을 뚜렷이 느낄 수 있다.　　　　O | X
② 인물의 육성을 생생하게 느낄 수 있다.　　　　O | X
③ 서술자와 독자의 거리가 더 가까워진다.　　　O | X
④ 인물의 내면 심리를 정밀하게 파악할 수 있다.　O | X
⑤ 인물이 처한 상황을 좀 더 객관적으로 볼 수 있다.　O | X

(구포댁 뭐라 중얼대며 들어온다. 그네의 등엔 애기가 없다.)

곰치: (와락 달려들어) 아니, 으쨌다고 남의 배를 띄웠나? 엉?

구포댁: (실실 웃으며) 나 배 안 띄웠어! 참말!

곰치: (목을 움켜쥐고) 말을 햇! 어서! (구포댁의 등을 보곤 기겁해서) 아니, 애기는? 애기는 으따 뒀어? 엉?

구포댁: (손을 내저으며) 몰라! 나는 몰라! 숨줄이 끊어져도 참말로 몰라!

곰치: 뭣이? 말 안 해? (목을 바싹 졸라 대며) 이래도? 이래도?

성삼: (황급히 곰치의 손을 떼어 놓으며) 이라먼 못써! 물어봐사제, 이라먼 못써! (구포댁에게) 아짐씨, 나 성삼인디 나 알지라우?

구포댁: (연방 고개를 내저으며) 애기는 몰라! 나는 몰라!

곰치: (다시 구포댁의 목을 졸라 잡고) 이것을 나 죽이고 말 거여! 말 안 할래? 애기 으따가 됐어? 응? 어서 말을 해!

구포댁: 갔다! 가 부렀어!

곰치: 뭣이? 가?

구포댁: 쩌그 뭍으로 갔다! 가 뿌렀어!

곰치: 배에다 실어 보냈구나! 응?

구포댁: 아문! 뭍으로 가야 안 죽어! 지 명대로 살라먼 뭍으로 가야 해! 좋은 사람 좋은 부모 만나서 호강하고 크라고! 그래사 지 명대로 살 텡께! 쩌그 뭍으로 배 타고 갔다!

– 천승세, 「만선」 –

[A]

12345-0147

Q.3 [A]를  와 같이 바꾸어 썼을 때 나타난 효과로 적절한지 O/X로 답해 보자.

보기

> 혼자 무언가 중얼대며 들어오는 그녀의 목소리엔 가벼운 흥겨움마저 느껴지는 듯했다.
> 한줄기 시큼한 바다 바람이 휑한 마당을 한 바퀴 훑고 지나갔다. 곰치의 시선이 바람 줄기를 넘어 그녀 등 뒤로 꽂힐 때, 그는 목구멍이 확 막히는 듯했다.
> 없다! 바람 빠진 풍선처럼 구겨져 흘러내린 긴 끈만이 대롱대롱 매달려 있을 뿐. 있어야 할 아이의 모습이 온데간데없었다. 자신의 꿈이었던 아이가 없어진 것을 안 곰치는 모든 것이 무너져 내리는 절망감에 치를 떨었다. 그러다 갑자기 구포댁에게 달려들어 목을 조르는 곰치의 굵은 팔뚝엔 붉은 심줄이 선명했다. 희멀건 눈동자를 하늘로 치뜨면서 내지르는 구포댁의 칼날 같은 울부짖음이 곰치의 가슴을 파고들었다. "뭍으로 갔다. 제 명대로 살아 보라고 배 태워 뭍으로 보냈다!"

① 사건을 더욱 생생하게 전달할 수 있다. ☐ O ☐ X
② 등장인물과의 거리가 더욱 가까워졌다. ☐ O ☐ X
③ 다양한 감각을 활용하여 이해할 수 있다. ☐ O ☐ X
④ 사건의 전개를 보다 일관되게 할 수 있다. ☐ O ☐ X
⑤ 등장인물의 심리를 분명히 파악할 수 있다. ☐ O ☐ X

● 정답 113쪽

STEP.3 개념 Jump

[01-02] 다음 글을 읽고 물음에 답하시오.

| 고1 전국연합학력평가 |

(가)

[앞부분 줄거리] 시골 학교로 전학 온 '나'는 힘으로 학급을 장악하고 있던 석대에게 저항하다 이내 굴복한다. 그러나 김 선생이 부임한 후 아이들이 석대의 비행을 폭로하고 석대는 학교를 떠난다. 학교를 떠난 석대는 학교 밖에서 아이들을 괴롭힌다.

교실 안에서 우리에게 가장 많은 혼란과 소모를 강요한 것은 의식의 파행이었다. 선생님의 격려와 근거 없는 승리감에 취한 우리 중의 일부는 지나치게 앞으로 내달았고, 아직도 ⓐ<u>석대의 질서</u>가 주던 중압에서 깨어나지 못한 아이들은 또 너무 뒤처져 미적거렸다. 임원진으로 뽑힌 아이들도 마찬가지였다. 어른들의 식으로 표현하자면, 한쪽은 너무도 민주의 대의에 충실히 우왕좌왕하는 다수와 함께 우왕좌왕했고, 또 한쪽은 석대 식의 권위주의를 청산하지 못해 은근히 **작은 석대를 꿈꾸**었다. 거기다가 새로 생긴 건의함은 올바른 국민 탄핵 제도의 기능을 하기보다는 밀고와 모함으로 일주일에 하나씩은 임원들을 갈아치웠다.

(중략)

그렇지만 시간이 흐르면서 안팎의 도전들은 차츰 해결되어 갔다.

먼저 해결된 것은 석대 쪽이었는데, 그 해결을 유도한 담임 선생님의 방식은 좀 특이했다. 우리에게는 거의 불가항력적이었건만 어찌 된 셈인지 담임 선생님은 석대 때문에 결석한 아이들을 그 어느 때보다 호된 매질과 꾸지람으로 다루었다.

"다섯 놈이 하나한테 하루 종일 끌려 다녀? 병신 같은 자식들."

"너희들은 두 손 묶어 놓고 있었어? 멍청한 놈들."

그렇게 소리치며 마구잡이 매질을 해 댈 때는 마치 사람이 갑자기 변한 것처럼 보였다. 우리는 영문을 몰랐으나 그 효과는 오래잖아 나타났다. 우리 중에서 좀 별나고 당찬 소전거리 아이들 다섯이 마침내 석대와 맞붙은 것이었다. 석대는 전에 없이 표독을 떨었지만 상대편 아이들도 이판사판으로 덤비자 결국은 혼자서 다섯을 당해 내지 못하고 꽁무니를 뺐다. 선생님은 그 아이들에게 그 당시 한창 인기 있던 케네디 대통령의 『용기 있는 사람들』이란 책 한 권씩을 나눠 주며 우리 모두가 부러워할 만큼 여럿 앞에서 그들을 추켜세웠다. 그러자 다음 날 미창 쪽에서도 똑같은 일이 벌어지고 그 뒤 석대는 두 번 다시 아이들 앞에 나타나지 않았다.

거기 비해 우리 **내부에서 일어나는 혼란**을 대하는 담임 선생님의 태도는 또 앞서와 전혀 달랐다. 잘못된 이해나 엇갈리는 의식 때문에 아무리 교실 안이 시끄럽고 학급의 일이 갈팡질팡해도 담임 선생님은 철저하게 모르는 척했다. 토요일 오후 자치회가 끝없는 입씨름으로 서너 시간씩 계속돼도, 급장 부급장이 건의함을 통해 밀고된 대단치 않은 잘못으로 한 달에 한 번씩 갈리는 소동이 나도 언제나 가만히 지켜보고 있을 뿐 충고 한마디 하는 법이 없었다.

그 바람에 우리 학급이 정상으로 돌아가는 데는 거의 한 학기가 다 소비된 뒤였다. 여름 방학이 지나자 벌써 서너 달 앞으로 닥친 중학 입시가 말깨나 할 만한 아이들의 주의를 온통 그리로 끌어들인 까닭도 있지만, 그보다는 경험의 교훈이 자정 능력을 길러 준 덕분이 아닌가 한다. 서로 다투고 따지고 부대끼고 시달리는 그 대여섯 달 동안에 우리는 차츰 **스스로가 스스로를 규율**한다는 게 어떤 것인가를 배우게 된 것이었다. 하지만 그때껏 그런 우리를 지켜보기만 했던 담임 선생님의 깊은 뜻을 이해하는 데는 아직도 훨씬 더 많은 세월이 지나야 했다.

학교생활이 정상으로 돌아감과 아울러 **굴절되었던 내 의식**도 차츰 원래대로 회복되어 갔다. 다시 어른들 식으로 표현하면, 새로운 급장 선거에서 기권표를 던질 때만 해도 머뭇거리던 내 시민 의식은 오래잖아 자신과 희망을 가지게 되고 자유와 합리에 대한 예전의 믿음도 이윽고는 되살아났다. 가끔씩 — 이를테면, 내가 듣기에는 더할 나위 없는 의견 같은데도 공연히 떠드는 게 좋아 씨알도 먹히지 않는 따지기로 회의만 끝없이 늘여 놓는 아이들을 볼 때나, 다 같이 힘을 합쳐야 할 작업에 요리조리 빠져나가 우리 반이 딴 반에 뒤지게 만드는 아이들을 보게 될 때와 같은 때 — 석대의 질서가 가졌던 **편의와 효용성**을 떠올릴 때가 있었지만 그것도, 금지돼 있기에 더 커지는 유혹 같은 것에 지나지 않았다.

석대는 미창 쪽 아이들과의 싸움이 있고 난 뒤 우리들뿐만 아니라 그 작은 읍에서도 사라져 버렸다. 얼마 후 들리는 소문으로는 서울에 있는 어머니를 찾아갔다는 것이었다.

– 이문열, 「우리들의 일그러진 영웅」 –

(나)

S#136 교실 (아침)

얼굴들에 상처 난 아이들 몇 명을 중심으로 모여 수근거리는 아이들. 그 교실의 소란스러운 분위기를 뚫고 들어오는 김 선생. 급히 자기 자리를 찾아가는 아이들로 우당탕거리던 교실이 갑자기 쥐 죽은 듯 조용해진다. 교실 안을 휘 휘 둘러보는 김 선생. 군데군데 비어 있는 몇 개의 자리. 김 선생과 시선이 마주친 상처 난 얼굴의 아이들이 얼굴을 숙인다.

김 선생: 언제까지 이럴 거야. 너희들! (갑작스런 김 선생의 높아진 음성에 아이들의 고개가 더 숙여진다.) 이렇게 매일 얻어맞고 그게 무서워 결석을 하고…… (고개를 숙인 채 기가 죽은 아이들을 굳은 얼굴로 둘러보는 김 선생.) 석대가 그렇게 무서워? 난 너희들 같은 겁쟁이들은 가르치고 싶지 않다. 절대 피하지 마라. 맨손으로 안 되면 돌이라도 들고 싸워라. 한 사람이 안 되면 두 사람, 그래도 안 되면

전부 다들 넘버라. 내 말 알아듣겠나? (아이들 중 몇 명이 죽어 가는 소리로 겨우 대답한다.) 다시! 알아듣겠나?

아이들: (조금 커진 소리로) 네.

김 선생: 다시.

아이들: (일제히 힘차게) 네!

S#137 교실 (밤)

나무 의자와 책상 등이 불길에 싸여 있다.

S#138 동 밖 (밤)

물을 길어와 교실 안에다 끼얹는 동네 사람들. 서서히 불길이 잡힌다. (F.O.)

S#139 (F.I.) 같은 장소 (아침)

웅성거리며 모여 드는 아이들. 입을 꽉 다문 병태도 섞여 있다. 급하게 뛰어온 김 선생. 주먹을 불끈 쥔다. 병태, 시커먼 병이 나무둥치 밑에 숨겨져 있는 것을 발견한다. 화단에 흐드러지게 피어 있는 철쭉과 진달래의 붉은색이 눈을 어지럽힌다. 교문 쪽으로 먼 시선을 주고 있던 병태. 다시 한번 쓰러져 있는 병을 본다.

병태(내레이션): 그날 이후 엄석대를 본 사람은 아무도 없었

다. 들리는 소문으로는 개가한 서울의 어머니를 찾아갔다던가?

S#140 교실 (오후)

칠판에는 제7차 급장 선거라는 글씨와 후보들의 이름, 개표 결과가 써 있다. 김 선생 교단 위로 올라서면서

김 선생: 좀 혼란했던 기간이 있긴 했지만 이제는 너희들이 제자리를 찾은 것 같구나. 각자의 일들을 알아서 처리하고 공동의 일들은 서로 협력해서 처리하는 새로운 6학년 2반이 돼 주길 바란다. 급장!

황영수: (단상에 오르지 않고 앞에 나와 서서) 잘 부탁드리겠습니다. 어려운 일이 있으면 언제든지 절 불러 주세요. 기꺼이 여러분께 봉사하는 급장이 되겠습니다.

박수 치는 아이들. 전에와는 다른 모습이다. 이를 쳐다보는 병태.

병태(내레이션): 그 후 학교생활은 정상으로 돌아갔고 굴절되었던 내 의식도 원래대로 회복되었다. 그리고 석대에 대한 기억은 희미해져 갔다.

　　　- 이문열 원작, 박종원 각색, 「우리들의 일그러진 영웅」 -

---

01  를 참고할 때, (가)를 (나)로 각색하는 과정에 대해 이해한 것으로 적절하지 **않은** 것은?　　　25634-0148

<보기>

　　소설을 시나리오로 각색할 경우, 갈래의 차이에 따라 여러 가지 변화가 일어나는데 예를 들면 소설에서는 인물의 내면 심리나 대상의 변화를 직접 서술할 수 있으나 시나리오는 이를 장면으로 시각화하거나 영화적 기법을 통해 표현한다. 또한 갈래적 차이에 따른 변화 외에도 각색 과정에서 창작자의 의도에 따라 특정 내용을 삭제 혹은 다른 장면으로 대체하거나 소설에 없던 장면을 추가하기도 한다.

① (가)에서 김 선생이 아이들을 꾸짖는 모습이 S#136에서는 '다시'를 반복하는 장면으로 대체되어 아이들의 변화에 비관적인 그의 모습을 부각하고 있군.　Ok No

② (가)에서 아이들이 석대와 맞붙을 수 있게 된 것이 S#136에서는 '일제히 힘차게' 대답하는 모습으로 대체되고 있군.　Ok No

③ S#137의 '불길에 싸'인 교실과 S#139의 '시커먼 병' 등을 통해 (가)에 나오지 않는 석대의 방화를 추가하여 그의 보복을 암시하고 있군.　Ok No

④ (가)에서 직접적으로 서술된 병태의 내면을 S#140에서는 내레이션 기법을 통해 드러내고 있군.　Ok No

⑤ (가)에서 학급이 정상으로 돌아가게 되었다는 것을 S#140에서는 '박수 치는 아이들'의 모습을 통해 드러내고 있군.　Ok No

02 ⓐ에 대한 이해로 적절하지 **않은** 것은?

25634-0149

① 학급의 일부 임원들이 '작은 석대를 꿈꾸'는 것은 아직 ⓐ에서 벗어나지 못했기 때문이다.　[Ok | No]

② '내부에서 일어나는 혼란'을 쉽게 해결하지 못한 것은 ⓐ를 대체할 수 있는 것을 마련하지 못했기 때문이다.　[Ok | No]

③ ⓐ는 석대가 아이들 '스스로가 스스로를 규율'할 수 있도록 하기 위하여 만든 것이다.　[Ok | No]

④ '내 의식'이 '굴절되었던' 이유는 ⓐ에 익숙해져 있었기 때문이다.　[Ok | No]

⑤ '나'는 ⓐ가 학급에 '편의와 효용성'을 제공했었지만 지금은 되돌릴 수 없는 것이라고 생각한다.　[Ok | No]

내가 그리는 개념 마인드맵

소설은 극 갈래 문학과 너무 비슷해. 그래서 소설을 시나리오로, 희곡을 소설로 바꾸어 표현해 보라고 요구하는 문제들을 종종 보게 될 거야. 소설이나 희곡, 시나리오의 개념과 특징을 잘 알고 있다면 반가울 만한 문제 유형들을 배워 보았으니, 앞으로 소설 지문을 읽을 때는 오감을 동원하여 장면을 적극적으로 상상하면서 읽어 보도록 하자. 마치 한 편의 영화나 드라마를 보는 것처럼. :)

오늘 꼭 알아야 할 개념 # 권선징악 # 재자가인 # 영웅적 일대기 # 영웅 군담 소설 # 가정 소설

STEP.1 개념 Hi

> '고전'이라는 말만 붙으면 무턱대고 거부감부터 느끼는 사람?
> 고전 소설은 현대 시에 묻어 가는 고전 시가처럼
> 현대 소설에 살짝 묻어 가는 녀석이라고 생각해도 돼.
> 고전 소설과 현대 소설에 접근하는 원리는 다를 게 하나도 없다!
> 고전 소설만의 독특한 몇 가지 특징만 따로 배경지식으로 챙겨 놓자.
> 고전 소설이 현대 소설보다 단순한 면이 많아서 오히려 쉬울 수 있어. 정말이야. :)

개 념 1 7

1 주제

유교의 영향을 받아 착한 사람은 복을 받고, 악한 사람은 벌을 받는다는 ㄱ ㅅ ㅈ ㅇ 의 윤리성을 강조하는 주제가 많음.

2 구성

① ㅍ ㅁ 적 구성: 거의 대부분 사건이 시간의 흐름에 따라 전개됨.

② ㅈ ㄱ 적(傳記的) 구성: 주인공이 태어나서 죽을 때까지의 사건이 시간의 순서에 따라 전개됨.

③ ㅎ ㅂ 한 결말: 대부분의 작품이 행복하게 마무리됨.(그러~나 「운영전」처럼 슬픈 결말도 있다는 거~!)

3 문체

① ㅇ ㅁ 체: 고전 소설은 보통 한 사람이 읽고, 여러 사람이 둘러앉아 그것을 듣는 형식으로 읽혔기 때문에 읽기 편하고 알아듣기 쉬운 운율이 있음.

② ㅁ ㅇ 체: 일상생활에서 사용하는 구어체가 아닌, 글을 쓸 때 사용하는 문어체로 쓰임.

4 인물

① ㅍ ㅁ 적 인물: 작품에 등장하는 인물의 성격이 처음부터 끝까지 변하지 않을 때가 많음.

② ㅈ ㅈ ㄱ ㅇ 적 인물: 한문 소설에는 재자가인(재주 있는 남자와 아름다운 여자)형의 주인공이 등장할 때가 많음.

5 사건

① ㅇ ㅇ 성: 사건이 필연적인 상황이나 원인 없이 우연하게 발생하는 경우가 많음.

② ㅂ ㅎ ㅅ 성: 현실 세계에서는 불가능한 전기적(傳奇的) 사건이 갑자기 발생하는 경우가 많음.

6 배경

우리나라 외에 중국이 배경인 경우도 많음.(양반층이 주로 향유했던 소설들은 중국을 배경으로 할 때가 많은 편.)

개념 1 8 　영웅 군담 소설

- 전쟁을 통한 주인공의 군사적 활약상을 담고 있는 소설
- 주인공의 영웅적 일생(고귀한 혈통→비범한 출생→탁월한 능력→가족과 헤어짐, 죽을 고비(위기·시련)→구출·양육→성장 후 위기→고난의 극복과 승리)이라는 서사 구조를 다루는 경우가 많음.

예 「유충렬전」, 「조웅전」, 「임진록」 등

개념 1 9 　가정 소설

- 가정을 배경으로 하여 계모로 인한 갈등, 부부와 처첩 사이의 갈등, 애정과 혼사 문제로 인한 갈등을 중심으로 전개되는 소설
- 여러 가문의 인물들이 등장하고, 몇 대에 걸친 갈등과 영욕이 복잡하게 얽히어 전개되는 경우가 많음.

예 「장화홍련전」, 「콩쥐팥쥐전」, 「사씨남정기」 등

■ **초성 퀴즈 답** 권선징악 / 평면, 전기, 행복 / 운문, 문어 / 평면, 재자가인 / 우연, 비현실

[01-02] 다음 글을 읽고 물음에 답하시오.

황운이 집에 내려와 본즉 화염을 좇아 아니 탄 것이 없고 가속 삼십여 명이 죽었고, 동네 사람이 겁내어 다 도망하였는지라.

황운이 하늘을 우러러 일장 통곡한 후 헤아리기를,

'이는 진권의 소행이니 이곳에 있다가는 남은 재앙을 면치 못할 것이매, 장차 사명산을 찾아가려니와, 종적이 없이 가면 설 소저가 나의 존몰을 몰라 반드시 몸을 보전치 못하리니, 생사를 알게 하고 가리라.'

하여 절구 십여 수를 지어, 설연의 집 후원에 들이치고, 이날 사경(四更)에 떠나 사명산으로 향할새, 몇 달 만에 한 곳에 다다르니 한 사람이 사자를 타고 산중으로 들어가더라. 황운이 노인을 따라 수 리를 들어가더니, 높은 벼랑 아래 이르러는 그 노인이 채를 들어 사자를 친즉, 사자가 두어 번 뛰놀며 벼랑 위에 올라가는지라.

황운이 능히 오르지 못하여 벼랑 아래서 방황하더니, 문득 본즉 벼랑 사이에 큰길이 있거늘 황운이 길을 좇아 들어가며 살펴본즉 수십 장 벼랑 위에 백수 노인이 앉아 청의 동자에게 옥피리를 불게 하거늘, 황운이 섬돌 아래로 나아가 재배(再拜)하니, 노인이 문득 동자를 명하여 산령을 부르라 하더니 산 위에서 좇아 큰 사자가 내려와 노인 앞에 굴복하는지라.

노인이 꾸짖기를,

"네 이미 이 산을 지킬진대, 진토 미생으로 하여금 이같이 출입하게 함이 옳을쏘냐?"

하니 그 사자가 듣기를 다하매, 화가 난 마음이 등등하여 주흥 같은 입을 벌리고 소리를 지르며 달려들거늘, 황운이 급히 몸을 날려 벼랑 위에 올라앉아 꾸짖기를,

"아무리 속인(俗人)이라 해도 어찌 명산에 출입지 못하리오. 내 비록 용렬하나 너 같은 짐승을 곤충으로 아노라."

하고 몸을 날려 내려가며 손을 들어 사자의 머리를 치니, 사자가 휘파람을 길게 하고 간 데 없는지라. 그제야 황운이 도사의 술법인 줄 알고, 다시 노인 앞에 나아가 이르되,

"소자는 가긍한 사람으로 사명산 도인을 찾아가다가 길을 그릇 들었사오니, 바라건대 존군(尊君)은 아득한 인생을 인도하소서."

노인 이르기를,

"무슨 일로 사명산을 찾아가느뇨?"

황운이 이르기를,

"사명산 도인을 찾아 제자가 되어 술법을 배우고자 하나이다."

노인 이르기를,

"그대 재주를 보니 그만하여도 세상이 용납할 것이요, 이제 시절이 태평하거늘 술법을 배워 무엇 하려느뇨?"

황운이 이르기를,

"헌원씨도 치우의 난을 만나고, 주나라 문왕도 훈족의 침입을 당하여 계시니, 비록 태평 시절이라도 위태함을 잊

지 아니함이 옳으니이다."

노인 웃으며 이르기를,

"그러할진대 나를 따라오라."

하거늘, 그제야 황운이 **사명산 도인**인 줄 알고, 노인을 따라 한곳에 이르러는 **팔문둔갑과 진법과 검술을 배우**니라.

[중략 부분의 줄거리] 설연은 양철 등의 횡액을 피해 달아나다 태항산에서 도술을 배운다. 진권과 그 형제인 진형, 진걸은 반역을 꾀하고, 이에 황제는 설연을 원수에, 황운을 부원수에 명하여 이들을 토벌케 한다.

원수가 조서를 읽어 장졸 등을 다 알게 한 후 진형을 죽인 연유를 황제께 전하고, 진권을 잡을 계교를 생각할새, 천서 옥갑경을 보다가 문득 일계를 생각하고 군중에 전령하여 이르기를,

"팔십만 병이 각각 부대* 하나씩 대령하되, 오월 이십이일 술시(戌時)에 **웅주**를 파하리라."

하니 여러 장졸이 그 곡절을 모르고 다만 명령을 주의 깊게 듣고 물러나니라.

이때는 오월 이십이일이라. 진걸이 진권에게 이르기를,

"금일은 을사일이니 만일 기묘시(己卯時)에 큰비 시작하면, 술시까지 올 것이매, 성안의 수도(水道)를 신칙*하라."

하더니 과연 묘시 말에 큰비가 시작하는지라. 이날 인시(寅時)에 원수가 일시 제군을 재촉하여 조반을 먹이고, 각각 부대에 모래를 담아 대령하였더니, 술시 되매 연하여 큰비가 내려 평야에 다 물이 불어 넘치는지라. 성안의 큰 냇물이 미처 나오지 못하여, 원수가 영을 내리매 팔십만 병이 일시에 모래 넣은 부대로써 수도를 곳곳에서 막으니, 물이 흐르지 못하여 성을 넘는지라.

진권이 대경하여 성곽 위에 올라 물을 피하나, 어두운 밤에 당하매 정신을 차리지 못하여 다만 하늘을 우러러 탄식하더니, 문득 전선장(戰船將) 양달이 진권의 위급함을 보고 전선 십여 척을 성곽 아래에 대거늘, 진권이 진걸과 더불어 겨우 장사 오십여 원을 데리고 동쪽을 바라고 달아나니라.

이때 원수가 진권의 달아남을 보고 군사를 분부하여 막은 물을 트고, 성안에 들어 성상에 청도기를 세워 백성을 두루 살펴 위로하고, **정병 십만을 모**아 급히 진권을 좇아가니라.

진권이 동오(東吳)에 다다라 청홍성에 웅거하였더니, 문득 군사가 보고하되, 설연이 이미 성 아래에 결진하였다 하거늘, 진권이 어찌할 줄 모르는지라. 원수가 진권이 청홍성에 듦을 보고 **동오 지도**를 들어 본 후,

"중장(重將)을 각각 분발하여 **십 면에 매복하**여 여차여차하라."

하고 스스로 대군을 거느려 **오주**에 진을 치고 싸움을 돋우되, 진권이 마침내 나지 아니하더니 이십여 일 만에 식량과 말을 먹일 풀이 부족해져 군마와 백성이 다 죽게 되었는지라.

　이에 진권이 배수(背水) 일전을 생각하고, 즉일에 진걸로 선봉을 삼고 양철로 후군장을 삼아 잔병 오만을 거느리고 성문을 열고 나와 **싸움을 청**하거늘, 원수가 하령하기를,
　"병법에 **궁구막추***라 하니 도적에 길을 열어 주고 뒤를 쫓음이 가하리라."
하니 여러 장수들이 명령을 주의 깊게 듣고 군사를 거두어 길을 열어 주니, 진권이 의심하여 싸우지 아니하고 급히 오주로 달아나는지라. 원수가 그제야 각 진에 호령하여 **기고(旗鼓)를 세워 급습**하니, 진권이 황망 분주할 즈음에 서하

규와 우시춘 등이 일시에 힘차게 돌진하여 나아가 진걸과 진권과 양철 부자 등을 다 산 채로 잡았거늘, 원수가 진걸을 효수하고 진권 등을 함거에 넣어 경사로 보내고 원수는 뒤를 좇아 회군하니라.

- 작자 미상, 「황운전」 -

***부대:** 종이, 피륙, 가죽 따위로 만든 큰 자루.
***신칙:** 단단히 타일러서 경계함.
***궁구막추:** 피할 곳 없는 도적을 쫓지 말라는 뜻.

---

01 윗글에 대한 설명으로 적절한 것은?　　　25634-0150

① **진걸**은 웅주에 머무르다 원수에게 사로잡힌다.　[Ok | No]
② **진권**은 성이 물에 잠겨 성을 버리고 달아난다.　[Ok | No]
③ **원수**는 큰비가 올 것을 예측하고 백성들과 함께 대피한다.　[Ok | No]
④ **양달**은 자신의 안위를 위해 진권에게 닥친 어려움을 외면한다.　[Ok | No]
⑤ **황운**은 청의 동자의 도움으로 벼랑에서 사명산 도인을 만난다.　[Ok | No]

02 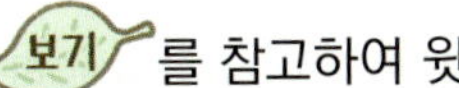 를 참고하여 윗글을 감상한 내용으로 적절하지 **않은** 것은?　　　25634-0151

　영웅 소설에서 주인공은 조력자의 도움을 받거나 초월적인 능력을 발휘하는 것으로 영웅성을 부각한다. 이 작품에서는 영웅 소설의 일반적 특징뿐만 아니라 병법을 활용하거나 날씨, 지형 등의 지리적 요소를 활용해 문제를 해결하는 주인공의 모습이 부각되어 흥미가 더욱 고조되는 특징을 보인다. 또한 적대자를 궁지로 몰아가는 과정에서 서사적 긴장감도 드러나고 있다.

① 황운이 '**사명산 도인**'에게 '**팔문둔갑과 진법과 검술을 배우**'는 것에서, 주인공이 조력자의 도움을 받는 영웅 소설의 일반적 특징이 드러나는군.　[Ok | No]

② 원수가 '**정병 십만을 모**'으고 '**기고를 세워 급습하**'는 것에서, 초월적인 능력을 발휘하는 주인공의 영웅성이 드러나는군.　[Ok | No]

③ 원수가 '**동오 지도**'를 보고 '**십 면에 매복하**'라고 지시하는 것에서, 지리적 요소를 활용해 문제를 해결하는 주인공의 비범함이 드러나는군.　[Ok | No]

④ '**싸움을 청**'한 진권에게 원수가 '**궁구막추**'라는 병법으로 대응하는 것에서, 주인공의 지략이 부각되어 독자의 흥미가 고조되는군.　[Ok | No]

⑤ '**웅주**'에서부터 '**오주**'까지 이어진 원수와 진권의 전투에서, 주인공과 적대자 간의 서사적 긴장감이 드러나는군.　[Ok | No]

[03-04] 다음 글을 읽고 물음에 답하시오.

| 고2 전국연합학력평가 |

[앞부분의 줄거리] 당나라 때 한림학사가 된 장사운은 옥란과 옥계라는 두 딸이 있었는데, 이 중 옥란을 송 시랑의 아들과 정혼시킨다. 권세를 잡고 있던 환관 강환은 이를 알고도 자신의 아들과 옥란을 강제로 혼인시키려 한다.

장 학사가 강환이 권신이라 독한 마음을 먹을 것을 염려하여 외면으로 말하기를,

"하방 천한 출생에게 대황문족이 구혼하니 감히 감당하지 못하여 허락지 못하오며, 또 이전에 송 시랑과 선약하였으니 이 역시 못 할 일이옵니다."

강환이 그 말을 듣고 크게 노하여,

"저는 **서촉의 천한 출생**이면서 천행으로 등과하였으면서 남을 환관이라고 업신여기는도다. 저의 생사 내게 맡겼거든 내 말을 어찌 멀리하리오. 소위 송 시랑을 먼저 처치하리라."

하고 즉시 탑전에 들어가 천자에게 참소하여 송 시랑을 **의금부의 신문**에 부치니, 송 시랑이 너무 당황하여 어찌할 줄을 모르고 옥중에 내려가 장 학사에게 기별하니, 학사가 바삐 나와 손을 잡고 시랑에게 일러 말하기를,

"시랑의 죄가 아니라 나의 죄로 그러하노라."

하고 전후 사정을 말하니, 시랑이 말하기를,

"학사 요량대로 하려니와 나는 죽어도 약속을 변경할 뜻은 없다."

하고 옥으로 내려가니, 학사 시랑을 위로하며 명백한 상소를 지어 궐문에 들어갔다. 강환이 그 사연을 알고자 하여 금오랑을 분부하여 북지옥에 가두니 학사 원망스러워 하늘을 우러러 탄식하며 말하기를,

"나의 죄는 과거가 원수로다. 타향 일이 이렇게 되니 가련하다. 소인에게 잡힌 바 되어 진실을 밝힐 길 전혀 없으니 객지의 귀신이 된단 말인가? 가련하다! 옥란 형제를 세상에 없는 기이한 보물같이 길러 내어 명문거족에 구혼하려다가 천행으로 하남 땅 송 시랑과 혼인을 약속하였더니, 원수 놈 강환이 나를 깔보고 천한 출생이라 여겨 구혼하여 이 지경이 되니 내 앞으로 **옥귀신**이 될지언정 옥같은 옥란을 **환관 놈**에게 보내리오. 저 애들에게도 편지도 통할 수 없으니 갈 수 없는 기이한 변란을 어떻게 전하겠는가."

하고, 나중에도 추가로 변론할 길이 없더라.

이때에 강환이 학사의 뜻이 변치 아니할 줄 알고,

'흉계를 내어 장사운의 가짜 편지를 만들어 옥란을 데려다가 늑혼*하리라.'

하고 사관이 나가 사운의 행장을 열어 보니 하나의 필갑과 수지가 있어 자세히 보니 그 딸 이름이라. 이별 시에 한 말과 지은 글귀가 다수 있는지라. 가지고 돌아와 그 연유를 엮어 편지하되, 슬프다! 귀옥에 갇힌 장 학사가 어찌 알리오.

강환이 사운의 편지를 만들어 황문 위졸 수십을 명하여 옥교자를 가지고 장사운 집으로 보내고자 하는 이때, 옥란 형제는 부친을 먼 황성에 보내고 주야로 소식을 기다리더라. 이때 황성에서 오는 하인 수십 명이 집으로 돌아와 편지를 전하거늘, 옥란 형제 급히 받아 뜯어 보니, 편지에 이르기를,

'옥란아, 옥계야, 너희 형제 잘 있느냐? 너희 본 지 일 년이 넘어가니 침석 간이라도 잊은 적이 없다. 아비는 천행으로 이름을 금방에 참여하여 한림학사로 출석하니, 천은이 망극하다. 너의 현숙함이 경성에 자자하여 명문거족들이 구혼하는 자가 무수한데 그중 높은 가세와 출중한 사람을 구하여 정혼하였으니 너희 사촌 영진과 함께 올라오라. 나는 자리를 비우지 못하여 못 내려가니, 부디 빨리 와서 아비를 오래 기다리게 하지 마라.'

하였더라.

옥란 형제가 편지를 본 후에 영진을 불러 길을 차려 떠나는데, 사오 일 만에 하간부에 들어 어떤 곳을 정한 후에 잠을 이루었는데, 비몽사몽간에 학사가 목에 칼을 쓰고 들어오며 옥란의 손을 잡고 통곡하며,

"이 일을 어찌 알고 왔느냐? 나는 이리하여 지금 북지옥에 갇혀 죽을 날이 멀지 아니하니, 가련하다! 너희 형제를 언제 다시 볼까! 소인의 흉계로 너를 데려오니, 만일 올라오면 헤아릴 수 없는 욕을 볼 것이니 어떻게 하더라도 도피하여 강포지욕을 면하라. 와도 나를 볼 길이 없을 것이니 하남 땅 송 시랑의 집에 가서 의탁하라. 나와 매우 친한 친구의 집이라. 그 이외에는 갈 곳이 없으니 부디 찾아가라."

하거늘, 옥란이 놀라서 잠을 깨니 심신이 혼란하여 옥계와 영진을 깨워 이르되,

"괴상하도다."

"어이할까? 세 명이 도모하여 올라가 상황이나 알고, 만일 대인이 체수* 중에 계시거든 옛날 한나라 재영*의 뜻을 받아 구하여야 하되, 여기서 경성이 수천 리요. 남자 옷이 없으니 여자 옷으로 어떻게 수천 리를 가리요."

옥계가 이윽고 듣고 말하기를,

"형아, 꿈속 일이라 믿지 못하겠지만, 범상한 일이 아니라. 형아 말이 옳으니, 오라비와 옷을 바꾸어 입고 나는 연약하니, 이대로 문밖에 나가서는 각각 헤어져 가다가 경성 가서 서로 만나면, 우리 대인의 신원을 알 것이고, 만일 함께 **도주**하다가 하인에게 잡히면 다 죽음을 면치 못하리라."

옥란이 말하기를,

"너의 말이 옳다."

하고, 종남매가 옷을 바꾸어 입고 하인이 잠들 때를 엿보아 문을 가만히 열고 나갔는데, 아직 밤중이라. 성문이 닫혀 갈 길이 없었다. 이에 **성의 담**을 찾아 넘을 때 옥란이 먼저 넘고 옥계가 다음으로 넘고 영진이 나중에 넘으려 하다가

수문졸이 알고 붙들거늘, 영진이 옥란 형제가 탄로 날까 염려하여 남자라 밝히지 아니하고 잡히어 앉으니, 시간이 지나 황문 위졸이 알고 성문에 바삐 와 보니, 옥란이 혼자 있는지라. 위졸이 크게 놀라 말하기를,

"낭자, 어찌 이러는가? 우리가 장 학사의 명을 받아 왔는데 이렇게 가면 소인들은 죽을 것이다. 배웅 오실 것인데, 옥계 낭자는 어디 숨어 있는가?"

영진이 생각하니, **옥란의 종적**이 탄로 날까 하여 **옥란인 척**하며, 말소리를 유순하게 하여 말하기를,

"밤에 어떠한 신인이 와서 일행을 잡아가기에 붙잡으려 하고 나오니 간 데 없음에 방황하던 차에 수문졸에게 잡히어 이곳에 있노라."

하니, 영진의 모양이 옥란과 똑같은지라.

– 작자 미상, 「옥란전」 –

*늑혼: 억지로 혼인을 함. 또는 그 혼인.
*체수: 죄가 아직 결정되지 않아 오래 가두어 둠.
*재영: 아버지에 대한 효성이 지극했던 한나라 시대의 사람.

---

03 윗글에 대한 이해로 적절하지 **않은** 것은?   25634-0152

① 강환이 참소한 후에도 **송 시랑**은 장 학사에게 정혼을 유지할 뜻을 밝혔다. [Ok] [No]

② 장 학사가 상소를 짓기 전에 **강환**은 장 학사의 집으로 옥교자와 하인들을 보냈다. [Ok] [No]

③ 북지옥에 갇힌 **장 학사**는 자신에게 일어난 일을 가족에게 전달할 방법이 없을 것이라 생각했다. [Ok] [No]

④ **옥계**는 각자 흩어져서 경성으로 가야 하는 이유를 옥란에게 설명했다. [Ok] [No]

⑤ **황문 위졸**은 영진에게 자신이 장 학사의 명에 의해서 왔다고 말했다. [Ok] [No]

04 〔보기〕를 바탕으로 윗글을 감상한 내용으로 적절하지 **않은** 것은?   25634-0153

〔보기〕

　「옥란전」에서 혼사는 가문 간의 결합을 통해 가문의 명망을 높이는 중요한 수단이다. 따라서 주인공 가문은 가문의 명망이 떨어질 가능성을 이유로 늑혼을 거부한다. 이 과정에서 드러난 가문의 취약성은 가문에 심각한 위기를 초래한다. 주인공과 주변 인물들은 가문 공동체의 일원으로서 위기에 적극적으로 저항한다.

① 장 학사가 '**옥귀신**'이 될 것을 각오하면서까지 '**환관 놈**'인 강환과의 혼사를 거부하는 것은, 혼사가 가문의 명망을 높이는 중요한 수단이라는 전제에 기반하겠군. [Ok] [No]

② 강환이 장 학사를 '**서촉의 천한 출생**'이라 깔보며 분노하는 것은, 주인공 가문의 취약성을 드러내어 이들이 위기에 처하게 될 가능성을 시사하는군. [Ok] [No]

③ 송 시랑이 '**의금부의 신문**'을 받는 신세가 된 것은, 주인공 가문에 닥칠 위기가 이들 가문과의 결합을 앞둔 다른 가문에서 먼저 현실화된 것이겠군. [Ok] [No]

④ 옥란 형제가 '**도주**'하다가 잡혀 죽을 수 있다는 것을 알면서도 몰래 '**성의 담**'을 넘은 것은, 가문의 명망을 위해 늑혼에 저항하기 위해서이겠군. [Ok] [No]

⑤ 영진이 스스로 '**옥란인 척**'하며 황성에 가는 '**옥란의 종적**'을 숨긴 것은, 가문 공동체의 일원으로서 희생을 마다하지 않는 행동이겠군. [Ok] [No]

　영웅 군담 소설과 가정 소설에 대해 공부했어. 앞으로 비슷한 인물, 비슷한 사건, 비슷한 전개 방식, 비슷한 모티프들이 담긴 이야기들을 많이 만나게 될 거야. 고전 소설의 기본 개념과 자주 보게 되는 요소들을 잘 공부해 두면 언젠가는 고전 소설이 재미있게 느껴지는 때가 올 거야. :)

오늘 꼭 알아야 할 개념 # 애정 소설 # 판소리계 소설 # 장면의 극대화

STEP.1 개념 Hi

개념 20 애정 소설

- 남녀 간의 사랑을 중심으로 한 이야기를 다룬 소설
- 주인공들의 사랑은 여러 난관을 겪으면서도 끝내 사랑의 결실을 이루게 되는 경우가 많음.

예 「춘향전」, 「숙영낭자전」, 「운영전」 등

개념 21 판소리계 소설

- 판소리 사설의 문자화: 판소리 사설이 독서의 대상으로 전환되면서 이루어진 소설
- 이중적 언어: 서민층의 언어와 양반층의 언어가 혼재되어 있음.
- 해학과 풍자 등을 통하여 평민 계층의 문화적 역동을 잘 표현함.

예 「춘향전」, 「심청전」, 「흥부전」 등

한 가지 더 배우기!

장면의 극대화

극적인 장면을 ㄱㅈ 하거나 세부적으로 ㅁㅅ 하여 독자나 청중의 감정적 몰입을 극대화하는 기법

📑 *시험지에는 이런 식으로 등장해.*

| 고3 전국연합학력평가 |

 침재 길쌈 능란하다. 오 푼 받고 새 버선 짓기, 서 푼 받고 새김볼 박기, 두 푼 받고 한삼 짓기, 서 푼 받고 헌 옷 깁기, 네 돈 받고 장옷 짓기, 닷 돈 받고 도포하기, 엿 돈 받고 천익* 짓기, 일곱 돈 받고 금침하기, 한 냥 받고 돌찌 누비, 두 냥 받고 바지 누비, 세 냥 받고 긴 옷 누비, 넉 냥 받고 관복 지며, 겨울이면 무명낳이, 여름이면 삼베길쌈, 가을이면 염색하기, 이렇게 사시장철 주야로 쉴 새 없이 사오 년을 모은 돈을 장변이며 월수 놓아 수천 금을 모았고나. 의식이 넉넉하고 가세가 풍족하여 그럴 것이 바이없다.

– 작자 미상, 「이춘풍전」 –

***천익:** 무관의 공복. 철릭.

⑤ 인물의 행동들을 **나열**하면서 사건을 요약해 제시하고 있다.

■ **초성 퀴즈 답** 강조, 묘사

● 정답 114쪽

STEP.2 　개념 Jump(1)

[01-02] 다음 글을 읽고 물음에 답하시오. 　　　　　　　　| 고1 전국연합학력평가 |

[앞부분 줄거리] 왕언의 딸 왕시는 홍관 땅의 김유령을 만나 혼인을 했지만 나라의 늙은 신하에 의해 이별하게 되었다.

김유령이 무릎을 꿇고 대답하였다.

"제 나이 스무 살 되었을 때 아내를 얻었는데, **나라의 노신하가 궁녀로 들이니** 늘 서러워하며 지내고 있습니다. 세상일도 잊은 채, 다만 아내의 소식이나 한번 듣고 싶어 그것만을 희망하고 살고 있었습니다. 그런데 어느날 꿈에 선할아버님께서 이르시기를, '어찌 화산도사를 찾아가 보지 않는가? 그 도사가 못 할 일이 없으니 네가 가 보면 소원을 이룰 수 있으리라. 갈 때 돈 일만 관을 가져가라.'라고 하셨습니다. 그래서 꿈에서 깨어나자마자 돈을 장만하여 가지고 이렇게 온 것입니다."

그러자 도사가 말했다.

"네 아내를 도로 밖으로 내어다 살고자 하느냐? 네 뜻을 자세히 말해라."

김유령이 말했다.

"도로 내어다 살기야 바랄 수 있겠습니까? 그저 나와 하루만이라도 만나 보아 서로 말이나 나누었으면 합니다."

도사가 그 말을 듣고 말했다.

"네 뜻을 바로 말하지 않는구나. 하루만 보고 헤어지면 더욱 슬플 것이다. 그러니 어떻게 해 주었으면 좋겠다고 사실대로 다 말해라."

그러자 김유령이 다시 대답하였다.

"함께 살기야 어찌 바라지 않을까마는 불가능할 일이라 차마 말씀드리지 못할 뿐입니다. 만약 함께 살게만 해 주신다면 제가 두엄을 지고 다니는 사람이 되라 한다 해도 원망하지 않겠습니다."

　　　　　　　　(중략)

"접때 이 땅에 오라고 하시던 사람인데 다시 왔습니다."

그러자 도사가 대답하였다.

"네가 인간 세계에 태어나서도 착실한 사람이므로 월궁도사가 너에게 알려 준 것이다. 그래서 그대의 일이 이루어지도록 정으로 가르침으로써 **그대가 선간(仙間)에서 저지른 일이 잘못되었다** 하고 인간 세상에서 일 년만 좋은 일을 하면 선간에서 전에 지은 죄를 없애 주려고 그대의 말을 들으려 했더니, 그대 무엇 때문에 짐승을 살게 하였단 말인가? 비록 하늘이 생겨나게 했으나 뱀이란 모질어 죄없는 사람이며 불쌍한 짐승을 다 잡아먹느니라. 또 남의 것을 빼앗고 죄없는 사람을 죽이는 도적을 어째서 살려 주었느냐? 불쌍한 것을 구제하라 하였지 그런 것들을 살려 내라 하더냐? 이 두 가지 일을 또 저질렀으니 삼 년간 조심하고 사 년 만에 오너라. 그때 보자."

이러고는 간데없이 사라졌다. 김유령이 애닯고 민망해 집에 와서 문을 닫고는 들어앉아 조심하여 **그릇된 일을 전혀 하지 않았다.** 그렇게 행실을 삼가고 있다가 사 년 만에 화

산으로 들어갔다. 그제서야 도사는 김유령이를 보고 이렇게 말했다.

"네 뜻이 보통이 아니로다. 돌이 굳지만 모래 될 때가 있고 쇠가 굳다 하나 녹을 때가 있으되 너는 돌이나 쇠보다도 더욱 굳은 사람이로다. 네게 이루어질 게 있으리라. 네 돈을 내라."

김유령이 돈을 내어 바치니 그 도사가 동쪽으로 그중의 일백을 던지니 이윽고 푸른 옷 입은 사람이 오는 것이었다. 다시 서쪽으로 일백을 던지자 이윽고 흰 옷 입은 사람이 오고 또 일백을 북쪽으로 던지니 검은 옷 입은 사람이 오고 나머지를 공중에다 던지자 이윽고 쇠머리 쓴 사람과 용의 몸을 지닌 사람과 귀밑머리가 단정한 사람 등이 오는 것이었다. 도사가 그중 검은 옷 입은 사람더러 말했다.

"유령이를 죽여 대령하고, 궁궐에 가 왕시도 죽이고 오라."

그러자 그 검은 옷 입은 사람이 즉시 유령이를 죽여 대령하고 왕시도 죽이고 와서는 보고하였다.

"왕시를 죽이고 왔습니다."

그러자 이번에는 푸른 옷 입은 사람더러 말했다.

"유령이를 살려 내라."

그러자 살려 내는 것이었다. 도사가 김유령더러 말했다.

"네 집에 가서 들어 보아라. 왕시가 죽었다며 장례를 치를 것이다. 담당 관리를 내어 석 달 만에 묻으면 네 소원이 이루어질 것이지만, 석 달 안에 묻지 못하면 네 소원이 이루어지지 못할 것이니라. 그러니 빨리 가라."

유령이 청원하였다.

"집이 두 달 걸리니 어찌하면 좋겠습니까?"

그러자 그 도사가 사람을 불러 이렇게 일렀다.

"김유령이로 하여금 그 집에 들어가도록 하여라."

이윽고 서쪽으로부터 구름이 일고 천둥 치며 하늘과 땅이 자욱하게 어두워졌다가 밝아지는 것이었다. 살펴보니 **어느 결에 자기 집에 도착해 있었다.** 들어 보니 왕시가 죽었다며 장례 담당 관원을 내어 묻으려고 하였다.

김유령이 장례 담당 관원에게 소청하여 스무 날 내에 묻었다. 김유령이 생각하니, 도사 말이 자신의 소원을 이룰 수 있다고 해서 기쁘기는 하나 그 시신을 묻고 보니 슬픈 심사가 더욱 그지없었다. 다시 화산으로 즉시 가서 도사에게 왕시를 묻었다고 아뢰려고 하였다.

화산에 가니 마침 그 도사가 월궁도사를 만나러 간 지 열흘이 넘도록 오지 않고 있었다. 매우 민망하여 음식을 먹지 않은 지 이레가 되어 기운과 정신이 아주 없었다. 도사를 모시고 다니는 아이더러 그 서러운 사정을 말하니, 그 아이도 도무지 어디에 들어가 있는지 몰라 더욱 민망해하고 있었다.

이윽고 천지가 자욱하고 천둥 치고 바람 불고 비 내리고 어두워져 심사가 더욱 아득하여 어쩔 줄을 몰랐다. 그러더니 문득 날도 밝아지고 바람도 그치고 비도 개면서 도사가

내려오는 것이었다.

　김유령이 나아가 뵙고, 왕시 묻은 일을 말하였다. 그러자 도사가 조그만 종이에 주사(朱砂)를 갈아서 부적을 써서 공중으로 치올리니 이윽고 도끼 가진 것과 팽이 가진 귀신이 모두 오는 것이었다. 또 동방에서 내치니 이윽고 푸른 옷 입은 사람이 왔다.

　도사가 그 푸른 옷 입은 사람에게 말했다.

　"저 귀신을 데리고 왕시의 무덤을 파내 화산 밑에다가 두고 와라."

　그러자 푸른 옷 입은 놈이 그 귀신을 데리고 갔다. 이윽고 북방의 검은 옷 입은 사람더러 말했다.

　"옛집에 가서 무빙 등 왕시를 알던 종들을 다 잡아다가 유희국에다가 두어라."

　그러자 하직하고 가는 것이었다. 도사가 김유령더러 말했다.

　"이제야 **그대의 소원이 이루어질 것**이다. 내려가라. 다만 왕시의 종들을 다 잡아 온 것은 행여 일이 생기면 네가 잘못될 것이므로 죽여 온 것이니 서러워 말라."

- 작자 미상, 「왕시전」 -

---

01 윗글에 대한 이해로 적절하지 <u>않은</u> 것은?　　　　25634-0154

① **김유령**은 도사에게 처음부터 숨김없이 소원을 말하였다.　[Ok | No]

② **도사**는 김유령에게 소원을 이루기 위한 과업을 제시하였다.　[Ok | No]

③ **김유령**은 담당 관원에게 소청하여 왕시의 시신을 스무 날 안에 묻었다.　[Ok | No]

④ **김유령**은 왕시의 시신을 묻고 난 이후 도사에게 이를 알리기 위해 화산으로 갔다.　[Ok | No]

⑤ **도사**는 검은 옷 입은 사람에게 무빙 등 왕시를 알던 종들을 유희국으로 데려가게 했다.　[Ok | No]

02  를 바탕으로 윗글을 감상한 내용으로 적절하지 <u>않은</u> 것은?　　　　25634-0155

> **보기**
>
> 　「왕시전」은 **여인을 향한 남성의 애틋한 사랑**을 그린 작품이다. 혼인한 남녀 주인공이 외부의 힘에 의해 헤어질 수밖에 없었지만, 이를 극복하고 재회하는 **행복한 결말**을 맞이한다. 그 과정에서 초월적 존재의 힘을 빌려 문제를 해결하거나 남자 주인공이 원래 신선계의 존재였다고 설정하는 등의 전기적(傳奇的) 요소가 나타난다.

① '**나라의 노신하가 궁녀로 들이니**'라고 김유령이 말하는 장면에서, 외부의 힘에 의해 남녀 주인공이 헤어지게 되었음을 알 수 있겠군.　[Ok | No]

② '**그대가 선간에서 저지른 일이 잘못되었다**'라고 도사가 말하는 장면에서, 주인공이 전생에 신선계의 인물이었음을 알 수 있겠군.　[Ok | No]

③ '**그릇된 일을 전혀 하지 않았다**'라는 장면에서, 왕시에 대한 김유령의 애틋한 사랑을 알 수 있겠군.　[Ok | No]

④ '**어느 결에 자기 집에 도착해 있었다**'라는 장면에서, 김유령이 부리는 도술이 초월적 존재의 힘을 빌린 것임을 알 수 있겠군.　[Ok | No]

⑤ '**그대의 소원이 이루어질 것**'이라고 도사가 말하는 장면에서, 남녀 주인공이 다시 만나는 행복한 결말을 암시하고 있음을 알 수 있겠군.　[Ok | No]

STEP.3 개념 Jump(2)

[03-04] 다음 글을 읽고 물음에 답하시오. | 고1 전국연합학력평가 |

[앞부분 줄거리] 군관 직책의 배비장은 제주 목사가 벌인 잔치에 자신은 여색을 멀리한다며 참석하지 않는다. 이에 제주 목사는 기생 애랑을 시켜 배비장을 유혹하게 하고, 애랑은 자신에게 반한 배비장에게 삼경에 집으로 오라는 편지를 보낸다.

강호에 병이 들어 덧없이 죽겠더니, 낭자 회답이 반갑도다. 삼경에 기약 두고, 해 지기만 바라더니, 석양이 다 저물어 간다. 방자 입시(入侍) 보내고 빈방 안에 문을 닫고 그 여자에게 잘 뵈려고 다시 의관을 차릴 적에, 외올 망건 정주 탕건, 쾌자, 전립 관대 띠에 동개*를 차 제법 그럴싸하고 빈방 안에 혼자 우뚝 서서 도깨비 들린 듯이 혼잣말로 두런거리며 연습 삼아 하는 말이,

"가만가만 걸어가서 여자 문 앞에 들어서며 기침 한 번을 가만히 하면 그 여인이 기척 채고 문을 펄쩍 열것다. 걸음을 한번 팔자걸음으로 이렇게 걸어 들어가, 옛말에 이르기를, '수인사(修人事) 대천명(待天命)이라.' 하니, 여자에게 한번 이렇게 군대의 예절로 뵈렸다."

한창 이리 연습할 제, 방자 놈이 뜻밖에 문을 펄쩍 열며,

"나리, 무엇하오?"

배비장 깜짝 놀라,

"너 벌써 왔느냐?"

"예, 군례 전에 대령하였소."

"이놈, 내 깜짝 놀라 바로 땀이 난다."

하며 동개한 채로 썩 나서니, 달이 진 산에 까마귀 울고, 고기잡이 불빛이 물에 비친다. 앞개울에 있던 사람은 돌아가고, 봄바람에 학이 운다.

"앞서 기약 맺은 낭자, 이 밤중에 어서 찾아가자."

거들거려 가려 할 제 방자 놈 이른 말이,

[A]
"나으리, 생각이 전혀 없소. 밤중에 유부녀 희롱 가오면서 비단옷 입고 저리 하고 가다가는 될 일도 안 될 것이니, 그 의관 다 벗으시오."

"벗으면 초라하지 않겠느냐?"

"초라하거든 가지 마옵시다."

"이 얘야, 요란히 굴지 마라. 내 벗으마."

활짝 벗고 알몸으로 서서,

"어떠하냐?"

"그것이 참 좋소마는, 누가 보면 한라산 매 사냥꾼으로 알겠소. 제주 인물 복색으로 차리시오."

"제주 인물 복색은 어떤 것이냐?"

"개가죽 두루마기에 노펑거지*를 쓰시오."

"그것은 너무 초라하구나."

"초라하거든 그만두시오."

"말인즉 그러하단 말이다. 개가죽이 아니라, 도야지가죽이라도 내 입으마."

하더니, **구록피(狗鹿皮) 두루마기에 노펑거지**를 쓰고 나서서 앞뒤를 살펴보며,

"이 얘야, 범이 보면 개로 알겠다. 군기총(軍器銃) 하나만 내어 들고 가자."

"무섭거든 가지 마옵시다."

"이 얘야, 그러하단 말이냐? 네 성정 그러한 줄 몰랐구나. 정 못 갈 터이면, 내 업고라도 가마."

배비장이 뒤따라가며 하는 말이,

"기약 둔 사랑하는 여자, 어서 가 반겨 보자."

서쪽으로 낸 대나무로 얽은 창 돌아들어, 동쪽에 있는 소나무로 만든 댓돌에 다다르니, 북쪽 창에 밝게 켠 등불 하나만이 외로이 섰는데, 밤은 깊은 삼경이라. 높은 담 구멍 찾아가서 방자 먼저 기어들며,

"쉬, 나리 잘못하다가는 일 날 것이니, 두 발을 한데 모아 요령 있게 들이미시오."

배비장이 방자 말을 옳게 듣고 두 발을 모아 들이민다. 방자 놈이 안에서 배비장의 두 발목을 모아 쥐고 힘껏 잡아당기니, 부른 배가 딱 걸려서 들도 나도 아니하는구나. 배비장 두 눈을 희게 뜨고 이를 갈며,

"좀 놓아다고!"

하면서, **죽어도 문자(文字)는** 쓰던 것이었다.

"포복불입(飽腹不入)하니 출분이기사(出糞而幾死)로다.*"

방자가 안에서 웃으며 탁 놓으니, 배비장이 곤두박질하였다가 일어나 앉으며 하는 말이,

"매사가 순리로 아니 되니 큰 낭패로다. 산모의 해산법으로 말하여도 아이를 머리부터 낳아야 순산이라 하니, 내 상투를 들이밀 것이니 잘 잡아당겨라."

방자 놈이 배비장의 상투를 노펑거지 쓴 채 왈칵 잡아당기나, 아무리 하여도 나은 줄 모르겠다. 죽을 고비에서 살아났으니, 목숨은 원래 하늘에 달렸음이라. 뻥 하고 들어가니 배비장이 아프단 말도 못 하고,

"어허, 아마도 내 등에는 꼰질곤자판*을 놓았나 보다."

(중략)

배비장이 한편 좋기도 하고 한편 조심도 되어, **가만가만 자취 없이 들어가서 이리 기웃 저리 기웃** 문 앞에 가서 사뿐사뿐 손가락에 침을 발라 문구멍을 배비작배비작 뚫고 한 눈으로 들여다보니, 깊은 밤 등불 아래 앉은 저 여인, 나이 겨우 이팔의 고운 태도라, 켜 놓은 등불이 밝다 한들 너를 보니 어두운 듯, 피는 복숭아꽃이 곱다 하되 너를 보니 **무색한 듯, 저 여인 거동 보소** 김해 간죽 백통관에 삼등초를 서뿐 담아 청동 화로 백탄 불에 사뿐 질러 빨아 낸다. 향기로운 담배 연기가 한 오라기 보랏빛으로 피어나니 붉은 안개 피어 도는 듯, 한 오리 두 오리 풍기어서 창구멍으로 돌아 나온다. 배비장이 그 담뱃내를 손으로 움키어 먹다가 생 담뱃내가 콧구멍으로 들어가서 재채기 한 번을 악칵 하니, 저 여인이 놀라는 체하고 문을 펄쩍 열뜨리고,

"도적이야."

소리 하니, 배비장이 엉겁결에,

"문안드리오."
저 여인이 보다가 하는 말이,
"호랑이를 그리다가 솜씨 서툴러서 강아지를 그림으로 고, 아마도 뉘 집 미친개가 길 잘못 들어 왔나 보다."
인두판으로 한 번 지끈 치니 배비장이 하는 말이,
"나는 개가 아니오."
"그러면 무엇이냐?"
"배 걸덕쇠요."

- 작자 미상, 「배비장전(裵裨將傳)」 -

---

03  를 바탕으로 윗글을 감상할 때, 적절하지 **않은** 것은?   25634-0156

「배비장전」은 **판소리계 소설**로, 판소리 창자의 말투가 고스란히 드러나 있고 리듬감이 있는 율문체를 통해 당대 서민들의 삶과 정서를 드러내고 있다. 또한 다른 사람의 책략에 의해 주인공이 금욕적 다짐을 훼손당해 웃음거리가 되는 남성 훼절형 모티프를 바탕으로 하는 서사 구조를 보여 준다. 이를 통해 지배 계층의 허세에 대한 풍자와 조롱을 드러내고 신분 질서가 무너져 가는 당대 시대상 등을 반영하고 있다.

① '**가만가만 자취 없이 들어가서 이리 기웃 저리 기웃**'에서 글자 수를 규칙적으로 반복하여 인물의 행동을 리듬감 있게 묘사하는 율문체를 확인할 수 있겠군.   [Ok] [No]

② '**저 여인 거동 보소**'라는 표현에서 청중을 향한 판소리 창자의 목소리가 직접 드러나는 판소리계 소설로서의 특징을 확인할 수 있겠군.   [Ok] [No]

③ 배비장이 방자에 의해 '**구록피 두루마기에 노펑거지**'까지 쓰면서 훼절한 상황에서 서민 계층에 의해 조롱당하는 지배 계층의 모습을 엿볼 수 있겠군.   [Ok] [No]

④ 담 구멍에 걸려 있는 상황에서도 '**죽어도 문자는 쓰**'는 배비장의 모습을 통해 지배 계층의 허세에 대한 풍자를 엿볼 수 있겠군.   [Ok] [No]

⑤ 배비장이 애랑을 만나자마자 '**배 걸덕쇠요.**'라고 격식을 차리며 말하는 데서 신분 질서가 무너져 가는 당대의 시대적 현실을 확인할 수 있겠군.   [Ok] [No]

04 [A]의 재담 구조를 〈보기〉와 같이 도식화할 때, 이에 대한 설명으로 적절하지 **않은** 것은? 25634-0157

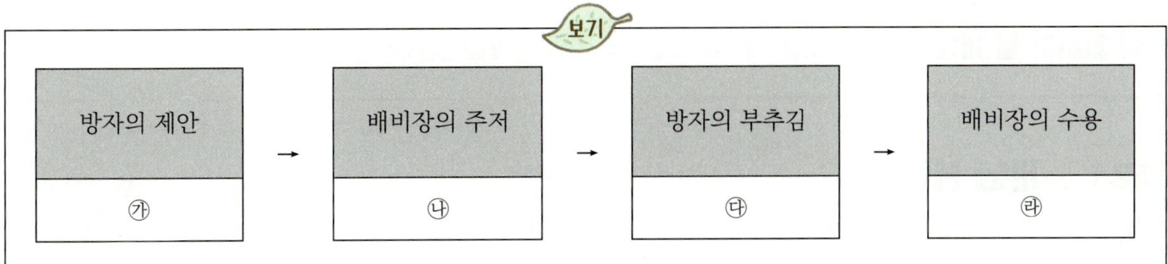

① ㉮에서 방자는 배비장의 권위를 깎아내리는 말을 하고 있다. Ok | No
② ㉯에서 배비장은 자신의 체면을 생각하며 반응하고 있다. Ok | No
③ ㉰에서 방자는 긍정적인 결과를 제시하며 설득하고 있다. Ok | No
④ ㉱에서 배비장은 방자의 말에 할 수 없이 호응하고 있다. Ok | No
⑤ ㉮~㉱에서 방자가 대화를 주도하며 재담의 구조가 반복되고 있다. Ok | No

내가 그리는 개념 마인드맵

남녀 간의 사랑과 이별이라는 소재는 예전이나 지금이나 참 사랑받는 소재인 것 같아. 주인공들의 상황과 심리에 주목해서 사극을 보는 느낌(?)으로 읽으면 잘 이해할 수 있을 거야. 판소리계 소설을 읽을 때는 판소리계 소설만의 특징들을 찾아가며 읽어 낼 수 있어야 한다는 걸 기억하자. :)

오늘 꼭 알아야 할 개념　# 풍자 소설　# 우화 소설　# 서술자의 개입(편집자적 논평)

STEP.1 　개념 Hi

개념 | 2 | 2 | 　풍자 소설

- 사회적 부조리, 모순, 권력의 부패 등을 비판하는 내용의 소설
- 부패한 권력자나 양반, 탐관오리 같은 인물의 말이나 행동을 과장하여 비웃음의 대상으로 그려 내는 경우가 많음.

예 「허생전」, 「양반전」, 「이춘풍전」 등

개념 | 2 | 3 | 　우화 소설

- 동식물이나 기타 사물을 의인화하여 쓴 소설
- 인간의 어리석음이나 사회적 모순을 비판하는 풍자적 요소가 드러나는 경우가 많음.

예 「토끼전」, 「호질」, 「두껍전」 등

> **한 가지 더 배우기!**
>
> **서술자의 개입(편집자적 논평)**
> 서술자가 이야기의 흐름에 개입하여, 인물이나 사건에 대해 자신의 ᄋ ᄀ 이나 ᄒ ᄉ 을 덧붙이는 방법

📑 *시험지에는 이런 식으로 등장해.*

| 고2 전국연합학력평가 |

상이 방성대곡하시고 좌우 제신이 서로 붙들고 통곡하니, 그 경색의 처량함을 차마 보지 못할러라.
－ 작자 미상, 「음양옥지환(陰陽玉指環)」 －

① 서술자가 개입하여 **주관적 감정**을 드러내고 있다.

| 고3 전국연합학력평가 |

성운 또한 그 말을 듣고 연달아 방성통곡하며 말하기를,
"누님아, 누님아! 어쩐 일인가? 꿈인가! 생시인가? 또 멀고 먼 강남 길에 어찌 살아오셨는가?"
실과 같은 목숨이 하늘에 도달하여 둘이 무수히 통곡하는데, 연향이 또한 반가운 마음을 이기지 못하여 성운의 소매를 잡고 슬피 통곡하니, 산천과 초목이 함께 슬퍼하는 듯하였다.
－ 작자 미상, 「진성운전」 －

⑤ 서술자의 개입을 통해 상황에 대한 **주관적인 평가**를 드러내고 있다.

■ **초성 퀴즈 답** 의견, 해석

정답 115쪽

STEP.2　개념 Jump(1)

[01-02] 다음 글을 읽고 물음에 답하시오.

춘풍 아내 곁에 앉아 하는 말이
"마오 마오 그리 마오. 청루미색* 좋아 마오. 자고로 이런 사람이 어찌 망하지 않을까? 내 말을 자세히 들어 보소. 미나리골 박화진이라는 이는 청루미색 즐기다가 나중에는 굶어 죽고, 남산 밑에 이 패두는 소년 시절 부자였으나 주색에 빠져 다니다가 늙어서는 상거지 되고, 모시전골 김 부자는 술 잘 먹기 유명하여 누룩 장수가 도망을 다니기로 장안에 유명터니 수만금을 다 없애고 끝내 똥 장수가 되었다니, 이것으로 두고 볼지라도 청루잡기 잡된 마음 부디부디 좋아 마소."
춘풍이 대답하되,
"자네 내 말 들어 보게. 그 말이 다 옳다 하되, 이 앞집 매갈쇠는 한잔 술도 못 먹어도 돈 한 푼 못 모으고, 비우고개 이도명은 오십이 다 되도록 주색을 몰랐으되 남의 집만 평생 살고, 탁골 사는 먹돌이는 투전 잡기 몰랐으되 수천 금 다 없애고 나중에는 굶어 죽었으니, 이런 일을 두고 볼지라도 주색잡기* 안 한다고 잘 사는 바 없느니라. 내 말 자네 들어 보게. 술 잘 먹던 이태백은 호사스런 술잔으로 매일 장취 놀았으되 한림학사 다 지내고 투전에 으뜸인 원두표는 잡기를 방탕히 하여 소년부터 유명했으나 나중에 잘되어서 정승 벼슬 하였으니, 이로 두고 볼진대 주색잡기 좋아하기는 장부의 할 바라. 나도 이리 노닐다가 나중에 일품 정승 되어 후세에 전하리라."
아내의 말을 아니 듣고 수틀리면 때리기와 전곡 남용 일삼으니 이런 변이 또 있을까? 이리저리 놀고 나니 집안 형용 볼 것 없다.
"다 내 몸에 정해진 일이요, 내 이제야 허물을 뉘우치고 책망하는 마음이 절로 난다."
아내에게 지성으로 비는 말이
"노여워 말고 슬퍼 마소. 내 마음에 자책하여 가끔 말하기를, '오늘의 옳음과 어제의 잘못을 깨달았노라'고 한다오. 지난 일은 고사하고 가난하여 못 살겠네. 어이 하여 살잔 말인고? 오늘부터 집안의 모든 일을 자네에게 맡기나니 마음대로 치산하여 의식이 염려 없게 하여 주오."
춘풍 아내 이른 말이,
"부모 유산 수만금을 청루 중에 다 들이밀고 이 지경이 되었는데 이후에는 더욱 근심이 많을 것이니, 약간 돈냥이나 있다 한들 그 무엇이 남겠소?"
춘풍이 대답하되,
"자네 하는 말이 나를 별로 못 믿겠거든 이후로는 주색잡기 아니하기로 결단하는 각서를 써서 줌세."

[중략 부분 줄거리] 춘풍 아내가 열심히 품을 팔아 집안을 일으키자 춘풍은 다시 교만해지고, 아내의 만류에도 호조에서 이천 냥을 빌려 평양으로 장사를 떠나게 된다. 춘풍이 평양에서 기생 추월의 유혹에 넘어가 장사는 하지 않고 재물을 모두 탕진한 채 추월의 하인이 되었다는 소식

을 듣고 춘풍의 아내가 통곡한다.

이리 한참 울다가 도로 풀고 생각하되,
'우리 가장 경성으로 데려다가 호조 돈 이천 냥을 한 푼 없이 다 갚은 후에 의식 염려 아니하고 부부 둘이 화락하여 백 년 동락하여 보자. 평생의 한이로다.'
마침 그때 김 승지 댁이 있으되 승지는 이미 죽고, 맏자제가 문장을 잘해 소년 급제하여 한림 옥당 다 지내고 도승지를 지낸 고로, 작년에 평양 감사 두 번째 물망에 있다가 올해 평양 감사 하려고 도모한단 말을 사환 편에 들었것다. 승지 댁이 가난하여 아침저녁으로 국록을 타서 많은 식구들이 사는 중에 그 댁에 노부인 있다는 말을 듣고, 바느질품을 얻으려고 그 댁에 들어가니, 후원 별당 깊은 곳에 도승지의 모부인이 누웠는데 형편이 가난키로 식사도 부족하고 의복도 초췌하다. 춘풍 아내 생각하되,
'이 댁에 붙어서 우리 가장 살려 내고 추월에게 복수도 할까.'
하고 바느질, 길쌈 힘써 일해 얻은 돈냥 다 들여서 승지 댁 노부인에게 아침저녁으로 진지를 올리고, 노부인께 맛난 차담상을 특별히 간간이 차려 드리거늘, 부인이 감지덕지 치사하며 하는 말이,
"이 은혜를 어찌할꼬?"
주야로 유념하니, 하루는 춘풍의 처더러 이르는 말이,
"내 들으니 네가 집안이 기울어서 바느질품으로 산다 하던데, 날마다 차담상을 차려 때때로 들여오니 먹기는 좋으나 불안하도다."
춘풍 아내 여쭈되,
"소녀가 혼자 먹기 어렵기로 마누라님 전에 드렸는데 칭찬을 받사오니 오히려 감사하여이다."
대부인이 이 말을 듣고 춘풍의 처를 못내 기특히 생각하더라.
하루는 도승지가 대부인 전에 문안하고 여쭈되,
"요사이는 어머님 기후가 좋으신지 화기가 얼굴에 가득하옵니다."
대부인 하는 말씀이,
"기특한 일 보았도다. 앞집 춘풍의 지어미가 좋은 차담상을 매일 차려오니 내 기운이 절로 나고 정성에 감격하는구나."
승지가 이 말을 듣고 춘풍의 처를 귀하게 보아 매일 사랑하시더니, 천만 의외로 김 승지가 평양 감사가 되었구나.
춘풍 아내, 부인 전에 문안하고 여쭈되,
"승지 대감, 평양 감사 하였사오니 이런 경사 어디 있사오리까?"
부인이 이른 말이,
"나도 평양으로 내려갈 제, 너도 함께 따라가서 춘풍이나 찾아보아라."

하니 춘풍 아내 여쭈되,

"소녀는 고사하옵고 오라비가 있사오니 비장*으로 데려가 주시길 바라나이다."

대부인이 이른 말이,

"네 청이야 아니 듣겠느냐? 그리하라."

허락하고 감사에게 그 말을 하니 감사도 허락하고,

"회계 비장 하라."

하니 좋을시고, 좋을시고. 춘풍의 아내 없던 오라비를 보낼

쏜가? 제가 손수 가려고 여자 의복 벗어 놓고 남자 의복 치장한다.

- 작자 미상, 「이춘풍전」 -

*청루미색: 기생집의 아름다운 기녀.
*주색잡기: 술과 여자와 노름을 아울러 이르는 말.
*비장: 감사를 따라다니며 일을 돕는 무관 벼슬.

---

01 윗글을 이해한 내용으로 적절하지 **않은** 것은?

25634-0158

① **춘풍**은 호조 돈 이천 냥을 빌려 평양으로 떠났다.　　　　　　Ok No

② **춘풍 아내**는 바느질품을 팔며 생계를 이었다.　　　　　　Ok No

③ **춘풍 아내**는 춘풍의 잘못에도 가정의 화목을 바라고 있다.　　Ok No

④ **도승지**는 평양 감사직을 연이어 두 번 맡게 되었다.　　　　Ok No

⑤ **대부인**은 도승지에게 춘풍 아내의 정성을 칭찬하였다.　　　Ok No

02  를 바탕으로 윗글을 감상한 내용으로 적절하지 **않은** 것은?

25634-0159

> <보기>
>
> 　이 작품은 남편이 저지른 일을 아내가 수습하는 서사가 중심이 된다. 춘풍은 가장이지만 경제관념 없이 현실적 쾌락만을 추구하며 자신이 초래한 문제를 해결하려 하지 않는다. 반면, 춘풍 아내는 적극적으로 현실의 문제를 해결하려는 의지를 갖고 주도면밀하게 목적을 달성한다. 이러한 두 인물의 대비되는 특징으로 인해 무능한 가장의 모습과 주체적인 아내의 역할 및 능력이 부각된다.

① **춘풍이 가난을 불평하며 아내에게 집안일에 대한 모든 권리를 넘기는 것**에서 무책임한 가장의 모습을 엿볼 수 있군.　　Ok No

② **춘풍이 전곡을 남용하고 주색잡기에 빠져 있는 것**에서 경제관념 없이 현실적 쾌락을 추구하는 모습을 엿볼 수 있군.　　Ok No

③ **춘풍 아내가 사환에게 정보를 얻고 김 승지 댁 대부인에게 의도적으로 접근한 것**에서 주도면밀한 모습을 엿볼 수 있군.　　Ok No

④ **춘풍 아내가 춘풍을 구하기 위해 비장의 지위를 획득하고 남장을 하는 것**에서 적극적인 문제 해결 의지를 엿볼 수 있군.　　Ok No

⑤ **춘풍이 각서를 쓰고, 춘풍 아내가 차담상을 차리는 것**에서 신분 상승을 통해 목적을 달성하려는 의도를 엿볼 수 있군.　　Ok No

● 정답 115쪽

STEP.3 개념 Jump(2)

[03-04] 다음 글을 읽고 물음에 답하시오.

| 고2 전국연합학력평가 |

[앞부분 줄거리] 천상의 선관이 두꺼비의 모습으로 지상으로 쫓겨나 박 판서의 셋째 딸과 혼인한다. 장인의 회갑이 다가오자 동서들은 두꺼비를 빼고 사냥을 가려고 하지만, 두꺼비도 장인을 졸라서 결국 사냥을 간다.

짐을 지고 돌아오는 ㉠길에 두 동서를 만났다. 동서들이 두꺼비는 돌아보지도 아니 하였으나, 하인 셋이 무겁게 지고 오는 장끼, 까투리를 보고 놀랐다. 하인들이

"두꺼비 서방님이 잡은 것이라."

하였다. 두 동서는 장끼는 고사하고 쥐 한 마리도 잡지 못하였다. 두꺼비가

"자네들은 얼마나 잡았는고?"

하면서 조롱하거늘, 두 동서가 그제야 두꺼비에게 비는 듯이,

"자네는 사냥을 못하여도 관계없거니와 우리는 책망이 있을 것이니, 자네 사냥한 것을 우리에게 주면 어떻겠나?"

라고 하였다. 두꺼비가 말하기를

"내 동서에게 무엇을 아끼리요? 그러나 나는 본시 그런 것을 줄 때 그 사람의 등에 도장을 찍으니, 동서들은 언짢게 생각하지 마오."

하였다. 그래도 두 사람이 사냥한 것을 욕심내니, 두꺼비가 쾌히 허락하며, 필낭에서 필묵을 꺼내어 벼루 뚜껑을 벗기고 먹을 묻혀서 등에다 도장을 찍고 종에게 분부하되

"사냥한 짐승들을 다 주어라."

하였다. 하인들이 두꺼비의 명대로 잡은 것을 다 주니, 동서와 여러 하인이 기뻐하였다. 사냥한 짐을 지고 들어가니 집안사람들과 장인과 장모가 칭찬하였다. 뒤늦게 두꺼비가 빈손으로 턱을 덜렁거리며 헐떡헐떡 들어오니, 집안사람들과 노복들이 이르기를

"저런 것이 사냥을 어찌 한단 말인가." 하더라.

그럭저럭 회갑 날이 이르러 마을에 사는 사람이면 상중하 남녀노소 없이 모였는지라. 맏사위와 둘째 사위도 참석하여 사수병풍이며 빛나는 장막 천으로 햇볕을 가리고, 맑고 아름다운 색채를 띠우는 듯한, 춤과 노래, 양금, 거문고를 희롱하며 유유히 좌우로 펼치며 놀았다. 이러한 경사에 두꺼비 내외는 못 오게 하였으니, 그네들이 두꺼비를 매우 미워하기 때문이었다.

이에 두꺼비가 분하여 진언을 외워 그 허물을 벗으니, 하늘에서 청모시 한 필과 하인 열 셋이 내려왔다. 살펴보니 층층다리 무지개 안장에 황금 등자를 걸었으며, 하인들이 치장한 것을 보니 슬렁슬렁 벙거지에 열십자 끈을 넓게 달고 흑띠와 복끈을 둘러메고 육모방망이 등을 거꾸로 잡고 두꺼비에게 문안하였다. 두꺼비 또한 어느 새 선관의 의복을 제대로 갖추었다. 이리하여 ㉡윗문을 나오니 뉘라서 두꺼비인 줄 알리오.

두꺼비가 곧바로 잔치하는 ㉢집 사랑에 들어가 대감께 뵈오니, 대감과 좌중이 모두 그 풍채를 보고 놀라 입을 다물지 못하였다. 대감이 말하기를

"어디에 계시며 뉘 댁 사람입니까?" 하니, 두꺼비가 답하기를

"소생은 평안도 송천부에 사는데, 대대로 부린 종 두 놈을 잃고 찾지 못하였더니, 소문을 들으니 이 댁에 왔다 하기로 불원천리하고 찾아왔습니다."

(중략)

두 동서를 가리키며,

"저놈들이 나의 종이로소이다."

하였다. 대감이 기가 막혀 옷을 벗기고 보니 과연 그 표가 완연한지라. 두꺼비가 호령하여 말하기를

"저 두 놈을 잡아 결박하라."

하는 소리가 천지를 진동시켰다. 하인이 달려들어 거행하자 두꺼비가 호령을 더욱 추상같이 하는데, 뉘라서 능히 그것을 말리리오? 두꺼비가 호령하기를

"너희가 옷과 밥이 부족하다고 상전을 배반하고 도망하여, 양반에게 장가를 들어 제법 사랑에 앉았다만 어찌 망녕치 아니하리오?"

또 호령하기를

"종놈을 매달아 항복을 받도록 하라."

하는 소리가 천지를 뒤흔드는 듯하였다.

안에서 부인이 이 말을 듣고 통곡하기를

"팔자도 무상하여 딸 하나는 두꺼비 사위를 보고, 딸 둘은 남의 종놈 사위를 보게 되었나!"

하였다. 잔치는 성대하나 분위기는 초상난 집 같더라.

이때 두 사위가 장인께 아뢰기를

"저 사람에게서 한때 도장이나 표를 받은 일은 따로 없고, 우리들이 지난날 사냥 갔을 때에 두꺼비 동서를 만나서 이리이리 하였습니다."

라고 자백하였다. 놀란 대감이 급히 하인을 시켜 두꺼비 사위를 데려오라 하였다. 그러나 곳곳을 찾아도 없는지라. 대감에게 찾지 못함을 아뢰니 대감이 더욱 놀라서 하인을 모두 풀어 사방으로 찾는데, 두꺼비는 벌써 형체를 변형하고 있었으니 두꺼비를 어디에 가서 찾으리오?

그때서야 두꺼비가 마음을 가라앉히고 대감께 절하며

"대감은 너무 근심 마십시오. 제가 두꺼비 사위로소이다."

하였다. 대감이 깜짝 놀라며 반기기를

"두꺼비 사위가 그대인가? 무슨 연고로 두꺼비 허물을 쓰고 사람을 그다지 속이느냐?"

두꺼비가 장인에게 말하기를

"소생은 본디 두꺼비의 모양이 아니라 천상에서 비를 내려 주는 선관이었더니, 인간에 비를 잘못 내린 죄로 옥황상제께서 허물을 씌워 인간에 내쳐서 어부 노인에게 수양자가 되도록 하였습니다. 대감의 사위가 된 것은 다름이 아니라, 대감께서 젊은 시절 벼슬할 때에 애매한 사람을

많이 죽인 죄로 두꺼비 사위를 점지하고 자손을 없게 한 것입니다."

하니, 그제야 대감이 즐겁기도 하고 한편 슬프기도 한 마음을 그치지 못하였다. 부인도 이 말을 듣고는 마음을 진정치 못하며 기뻐하고 칭찬하여 말하기를

"저러한 인물로 그 흉한 허물을 쓰고 있었던가! 내 딸 월성은 벌써 알았을 것이건만 그런 말을 추호도 하지 않았으니, 저런 줄 뉘 알았으리요?" 하며 대단히 기뻐하였다.

"저렇게나 좋은 풍채가 이 세상에 어디에 있으리오."

하고 반기며 좋아하니, 뉘 아니 부러워하리오?

선관이 두 동서를 돌아보고 말하기를

"그대들은 나를 너무 업신여긴 죄로 욕을 보였노라."

하였다. 뒤이어 선관이 빈 상자를 장인에게 올리고는 말하기를

"이것을 간수해 두면 부귀할 것이니 잘 간수하소서."

하고는 곧 소저를 불러 자초지종을 알렸다.

얼마 지나지 않아 뇌성벽력이 진동하면서 천상에서 옥으로 된 가마가 내려오거늘 선관이 장인 장모에게

"정히 섭섭하오나 천명을 이기지 못하고 ㉣천상으로 올라가니 어찌할 도리가 없습니다. 만수무강하십시오."

하였다.

- 작자 미상, 「두껍전」 -

25634-0160

03 〈보기〉는 윗글의 내용을 공간을 중심으로 도식화한 것이다. 이에 대한 설명으로 적절하지 **않은** 것은?

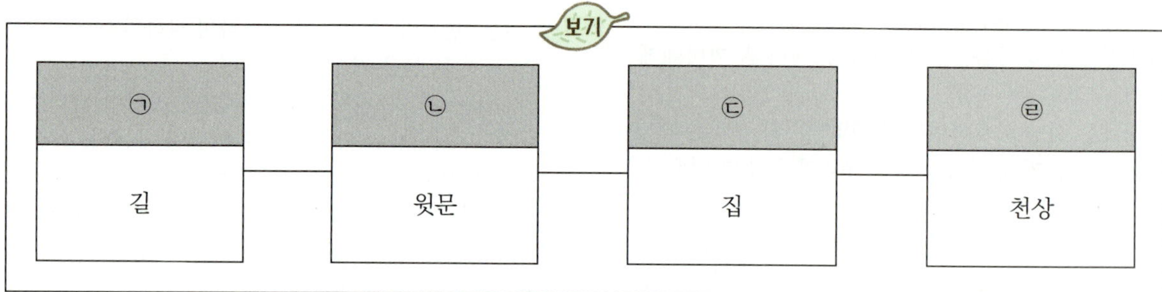

① ㉠에서 두꺼비는 동서들의 부탁을 들어주고 있다. ☐ Ok ☐ No

② ㉡의 안쪽에서 분노한 두꺼비는 하인들을 불러 ㉠에서 있었던 일에 대해 문책을 하고 있다. ☐ Ok ☐ No

③ ㉡에서 ㉢으로 이동한 두꺼비를, 대감은 자신의 사위라고 인식하지 못하고 있다. ☐ Ok ☐ No

④ ㉢에서 부인은 두꺼비에 대한 생각을 바꾸게 된다. ☐ Ok ☐ No

⑤ ㉢에서 ㉣로 가기 전에 두꺼비는 장인에게 간직할 물건을 주고 있다. ☐ Ok ☐ No

04 보기를 참고하여 윗글을 감상한 내용으로 적절하지 **않은** 것은?

25634-0161

> **보기**
>
> 이 작품은 천상에서 쫓겨난 인물이 지상의 삶을 살아간다는 내용의 적강 모티프와 사위가 처가에서 인정받지 못한다는 내용의 사위 박대담이 결합되어 나타난다. 초월적 존재에게 볼품없는 외양을 부여받은 주인공은 지상에서 가족들에게 소외되는 등의 박대를 당하며 속죄의 과정을 거친다. 이 과정에서, 정체를 숨긴 채 뛰어난 능력을 발휘하던 주인공은 정체를 밝힌 후 가족들의 인정을 받고 다시 천상으로 돌아가게 된다.

① 두꺼비가 진언을 외워 하늘에서 하인이 내려오는 장면에서, 숨기고 있었던 주인공의 정체를 확인할 수 있겠군. | Ok | No |

② 부인이 마음을 진정치 못하며 두꺼비의 외양을 언급하는 장면에서 가족들에게 인정받는 모습을 확인할 수 있겠군. | Ok | No |

③ 회갑 날 두꺼비 내외를 못 오게 한 장면에서 가족 구성원으로부터 박대를 당하는 주인공의 모습을 확인할 수 있겠군. | Ok | No |

④ 동서들에게 자신이 사냥한 것을 주는 장면에서 속죄를 위해 뛰어난 능력을 발휘하는 주인공의 모습을 확인할 수 있겠군. | Ok | No |

⑤ 두꺼비가 장인에게 자신의 죄에 대해 이야기하는 장면에서 주인공이 천상에서 쫓겨나 지상의 삶을 살게 된 이유를 확인할 수 있겠군. | Ok | No |

내가 그리는 개념 마인드맵

고전 소설의 마지막 수업에서는 풍자 소설과 우화 소설에 대해 공부했어. 어떤 작품은 풍자 소설이면서 우화 소설이기도 해. 작품별로 이 소설은 무슨 소설에 해당되는지, 주제는 무엇인지를 암기하는 공부가 아니라, 작품을 스스로 읽어 보고 그 작품의 내용과 성격, 주제까지도 스스로 이해할 수 있는 그런 공부를 해 보자.

문학의 기본 개념 끝! 여기까지 공부하느라 정말정말 수고 많았어. 이제까지 쌓은 시간과 노력이 네 안에서 너 스스로 공부할 수 있는 힘을 만들어 줄 거야. 정말 잘 해냈어! :)

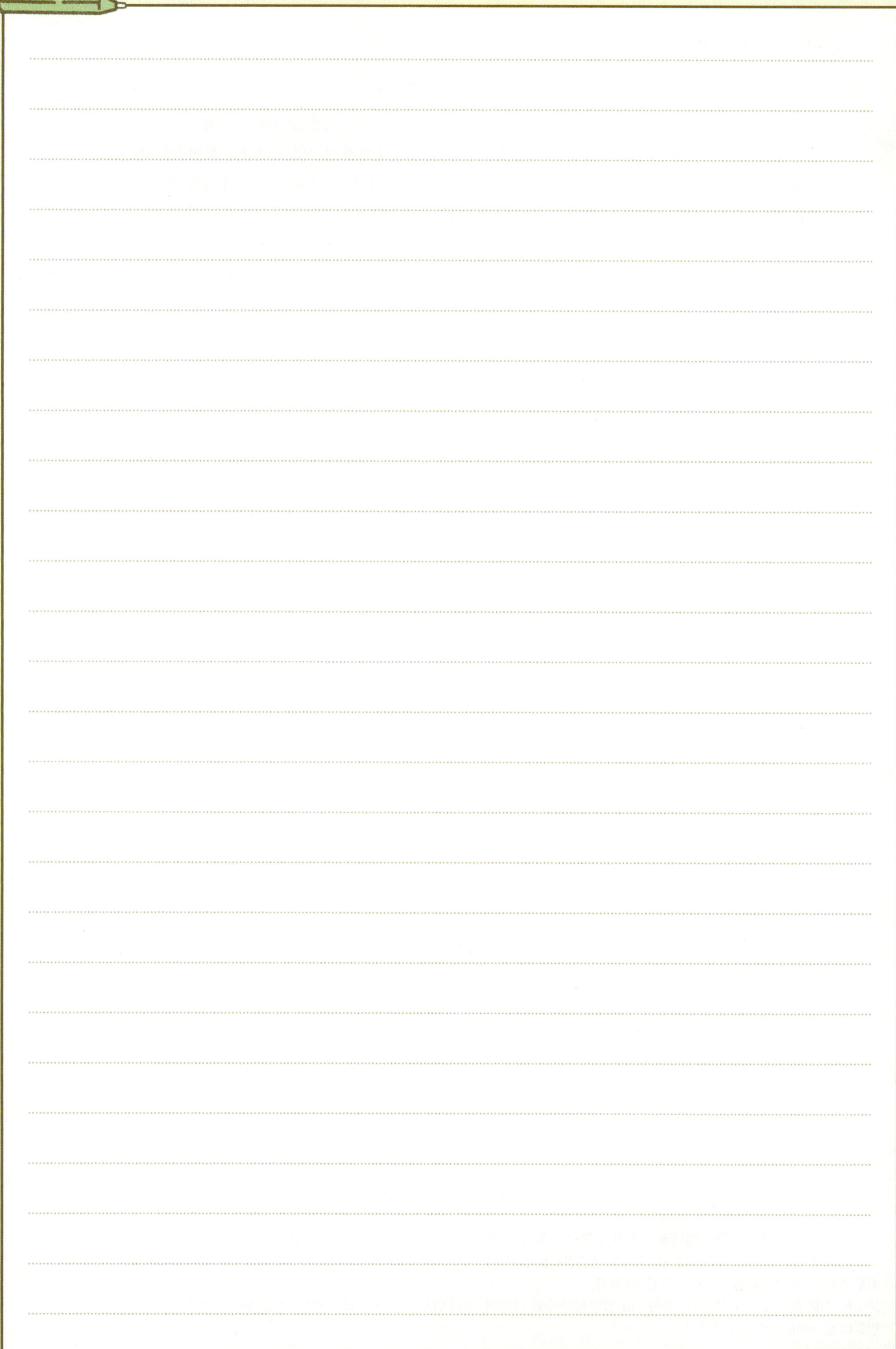

정답 모아서 보기

소설 문학

오늘 꼭 알아야 할 개념

\# 소설의 요소들

STEP.2 개념 Quiz 본문 | 6-7쪽

이효석, 「메밀꽃 필 무렵」

Q.1 이 장면의 포인트 요소는 무엇일까?

배경(자연적 배경)

Q.2 윗글에 대하여 나눈 의견으로 적절한지

O/X로 답해 보자.

① O ② O ③ O ④ X ⑤ O

김만중, 「구운몽」

Q.3 이 장면의 포인트 요소는 무엇일까?

갈등(내적 갈등)

Q.4 다음 중 ㉠에 나타난 심리가

가장 잘 형상화되어 있는 것은?

❹

STEP.3 개념 Jump 본문 | 8-9쪽

전상국, 「달평 씨의 두 번째 죽음」

01 ① No ② No ③ No ④ No ⑤ Ok

02 ① Ok ② Ok ③ No ④ Ok ⑤ Ok

오늘 꼭 알아야 할 개념

\# 표현론적 관점 \# 반영론적 관점 \# 효용론적 관점
\# 절대론적 관점 \# 종합적 관점

STEP.2 개념 Quiz 본문 | 12-13쪽

조세희, 「난쟁이가 쏘아 올린 작은 공」

Q.1 <보기>를 참고하여 각각 어떤 관점에서

윗글을 감상한 내용인지 답해 보자.

① 표현론적 관점
② 절대론적 관점
③ 효용론적 관점
④ 절대론적 관점
⑤ 반영론적 관점

이동하, 「장난감 도시」

Q.2 다음 대화는 「장난감 도시」라는 소설에 대한

할아버지와 손자의 반응이다.

할아버지가 손자보다 이 작품에 더 공감하는

까닭은 무엇일까? 그리고 할아버지는

어떤 관점에서 이 작품을 감상한 것일까?

작품 속 인물들처럼 배고프고 가난한 시절을 경험하셨기, 효용론적 관점 및 반영론적 관점

STEP.3 개념 Jump 본문 | 14-15쪽

이기영, 「농부 정도룡」

01 ① No ② Ok ③ Ok ④ Ok ⑤ Ok

02 ① Ok ② Ok ③ Ok ④ No ⑤ Ok

오늘 꼭 알아야 할 개념
인물의 유형   # 직접 제시   # 간접 제시

STEP.2 개념 Quiz
본문 | 17-19쪽

「춘향전」의 줄거리

Q.1 「춘향전」의 인물에 대한 설명으로 적절한지 O/X로 답해 보자.

① O   ② O   ③ O   ④ O   ⑤ X

전광용, 「꺼삐딴 리」

Q.2 「꺼삐딴 리」의 인물에 대한 설명으로 적절한지 O/X로 답해 보자.

① O   ② O

이문구, 「유자소전(兪子小傳)」

Q.3 <보기>를 바탕으로 「유자소전」을 감상했을 때, 적절한 반응인지 O/X로 답해 보자.

① O   ② X

STEP.3 개념 Jump
본문 | 20-21쪽

윤흥길, 「꿈꾸는 자의 나성(羅城)」

01 ① Ok   ② No   ③ No   ④ No   ⑤ No

02 ① Ok   ② Ok   ③ Ok   ④ No   ⑤ Ok

03 ① No   ② Ok   ③ No   ④ No   ⑤ No

오늘 꼭 알아야 할 개념
인물의 심리   # 인물의 태도

STEP.2 개념 Quiz
본문 | 24-25쪽

이태준, 「고향」

Q.1 맥락을 고려하여 ㉠과 ㉡을 이해한 내용으로 적절한지 O/X로 답해 보자.

① X   ② X   ③ X   ④ O   ⑤ X

송기숙, 「몽기미 풍경」

Q.2 ㉠~㉢에 대한 설명으로 적절한지 O/X로 답해 보자.

① O   ② X   ③ O   ④ O   ⑤ O

STEP.3 개념 Jump
본문 | 26-27쪽

김주영, 「고기잡이는 갈대를 꺾지 않는다」

01 ① Ok   ② Ok   ③ No   ④ Ok   ⑤ Ok

02 ① No   ② Ok   ③ Ok   ④ Ok   ⑤ Ok

오늘 꼭 알아야 할 개념
소설의 갈등   # 갈등의 유형   # 갈등의 기능

STEP.2 개념 Quiz   본문 | 30-33쪽

박경리, 「토지」

Q.1 <보기>를 참고하여 윗글을 감상한 내용으로

적절한지 O/X로 답해 보자.

① O ② O ③ X ④ O ⑤ O

성석제, 「투명 인간」

Q.2 ⓐ~ⓔ를 이해한 내용으로 적절한지

O/X로 답해 보자.

① X ② X ③ X ④ X ⑤ O

STEP.3 개념 Jump   본문 | 34-35쪽

문순태, 「늙으신 어머니의 향기」

01 ① Ok ② Ok ③ No ④ Ok ⑤ Ok
02 ① Ok ② No ③ Ok ④ Ok ⑤ Ok

오늘 꼭 알아야 할 개념
소설의 구성 단계   # 역순행적 구성   # 액자식 구성

STEP.2 개념 Quiz   본문 | 38-39쪽

김유정, 「봄·봄」

Q.1 다음은 윗글에 대한 설명이다.

빈칸에 알맞은 말을 넣어 보자.

과거, 현재, ⓒ, ㉠, ㉡

작자 미상, 「운영전」

Q.2 <보기>를 참고하여 윗글을 감상한 내용으로

적절한지 O/X로 답해 보자.

① O ② X ③ O ④ O

STEP.3 개념 Jump   본문 | 40-41쪽

김원일, 「손풍금」

01 ① Ok ② Ok ③ Ok ④ No ⑤ Ok
02 ① Ok ② Ok ③ Ok ④ No ⑤ Ok

오늘 꼭 알아야 할 개념
소설의 배경   # 배경의 기능

STEP.2 개념 Quiz
본문 | 44-45쪽

손창섭, 「비 오는 날」

Q.1 윗글의 배경은 어떤 기능을 하는지 생각해 보자.

분위기

한승원, 「버들댁」

Q.2 윗글의 배경은 어떤 기능을 하는지 생각해 보자.

심리

전상국, 「우상의 눈물」

Q.3 윗글에 대한 설명으로 적절한지 O/X로 답해 보자.

① X   ② X   ③ O

Q.4 윗글의 서사적 흐름을 고려하여 ㉠과 ㉡을 연결하여 이해해 보자.

원인, 배경

STEP.3 개념 Jump
본문 | 46-47쪽

오영수, 「메아리」

01 ① Ok ② No ③ Ok ④ Ok ⑤ Ok
02 ① Ok ② No ③ Ok ④ Ok ⑤ Ok

오늘 꼭 알아야 할 개념
소설 속 소재   # 소재의 기능

STEP.2 개념 Quiz
본문 | 50-55쪽

현진건, 「운수 좋은 날」

Q.1 윗글에서 ㉠은 어떤 기능을 하는지 생각해 보자.

심화

Q.2 다음 밑줄 친 소재 중, ㉠과 가장 유사한 기능을 하는 소재는?

❸

윤흥길, 「아홉 켤레의 구두로 남은 사내」

Q.3 윗글에 나오는 '구두'의 상징적 의미를 <보기>를 참고하여 파악해 보자.

자존심

박완서, 「아저씨의 훈장」

Q.4 윗글에서 ㉠은 어떤 기능을 하는지 생각해 보자.

훈장, 훈장, 부정적

Q.5 ㉠~㉢에 대한 설명으로 적절한지 O/X로 답해 보자.

① X   ② X   ③ O

STEP.3 개념 Jump
본문 | 56-57쪽

이문구, 「산 넘어 남촌」

01 ① No ② No ③ No ④ No ⑤ Ok
02 ① Ok ② Ok ③ No ④ Ok ⑤ Ok

오늘 꼭 알아야 할 개념

\# 소설의 시점 \# 1인칭 주인공 시점 \# 1인칭 관찰자 시점

\# 3인칭 관찰자 시점 \# 전지적 서술자 시점

STEP.2 개념 Quiz 본문 | 60-61쪽

홍성원, 「무사와 악사」

Q.1 [A]의 서술상 특징으로 적절한지

O/X로 답해 보자.

① X ② O ③ X ④ X ⑤ X

윤흥길, 「아홉 켤레의 구두로 남은 사내」

Q.2 윗글을 <보기>와 같이 바꾸어 썼을 때의

효과로 적절한지 O/X로 답해 보자.

① X ② X ③ X ④ X ⑤ O

박태원, 「소설가 구보 씨의 일일」

Q.3 윗글은 <보기>(가)의 시점으로 서술되어 있다.

ⓐ를 (나)의 시점으로 바꾸었을 때,

가장 적절한 것을 골라 보자.

④

STEP.3 개념 Jump 본문 | 62-63쪽

김동리, 「역마」

01 ① Ok ② No ③ No ④ No ⑤ No

02 ① No ② Ok ③ No ④ No ⑤ No

03 ① No ② No ③ No ④ Ok ⑤ No

오늘 꼭 알아야 할 개념

\# 소설의 문체 \# 서술 \# 묘사 \# 대화 \# 서술자의 어조

STEP.2 개념 Quiz 본문 | 68-69쪽

김동리, 「화랑의 후예」

Q.1 윗글의 서술상 특징으로 적절한지

O/X로 답해 보자.

① O ② X ③ X

조정래, 「청산댁」

Q.2 윗글의 서술상 특징으로 적절한지

O/X로 답해 보자.

① X ② O ③ X

STEP.3 개념 Jump 본문 | 70-71쪽

윤흥길, 「완장」

01 ① No ② No ③ Ok ④ No ⑤ No

02 ① Ok ② No ③ No ④ No ⑤ No

오늘 꼭 알아야 할 개념
소설의 주제 # 주제 찾기의 실제

STEP.2 개념 Quiz
본문 | 73-77쪽

김유정, 「땡볕」

Q.1 윗글을 읽고 <보기>의 빈칸에 알맞은 말을 넣어 보자.

대학 병원, 비인간, 모순

Q.2 ㉠에 나타난 '땡볕'은 작품의 제목이자 배경이다. '땡볕'이 이 작품의 주제와 어떻게 관련되는지 생각해 보자.

가혹한 현실 속에서 겪는 삶의 힘겨움

이기호, 「권순찬과 착한 사람들」

Q.3 윗글을 읽고 <보기>의 빈칸에 알맞은 말을 넣어 보자.

착한, 원인, 해결책

Q.4 이 작품에 담겨 있는 작가의 의도가 무엇일지 생각해 보자.

원인, 반성

윤흥길, 「아이젠하워에게 보내는 멧돼지」

Q.5 윗글을 읽고 <보기>의 빈칸에 알맞은 말을 넣어 보자.

권력, 욕망

Q.6 '멧돼지'가 이 작품의 주제와 관련하여 어떤 기능을 하는지 생각해 보자.

희화

STEP.3 개념 Jump
본문 | 78-79쪽

성석제, 「론도」

01 ① No ② Ok ③ No ④ No ⑤ No
02 ① Ok ② Ok ③ Ok ④ No ⑤ Ok

오늘 꼭 알아야 할 개념
변용 # 표현 바꾸기 # 서술 관점 바꾸기 # 갈래 바꾸기

STEP.2 개념 Quiz
본문 | 82-84쪽

현진건, 「운수 좋은 날」

Q.1 윗글을 바꾸어 쓴 <보기>에 대한 학생들의 평가로 적절한지 O/X로 답해 보자.

① O ② O ③ O ④ X ⑤ O

김유정, 「동백꽃」

Q.2 윗글을 <보기>로 바꾸었을 때 독자가 얻을 수 있는 효과로 적절한지 O/X로 답해 보자.

① X ② X ③ X ④ X ⑤ O

천승세, 「만선」

Q.3 [A]를 <보기>와 같이 바꾸어 썼을 때 나타난 효과로 적절한지 O/X로 답해 보자.

① X ② X ③ X ④ X ⑤ O

STEP.3 개념 Jump
본문 | 85-87쪽

이문열, 「우리들의 일그러진 영웅」
이문열 원작, 박종원 각색, 「우리들의 일그러진 영웅」

01 ① No ② Ok ③ Ok ④ Ok ⑤ Ok
02 ① Ok ② Ok ③ No ④ Ok ⑤ Ok

오늘 꼭 알아야 할 개념

\# 권선징악   \# 재자가인   \# 영웅적 일대기
\# 영웅 군담 소설   \# 가정 소설

STEP.2 개념 Jump(1)　　　본문 | 90-91쪽

작자 미상, 「황운전」

01　① No　② Ok　③ No　④ No　⑤ No

02　① Ok　② No　③ Ok　④ Ok　⑤ Ok

STEP.3 개념 Jump(2)　　　본문 | 92-93쪽

작자 미상, 「옥란전」

03　① Ok　② No　③ Ok　④ Ok　⑤ Ok

04　① Ok　② Ok　③ Ok　④ No　⑤ Ok

오늘 꼭 알아야 할 개념

\# 애정 소설   \# 판소리계 소설   \# 장면의 극대화

STEP.2 개념 Jump(1)　　　본문 | 95-96쪽

작자 미상, 「왕시전」

01　① No　② Ok　③ Ok　④ Ok　⑤ Ok

02　① Ok　② Ok　③ Ok　④ No　⑤ Ok

STEP.3 개념 Jump(2)　　　본문 | 97-99쪽

작자 미상, 「배비장전」

03　① Ok　② Ok　③ Ok　④ Ok　⑤ No

04　① Ok　② Ok　③ No　④ Ok　⑤ Ok

15강 고전 소설 3

오늘 꼭 알아야 할 개념

풍자 소설 # 우화 소설 # 서술자의 개입(편집자적 논평)

STEP.2 개념 Jump(1)

본문 | 101-102쪽

작자 미상, 「이춘풍전」

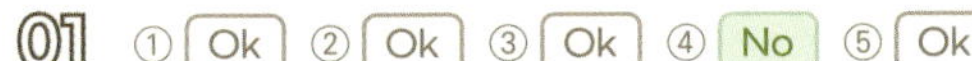

01 ① Ok ② Ok ③ Ok ④ No ⑤ Ok

02 ① Ok ② Ok ③ Ok ④ Ok ⑤ No

STEP.3 개념 Jump(2)

본문 | 103-105쪽

작자 미상, 「두껍전」

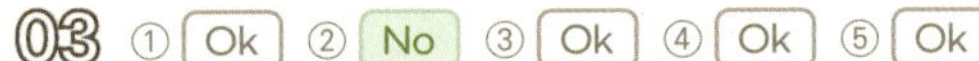

03 ① Ok ② No ③ Ok ④ Ok ⑤ Ok

04 ① Ok ② Ok ③ Ok ④ No ⑤ Ok

내신 중점 ★ 고1~2 권장

구분	고교 입문	기초	기본 + 연습	특화
국어		윤혜정의 개념의 나비효과 입문 편 + 워크북 어휘가 독해다! 수능 국어 어휘		국어의 원리
영어	고등 예비 과정 내 등급은?	정승익의 수능 개념 잡는 대박구문 주혜연의 해석공식 논리 구조편	[기본서] 올림포스 ·············· [유형서] 올림포스 유형편 올림포스 전국연합 학력평가 기출문제집	Grammar POWER Reading POWER Listening POWER Voca POWER [고급] 올림포스 고급영어독해
수학		[기초] 50일 수학 + 기출 워크북 매쓰 디렉터의 고1 수학 개념 끝장내기		[고급] 올림포스 고난도 수학의 왕도
한국사 사회		[기본서] 개념완성 ·············· 개념완성 문항편	개념완성 전국연합 학력평가 기출문제집	고등학생을 위한 多담은 한국사 연표
과학	50일 통합과학			[인공지능] 수학과 함께하는 고교 AI 입문 수학과 함께하는 AI 기초

과목	시리즈명	특징	난이도	권장 학년
전 과목	고등예비과정	예비 고등학생을 위한 과목별 단기 완성		예비 고1
	내 등급은?	고1 첫 학력평가 + 반 배치고사 대비 모의고사		예비 고1
국/영/수	올림포스	내신과 수능 대비 EBS 대표 국어·수학·영어 기본서		고1~2
	올림포스 전국연합학력평가 기출문제집	전국연합학력평가 문제 + 개념 기본서		고1~2
한/사/과	개념완성&개념완성 문항편	개념 한 권 + 문항 한 권으로 끝내는 한국사·탐구 기본서		고1~2
	개념완성 전국연합학력평가 기출문제집	전국연합학력평가 문제 + 개념 기본서		고1~2
국어	윤혜정의 개념의 나비효과 입문 편 + 워크북	윤혜정 선생님과 함께 시작하는 국어 공부의 첫걸음		예비 고1~고2
	어휘가 독해다! 수능 국어 어휘	학평·모평·수능 출제 필수 어휘 학습		예비 고1~고2
	국어의 원리	원리로 이해하는 내신과 수능 대비 국어 특화서		고1~2
영어	정승익의 수능 개념 잡는 대박구문	정승익 선생님과 CODE로 이해하는 영어 구문		예비 고1~고2
	주혜연의 해석공식 논리 구조편	주혜연 선생님과 함께하는 유형별 지문 독해		예비 고1~고2
	Grammar POWER	구문 분석 트리로 이해하는 영어 문법 특화서		고1~2
	Reading POWER	수준과 학습 목적에 따라 선택하는 영어 독해 특화서		고1~2
	Listening POWER	유형 연습과 모의고사·수행평가 대비 올인원 듣기 특화서		고1~2
	Voca POWER	영어 교육과정 필수 어휘와 어원별 어휘 학습		고1~2
	올림포스 고급영어독해	영어 독해력을 높이는 영미 문학/비문학 읽기		고2~3
수학	50일 수학 + 기출 워크북	50일 만에 완성하는 초·중·고 수학의 맥		예비 고1~고2
	매쓰 디렉터의 고1 수학 개념 끝장내기	스타강사 강의, 손글씨 풀이와 함께 고1 수학 개념 정복		예비 고1~고1
	올림포스 유형편	유형별 반복 학습을 통해 실력 잡는 수학 유형서		고1~2
	올림포스 고난도	1등급을 위한 고난도 유형 집중 연습		고1~2
	수학의 왕도	직관적 개념 설명과 세분화된 문항 수록 수학 특화서		고1~2
한국사	고등학생을 위한 多담은 한국사 연표	연표로 흐름을 잡는 한국사 학습		예비 고1~고2
과학	50일 통합과학	50일 만에 통합과학의 핵심 개념 완벽 이해		예비 고1~고1
기타	수학과 함께하는 고교 AI 입문/AI 기초	파이선 프로그래밍, AI 알고리즘에 필요한 수학 개념 학습		예비 고1~고2

윤혜정 선생님 직접 집필, 강의

윤혜정의 개념의 나비효과

입문 편

1권
문학_소설 문학

윤혜정 선생님과 함께 네 꿈에 날개를 달아 줄, 만점 국어의 시작과 끝

개념의 나비효과 입문 편	개념의 나비효과 수능 편	개념의 나비효과 패턴 편	개념의 나비효과 고난도 기출 편
국어 공부 시작의 방향을 잡아주는 국어 입문서	개념부터 제대로 꼼꼼히 공부하는 수능 국어 개념	수능 국어의 패턴 연습으로 부족한 약점 보완	변별력 높은 기출문제로 완성하는 수능 국어